챕스랜드 서채빈 편저

1급

▶ 챕스랜드

소방안전관리자

찐정리

원샷 이론서

ORIGINAL

- ✓ 풍부한 그림 자료로 단원별 핵심이론 정리
- ✓ 워밍업 개념정리 문제로 기본 개념 완벽정리
- ✓ 최신 출제경향 반영된 실전예상문제 수록
- ✓ 쉽게 뜯어 휴대가능한 총정리 요약집 수록
- ✓ 저자직강 유튜브 챕스랜드 채널 운영
- ✓ 챕스랜드 네이버카페 피드백 제공

무료
강의
누적 790만 뷰

네이버 카페 바로가기

PREFACE

유 튜 버 챕 스 랜 드 소 방 안 전 관 리 자 1 급 찐 정 리

폭풍에 맞서기 위해서 더 깊이 뿌리를 내리다.

대규모 개정과 함께 대폭 확대된 시험 범위, 매회 역대급 난이도를 갱신하며 계속해서 변화구를 던지는 낯선 신규 유형들은, 우리가 휘몰아치는 복합 지문의 파도 속에서도 뿌리 개념을 '정확히 이해하고' 답을 낚아챌 수 있는지를 시험하고 있다. 유튜브 채널과 커뮤니티를 통해 수험생분들의 이야기를 보다 생생히 전해 들을 수 있는 내가 체감하기에도 대규모 개정과 잇따른 난이도의 상승은 폭풍과도 같이 느껴졌다. 더욱이 소방안전관리자 시험의 난이도는 앞으로도 더욱 높아질 것이 분명하기에, 이번 개정판은 베이스 없이 시작한 사람들도 누구나 쉽게 이해할 수 있고, 오래도록 기억에 남을 수 있도록 집요하게 구성했다.

더 새로워진 <찐정리 원샷 이론서>로 만나게 될 독자 여러분들께 다만 바라는 것이 있다면, 저자인 내가 그러했듯이 <찐정리>와 함께 한 걸음씩 단단히 뿌리를 잡아 나가면서, 그 작은 개념들이 모여 마침내 하나의 커다란 나무로 자리 잡는 희열과 공부하는 '맛'이 느껴지기를, 그리고 '챕스랜드'가 그 합격의 여정을 함께 한 든든한 친구로 기억되기를 희망한다.

2021년, 처음 세상에 나온 <찐정리>는 매년 전문 자격 분야 베스트셀러를 달성했고, 함께 공부하기 위해 모인 '챕스랜드'는 이제 수만 명의 구독자와 회원들이 모인 대표적인 커뮤니티로 성장했다. 이렇게 책을 통해 모인 우리는, 가장 기쁜 합격 소식을 전하고, 정보를 나누고, 축하를 만끽하며 다시 서로의 단단한 뿌리가 되어 주고 있다.

PREFACE

유튜버 챕스랜드 소방안전관리자 1급 찐정리

나에게 어려운 것, 내가 모르는 것, 내가 이해되지 않는 것

저자가 직접 소방안전관리자 자격증을 취득하면서 시작된 <찐정리>는
수험생의 입장에서 어떤 것이 어려운지 공감할 수 있었고

이러한 약점에서 시작된 <찐정리>는 동등한 수험생의 입장에서 어떤 것이 어려운지 공감할 수 있고,
나 또한 포기하고 싶은 순간이 있었기에 가장 쉽고 재밌게 풀어낼 수 있는 암기법을 구상하고,
함께 소통할 수 있는 장을 만들어 단순히 책을 사고 파는 관계가 아닌,

의문에 직접 질문하고 답할 수 있는 소통의 장을 만들어 함께 합격의 기쁨을 나누는 전우애를 느끼게 해
주었다. 그 모든 과정을 함께 걸어주신 모든 수험생분들의 정성스러운 마음에 보답하기 위해 지독하고 집
요하게, 오랜 시간 진심을 담아 자료를 만들었다.

몇 번이고, 이해가 될 때까지 돌려보고 또 돌려볼 수 있도록.
혼자 하는 공부가 더 이상 두렵지 않도록.
그것이 이 책과 내 영상의 탄생 이유이자, 변하지 않는 목적이다.

저자 서채빈

P O I N T

유튜버 챕스랜드 소방안전관리자 1급 찐정리

1 실제 시험 합격자의 모든 학습 노하우를 담았습니다.

2 설비 및 구조, 실기에 해당하는 부분을 단순히 요약한 것이 아닌
그림자료와 도표를 활용하여 이해를 동반한 암기가 가능하도록 정리했습니다.

3 유튜브 강의를 무료로 제공하며 카페를 통해 질문과 피드백이 가능합니다.

4 이미 본 자료를 통해 검증된 수 많은 합격 수기를 확인할 수 있습니다.

5 워밍업 개념정리와 실전 기출예상문제가 제공되어 시험 대비에 유리합니다.

6 시험 당일, 가볍게 뜯어갈 수 있는 요약집 구성이 포함되어 있습니다.

G U I D E

① 응시자격

응시자격	1급, 2급, 3급까지의 소방안전관리자는 [한국소방안전원]의 강습을 수료한 사람이라면 누구나 시험 응시가 가능합니다. 다만 관련 학력 또는 경력 인정자에 한하여 바로 시험에 응시할 수도 있는데 이에 해당하는 자격 조건은 한국소방안전원에 명시된 사항을 통해 확인하실 수 있습니다.

② 시험 절차

구분		내용
취득절차	1급	한국소방안전원 강습 10일(80시간) → 응시접수 → 필기시험 → 합격 → 자격증 발급
한국소방안전원 강습	1급	8시간씩 10일간(총 80시간) 수강
		• 전국 각 지사에서 매월 진행 • 지역(지부)별 강습 및 시험 일정 : 한국소방안전원 홈페이지 '강습교육 신청' 참고
응시 접수		한국소방안전원 홈페이지 및 시도지부 방문 접수

※ 응시수수료 및 시험 일정은 한국소방안전원 홈페이지를 참고해주세요(www.kfsi.or.kr).

③ 시험 안내

시험과목	문항 수	시험 방법	시험 시간	합격 기준
1과목	25	객관식 4지 선다형 1문제 4점	1시간(60분)	전 과목 평균 70점 이상
2과목	25			

④ 합격자 발표

합격자 발표	가. 시험 당일 합격 통보 나. 만약 불합격하더라도 강습을 수료한 상태라면 재시험이 가능하기에 5일간의 강습을 수료하는 것이 중요합니다.

CONTENTS

유튜버 챕스랜드 소방안전관리자 1급 찐정리

C O N T E N T S

유 튜 버 챕 스 랜 드 소 방 안 전 관 리 자 1 급 찐 정 리

I

이론과 개념 설명

소방안전관리제도 및 소방관계법령 I
소방기본법, 화재예방법, 소방시설법

소방안전관리제도

- 배경 : 인구가 도시를 중심으로 밀집하는 도시집중 현상이 가속되고, 위험물질의 범람 및 건축물의 고층화·대형화·지하화로 인해 재난 및 재해 발생 시 연계되는 피해규모 또한 커지고 있다. 이에 따라 소방시설을 갖춘 일정규모 이상의 특정소방대상물이라면 관계인에게 법적 의무를 두어 전문지식과 자격을 겸비한 소방안전관리자를 통해 소방관련 업무를 담당하게 하여 민간자율 소방역량을 강화, 효율적으로 대처함으로써 국민의 생명·재산을 보호하기 위해 만들어진 제도.
- 의의 : 관계인에게 1차적 책임 부여(생명·재산 보호) + 공공복리 증진

1) 소방안전관리의 필요성

① **국가적 의무** : 화재·재난으로부터의 국민 안전 수호는 「헌법」에서 정하는 국가의 의무이다.

② 화재·재난 등으로 인한 피해는 개인 차원을 넘어 사회·국가적 피해로도 확대될 수 있다.

③ 개인의 예방활동만으로는 대처가 어려운 대형 피해의 증가 추세

④ 화재·재난 안전관리는 기본 소양뿐 아니라 고도의 전문 기술력도 요구되는 사항

⑤ **안전 사각지대 발생 우려** : 민간수준에서는 화재·재난 대응에 대한 투자가 소극적이거나 피동적일 수 있다.

→ '제도'의 필요성

⑥ 소방안전관리자의 역량 강화로 국민 안전확보 및 국가 소방력 업무의 한계 극복 가능

따라서 민간 차원에서는 능동적·자율적인 관리를, 소방기관 차원에서는 제도적 구축 및 확인·조사를 통한 상호보완적인 소방안전관리가 필요

이론과 개념 설명

설비 및 구조의 이해

복합개념 정리

위임업 개념정리

실전 기출예상문제

실계 뜯어보는 총정리

소방기본법 & 화재의 예방 및 안전관리에 관한 법률 & 소방시설 설치 및 관리에 관한 법률

구분	소방기본법	화재의 예방 및 안전관리에 관한 법률	소방시설 설치 및 관리에 관한 법률
의의	화재를 예방·경계하거나 진압하고 화재, 재난·재해, 그 밖의 위급한 상황에서의 구조·구급 활동 등을 통하여 국민의 생명·신체 및 재산을 보호함으로써	화재의 예방과 안전관리에 필요한 사항을 규정함으로써	특정소방대상물 등에 설치해야 하는 소방시설등의 설치·관리와 소방용품 성능관리에 필요한 사항을 규정함으로써
주목적	공공의 안녕 및 질서 유지와 복리증진에 이바지함	화재로부터 국민의 생명·신체, 재산을 보호하고 공공의 안전과 복리 증진에 이바지함	국민의 생명·신체, 재산을 보호하고 공공의 안전과 복리증진에 이바지함을 목적으로 한다.
공통 목적	국민의 생명·신체, 재산을 보호 및 복리증진에 이바지		

- 소방기본법은 기본적으로 다들 무탈히 안녕들 하시도록 공공의 안녕 및 질서 유지와 복리증진에 이바지하는 것이 주목적이다.
- 화재예방 및 안전관리법은 화재를 예방하는 것이니까 공공의 안전과 복리증진에 이바지함이 주목적이다.
- 소방시설 설치 및 관리법은 역시나 소방시설등을 설치, 관리하는 것이므로 공공의 안전과 복리증진에 이바지함이 목적이다.
  → 원래 화재예방법과 소방시설법은 하나의 법〈화재예방, 소방시설 설치·유지 및 안전관리에 관한 법률〉이었는데 분법되었다. 그래서 주목적이 같다.

소방 용어

☆1) **소방대상물** : 건축물, 차량, 산림, 인공구조물(물건), 항구에 매어둔 선박, 선박 건조 구조물
　　　　　　　　 └ 항해중인 선박 X

2) **특정소방대상물** : 건축물 등의 규모·용도 및 수용인원 등을 고려해 소방시설을 설치해야 하는 소방대상물로서 대통령령으로 정하는 것

3) **소방시설** : 대통령령으로 정한 소화설비, 소화용수설비, 소화활동설비, 경보설비, 피난구조설비

4) **소방시설등** : 소방시설 + 비상구, 그 외 소방관련 시설(대통령령 지정)

5) **관계인** : 소방대상물의 소유자, 관리자, 점유자

① **소유자** : 법률상 물건을 사용 · 처분 · 수익화할 수 있는 권리가 있는 사람

② **관리자** : (물건 · 재산의 성질이 변하지 않는 선에서) 재산의 보존 및 이용, 개량(보완을 통해 더 좋게 고침)을 위한 행위를 할 수 있는 사람

③ **점유자** : 실질적으로 물건 등을 점유하여 지배하고 있는 사람

6) **관계지역** : 소방대상물이 있는 장소 및 그 이웃한 지역으로, 화재의 예방 · 경계 · 진압,구조 · 구급 활동에 필요한 지역. (상황에 따라 신축 · 탄력적으로 적용될 수 있다.)

7) **소방대** : 화재 진압 및 위급상황 발생 시 구조 · 구급활동을 행하기 위해 구성된 조직체

(①소방공무원 ②의무소방원 ③의용소방대원) + 소방목적을 위한 장비 등도 포괄적으로 포함될 수 있다.

8) **소방대장** : 소방본부장 · 소방서장 등 위급상황 발생 시 현장에서 소방대를 지휘하는 사람. 현장 지휘권자

9) **소방본부장** : 시 · 도에서의 소방업무(화재의 예방 · 경계 · 진압,구조 · 구급 업무) 담당 부서의 장

10) **피난층** : 곧바로 지상으로 가는 출입구(출입문)가 있는 층

  └ 보통 지상 1층을 피난층으로 보지만, 만약 지하 1층도 지면과 맞닿아 피난 가능한 출입구가 있다면 해당 층도 피난층으로 볼 수 있다.

피난층

☆ 11) 무창층

① 지상층 개구부 면적의 총합이 해당 층 바닥면적의 1/30 이하인 층

  └ '개구부'란 건축물의 환기, 통풍, 채광 등을 위해 만든 창이나 출입구 등의 역할을 하는 것

💬 바닥면적에 비해 창과 문의 수가 적은 시설의 대표적인 예로 백화점이 있어요.

② 개구부의 크기 = 지름 50cm 이상의 원이 통과할 수 있어야 한다.

③ 개구부의 하단(밑부분)이 해당 층의 바닥으로부터 1.2m 이내의 높이에 위치해야 한다.

> 💬 위급상황 발생 시 사람이 통과할 수 있는 최소한의 기준(허리둘레, 키 등)이라고 생각해보면 쉬워요.

지름
50cm 이상

바닥부터
1.2m 이내

④ 도로 또는 차량 진입 가능한 빈터를 향할 것, 창살 및 장애물이 없을 것, 쉽게 부술 수 있을 것
└ 일반도로 : 4m, 막다른 도로 : 2m

[삐꼼 디테일] **무창층의 기준 해석**

(1) 「지름 50cm 이상의 원이 통과할 수 있을 것」: 인정되는 개구부의 크기 기준

(가) 개구부 파괴 가능 여부

쉽게 파괴가 가능한 개구부인 경우	쉽게 파괴가 불가한 개구부인 경우
유리 일부를 파괴하고, 내·외부로의 개방이 가능한 부분의 지름이 50cm 이상의 원이 통과할 수 있는 경우만 개구부로 인정 ← 이 때 창틀은 산정에 포함 ×! 오로지 파괴 가능한 유리부분의 지름만 인정!	문이 열리는 부분(공간)이 지름 50cm 이상의 원이 통과할 수 있는 경우만 개구부로 인정

이론과 개념 설명

설비 및 구조의 이해

복합개념 정리

위임업 개념정리

실전 기출예상문제

쉽게 풀어보는 총정리

(나) 창 종류별 구분

일반 유리창의 경우	프로젝트창의 경우(앞으로 밀어 여는 방식의 창)
바닥으로부터 1.2m 이내에 위치하여, 파괴할 수 있거나 또는 문이 열리는 부분(공간)이 지름 50cm 이상의 원이 통과할 수 있는 경우에만 개구부로 인정	[하부창]이 바닥으로부터 1.2m 이내에 위치하여 파괴할 수 있거나, 문이 열리는 부분(공간)이 지름 50cm 이상의 원이 통과할 수 있는 경우 → 만약 '상부창'이 「쉽게 부술 수 있는 유리의 종류」에 해당하고 + 지름 50cm 이상의 원이 통과할 수 있는 경우에는 상·하부창 모두를 개구부로 인정!

(2) 「쉽게 부수거나 열 수 있는 것」의 기준

쉽게 부술 수 있는 유리의 종류

① 일반유리 : 두께 6mm 이하
② 강화유리 : 두께 5mm 이하
③ 복층유리(유리와 유리 사이에 공기층이 있는 유리) :
  • 일반유리 두께 6mm 이하 + 공기층 + 일반유리 두께 6mm 이하
  • 강화유리 두께 5mm 이하 + 공기층 + 강화유리 두께 5mm 이하
④ 기타 소방서장이 쉽게 부술 수 있다고 판단하는 것

(3) 「바닥면으로부터 개구부 밑 부분까지의 높이가 1.2m 이내일 것」의 기준
  지름 50cm 이상의 원이 통과할 수 있는 개구부의 하단이 바닥으로부터 1.2m 이내에 위치해야 함

한국소방안전원

설립목적	안전원의 업무
1. 소방 및 안전관리 기술의 향상·홍보 2. 소방 종사자의 기술 향상 3. 행정기관의 위탁업무 수행	1. 소방기술과 안전관리 교육 및 연구, 조사 2. 간행물 발간, 대국민 홍보 3. 회원에게 기술 지원 4. 행정기관의 소방에 관한 위탁업무 5. 국제협력

📢 Tip
소방 기술이나 시설의 설립, 또는 위험물에 대한 허가 및 승인 등은 한국소방안전원의 업무가 아님!

소방안전관리자 및 소방안전관리보조자를 선임해야 하는 소방안전관리대상물의 구분은 다음과 같다.

(1층 = 약 4m)

구분	내용
특급 소방안전관리 대상물	1. (지하 제외) 50층 이상 또는 높이 200m 이상의 아파트 2. (지하 포함) 30층 이상 또는 높이 120m 이상의 특정소방대상물(아파트 X) 3. 연면적 10만m²(제곱미터) 이상의 특정소방대상물(아파트 X)
1급 소방안전관리 대상물	1. (지하 제외) 30층 이상 또는 높이 120m 이상의 아파트 2. (지상층) 층수가 11층 이상의 특정소방대상물(아파트 X) 3. 연면적 15,000m² 이상의 특정소방대상물(아파트 및 연립주택 X) 4. 1,000t(톤) 이상의 가연성 가스를 취급·저장하는 시설
2급 소방안전관리 대상물	1. 옥내소화전설비, 스프링클러설비, 물분무등소화설비(호스릴 방식만 설치한 곳은 제외)를 설치하는 특정소방대상물 2. 가스 제조설비 갖추고 도시가스사업 허가를 받아야 하는 시설 또는 가연성 가스를 100톤 이상 1천톤 미만 저장·취급 하는 시설 3. 지하구, 공동주택(옥내소화전 또는 스프링클러 설치된 공동주택), 국보 지정된 목조 건축물
3급 소방안전관리 대상물	1. 특·1·2급에 해당하지 않는 것으로, 간이스프링클러설비 또는 자동화재탐지설비를 설치해야 하는 특정소방대상물
소방안전관리 보조자를 두는 소방안전관리 대상물	1. 300세대 이상의 아파트 　→300세대 초과될 때마다 1명 이상 추가로 선임 2. (아파트 제외) 연면적 15,000m² 이상의 특정소방대상물 　→연면적 15,000m² 초과될 때마다 1명 이상 추가로 선임(단, 소방펌프·화학차 등 운용 시 3만m² 초과 시 추가 선임) 　※ 표 삽입 (아래) 예 아파트의 경우 300~599세대까지는 소방안전관리'보조자' 1명을 선임해야 한다. 만약 1250세대의 아파트라면, 1250÷300 = 4.16으로 소방안전관리보조자를 최소 4명 이상 선임해야 한다. 아파트를 제외한 특정소방대상물의 경우 연면적이 33,000m²라면 33000÷15000 = 2.2로 소방안전관리보조자를 최소 2명 이상 선임해야 한다. 3. 그 외 공동주택 중 기숙사, 의료시설, 노유자시설, 수련시설, 숙박시설은 1명을 기본 선임 [단, 숙박시설 바닥면적 합이 1,500m² 미만이고 관계인 24시간 상주 시 제외]

300~599세대	600~899세대	900~1,199세대	1,200~1,499세대
보조자 1명	보조자 2명	보조자 3명	보조자 4명

소방안전관리자의 업무

1) 소방계획서의 작성·시행(피난계획/대통령령으로 정하는 사항 포함)

2) 자위소방대 및 초기대응체계의 구성, 운영, 교육

3) 피난·방화시설, 방화구획의 유지·관리 ┐

4) 소방시설 및 소방관련 시설의 관리 ┘ ─ [업무대행 가능]

5) 소방훈련·교육

6) 화기취급의 감독

7) 화재발생 시 초기대응

8) 3), 4), 6)호 업무수행에 관한 기록·유지 ─ [• 월 1회 이상 작성·관리
 • 소방안전관리자는 기록 작성일로부터 2년간 보관
 (유지보수 또는 시정 필요 시 지체없이 관계인에 통보)]

9) 그 밖에 소방안전관리에 필요한 업무

> 🗂 **소방안전관리대상물이 아닌(소방안전관리자를 선임하지 않는) 특정소방대상물의 관계인의 업무**
>
> 1. 피난·방화시설, 방화구획의 유지·관리
> 2. 소방시설 및 소방관련 시설의 관리
> 3. 화기취급의 감독
> 4. 화재발생 시 초기대응
> 5. 그 밖에 소방안전관리에 필요한 업무
>   → 소방계획서 작성은 소방안전관리대상물이 아닌 곳의 '관계인'이 해야 하는 업무가 아님!

피난계획에 포함하는 항목

1) 화재경보의 수단 및 방식

2) 층·구역별 피난대상 인원의 연령별/성별 현황

3) 피난약자(어린이, 노인, 장애인 등)의 현황

4) 각 거실에서 옥외(옥상 또는 피난안전구역 포함)로 이르는 피난경로

5) 피난약자 및 피난약자를 동반한 사람의 피난 동선·방법

6) 피난시설, 방화구획 및 그 밖에 피난에 영향을 줄 수 있는 제반사항

피난유도 안내정보 제공 방법

피난유도 안내 정보를 제공하는 방법은 다음 중 어느 하나에 해당하는 것으로 한다.

1) 연 2회 피난안내 교육 실시

2) 분기별 1회 이상 피난안내방송 실시

3) 피난안내도를 층마다 보기 쉬운 위치에 게시

4) 엘리베이터, 출입구 등 시청이 용이한 곳에 피난안내영상 제공

소방안전관리 업무대행

1) 대통령령으로 정하는 소방안전관리대상물의 관계인은, 관리업자로 하여금 소방안전관리업무 중 대통령령으로 정하는 일부 업무를 대행하게끔 할 수 있다. 이 경우, 선임된 소방안전관리자는 관리업자의 대행업무 수행을 감독하고, 대행업무 외의 소방안전관리업무는 직접 수행해야 한다.

2) **대통령령으로 지정한 소방안전관리대상물** : (아파트 제외) 11층 이상, 연면적 15,000m² 미만인 1급소방대상물과 2·3급 소방대상물

> 💬 **특급소방대상물, 연면적 15,000m² 이상인 1급소방대상물은 업무대행 불가!**

3) 대통령령으로 지정한 일부 업무

① 피난·방화시설, 방화구획의 관리

② 소방시설 및 소방관련 시설의 관리

4) 소방안전관리등급 및 소방시설별 업무대행 인력 배치 기준

소방안전관리등급 및 소방시설별 기술인력 배치 등급			힌트!
소방안전관리등급	**소방시설의 종류**	**기술인력 등급**	
1급 / 2급	스프링클러설비, 제연설비, 또는 물분무등소화설비	중급점검자 이상	자동으로 움직이는 복잡한 설비 는 중급 이상!
	옥내소화전설비 또는 옥외소화전설비	초급 이상	냅다 소화전은 초급!
3급	자탐설비, 또는 간이스프링클러설비	초급 이상	3급 설비도 초급!

예시

Q. 다음 중 업무대행이 가능한 소방안전관리대상물은?

① 지상으로부터 높이가 230m 이상인 아파트

② 아파트를 제외하고 지하 3층, 지상 28층인 특정소방대상물

③ 아파트를 제외하고 연면적 10,000m²의 높이가 12층인 특정소방대상물

④ 연면적 25,000m² 이상인 전시장

풀이

①은 높이 200m 이상의 아파트이므로 특급이고, ②는 지하를 '포함'해서 30층 이상인 특정소방대상물이므로 특급이다. 따라서 특급인 ①과 ②는 업무대행이 불가하다.

④의 경우는 1급이지만 연면적이 15,000m² '미만'에 해당하지 않고, 11층 이상 조건도 해당하지 않으므로 업무대행이 가능한 1급의 조건에 부합하지 않는다.

따라서 높이가 11층 이상인 1급이면서 연면적이 15,000m² 미만으로 업무대행이 가능한 것은 ③번뿐!

구분	바로 선임 가능한 자격 요건	시험 응시 자격이 주어지는 요건
특급 소방 안전 관리자	1. 소방기술사 또는 소방시설관리사 자격 보유 자 2. 소방설비기사 자격을 보유하고 1급 소방대 상물의 소방안전관리자로 5년 이상 근무한 경력이 있는 자 3. 소방설비산업기사 자격을 보유하고 1급 소 방대상물의 소방안전관리자로 7년 이상 근 무한 경력이 있는 자 4. 소방공무원 근무 경력이 20년 이상인 자 5. 특급 소방안전관리자 시험에 합격한 자 위 사항 중 어느 하나에 해당하고 특급소방안전 관리자 자격증을 발급받은 사람	가. 소방공무원 근무 경력이 10년 이상인 자 나. 1급 소방대상물의 소방안전관리자로 근무 한 실무경력이 5년 이상인 자 다. 1급 소방안전관리자 선임 자격이 있으면서 특·1급 소방대상물의 소방안전관리 보조자 로 근무한 경력이 7년 이상인 자 라. 대학에서 소방안전 관련 교과목을 12학점 이상 이수하고 1급 소방대상물의 소방안전 관리자로 근무한 경력이 3년 이상인 자
1급 소방 안전 관리자	1. 소방설비기사 또는 소방설비산업기사 자격 보유자 2. 소방공무원 근무 경력이 7년 이상인 자 3. 1급 소방안전관리자 시험에 합격한 자 위 사항 중 어느 하나에 해당하고 1급소방안전 관리자 자격증을 발급받은 사람 또는 특급대상 물의 소방안전관리자 자격증을 발급받은 사람	가. 소방안전관리학과 졸업 및 전공자로 졸업 후 2·3급 소방대상물의 소방안전관리자로 근무한 경력이 2년 이상인 자 나. 소방안전 관련 교과목을 12학점 이상 이수 했거나 소방안전 관련 학과를 졸업하고 2·3 급 소방대상물의 소방안전관리자로 근무한 경력이 3년 이상인 자 다. 2급 대상물의 '관리자' 실무경력 5년 이상 / 특·1급 '보조자' 실무경력 5년 이상 또는 2급 '보조자' 7년 이상인 자 라. 산업안전기사 또는 산업안전산업기사 자격 을 보유하고 2급·3급 소방대상물의 소방안 전관리자로 2년 이상 근무한 경력이 있는 자
2급 소방 안전 관리자	1. 위험물기능장, 위험물산업기사 또는 위험물 기능사 자격 보유자 2. 소방공무원 근무 경력이 3년 이상인 자 3. 2급 소방안전관리자 시험에 합격한 자 4. 「기업활동 규제완화에 관한 특별조치법」에 따라 소방안전관리자로 선임된 사람 위 사항 중 어느 하나에 해당하고 2급소방안전 관리자 자격증을 발급받은 사람 또는 특/1급대 상물의 소방안전관리자 자격증을 발급받은 사 람	가. 소방안전관리학과 졸업 및 전공자 나. 의용소방대원 또는 경찰공무원 또는 소방안 전관리보조자로 근무한 경력이 3년 이상인 자 다. 3급 소방대상물의 소방안전관리자로 근무 한 경력이 2년 이상인 자 라. 건축사, 산업안전(산업)기사, 건축(산업)기 사, 전기(산업)기사, 전기공사(산업)기사 자 격 보유자

3급 소방 안전 관리자	1. 소방공무원 근무 경력이 1년 이상인 자 2. 3급 소방안전관리자 시험에 합격한 자 3. 「기업활동 규제완화에 관한 특별조치법」에 　따라 소방안전관리자로 선임된 사람 위 사항 중 어느 하나에 해당하고 3급소방안전 관리자 자격증을 발급받은 사람 또는 특/1 /2급 대상물의 소방안전관리자 자격증을 발급받은 사람	가. 의용소방대원 또는 경찰공무원으로 근무한 　경력이 2년 이상인 자
소방 안전 관리 보조자	1. 특·1·2·3급 소방대상물의 소방안전관리자 　자격이 있거나, 소방안전관리 강습교육을 수 　료한 자 2. 소방안전관리대상물에서 소방안전 관련 업 　무 2년 이상 근무 경력자	-

1) 특정소방대상물의 소방안전관리

① 소방안전관리대상물의 관계인은 소방안전관리자 자격증을 발급받은 사람을 소방안전관리자로 선임
　해야 한다.

② 다른 법령에 따라 전기, 가스, 위험물 등의 안전관리자는 소방안전관리업무 전담 대상물(특급/1급)의
　소방안전관리자를 겸할 수 없다. (특별규정 있는 경우는 예외)

③ 소방안전관리대상물의 관계인은 소방안전관리업무를 대행하는 관리업자로 하여금 업무를 대행하게
　할 수 있고, 이때 감독할 수 있는 사람을 지정해서 소방안전관리자로 선임할 수 있는데 이렇게 선임된
　사람은 선임된 날부터 3개월 내에 강습교육을 이수해야 한다.

█ 관리 권원이 분리된 특정소방대상물의 소방안전관리

아래 기준에 해당하면서 그 관리의 권원이 분리된 특정소방대상물의 경우, 그 관리 권원별 관계인은 대통
령령에 따라 소방안전관리자를 선임해야 하는데, 단 소방본·서장의 판단 하에 권원이 많아 효율적인 소방
안전관리가 이루어지지 않는다고 판단되는 경우에는 대통령령에 따라 관리의 권원을 조정하여 소방안전
관리자를 선임할 수 있다.

권원이 분리된 특정소방대상물 해당 기준

1. (지하층 제외한) 층수 11층 이상 또는 연면적 3만 제곱미터 이상의 복합건축물
2. 지하가 (지하 인공구조물 안에 설치된 상점·사무실, 그 밖에 이러한 시설이 연속해서 지하도에 접하여 설
　치된 것과 그 지하도를 합한 것 █ 지하상가 등)
3. 판매시설 중 도·소매시장 및 전통시장

총괄 소방안전관리자 및 공동소방안전관리협의회

위의 경우에 해당하는 특정소방대상물의 각 권원별 관계인은 상호 협의하여, 해당 대상물 전체에 걸쳐 소방안전관리상 필요한 업무를 총괄하는 총괄소방안전관리자를 선임해야 한다. 이때 총괄소방안전관리자는 이미 선임되어 있는 소방안전관리자 중에서 선임하거나 또는 (총괄 소방안전관리자를) 별도로 선임할 수 있다.

1) 총괄소방안전관리자의 업무

① 대상물 전체에 대한 소방계획서 작성 · 시행

② 대상물 전체에 대한 소방훈련 · 교육

③ 권원별 소방안전관리 업무 지도 감독

④ 공용 부분 소방 · 피난 방화 시설 등의 관리

⑤ 공동소방안전관리협의회 운영

⑥ 그 밖에 총괄소방안전관리에 관한 사항

2) 공동소방안전관리협의회?

총괄소방안전관리자 및 소방안전관리자는 효율적인 소방안전관리 수행을 위해 공동소방안전관리협의회를 구성하여 해당 특정소방대상물에 대한 소방안전관리를 공동으로 수행해야 한다.

① **구성** : 소방안전관리자, 총괄소방안전관리자

② **업무** : 공동소방안전관리협의회는 다음의 사항에 대한 업무를 협의하여 결정한다.

  - 특정소방대상물 전체의 소방계획 수립 및 시행에 관한 사항

  - 특정소방대상물 전체의 소방훈련 · 교육의 실시에 관한 사항

  - 공용 부분의 소방시설 및 피난 방화 시설의 유지 · 관리에 관한 사항

  - 그 밖에 공동으로 소방안전관리를 할 필요가 있는 사항

소방안전관리자 및 소방안전관리보조자 선임 등 기준

소방안전관리자(보조자)를 선임하는 상황	기준일(기준이 되는 날)
증축 또는 용도변경으로 소방안전관리대상물로 지정된 상황	사용승인일 또는 건축물관리대장에 용도변경 사실을 기재한 날
신축, 증축, 개축, 재축(재해), 대수선, 용도변경으로 신규 소방안전관리자(또는 보조자)를 선임해야 하는 상황	사용승인일(「건축법」에 따라 건축물을 사용할 수 있게 된 날)
특정소방대상물의 양수, 경매, 매각 등으로 권리를 취득한 상황	권리 취득일 또는 관할 소방서장으로부터 소방안전관리자(또는 보조자) 선임에 관한 내용을 안내받은 날 (단, 이전의 소방안전관리자 및 보조자를 해임하지 않고 유지하는 경우는 제외)
소방안전관리(보조)자 해임 및 퇴직으로 업무가 종료된 상황	소방안전관리자(또는 보조자)를 해임 또는 퇴직으로 근무 종료한 날
관리 권원이 분리된 특정소방대상물	관리 권원이 분리되거나, 소방본부장 또는 소방서장이 관리 권원을 조정한 날
소방안전관리 업무 대행자를 감독할 수 있는 사람을 소방안전관리자로 선임하고 그 계약이 해지(종료)된 경우	소방안전관리 업무대행이 종료된 날

(사용승인일, 건축물관리대장 기재일, 취득일, 소방안전관리자(및 보조자) 해임일, 업무대행 종료일 등) 기준이 되는 날로부터

✰✰ 1) **선임은 30일 내로 / 선임 후 신고는 14일 내로** : 소방본부장 또는 소방서장에게 신고한다.

✰✰ 2) **소방안전관리(보조)자로 선임된 경우** : 선임된 날로부터 6개월 내에 최초로, 이후 2년 주기로 '실무교육'을 필수로 이수해야 한다.

3) **선임연기 신청** : 소방안전관리 강습교육 또는 시험이 선임해야 하는 기간 내에 없을 경우 2/3급에 한하여 선임연기 신청이 가능하다. (특/1급은 연기 불가!) → 해당 대상물의 관계인은 선임연기 신청서를 **소방본부장 또는 소방서장에게 제출**해야 하고, 소방본부장 또는 소방서장은 강습교육을 접수했는지, 또는 시험에 응시한 게 맞는지 그 여부를 확인해야 한다.

4) 소방본부장 또는 소방서장은 선임연기 신청서를 받은 경우, '3일 이내'에 소방안전관리(보조)자의 선임기간을 정해서 관계인에게 통보해야 한다.

소방안전관리자 현황표

소방안전관리(보조)자를 선임한 경우에는 행정안전부령으로 정하는 바에 따라, 선임한 날로부터 14일 이내에 소방본부장 또는 소방서장에게 신고해야 하며, 소방안전관리대상물의 출입자가 알 수 있도록 아래의 사항들을 현황표로 게시해야 한다.

소방안전관리자 현황표 (대상명 : 행복빌딩)

이 건축물의 소방안전관리자는 다음과 같습니다.

□ 소방안전관리자 : 서범석   (선임일자 : 23년 04월 19일)
□ 소방안전관리대상물 등급 : 1급
□ 소방안전관리자 근무 위치(화재 수신기 위치) : 1층 103A

소방안전관리자 연락처 : 010 - 0000 - 0000

[소방안전관리자 현황표에 포함되는 사항]
• 소방안전관리자의 이름, 선임일자, 연락처
• 소방안전관리대상물의 등급, 대상물의 명칭(대상명)
• 소방안전관리자의 근무 위치(화재 수신기 위치)

건설현장 소방안전관리대상물

화재발생 및 화재피해의 우려가 큰 〈건설현장 소방안전관리대상물〉을 신축·증축·개축·재축·이전·용도변경 또는 대수선하는 경우, 소방안전관리자 자격증을 발급받은 자로서 건설현장 소방안전관리자 강습교육을 받은 사람을 〈건설현장 소방안전관리자〉로 선임하고 **소방본부장 또는 소방서장에게 신고**한다.

→ 소방시설공사 착공 신고일부터 건축물 사용승인일까지 선임한다.

1) 건설현장 소방안전관리대상물이란?

신축·증축·개축·재축·이전·용도변경 또는 대수선하려는 부분의 연면적의 합계가 15,000m² 이상인 것.
또는 그러한 부분의 연면적이 5,000m² 이상인 것 중 다음 어느 하나에 해당하는 것

① 지하층의 층수가 2개 층 이상인 것

② 지상층의 층수가 11층 이상인 것

③ 냉동창고, 냉장창고 또는 냉동·냉장창고

2) 〈건설현장 소방안전관리자〉의 업무

① 건설현장의 소방계획서 작성

② 공사 진행 단계별 피난안전구역, 피난로 등의 확보와 관리

③ 초기대응체계의 구성, 운영, 교육

설비 및 구조의 이해 / 복합개념정리 / 위급법 개념정리 / 실전 기출예상문제 / 실계 톺아보는 총정리

④ 건설현장 작업자에 대한 소방안전 교육 및 훈련

⑤ **임시소방시설의 설치 및 관리에 대한 감독**

⑥ 화기취급의 감독, 화재위험작업의 허가 및 관리

⑦ 그 밖에 건설현장의 소방안전관리와 관련하여 소방청장이 고시하는 업무

근무자 및 거주자 등에 대한 소방훈련 등

1) 소방안전관리대상물의 관계인은

   ① 근무자 등에게 소방훈련 및 소방안전관리에 필요한 교육을 해야 하고

   ② 피난훈련은 그 소방대상물에 출입하는 사람을 안전한 장소로 대피시키고 유도하는 훈련을 포함해야 한다.

2) 소방안전관리업무의 전담이 필요한 **특급 및 1급**(업무대행 불가한 대상물!)의 관계인은 소방훈련 및 교육을 한 날부터 30일 내에 소방훈련·교육 실시 결과를 소방본부장 또는 소방서장에게 제출한다.

3) 연 1회 이상 실시하는데 단, 소방본부장 또는 소방서장이 필요를 인정하여 2회의 범위에서 추가로 실시할 것을 요청하는 경우에는 소방훈련과 교육을 실시해야 한다.

4) 소방훈련을 실시하는 경우, **관계인은** 소방훈련에 **필요한 장비 및 교재** 등을 갖추어야 하며 소방훈련과 교육을 실시했을 때는 **결과기록부**에 기록하고 훈련과 교육을 실시한 날로부터 **2년간 보관**해야 한다.

5) 소방본부장 또는 소방서장은 불특정 다수인이 이용하는 대통령령으로 정하는 특정소방대상물의 근무자 등을 대상으로 불시에 소방훈련과 교육을 실시할 수 있는데, 이 때 사전통지기간과 결과통보 기한은 다음과 같다.

   - 사전통지기간: 소방본부장 또는 소방서장은 불시 소방훈련을 실시하기 10일 전까지 관계인에게 통지한다.

   - 결과통보: 소방본부장 또는 소방서장은 관계인에게 불시 소방훈련 종료일로부터 10일 이내에 불시 소방훈련 평가결과서를 통지한다.

> [불시 소방훈련 및 교육] 불특정 다수인이 이용하는 대통령령으로 정하는 특정소방대상물?
> ① 의료시설, 노유자시설, 교육연구시설
> ② 그 밖에 화재 발생 시 불특정 다수의 인명피해가 예상되어 소방본부장 또는 소방서장이 소방 훈련·교육이 필요하다고 인정하는 특정소방대상물

📢 **Tip**

불시는 실시 전, 후로 10일 이내!

소방시설등의 자체점검

1) **작동점검** : 인위적 조작으로 소방시설등이 정상 작동하는지 여부를 〈소방시설등 작동점검표〉에 따라 점검

2) **종합점검** : (작동점검 포함) 설비별 주요 구성 부품의 구조기준이 화재안전기준과 「건축법」등 법령 기준에 적합한지 여부를 〈소방시설등 종합점검표〉에 따라 점검하는 것으로, 최초점검/그 밖의 종합점검으로 구분

　① **최초점검** : 해당 특정소방대상물의 소방시설등이 신설된 경우

　② **그 밖의 종합점검** : 최초점검을 제외한 종합점검

구분	점검 대상	점검자 자격(주된 인력)
작동 점검	① 간이스프링클러설비 또는 자탐설비에 해당하는 특정소방대상물(3급 소방안전관리대상물)	(1) 관리업에 등록된 기술인력 중 소방시설관리사 (2) 소방안전관리자로 선임된 소방시설관리사 및 소방기술사 (3) 특급점검자(「소방시설공사업법」 따름) (4) 관계인
	② 위 (① 항목)에 해당하지 않는 특정소방대상물	(1) 관리업에 등록된 기술인력 중 소방시설관리사 (2) 소방안전관리자로 선임된 소방시설관리사 및 소방기술사
	③ **작동점검 제외** 대상 　- 소방안전관리자를 선임하지 않는 대상 　- 특급소방안전관리대상물 　- 위험물제조소등	
종합 점검	① 소방시설등이 **신설**된 특정소방대상물 ② **스프링클러설비**가 설치된 특정소방대상물 ③ 물분무등소화설비(호스릴 방식만 설치한 곳은 제외)가 설치된 연면적 **5천m² 이상**인 특정소방대상물 [단, 위험물제조소등 제외] ④ 단란주점영업, 유흥주점영업, 노래연습장업, 영화상영관, 비디오물감상실업, 복합영상물제공업, 산후조리업, 고시원업, 안마시술소의 **다중이용업** 영업장이 설치된 특정소방대상물로 연면적 **2천m² 이상**인 것 (「다중이용업소 특별법 시행령」 따름) ⑤ **제연설비**가 설치된 **터널** ⑥ **공공기관** 중 연면적(터널, 지하구의 경우 그 길이와 평균 폭을 곱하여 계산된 값)이 **1천m² 이상**인 것으로 옥내소화전설비 또는 자탐설비가 설치된 것 (단, 소방대가 근무하는 공공기관은 제외)	(1) 관리업에 등록된 기술인력 중 소방시설관리사 (2) 소방안전관리자로 선임된 소방시설관리사 및 소방기술사

3) 점검 횟수 및 시기

구분	점검 횟수 및 시기 등
작동점검	작동점검은 연 1회 이상 실시하는데, • 작동점검만 하면 되는 대상물 : 특정소방대상물의 사용승인일이 속하는 달의 말일까지 실시 • 종합점검까지 해야 하는 큰 대상물 : 큰 규모의 '종합점검'을 먼저 실시하고, 종합점검을 받은 달부터 6개월이 되는 달에 작동점검 실시
종합점검	① 소방시설등이 신설된 특정소방대상물 : 건축물을 사용할 수 있게 된 날부터 60일 내 ② 위 ①항 제외한 특정소방대상물 : 건축물의 사용승인일이 속하는 달에 연 1회 이상 실시 　　[단, 특급은 반기에 1회 이상] → 이때, 소방본부장 또는 소방서장은, 소방청장이 '소방안전관리가 우수하다'고 인정한 대상물에 대해서는 3년의 범위에서 소방청장이 <u>고시하거나 정한 기간 동안 종합점검을 면제</u>*해 줄 수 있다. 단, 면제 기간 중 화재가 발생한 경우는 제외함. ③ 학교 : 해당 건축물의 사용승인일이 1~6월 사이인 경우에는 6월 30일까지 실시할 수 있다. ④ 건축물 사용승인일 이후 「다중이용업소 특별법 시행령」에 따라 종합점검 대상에 해당하게 된 때(다중이용업의 영업장이 설치된 특정소방대상물로서 연면적 2천m² 이상인 것에 해당하게 된 때)에는 그 다음 해부터 실시한다. ⑤ 하나의 대지경계선 안에 2개 이상의 자체점검 대상 건축물 등이 있는 경우에는 그 건축물 중 사용승인일이 가장 빠른 연도의 건축물의 사용승인일을 기준으로 점검할 수 있다.

[빼꼼 디테일] 종합점검 면제 대상 및 기간

- 우수한 소방안전관리 포상으로 종합점검이 면제되는 경우라도, 특정소방대상물의 관계인은 1년에 1회 이상 작동점검은 실시해야 한다.
- 특급 소방안전관리대상물 중에서, 연 2회 종합점검을 실시하는 대상이라면 종합점검 1회만 면제된다.
- 종합점검 면제 기간은 포상일 또는 우수 대상으로 지정(인증)된 다음 연도부터 기산한다. (만일 화재가 발생한 경우에는 면제 혜택 취소)

〈대한민국 안전대상을 수상한 우수 소방대상물〉의 종합점검 면제 기간
　① 대통령·국무총리 표창 : 3년
　② 장관·소방청장 표창 : 2년
　③ 시·도지사 표창 : 1년

- 작동점검 및 종합점검은 건축물 사용승인 후 그 다음 해부터 실시한다.
- 공공기관의 장은, 소방시설등의 유지·관리 상태를 맨눈이나 신체감각을 이용해 점검하는 '외관점검'을 월 1회 이상 실시한 후, 그 점검 결과를 2년간 자체보관해야 한다. (단, 작동·종합점검을 실시한 달에는 외관점검 면제 가능)
　→ 외관점검 시 점검자 : 관계인, 소방안전관리자 또는 관리업자

4) 공동주택 세대별 자체점검 방법 및 점검 장비

① 공동주택(아파트 등으로 한정) 세대별 점검방법

■ **참고** : 점검 대상인 공동주택(아파트 등)의 범위 : 주택으로 쓰는 층수가 5층 이상인 주택

■ **핵심** : 공동주택 세대 점검 주체 : 관리자(관리소장, 입주자 대표회의 및 소방안전관리자) 및 입주민(세대 거주자)

- 관리자 및 입주민은 2년 이내 모든 세대에 대해 점검을 진행한다.

- 특수감지기(아날로그 감지기 등) 설치된 경우는 수신기에서 원격 점검 가능

　→ 단, 자동화재탐지설비의 선로 단선이 확인될 시, 단선이 생긴 세대 또는 해당 경계구역에 대해 현장점검 필요

- **수신기에서 원격 점검이 불가한 경우 <세대 점검률>** :

　• 작동점검만 실시하는 공동주택 : 1회 점검 시 마다 전체 세대수의 50% 이상 점검

　• 종합점검까지 실시하는 공동주택 : 1회 점검 시 마다 전체 세대수의 30% 이상 점검

■ **그 외**

- 관리자 또는 (해당 공동주택을 점검하는)관리업자는 입주민이 세대 내 소방시설을 스스로 점검할 수 있도록 소방청 또는 한국소방시설관리협회 홈페이지를 통해 점검 동영상을 시청할 수 있도록 권고 (안내) 및 외관점검표 서식을 사전에 배부할 것

- 입주민은 점검서식에 따라 스스로 점검, 또는 관리자·관리업자를 통해 대신 점검 가능

　→ 입주민이 스스로 점검한 경우에는 점검 결과를 관리자에게 제출, 관리자는 그 결과를 관리업자에게 전달

- 관리자는 관리업자를 통해 세대별 점검을 하려는 경우, 입주민에게 점검 일정 사전 공지 및 관리업자에게 세대별 점검 일자 전달

- 관리업자는 일정에 따라 세대별 점검 후 관리자에게 점검 현황 제출

- 입주민의 사정으로 점검을 하지 못한 경우, 관리자는 입주민이 스스로 점검하도록 재안내 필요

　→ 이 때, 입주민이 관리업자를 통해 다시 점검 받기를 원한다면 추가로 점검하도록 할 수 있다.

- 관리자는 <u>세대별 점검 현황</u>을 작성하여 점검이 끝난 날부터 2년간 자체 보관한다.

　┗ 입주민 부재 등 불가피한 사유로 점검을 못 한 경우의 세대 현황도 포함!

② 소방시설별 점검할 때 필요한 장비

공통	방수압력측정계, 절연저항계(절연저항측정기), 전류전압측정계 → MPa 쓰는 시설 너무 많으니까 방수압력측정계는 기본! 　기계류들은 전류전압·저항 측정 기본!
소화기구	저울(소화기 약제손실량 5% 초과면 불량)
옥내(옥외) 소화전설비	소화전밸브압력계
스프링클러설비, 포소화설비	헤드결합렌치(볼트, 너트, 나사 등을 조이거나 푸는 공구)

분말소화설비, 가스계 소화설비 (이산화탄소, 할론, 할로겐화합 물 및 불활성기체 소화설비)	• 검량계(하론·이산화탄소 등 가스계나 분말 약제 중량 측정 기구) • 기동관누설시험기(가스계에는 기동용 가스가 있어요!) • 그 외 소화약제의 저장량을 측정할 수 있는 점검기구
자동화재탐지설비, 시각경보기	• (열·연기)감지시험기 + 연결폴대(막대) • 공기주입기 시험기 • 음량계(1m 거리 90dB)
통로유도등,비상조명등	조도계(밝기 측정)
제연설비	풍속풍압계, 폐쇄력 측정기, 차압계(압력차 측정)
누전경보기 : 누전계 / 무선통신보조설비 : 무선기	

5) 자체점검 결과의 조치 등

① **관리업자등이 자체점검을 실시한 경우**: 점검이 끝난 날부터 10일 이내에 [소방시설등 자체점검 실시결과 보고서]에 [소방시설등 점검표]를 첨부하여 관계인에게 제출한다.

② **관계인**: 점검이 끝난 날부터 15일 이내에 [소방시설등 자체점검 실시결과 보고서]에 소방시설등의 자체점검결과 [이행계획서]를 첨부하여 서면 또는 전산망을 통해 소방본부장·소방서장에게 보고하고, 보고 후 그 점검결과를 점검이 끝난 날부터 2년간 자체 보관한다. (단! 관리업자가 점검한 경우에는 + 점검인력 〈배치확인서〉도 첨부!)

이론과 개념 설명

설비 및 구조의 이해

복합개념 정리

위험물 개념정리

실전 기출예상문제

쉽게 들어보는 총정리

③ 〈이행계획서〉를 보고받은 소방본부장 또는 소방서장은 이행계획의 **완료 기간**을 다음과 같이 정하여 관계인에게 통보해야 하는데, 다만 소방시설등에 대한 수리·교체·정비의 규모 또는 절차가 복잡하여 기간 내에 이행을 완료하기 어려운 경우에는 그 기간을 다르게 정할 수 있다.

- 소방시설등을 구성하고 있는 기계·기구를 수리하거나 정비하는 경우 : 보고일로부터 **10일 이내**
- 소방시설등의 전부 또는 일부를 철거하고 새로 교체하는 경우 : 보고일로부터 **20일 이내**

④ 이행계획을 완료한 관계인은 이행을 완료한 날로부터 10일 이내에 소방시설등의 자체 점검결과 〈이행완료 보고서〉에 〈이행계획 건별 전·후사진 증명자료〉와 〈소방시설공사 계약서〉를 첨부하여 소방본부장 또는 소방서장에게 보고해야 한다.

⑤ 자체점검결과 보고를 마친 관계인은 보고한 날로부터 10일 이내에 소방시설등 자체점검 〈기록표〉를 작성하여 특정소방대상물의 출입자들이 쉽게 볼 수 있는 장소에 30일 이상 게시해야 한다.

예시

Q. ㈜왕건상사의 첫 작동점검일로 옳은 점검 시기는?

㈜왕건상사

- 스프링클러, 이산화탄소소화설비, 포소화설비 설치
- 연면적 6,000m²
- **완공일** : 2020년 7월 16일
- **사용승인일** : 2020년 8월 20일
- 점검 실시 기록 없음

풀이

1) 해당 소방대상물이 작동기능점검만 하는 대상물인지, 종합정밀점검까지 해야 하는 대상물인지 확인한다.
   - 스프링클러설비가 설치되어 있고, 물분무등소화설비(이산화탄소 소화설비, 포소화설비)가 설치되어 있으면서 연면적이 5,000m² 이상이므로 왕건상사는 종합정밀점검을 시행해야 하는 대상물이다.

2) 이전 점검 기록이 없으므로, 더 큰 규모의 종합정밀점검을 다음 해부터 먼저 실시하도록 한다. 이때 기준이 되는 것은 '사용승인일'이다(완공일로 계산하지 않도록 주의!).

3) 사용승인일이 포함된 달에 종합정밀점검을 시행하기 때문에 그 다음 해인 2021년 8월 1일부터 8월 31일 이내에 종합정밀점검을 실시하도록 한다.

4) 이렇게 종합점검을 먼저 실시한 후 6개월 뒤에 작동점검을 시행하는데, 문제에서는 '작동'점검의 첫 실시 시기를 묻고 있으므로 종합점검을 한 21년 8월에서 6개월 뒤인 '2022년 2월'이 첫 작동점검 시기로 적절하다.

주체	소방청장, 소방본부장 또는 소방서장(소방관서장)
대상	소방대상물, 관계지역 또는 관계인에 대하여
조사(확인) 사항 및 활동	• 소방시설등이 소방관계법령에 적합하게 설치, 관리되고 있는지 • 소방대상물에 화재 발생 위험이 있는지 등을 확인하기 위해 → 현장조사·문서 열람·보고 요구 등을 하는 활동

1) 화재안전조사를 실시할 수 있는 경우

① 「소방시설 설치 및 관리에 관한 법률」에 따른 자체점검이 불성실하거나 불완전하다고 인정되는 경우

② 화재예방안전진단이 불성실하거나 불완전하다고 인정되는 경우

③ 화재예방강화지구 등 법령으로 화재안전조사를 하도록 규정되어 있는 경우

④ 국가적 행사 등 주요 행사가 개최되는 장소 및 그 주변의 관계 지역에 대하여 소방안전관리 실태 조사가 필요한 경우

⑤ 화재가 자주 발생했거나 발생할 우려가 뚜렷한 곳에 대한 조사가 필요한 경우

⑥ 재난예측 정보, 기상예보 등을 분석한 결과 소방대상물에 화재 발생 위험이 크다고 판단되는 경우

⑦ 위 ①부터 ⑥까지에서 규정한 경우 외에 화재, 그 밖의 긴급한 상황이 발생한 경우 인명 또는 재산 피해의 우려가 뚜렷이 드러난다고(현저하다고) 판단되는 경우

2) 화재안전조사 항목

① 화재의 예방조치 등에 관한 사항

② 소방안전관리 업무 수행에 관한 사항

③ 피난계획의 수립 및 시행에 관한 사항

④ 소화·통보·피난 등의 훈련 및 소방안전관리에 필요한 교육에 관한 사항

⑤ 소방자동차 전용구역 등의 설치에 관한 사항

⑥ 시공, 감리 및 감리원의 배치에 관한 사항

⑦ 소방시설의 설치 및 관리 등에 관한 사항

⑧ 건설현장 임시소방시설의 설치 및 관리에 관한 사항

⑨ 피난시설, 방화구획 및 방화시설의 관리에 관한 사항

⑩ 방염에 관한 사항

⑪ 소방시설등의 자체점검에 관한 사항

⑫ 「다중이용업소 안전관리에 관한 특별법」, 「위험물안전관리법」 및 「초고층 및 지하 연계 복합건축물 재난관리에 관한 특별법」의 안전관리에 관한 사항

⑬ 그 밖에 소방대상물에 화재의 발생 위험이 있는지 등을 확인하기 위해 소방관서장(청·본서장)이 화재안전조사가 필요하다고 인정하는 사항

3) 화재안전조사 방법 및 절차

■ 방법

① **종합조사** : 화재안전조사 항목 전부를 확인하는 조사

② **부분조사** : 화재안전조사 항목 중 일부를 확인하는 조사

■ 절차

1. 소방관서장은 조사계획을 소방관서 인터넷 홈페이지 또는 전산시스템을 통해 조사 계획을 공개해야 한다.
- 조사계획 : 조사대상, 조사기간, 조사사유 등
- 공개 기간 : 7일 이상
  [단, 사전 통지 없이 화재안전조사를 실시하는 경우에 소방관서장은 화재안전조사를 실시하기 전에 관계인에게 조사사유 및 조사범위 등을 현장에서 설명해야 한다.]

2. 소방관서장은 화재안전조사를 위해 소속 공무원으로 하여금 관계인에게 다음의 사항들을 요구할 수 있다.
- 보고 또는 자료의 제출 요구
- 소방대상물의 위치·구조·설비 또는 관리 상황에 대한 조사·질문

■ 연기

관계인은 천재지변이나, 대통령령으로 정한 어떠한 사유로 인해 화재안전조사를 받기 곤란한 경우, 화재안전조사 연기를 신청할 수 있다.

📁 **화재안전조사 연기 신청이 가능한 대통령령으로 정하는 사유**

① 재난이 발생한 경우

② 관계인의 질병, 사고, 장기출장의 경우

③ 권한이 있는 기관에 자체점검기록부, 교육·훈련일지 등 화재안전조사에 필요한 장부·서류 등이 압수되거나 영치되어 있는 경우

④ 소방대상물의 증축·용도변경 또는 대수선 등의 공사로 화재안전조사를 실시하기 어려운 경우

4) 화재안전조사 결과에 따른 조치명령

- 소방관서장은 화재안전조사 결과에 따른 소방대상물의 위치·구조·설비 또는 관리상황이 화재예방을 위해 보완될 필요가 있거나, 화재가 발생하면 인명 또는 재산 피해가 클 것으로 예상되는 때에는 행정안전부령으로 정하는 바에 따라 관계인에게 그 소방대상물의 개수(고치거나 다시 만듦)·이전·제거, 사용 금지 또는 제한, 사용 폐쇄, 공사의 정지(중지), 그 밖에 필요한 조치를 명할 수 있다.
- 소방관서장은 화재안전조사 결과 소방대상물이 법령을 위반하여 건축 또는 설비되었거나 소방시설등, 피난·방화시설(방화구획) 등이 법령에 적합하게 설치 또는 관리되고 있지 않은 경우에 관계인에게 위 1항에 따른 조치를 명하거나 관계 행정기관의 장에게 필요한 조치를 해줄 것을 요청할 수 있다.

5) 화재안전조사 결과 공개

소방관서장은 화재안전조사를 실시한 경우 아래의 '공개 내용' 전부 또는 일부를 인터넷 홈페이지 및 전산시스템 등을 통해 공개할 수 있다.

① 공개 내용

   ㄱ. 소방대상물의 위치, 연면적, 용도 등 현황

   ㄴ. 소방시설등의 설치 및 관리 현황

   ㄷ. 피난시설, 방화구획 및 방화시설의 설치 및 관리 현황

   ㄹ. 제조소등 설치 현황

   ㅁ. 소방안전관리자 선임 현황

   ㅂ. 화재예방안전진단 실시 결과

② 공개 절차

   ㄱ. 화재안전조사 결과를 공개하는 경우 30일 이상 해당 소방관서 홈페이지 및 전산시스템을 통해 공개

   ㄴ. 결과를 공개하려는 경우, 소방관서장은 해당 소방대상물의 관계인에게 공개 기간, 공개 내용 및 공개 방법을 미리 통지

   ㄷ. 소방대상물의 관계인은 공개 내용 등을 통보 받은 날부터 10일 이내에 소방관서장에게 이의신청 가능

   ㄹ. 소방관서장은 이의신청을 받은 날부터 10일 이내에 심사 및 결정하여 신청인에게 통지

   ㅁ. 화재안전조사 결과 공개로 인해 제3자의 법익을 침해하는 경우, 제3자와 관련한 사실은 제외하고 공개하도록 한다.

이론과 개념 설명

설비 및 구조의 이해

복합개념 정리

위험물 개념정리

실전 기출예상문제

실기 묻어보는 총정리

건축허가등의 동의

1) 동의대상 : 신축, 증축, 개축, 재축(재해), 이전, 용도변경 또는 대수선의 허가 · 협의 및 사용승인 신청 건축물

> 📢 **Tip**
>
> '철거'는 동의대상이 아니라는 점!

2) 동의권자 : 공사 시공지 · 소재지 관할 소방관서(소방본부 · 소방서)

- 건축주(민원인) — 건축허가신청 → 건축허가청(시·군·구청)
- 건축허가청 — 허가·사용승인 → 건축주(민원인)
- 건축허가청(시·군·구청) — 허가동의신청 → 소방본부/소방서
- 소방본부/소방서 — 허가·사용승인 → 건축허가청(시·군·구청)

3) 동의요구자 : 건축허가등의 권한이 있는 행정기관

　① **건축물, 위험물제조소등** : 건축허가청

　② **가스시설** : 가스관련 허가권을 가진 행정기관

　③ **지하구** : 도시 군 계획시설사업 실시계획인가의 권한이 있는 행정기관

☆☆ **4) 건축허가등의 동의를 받아야 하는 대상물의 범위**(기준)

건축허가등의 동의절차

- 동의회신 여부 : 5일 이내 통보(특급대상물은 10일 이내)
- 보완 필요 시 : 4일 이내 기간을 정하여 보완 요구 가능
- 취소 통보 : 허가기관에서 건축허가등의 취소 시 7일 이내에 소방본부장 또는 서장에게 통보

> ☆☆ 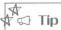 **Tip**
>
> 건축허가등의 동의는 <u>5통</u> / <u>4보완</u> / <u>7취</u>

　① 연면적 400m² 이상의 건축물이나 시설

학교시설	100m²
노유자시설 및 수련시설	200m²
정신의료기관 및 장애인 의료재활시설	300m²

② 지하층 또는 무창층이 있는 건축물로서, 바닥면적이 150m²(공연장은 100m²) 이상인 층이 있는 것

③ 차고·주차장 또는 주차용도로 사용되는 시설

   - 차고·주차장용 바닥면적이 200m² 이상인 층이 있는 건축물이나 주차시설

   - 승강기 등 기계장치에 의한 주차시설로 자동차를 20대 이상 주차할 수 있는 시설

④ 층수 6층 이상의 건축물

⑤ 항공기격납고, 항공관제탑, 관망탑, 방송용 송수신탑

⑥ (입원실이 있는) 의원, 조산원, 산후조리원 / 위험물 저장·처리시설 / 발전시설 중 풍력발전소, 전기
저장시설, 지하구

⑦ ①항에 해당하지 않는 노유자시설 중 노인주거복지시설, 노인의료복지시설, 학대피해노인 전용쉼터,
아동복지시설(아동상담소, 아동전용시설 및 지역아동센터 제외), 장애인 거주시설, 정신질환자 관련 시
설, 노숙인재활시설 및 요양시설 등

⑧ 요양병원(단, 의료재활시설 제외)

⑨ 공장 또는 창고시설로, 750배 이상의 특수가연물을 저장·취급하는 시설

5) 건축허가등의 동의대상 제외

① 소화기구, 자동소화장치, 누전경보기, 가스누설경보기, 단독경보형감지기, 피난구조설비(**비상조명등
제외**)가 화재안전기준에 적합한 경우 해당 특정소방대상물

② 건축물의 증축 또는 용도변경으로 인해 해당 특정소방대상물에 추가로 소방시설이 설치되지 않는 경
우 해당 특정소방대상물

③ 소방시설공사의 착공신고 대상에 해당하지 않는 경우 해당 특정소방대상물

┃ 단독주택&공동주택

단독주택 및 공동주택의 소유자는 <u>소화기</u> 그리고 <u>단독경보형감지기</u>를 설치하도록 법적으로 제정되었다.
(아파트 및 기숙사 제외)

특별피난계단

〈구조〉 옥내 → 복도 → 부속실 → 계단실 → 피난층

옥내

복도   부속실   계단실

피난층

[특별피난계단]이란, 화재 발생 시 화재나 연기 등이 피난·방화시설에 끼치는 영향을 최소화하기 위해 설계된 피난계단의 종류로, 피난 시 이동 경로는 [옥내 → 부속실 → 계단실 → 피난층]의 순서로 구성되어 있다.

> 📢 **Tip**
>
> 이 중, 옥내(건축물 내부)에서 계단실로 이어지는 공간 사이에 방화문을 이중 설치하여 화재나 연기 등이 번지는 것을 막아 보다 안전하게 대피할 수 있도록 구획된 공간을 부속실이라고 볼 수 있어요.

복습

'피난층'이란, 곧바로 _____로(으로) 가는 _____(이)가 있는 층이다.

특정소방대상물에 설치하는 소방시설의 관리 등

> 📁 **참고1**
>
> '특정소방대상물'이란, 소방시설을 설치해야 하는 소방안전관리대상물!
>
> 📁 **참고2**
>
> 소방안전관리자도, 관계인도 해야 하는 업무에서 본 것처럼 '소방시설의 관리'와 '피난·방화시설의 관리'는 항상 세트로 묶여 다녀요~!

1) 소방시설의 관리 등

① 특정소방대상물의 관계인(소·관·점)은, 화재안전기준에 따라 대통령령으로 정하는 소방시설을 (해당 특정소방대상물에) 설치·관리해야 한다.

→ 이 경우 **장애인** 등이 사용하는 **경보설비 및 피난구조설비**는 (대통령령 규정에 따라) 장애인 등에게 적합하도록 설치·관리해야 한다. (장애인의 경우, 직접적으로 소화활동과 관련된 설비를 사용하기 보다는, 효율적인 피난과 대피를 위해 경보설비 및 피난구조설비를 사용하는 상황을 고려해볼 수 있기 때문!)

② 소방시설을 설치·관리하는 경우 관계인은, 소방시설의 기능과 성능에 지장을 줄 수 있는 폐쇄(잠금)·차단 등의 행위를 해서는 안 된다. (단, 점검을 위해 필요한 경우에 일시적인 폐쇄·차단은 가능)

③ **소방시설 정보관리 시스템 [소방관서장]** : 소방청장, 소방본부장·서장은 소방시설의 작동정보 등을 실시간으로 수집·분석할 수 있는 소방시설 정보관리 시스템을 구축 및 운영할 수 있으며, 이 경우 (정보관리시스템 구축·운영) 대상은 다음의 특정소방대상물로 한다.

소방시설 정보관리시스템 구축·운영 대상

① 노유자시설
② 숙박시설 / 숙박이 가능한 수련시설
③ 판매시설
④ 의료시설
⑤ 위험물 저장·처리 시설
⑥ 공장 / 창고시설
⑦ 문화·집회시설 / 종교시설
⑧ 업무시설
⑨ 지하가 / 지하구
⑩ 그 외 소방관서장(청·본·서장)이 필요하다고 인정하는 특정소방대상물

암기법 노.숙.판.의 / 위.공.창 / 문.업.지

---

2) 피난시설, 방화구획 및 방화시설의 관리

관계인은 피난·방화시설(구획)에 대하여 정당한 사유가 없는 한 다음의 행위를 하면 안 된다.

피난·방화시설(구획)의 금지행위	
금지행위	**예시**
① 폐쇄(차단) 및 훼손 행위	방범철책 설치, 잠금장치·쇠창살 설치 / 방화문 철거·제거 등
② 물건 적치 및 장애물 설치 행위	복도 등에 장애물 방치
③ 변경 행위	방화문을 유리나 목재문으로 변경
④ 용도에 장애를 주거나 소방활동에 지장을 주는 행위	소방호스 전개 시 걸림, 꼬임 등

💬 피난·방화시설에는 폐쇄/ 훼손/ 적치/ 변경/ 용도장애 행위 금지!

소방안전관리자의 실무교육

1) 실무교육 대상 : 소방안전관리자 및 보조자로 선임된 사람

> 💬 현재 공부 중인 소방안전관리자 1급 과정의 강습교육을 수료하고, 시험에 합격하더라도 특정소방대상물의 소방안전관리자로 선임되지 않는다면! 소방안전관리자 실무교육에 대한 의무는 없습니다. 소방안전관리자 자격증을 취득하고, 실제로 소방안전관리자 또는 보조자로 선임이 되었을 경우에 실무교육을 받아야 한다는 점을 기억하시고 아래 내용을 보시면 이해가 쉽습니다~!

2) 실무교육 이수 기간 :

- 소방안전관리자 및 보조자의 실무교육은 선임된 후 최초로 6개월 내에(단, 소방안전관련 업무경력으로 선임된 '보조자'의 경우는 3개월 내에) 교육을 실시한다.
- 최초의 실무교육 후에는 2년마다(2년 주기로) 1회 이상 실무교육을 받아야 하는데, 이때 2년 주기는 2년 후 같은 날이 되는 날의 전날까지를 말한다.

3) 실무교육 이수 날짜를 계산할 때 고려해야 하는 사항

① 소방안전관리 강습교육을 성공적으로 수료했다.

② 수료하고 선임이 되기까지 1년 이내에 선임이 되었는지/1년이 지나고 선임되었는지 확인한다.

③ 실무교육 날짜를 계산할 때 기준일이 '수료일'인지/'선임일'인지 확인한다.

소방안전관리자 강습 수료 및 자격 취득	
1년 이내에 선임	**1년이 지나서 선임**
• 강습교육을 수료한지 1년 이내에 선임이 되었다면, '강습 수료일'에 [6개월 내 최초 실무교육]은 이수한 것으로 인정해준다. → '강습 수료일'을 기준으로 [2년마다] 한 번씩 실무교육을 받아야 하고, 이 때 날짜 계산은 '강습 수료일'을 기준으로 2년 후가 되는 하루 전날까지 계산한다.	• 강습교육을 수료한지 1년이 지나서 선임 되었다면, '선임이 된 날'을 기준으로 [6개월 내 최초 실무교육]을 이수해야 한다. → 이후 최초 실무교육을 받은 날로부터 2년마다 한 번씩 실무교육을 이수해야 한다(이 때 2년 후가 되는 하루 전날까지로 계산한다).

> 📢 **Tip**
>
> 1년 이내에 선임되면 [강습 수료일]을 기준으로, 1년이 지나서 선임되면 [선임된 날]을 기준으로 실무교육 이수 날짜를 계산하면 된답니다.

1년 이내

선임일
2021.08.15

강습 수료일(20.08.20)을 기준으로
2년 후가 되는 하루 전날인 22.08.19까지
실무교육 이수
(6개월 내 최초 실무교육 = 강습 수료일에 받은 것으로 인정)

수료
2020.08.20

선임일
2021.09.20

선임된 날(21.09.20)을 기준으로
6개월 내인 22.3.19까지 최초 실무교육 이수
(이후 최초 실무교육 이수 일을 기준으로 2년마다 한 번씩)

1년 이후

4) 소방안전관리자(보조자)가 실무교육을 받지 않으면

⇒ 소방청장의 권한으로 1년 이하의 기간을 정해 <u>자격을 정지</u>시킬 수 있으며, <u>50만 원의 과태료</u>(100만 원 이하의 과태료 항목)가 부과될 수 있다.

- 1차 : 경고(시정명령)
- 2차 : 자격정지(3개월)
- 3차 : 자격정지(6개월)

소방안전관리자의 자격 정지 및 취소

아래의 경우, 소방청장은 소방안전관리자 자격을 가진 사람의 자격을 취소하거나 1년 이하의 기간을 정하여 자격을 정지시킬 수 있다.

1) 거짓 또는 부정한 방법으로 소방안전관리자 자격증을 발급받은 경우 ⎤
2) 소방안전관리자 자격증을 타인에게 빌려준 경우 ⎦ 자격 취소 : 2년간 자격증 발급 불가

3) 소방안전관리 업무를 게을리한 경우 ⎤
4) 실무교육을 받지 않은 경우 ⎦ 1차 위반 : 경고 / 2차 : 3개월 정지 / 3차 : 6개월 정지

5) 이 법 또는 이 법에 따른 명령을 위반한 경우

 벌칙(벌금 및 과태료)

1) **벌금** : 벌금형은 전과기록이 남을 수 있는 비교적 무거운 벌칙 [양벌규정 부과 가능]

구분		소방기본법	예방 및 안전관리법	소방시설법
벌금	5년/5천이하	• 위력·폭행(협박)으로 화재진압 및 인명구조(구급활동) 방해 • 고의로 소방대 출입 방해, 소방차 출동 방해 • 장비파손 • 인명구출 및 화재진압(번지지 않게 하는 일)을 방해 • 정당한 사유없이 소방용수시설 또는 비상소화장치 사용하거나 효용을 해치거나 사용 방해		소방시설 폐쇄·차단 행위자 - 상해 : 7년 / 7천 - 사망 : 10년 / 1억
	3년/3천이하	소방대상물 또는 토지의 강제처분 방해(사유없이 그 처분에 따르지 않음)	• 화재안전조사 결과에 따른 조치명령 위반 • 화재예방안전진단 결과 보수·보강 등의 조치명령 위반	소방시설이 기준에 따라 설치·관리가 안 됐을 때 관계인에게 필요한(요구되는) 조치명령을 위반, 유지·관리를 위한 조치명령 위반, 자체점검 결과에 따른 이행계획을 완료하지 않아 조치의 이행명령을 했지만 이를 위반한 자
	1년/1천이하		소방안전관리자 자격증을 타인에게 빌려주거나 빌리거나 이를 알선한 자, 화재예방안전진단을 받지 않음	점검 미실시 (점검 1년마다 해야 되니까 1년/1천)
벌금	300이하		• 화재안전조사를 거부·방해, 기피 • 화재예방 조치명령을 따르지 않거나 방해 • (총괄)소방안전관리(보조)자 미선임 • 법령을 위반한 것을 발견하고도 조치를 요구하지 않은 소방안전관리자 ↔ 소방안전관리자에게 불이익 준 관계인	자체점검 결과 소화펌프 고장 등 중대한 위반사항이 발견된 경우 필요한 조치를 하지 않은 관계인 또는 중대위반사항을 관계인에게 알리지 않은 관리업자 등
	100이하	• 생활안전활동 방해 • 소방대 도착 전까지 인명 구출 및 화재진압 등 조치하지 않은 관계인 • 피난명령 위반, 긴급조치 방해 • 물·수도 개폐장치의 사용 또는 조작 방해		

📢 **Tip**

쉽게 말해서, 직접적으로 벌금형에 해당하는 어떠한 행위를 한 사람 외에도, 그 법인이나 또 다른 개인에게도 똑같이 책임을 물을 수 있다는 것이 〈양벌규정〉이라고 볼 수 있어요~!

이때 중요한 것은 이러한 〈양벌규정〉이 부과될 수 있는 벌칙은 '벌금형'에만 적용된다는 점! 꼭 기억해주세요~!

1) 과태료: 법령 위반 시 부과되는 금전적인 벌칙, 전과기록 남지 않음

구분		소방기본법	예방 및 안전관리법	소방시설법
과태료	500 이하	화재·구조·구급이 필요한 상황을 거짓으로 알림		
	300 이하		• 화재예방조치를 위반한 화기취급자 • 소방안전관리자를 겸한 자(겸직) • 건설현장 소방안전관리 업무 이행하지 않음 **1차 100 / 2차 200 / 3차 300** • 소방안전관리업무 안한 관계인 또는 소방안전관리자 • 피난정보 미제공, 소방훈련 및 교육 하지 않음 • 화재예방안전진단 결과 미제출(1개월 미만 100 / 3개월 미만 200 / 3개월 이상 또는 미제출 300)	• 소방시설을 화재안전기준에 따라 설치·관리하지 않음 • 공사현장에 임시소방시설을 설치·관리하지 않음 • 관계인에게 점검 결과를 제출하지 않은 관리업자 등 • 피난·방화시설(구획)을 폐쇄·훼손·변경함 • 점검기록표 기록X 또는 쉽게 볼 수 있는 장소에 게시하지 않은 관계인 **1차 100 / 2차 200 / 3차 300** • 점검결과를 보고하지 않거나 거짓으로 보고한 관계인 • 자체점검 이행계획을 기간 내에 완료하지 않거나 이행계획 완료결과 미보고 또는 거짓보고한 관계인 (1) 지연 10일 미만 : 50 (2) 1개월 미만 : 100 (3) 1개월 이상 / 미보고 : 200 (4) 거짓 보고 : 300

이론과 개념 설명

설비 및 구조의 이해

핵심개념 정리

위험물 개념정리

실전 기출예상문제

쉽게 들어보는 총정리

	200 이하	소방차 출동에 '지장'을 줌, 소방활동구역에 출입, 안전원 사칭	선임 '신고'를 하지 않음 (1개월 미만 50 / 3개월 미만 100 / 3개월 이상 또는 미신고 200) 또는 소방안전관리자 성명 등을 게시하지 않음	
	100 이하	소방차 전용구역에 주차하거나 전용구역으로의 진입을 가로막는 등 방해함	실무교육 받지 않은 소방안전관리(보조)자 : 50만원	
과태료	20 이하	다음의 장소에서 화재로 오인할 수 있는 불을 피우거나 연막소독을 하기 전 미리 신고를 하지 않아서 소방차가 출동하게 함 〈화재 등의 통지〉: • 시장지역 • 석유화학제품 생산공장이 있는 지역 • 공장 · 창고/목조건물/위험물 저장 · 처리시설이 '밀집한' 지역 • 그 밖에 시 · 도조례로 정하는 지역 및 장소		

'화재안전기준'에 따른 소방시설 설치란?

화재안전기준이란, 소방시설의 설치·관리를 위한 기준이다.

⑴ **성능기준** : 안전확보를 위해 소방청장이 고시하는 재료, 공간, 설비 등에 요구되는 성능기준

⑵ **기술기준** : 소방청장의 승인을 받아 성능기준을 충족하는 세부 규격, 특정 수치 및 시험 방법등에 관한 기준

CHECK POINT 비교해서 알아두세요.

소방차의 출동을 (고의로) 방해	소방차 출동에 지장을 줌(끼어들기, 양보 안 함 등)
5년 이하의 징역 또는 5천만 원 이하의 벌금	200만 원 이하의 <u>과태료</u>

관계인 등의 의무

1) 소방안전관리대상물의 관계인은, 소방안전관리자가 소방안전관리 업무를 성실히 수행하도록 지도·감독해야 한다.

2) 소방안전관리자는 소방시설, 피난·방화시설(구획) 등이 법령에 위반된 것을 발견하면 즉시 관계인에게 개수·이전·제거·수리 등 필요한 조치를 요구해야 하고, 이에 관계인이 시정하지 않으면 소방본부장·서장에게 이 사실을 알려 공정하고 객관적으로 업무를 수행해야 한다.

3) 소방안전관리자로부터 ②번 항목에 따른 조치 요구를 받은 관계인은 지체 없이 그에 따른 조치를 해야 하며, 이러한 조치 요구로 소방안전관리자에게 불이익한 처우를 하면 안 된다.

소방 활동 등

1) 소방신호

소방대의 활동에 관하여 단일화한 신호로, 타종 및 사이렌 방법에 따라 소방대와 일반인들에게도 보다 효과적이고 신속하게 상황을 전달할 수 있다. 통신 등의 인프라가 사용 불능이 되었을 때 마지막 수단으로 사용할 수 있다.

소방신호 종류와 방법 [행정안전부령]

신호 종별 명칭	신호발령 상황	신호방법	
		타종	사이렌
경계신호	화재예방상 필요하다고 인정되는 때, 또는 화재 위험경보 시	1타 + 연2타 반복	[5초 간격] 30초씩 3회
발화신호	화재가 발생한 때	난타	[5초 간격] 5초씩 3회
해제신호	소화활동이 필요 없다고 인정되는 때	상당한 간격을 두고 1타씩 반복	1분간 1회
훈련신호	훈련상 필요하다고 인정되는 때	연 3타 반복	[10초 간격] 1분씩 3회

경계신호·발화신호: 5초 간격 3회
해제신호·훈련신호: 1분

2) 화재 등의 통지

① 화재현장 또는 구조·구급이 필요한 현장을 발견한 사람은 그 현장 상황을 소방본부·소방서 또는 관계 행정기관에 지체없이 알려야 한다.

② 다음의 지역 또는 장소에서 화재로 오인할 만한 우려가 있는 불을 피우거나, 연막소독을 하려는 사람
은 시·도 조례로 정하는 바에 따라 관할 소방본부장·소방서장에게 미리 신고해야 한다. (불 났다고 오
해해서 소방차가 출동하는 일이 없도록!)

- 시장지역

- 석유화학제품 생산공장이 있는 지역

- 공장·창고 / 목조건물 / 위험물 저장·처리시설이 '밀집한' 지역

- 그 밖에 시·도조례로 정하는 지역 및 장소

⇒ 미리 통지(신고)하지 않아서 소방차가 출동하게 만들면 20만 원 이하의 과태료!

3) 관계인의 소방활동 등

① 관계인은 소방대상물에 화재, 재난·재해, 그 밖의 위급한 상황이 발생한 경우, 소방대가 현장에 도착
할 때까지 경보를 울리거나 대피를 유도하는 등 사람을 구출하는 조치 또는 불을 끄거나, 불이 번지지
않도록 필요한 조치를 해야 한다.

→ 이렇게 필요한 조치를 하지 않은 관계인은 100만 원 이하의 벌금!

② 관계인은 소방대상물에 화재, 재난·재해, 그 밖의 위급한 상황이 발생한 경우, 이를 소방본부, 소방서
및 관계 행정기관에 지체없이 알려야 한다.

→ 정당한 사유 없이 이를 위반한 경우 500만 원 이하의 과태료!

4) 소방자동차의 우선 통행 등

① 모든 차와 사람은 소방자동차(지휘를 위한 자동차와 구조·구급차 포함)가 화재진압 및 구조·구급 활
동을 위해 출동할 때에는 이를 방해해서는 안 된다.

→ 이를 위반하여 소방차 출동을 방해한 경우: 5년/5천 벌금!

② 소방자동차가 화재진압 및 구조·구급 활동을 위해 출동하거나 훈련을 위해 필요시 사이렌을 사용할
수 있다.

③ 모든 차와 사람은 소방자동차가 ②에 따라 사이렌을 사용해 출동하는 경우 아래의 행위를 해서는 안 된
다.

- 소방자동차에 진로를 양보하지 않는 행위

- 소방자동차 앞에 끼어들거나 가로막는 행위

- 그 밖에 소방자동차의 출동에 지장을 주는 행위

④ 그 외 소방자동차의 우선 통행에 관하여는 「도로교통법」을 따른다.

⇒ 소방차 출동에 지장을 주면 200만 원 이하 과태료!

소방차 우선 통행은 소방법이 아닌, 「도로교통법」을 따름!

이론과 개념 설명

설비 및 구조의 이해

독합개념 정리

위임영 개념정리

실전 기출예상문제

쉽게 풀어보는 총정리

5) 소방활동구역의 설정

① 소방대장은 화재, 재난·재해 그 밖의 위급상황이 발생한 현장에 소방활동구역을 정하여 다음의 사람들(소방활동에 필요한 사람들) 외에는 그 구역에 출입하지 못하도록 출입을 제한할 수 있다.

　　⇒ 소방활동구역 출입 시 200만 원 이하 과태료

② 소방활동에 필요하여 소방활동구역에 출입 가능한 사람

소방활동구역 출입가능(소방활동에 필요)	
소방활동구역 내 소방대상물(건축물)의 관계인(소·관·점)	
의사, 간호사, 구조·구급 업무 종사자	
수사업무 종사자	
전기/가스/수도/교통·통신 종사자로 소방활동에 필요한 자	
보도업무 종사자, 취재인력	
소방대장의 출입 허가받은 자	

> 📢 **Tip**
> 소방대 부재 또는 소방대장의 요청 시 경찰공무원이 출입제한 조치 가능

6) 소방활동 종사명령

① 소방본·서장 또는 (현장을 지휘하는) 소방대장은, 화재·재난·재해, 그 밖의 위급한 상황이 발생한 현장에서 소방활동을 위하여 필요할 때에는 그 관할구역에 사는 사람 또는 그 현장에 있는 사람에게 인명 구출 또는 불을 끄거나 불이 번지지 않도록 하는 일을 하게 할 수 있으며, 이 경우 소방본·서장 또는 소방대장은 (그 사람에게) 소방활동에 필요한 보호장구를 지급하는 등 안전 조치를 해야 한다.

　　→ 이에 따라 인명 구출 또는 불을 끄거나 불이 번지지 않게 하는 일을 방해하는 사람은 5년 /5천 벌금!

② 위 ① 항목에 따라 소방활동에 종사한 사람은 [시·도지사]로부터 소방활동 비용을 지급받을 수 있다. 다만, 아래의 어느 하나에 해당하는 경우에는 비용 지급에 해당하지 않는다.

ㄱ. 소방대상물에 화재·재난·재해 및 위급상황이 발생한 경우, 그 소방대상물의 관계인(원래 의무적으로 동참해야 함)

ㄴ. 고의 또는 과실로 화재 또는 구조·구급 활동이 필요한 상황을 발생시킨 사람

ㄷ. 화재 또는 구조·구급 현장에서 물건을 가져간 사람

7) 강제처분 등

① 번질 우려가 있는 대상물 또는 토지:
(필요한 때에) 사용하거나, 사용을 제한하거나 처분

② (다른) 대상물 또는 토지:
(긴급한 때에) 사용하거나, 사용을 제한하거나 처분

③ 소방활동에 방해되는 주·정차 차량 및 물건:
제거, 이동(견인차량 및 인력 지원 요청 가능)

① 소방본부장·서장 또는 소방대장은 인명 구출 및 불이 번지는 것을 막기 위해 필요할 때에는 화재가 발생하거나 불이 번질 우려가 있는 소방대상물 및 토지를 일시적으로 사용하거나 그 사용의 제한 또는 소방활동에 필요한 처분을 할 수 있다.

→ 이에 따른 처분 방해 또는 처분에 따르지 않는 경우 : 3년/3천 벌금!

② 소방본부장·서장 또는 소방대장은 인명 구출 및 불이 번지는 것을 막기 위해 긴급하다고 인정되는 때에는 위 ①의 소방대상물 또는 토지 이외의 소방대상물과 토지에 대해서도 일시적으로 사용하거나 그 사용의 제한 또는 소방활동에 필요한 처분을 할 수 있다.

③ 소방본부장·서장 또는 소방대장은 소방활동을 위해 긴급하게 출동할 때에는 소방자동차의 통행과 소방활동에 방해가 되는 주·정차 차량 및 물건 등을 제거 및 이동시킬 수 있다.

→ 이때 소방활동에 방해가 되는 주·정차 차량 및 물건 등을 제거 및 이동을 위해서 소방본부장·서장 또는 소방대장은 관할 지방자치단체 등 관련 기관에 견인차량과 인력 등에 대한 지원을 요청할 수 있고, 이러한 지원 요청을 받은 관련 기관의 장은 정당한 사유가 없다면 이에 협조해야 한다.

→ 시·도지사는 견인차량 및 인력 등을 지원한 자에게 시·도 조례로 정하는 바에 따라 비용을 지급할 수 있다.

⇒ 위 ②, ③ 항목에 따른 처분 방해 또는 처분에 따르지 않는 경우 : 300만 원 이하의 벌금(① 항목보다는 비교적 간접적)

8) 피난명령

① 소방본부장·서장 또는 소방대장은 화재, 재난·재해, 그 밖의 위급상황 발생으로 사람의 생명을 위험하게 할 것으로 인정될 때 일정한 구역을 지정하여 그 구역에 있는 사람들에게 그 구역 밖으로 피난할 것을 명할 수 있다.

→ 피난명령 위반 시 100만 원 이하 벌금

② 소방본부장·서장 또는 소방대장은 ①의 명령을 할 때 필요하다면 관할 경찰서장 또는 자치경찰단장에게 협조 요청이 가능하다.

▌화재 예방조치

1) 화재예방강화지구

- 지정권자 : 시·도지사

① 시장지역

② 석유화학제품 생산공장이 있는 지역

③ 공장·창고 / 목조건물 / 위험물 저장·처리시설 / 노후·불량건축물이 '밀집한' 지역

④ 산업단지(「산업입지 및 개발에 관한 법률」에 따름), 물류단지

⑤ 소방시설·소방용수시설 또는 소방출동로가 없는 지역

⑥ 그 밖에 소방관서장이 화재예방강화지구로 지정할 필요가 있다고 인정하는 지역

2) 화재 예방조치 등

① 누구든지 화재예방강화지구 및 이에 준하는 대통령령으로 정하는 장소에서는 아래의 행위를 해서는 안된다. (단, 행안부령으로 정하는 바에 따라 안전조치를 한 경우는 예외)

- 모닥불, 흡연 등 화기의 취급
- 풍등 등 소형 열기구 날리기
- 용접·용단 등 불꽃을 발생시키는 행위
- 그 밖에 대통령령으로 정하는 화재 발생 위험이 있는 행위

3) 소방관서장은 화재 발생 위험이 크거나 소화 활동에 지장을 줄 수 있다고 인정되는 행위나 물건에 대해 그 행위의 당사자나 그 물건의 관계인에게 다음의 명령을 할 수 있다.

- 위 ①에 해당하는 행위의 금지 및 제한
- 목재, 플라스틱 등 가연성이 큰 물건의 적재 금지, 이격, 제거 등

- 소방차량의 통행이나 소화 활동에 지장을 줄 수 있는 물건의 이동

    → 다만, 해당하는 물건의 소유자 등을 알 수 없는 경우에는 소속 공무원으로 하여금 그 물건을 옮기거나 보관하는 등의 필요한 조치를 하게 할 수 있다.

4) 소방관서장은 옮긴 물건을 보관하는 경우, 그 날부터 14일 동안 소방관서 인터넷 홈페이지 또는 게시판에 이러한 사실을 공고해야 하며, 보관기간은 소방관서 인터넷 홈페이지 또는 게시판에 공고하는 기간의 종료일 다음날부터 7일로 한다.

  예 12월 1일에 옮긴 물건을 보관했다면 12월 14일까지 보관 사실을 공고하고, (다음 날인 12월 15일부터) 12월 21일까지 7일간 더 보관한다. 따라서 총 보관기간은 21일!

특별관리시설물의 소방안전관리

소방청장은 화재 등 재난이 발생할 경우 사회·경제적으로 피해가 큰 다음의 시설들에 대하여 소방안전 특별관리를 해야 한다.

1) 소방안전 특별관리시설물

• 대상 : ① 공항시설, 항만시설, (도시)철도시설 ② 「문화재보호법」 지정문화재인 시설 ③ 산업단지, 산업기술단지 ④ 초고층 건축물 및 지하연계 복합건축물 ⑤ 수용인원 1천 명 이상의 영화상영관 ⑥ 전력용 및 통신용 지하구 ⑦ 석유비축시설, 천연가스 인수기지 및 공급망 ⑧ 점포가 500개 이상인 전통시장 ⑨ 연면적 10만m² 이상의 물류창고 ⑩ 가스공급시설, 그 밖에 대통령령으로 정하는 시설물

2) 화재예방안전진단

> 🗀 **화재예방안전진단?**
> 화재가 발생할 경우 사회·경제적으로 피해 규모가 클 것으로 예상되는 소방대상물에 대해 화재위험요인을 조사하고 그 위험성을 평가하여 개선대책을 수립하는 것
> → 진단 결과 미제출 시 300 이하 과태료

대통령령으로 정하는 소방안전 특별관리시설물의 관계인은, 화재의 예방 및 안전관리를 체계적·효율적으로 하기 위해 대통령령에 따라 안전원 또는 소방청장이 지정하는 화재예방 안전진단 기관으로부터 정기적으로 화재예방안전진단을 받아야 한다.

(1) 화재예방안전진단 대상

① 공항시설 중 여객터미널의 연면적이 1,000m² 이상인 공항시설

② 항만시설 중 여객이용시설 및 지원시설의 연면적이 5,000m² 이상인 항만시설

③ 철도시설 중 역 시설의 연면적이 5,000m² 이상인 철도시설

④ 도시철도시설 중 역사 및 역 시설의 연면적이 5,000m² 이상인 도시철도시설

⑤ 전력용 및 통신용 지하구 중 공동구

⑥ 천연가스 인수기지 및 공급망 중 「소방시설 설치 및 관리 법률 시행령」에 따른 가스시설

⑦ 발전소 중 연면적이 5,000m² 이상인 발전소

⑧ 가스공급시설 중 가연성 가스 탱크의 저장용량 합계가 100톤 이상이거나 또는 저장용량이 30톤 이상인 가연성 탱크가 있는 가스공급시설

(2) 화재예방안전진단 실시 방법

사용승인 또는 완공검사를 받은 날부터 5년이 경과되는 날이 속하는 해에 최초의 화재예방안전진단을 받아야 하고, 이후 해당하는 다음의 안전등급에 따라 화재예방안전진단을 받아야 한다.

안전등급	화재안전예방진단 대상물의 상태(화재예방안전진단 실시 결과)	화재안전예방진단 주기
A (우수)	문제점이 발견되지 않은 상태	안전등급이 '우수'인 경우 : 안전등급을 통보받은 날부터 6년이 경과한 날이 속하는 해
B (양호)	문제점이 일부 발견되었으나 대상물의 화재안전에는 이상이 없으며, 대상물 일부에 대해 보수·보강 등의 조치명령이 필요한 상태	안전등급이 '양호/보통'인 경우 : 안전등급을 통보받은 날부터 5년이 경과한 날이 속하는 해
C (보통)	문제점이 다수 발견되었으나 대상물의 전반적인 화재안전에는 이상이 없으며, 대상물에 대한 다수의 조치명령이 필요한 상태	
D (미흡)	광범위한 문제점이 발견되어 대상물의 화재안전을 위해 조치명령의 즉각적인 이행이 필요하고 대상물의 사용 제한을 권고할 필요가 있는 상태	안전등급이 '미흡/불량'인 경우 : 안전등급을 통보받은 날부터 4년이 경과한 날이 속하는 해
E (불량)	중대한 문제점이 발견되어 대상물의 화재안전을 위해 조치명령의 즉각적인 이행이 필요하고 대상물의 사용 중단을 권고할 필요가 있는 상태	

(3) 화재예방안전진단 범위

① 화재 등의 재난 발생 후 재발방지 대책의 수립 및 그 이행에 관한 사항

② 지진 등 외부 환경 위험요인 등에 대한 예방·대비·대응에 관한 사항

③ 화재예방안전진단 결과 보수·보강 등 개선요구 사항 등에 대한 이행 여부

(4) 화재예방안전진단의 후속조치

① 화재예방안전진단을 받은 연도에는 소방훈련과 교육 및 자체점검을 받은 것으로 본다.

② 안전원 또는 진단기관은 진단 실시 후 60일 이내에 소방본부장 또는 소방서장, 관계인에게 화재예방 안전진단 결과 보고서를 제출해야 한다.

③ 소방본부장 또는 소방서장은 진단 결과에 따라 보수·보강 등의 조치가 필요하다고 인정하는 경우에는 해당 소방안전 특별관리시설물의 관계인에게 보수·보강 등의 조치를 취할 것을 명할 수 있다.

방염

1) **목적**(필요성) : 연소확대 방지 및 지연, 피난시간 확보, 인명·재산 피해 최소화

2) 방염대상물품을 사용해야 하는 특정소방대상물과 방염대상물품의 종류 등

① 의무

구분	방염성능기준 이상의 실내장식물 등을 설치해야 하는 특정소방대상물	방염대상물품(의무)

1	근린생활시설 : 의원, 조산원(조리원), 체력단련장, 공연장, 종교집회장	• 창문에 설치하는 커튼류
		• 카펫
		• 벽지류
		  (2mm 미만의 종이벽지 제외)
		• 전시용 및 무대용 합판, 섬유판
		• 암막, 무대막
		• 붙박이 가구류
		• 종이류·합성수지류, 섬유류를
		  주원료로 한 물품
		• 합판, 목재
		• 공간 구획을 위한 칸막이
		• 흡음재, 방음재

2	옥내에 있는 문화 및 집회시설, 종교시설, 운동시설(수영장 제외)	
3	의료시설	
4	노유자시설	
5	교육연구시설 중 합숙소	
6	숙박시설 / 숙박이 가능한 수련시설	
7	방송국 및 촬영소(방송통신시설)	
8	다중이용업소	
9	(그 외의) 층수가 11층 이상인 것(아파트 제외)	
(▼ 특이사항)		
10	[단란주점업, 유흥주점업, 노래연습장업 영업장]에 한하여	섬유류·합성수지류 등을 원료로 한 소파, 의자

• 섬유류·합성수지류 등을 원료로 한 소파 및 의자 : 의무적으로 방염대상물품을 사용해야 하는 특정소방대상물은 단란주점, 유흥주점, 노래방뿐이다.

② 권장

구분	방염처리된 물품의 사용을 권장할 수 있는 경우	방염품 사용 권장 품목
1	다중이용업소	침구류, 소파, 의자
2	의료시설, 노유자시설	
3	숙박시설	
4	장례식장	
5	건축물 내부의 천장 또는 벽에 부착하거나 설치하는 가구류	

→ 침구류를 둘만한 장소들(한의원 같은 의료시설, 아기들 낮잠 자는 노유자시설, 숙박시설, 장례식장)이나 소파, 의자를 많이 두는 다중이용업소에서는 이러한 침구류나 소파, 의자에 대해서 방염처리된 물품을 사용하도록 권장할 수 있다.

또한 건축물 내부의 천장이나 벽에 부착하거나 설치하는 가구류도, 화재의 특성상 벽을 타고 천장으로 번질 수 있으므로 방염처리된 물품을 사용하도록 권장할 수 있다.

3) 방염처리 물품의 성능검사

구분	선처리물품	현장처리물품
정의	제조·가공 과정에서 방염처리 (커튼류, 카펫, 합판, 목재류 등)	설치 현장에서 방염처리 (목재 및 합판)
실시기관	한국소방산업기술원	시·도지사(관할 소방서장)
검사방법	검사 신청 수량 중 일정한 수량의 표본을 추출하여 실시	일정한 크기·수량의 표본을 제출받아 실시
합격표시	방염성능검사 합격표시 부착	방염성능검사 확인 표시 부착

4) 방염성능 기준

버너 불꽃을 (대었다가) 제거한 때부터 연소 상태가 그칠 때까지의 시간	불꽃을 올리며 연소	20초 이내
	불꽃을 올리지 않고 연소	30초 이내
탄화한	면적	50cm² 이내
	길이	20cm 이내
불꽃에 의해 완전히 녹을 때까지 불꽃 접촉 횟수		3회 이상
소방청장 고시한 방법으로 발연량 측정 시 최대연기밀도		400 이하

1) 방염물품 종별 표시의 양식

방염물품 종별	표시 양식(mm단위)
합격표시를 <u>바로</u> 붙일 수 있는 것(합판, 섬유판, 소파·의자 등)	KC 8
합격표시를 <u>가열하여</u> 붙일 수 있는 것(커튼 등)	KC 5

> 📢 **암기 Tip!**
> 바로 붙이는 건 빨리빨리! = 8mm / 가열하는 건 오! 뜨거워 = 5mm

2) 방염성능검사 합격표시 부착방법

분류별 부착방식	카펫, 소파·의자, 섬유판	합성수지 벽지류	합판, 목재 (블라인드)	섬유류	
				세탁O	세탁X
바탕색채	흰 바탕	은색 바탕	금색 바탕	은색 바탕	투명 바탕
검인 및 글자색	남색	검정색			
표시 (규격mm)	방 KC 염 FA AA 00000 20 / 30	방 KC 염 TA AA 00000 15 / 15		방 염 KC (세탁 가능여부) (GA)HA AA 00000 15 / 25	
부착 위치	• 합격표시는 시공·설치 이후에 확인하기 쉬운 위치에 부착한다. • 포장단위가 두루마리인 방염물품은 제품 폭의 끝으로부터 중앙 방향으로 최소 20cm 이상 떨어진 지점에 부착한다. • 그 밖의 포장단위가 장인 방염물품이나 또는 시공·설치 과정에서 합격표시 훼손의 우려가 없는 경우는 제품 폭의 끝으로부터 20cm 이내에 부착할 수 있다. • 섬유류는 표면에 가열 부착한다.				

소방의 날

국민의 안전의식 고취 및 안전문화 정착, 화재에 대한 경각심을 불러일으키기 위해 소방의 날을 제정, 기념행사를 진행하고 있다.

• 소방의 날 : 매년 11월 9일

📢 **Tip**

신고 전화를 누를 때 1을 두 번 누르니까
11월 9일! (1월 19일과 헷갈리지 않겠죠~?)

자동차에 설치(비치)하는 소화기

다음의 '대상 자동차' 중 어느 하나에 해당하는 자동차를 제작·조립·판매·수입하려는 자, 또는 해당 자동차의 소유자는 차량용 소화기를 설치(비치)해야 한다.

1) 대상 자동차

① **승용자동차** : 5인승 이상

② 승합자동차

③ 화물자동차

④ 특수자동차(견인, 구난 등 특수 작업을 수행하는 자동차)

2) 차량용 소화기 설치(비치) 기준

차 종류		설치(비치) 기준 (~단위 이상, ~개 이상)
승용차(5인승 이상)		• 1단위 1개
승합차	경형	• 1단위 1개
	15인승 이하	• 2단위 1개 또는 • 1단위 2개 (11인승 이상은 운전석, 또는 운전석과 나란한 좌석 주위에 1개 이상 설치)
	16~35인승	• 2단위 2개 (너비 2.3m를 초과하는 24인승 이상은 운전자석 부근 : 60cm × 20cm 이상의 공간 확보하고 1개 이상 설치)
	36인승 이상	• 3단위 1개 및 2단위 1개 (2층 대형승합차 : 3단위 1개 이상 추가)
화물차	중형 이하(중형까지)	• 1단위 1개
	대형 이상(대형부터)	• 2단위 1개 또는 • 1단위 2개
특수차(위험물 또는 고압가스 운송)		• 무상 강화액 8L 이상 • 이산화탄소 3.2Kg 이상 • 분말소화기 3.3Kg 이상 • CF2ClBr(할론1211) : 2L 이상 • CF3Br(할론1301) : 2L 이상 • C2F4Br2(할론2402) : 1L 이상 이 중에서 2개 이상

이론과 개념 설명

설비 및 구조의 이해

복합개념 정리

위암일 개념정리

실전 기출예상문제

쉽게 믿어보는 총정리

소방관계법령 II
다중이용업 특별법

다중이용업소의 안전관리에 관한 특별법

1) 목적

화재 등 재난이나 그 밖의 위급상황으로부터 국민의 생명·신체·재산을 보호하기 위하여 다중이용업소의 안전시설등의 설치·유지 및 안전관리와 화재위험평가, 다중이용업주의 화재배상책임 보험에 필요한 사항을 정함으로써 공공의 안전과 복리증진에 이바지함이 목적이다.

2) 용어의 정의

① 다중이용업

다중이용업이란, 불특정 다수가 이용하는 영업(장) 중, 화재 등 재난이 발생할 경우 생명·신체·재산상의 피해 발생 우려가 높은 것으로 대통령령으로 정하는 것을 말함. (단, 옥외 시설 또는 옥외 장소에서 영업을 하는 경우는 제외)

다중이용업의 범위

업종	요건
휴게음식점 제과점 일반음식점	• 지하층 : 66m² 이상 • 지상층 : 2층 이상은 100m² 이상 • 단, 주 출입구가 1층 또는 지상과 직접 접하는 층에 설치되고 영업장의 주된 출입구가 건축물 외부의 지면과 직접 연결된 경우 제외
학원	• 수용인원 300명 이상 • 수용인원 100명 이상~300명 미만인 것 중 다음의 것 　- 하나의 건축물에 학원과 기숙사가 함께 있는 학원 　- 하나의 건축물에 학원이 2 이상 있는 경우로, 학원 수용인원이 300 명 이상인 학원 　- 하나의 건축물에 다중이용업과 학원이 함께 있는 경우
목욕장	• 일반목욕장 : (층별, 면적 구분 없이) 수용인원 100명 이상 • 찜질방 : 층별, 면적 구분 없이 적용

그 외	• 단란주점업, 유흥주점업 • 영화상영관, 복합영상물제공업 • 게임제공업, 방탈출카페 • 권총사격장 • 노래연습장, 안마시술소 • 산후조리업 • 고시원업	층별, 면적 구분 없이 적용

② 안전시설등

ㄱ. 소방시설

- **소화설비** : 소화기 또는 자동확산소화기, (캐비닛형)간이스프링클러설비

- **경보설비** : 비상벨 설비 또는 자동화재탐지설비, 가스누설경보기

- **피난구조설비** : 피난기구(미끄럼대·피난사다리·구조대·완강기·다수인피난장비·승강식피난기), 피난유도선, 유도표지 또는 (휴대용)비상조명등

ㄴ. 비상구

ㄷ. 영업장 내부 피난통로

ㄹ. 그 밖의 안전시설 : 영상음향 차단장치, 누전차단기, 창문

③ 실내장식물

건축물 내부의 천장이나 벽에 붙이거나 설치하는 것(가구류와 「건축법」에 따른 내부 마감재료를 제외한 다음의 것)

ㄱ. (두께 2mm 이상의) 종이류·합성수지류 또는 섬유류를 주원료로 한 물품

ㄴ. 합판 및 목재

ㄷ. 공간 구획용 칸막이

ㄹ. 흡음재 또는 방음재(커튼 포함)

④ 밀폐구조의 영업장

지상층에 있는 다중이용업의 영업장 중, 채광·환기·통풍·피난이 쉽지 않은 구조로 되어 있으면서 <u>개구부</u> 면적의 합계가 영업장으로 사용하는 <u>바닥면적의 30분의 1 이하인 영업장</u>

→ 이 때 말하는 '개구부'는 앞서 <무창층>에서 정한 개구부의 조건과 동일해요~!

3) 피난안내도의 비치 또는 피난안내 영상물의 상영

다중이용업주는 화재·재난 및 위급상황 발생 시 이용객들이 안전하게 피난할 수 있도록 피난계단 및 피난통로, 피난구조설비 등의 위치를 확인할 수 있도록 표시된 피난안내도를 설치하거나, 또는 피난안내 관련 영상물을 상영해야 한다.

① 피난안내도

　　ㄱ. 피난안내도 비치 대상 : 모든 다중이용업소

피난안내도 설치가 제외되는 장소

- 영업장으로 사용하는 바닥면적의 합계가 33m² 이하인 경우
- 영업장 내에 구획된 실이 없고, 영업장의 어느 부분에서도 출입구 및 비상구의 위치가 확인 가능한 경우

　　ㄴ. 피난안내도 비치 위치

　　　　a. 영업장의 주 출입구 부분 : 손님이 쉽게 볼 수 있는 위치

　　　　b. 구획된 실의 벽이나 탁자 등 손님이 쉽게 볼 수 있는 위치

　　　　c. 인터넷 컴퓨터게임시설 제공업 영업장(PC방) : 각 책상(컴퓨터 작동 시 피난안내도가 나오는 경우에는 대체 가능)

　　ㄷ. 피난안내도 포함 내용

　　　　a. 화재 시 대피 가능한 비상구의 위치

　　　　b. 구획된 실 등에서 비상구 · 출입구까지의 피난 동선

　　　　c. 소화기, 옥내소화전 등 소방시설의 위치 및 사용법

　　　　d. 피난 및 대처방법

　　ㄹ. 피난안내도의 크기 및 재질, 언어

피난안내도 예시	크기
	• B4(257mmX364mm) 이상 • A3(297mmX420mm) 이상 : 영업장의 면적 또는 영업장이 위치한 층의 바닥면적이 각각 400m² 이상인 경우

재질	(코팅 처리한) 종이, 아크릴, 강판 등 쉽게 훼손되거나 변형되지 않는 것
사용 언어	한글 및 1개 이상의 외국어를 사용하여 작성

이론과 개념 설명

설비 및 구조의 이해

복합개념 정리

위임업 개념정리

실전 기출예상문제

쉽게 들어보는 총정리

② 피난안내 영상물

　　ㄱ. 피난안내 영상물 상영 대상

　　　　a. 영화상영관 및 비디오물 소극장업 영업장

　　　　b. 노래연습장업 영업장

　　　　c. 단란주점업 및 유흥주점업 영업장

　　　　d. 전화방업·화상대방업·수면방업·콜라텍업·방탈출카페업·키즈카페업·만화카페업 영업장

　　　　　으로 피난안내 영상물을 상영할 수 있는 시설을 갖춘 영업장

　　ㄴ. 상영시간 및 시기

　　　　a. 영화관 및 비디오물 소극장 : 매회 영화·비디오물 상영 시작 전

　　　　b. 노래연습장 등 그 밖의 영업 : 매회 새로운 이용객이 입장하여 노래방 기기 등을 작동할 때

　　　　　→ 피난안내 영상물은 한글 및 1개 이상의 외국어를 사용하여 상영

　　ㄷ. 피난안내 영상물에 포함하는 내용

　　　　a. 화재 시 대피 가능한 비상구의 위치

　　　　b. 구획된 실 등에서 비상구·출입구까지의 피난동선

　　　　c. 소화기, 옥내소화전 등 소방시설의 위치 및 사용법

　　　　d. 피난 및 대처방법

　　ㄹ. 영화상영관에서 장애인을 위한 피난안내 영상물 상영

　　　　영화상영관 중 전체 객석 수의 합이 300석 이상인 경우, 장애인을 위해 한국수어·폐쇄자막·화면해설 등을 이용한 피난안내 영상물이 상영되어야 한다.

4) 다중이용업 영업주 등에 대한 소방안전교육

생명·신체·재산 피해 최소화를 위해 다중이용업소에 종사하는 업주 및 종업원이 자발적으로 소방시설을 유지·관리하고, 화재 시 화재진압 등 초기대응 능력을 갖출 수 있도록 영업주와 종업원에 대하여 소방안전교육을 이수하도록 하고 있다.

다중이용업 소방안전교육	
교육 대상자	• **다중이용업주** • **종업원** : 업주 외에 해당 영업장을 관리하는 종업원 1명 이상 또는 국민연금가입 의무대상자인 종업원 1명 • **다중이용업을 하려는 자**
교육 실시권자	소방청장·소방본부장 또는 소방서장

소방안전교육 횟수 및 시기	(1) **신규교육** 　① 다중이용업을 하려는 자 : 다중이용업을 시작하기 전 　　- (다른 법률에 따른) 다중이용업주의 변경신고 또는 지위승계 신고를 하는 경우 : 허 　　　가관청이 해당 신고를 수리(처리)하기 전까지 　　- 안전시설등의 설치신고 또는 영업장 내부구조 변경 신고를 한 경우 : 완공 신고를 하 　　　기 전까지 　② 교육대상 종업원 : 다중이용업에 종사하기 전 　→ 신규교육을 받은 날부터 2년 내에 다중이용업을 하려는 경우, 또는 다중이용업에 종사 　하려는 경우에는 신규교육을 이수한 것으로 본다. (2) **수시교육** : 「다중이용업소 안전관리 특별법」 관련 조항을 위반한 다중이용업주와 교육 　대상인 종업원 : 위반행위가 적발된 날부터 3개월 이내 (3) **보수교육** : 신규 또는 직전의 보수교육을 받은 날이 속하는 달의 마지막 날부터 2년 이내 　에 1회 이상(2년 주기)
소방안전교육 연기	신규·수시·보수교육 등 소방안전교육을 받아야 하는 교육대상자가 국외 체류 중이거나, 질 병·부상 등으로 입원한 경우 등 정해진 기간 내 소방안전교육을 받을 수 없는 경우 : 소방청 장이 정하는 바에 따라 3개월 범위에서 교육을 연기할 수 있다.
교육시간	**4시간 이내**
교육 통보	[소방청·본·서장]은 소방안전교육을 실시하려는 때에는 교육일시 및 실시 장소 등 필요한 사항을 교육일 30일 전까지 소방청·소방본부 또는 소방서 홈페이지에 게재하고, 다음의 정 해진 시기에 교육대상자에게 알릴 것. (1) 신규교육 대상자 중 안전시설등의 설치신고 또는 영업장 내부구조 변경신고를 하는 　자 : 신고 접수 시 (2) **수시/보수교육 대상자 : 교육일 10일 전**

① **다중이용업 소방안전교육의 교육과정**

　ㄱ. 다중이용업소에서 화재가 발생한 경우 초기대응 및 대피요령

　ㄴ. 소방시설 및 방화시설의 유지·관리 및 사용방법

　ㄷ. 심폐소생술 등 응급처치 요령

　ㄹ. 화재안전과 관련된 법령 및 제도

5) 다중이용업주의 안전시설등에 대한 정기점검 등

① 다중이용업주는 다중이용업소의 안전관리를 위해 정기적으로 안전시설등을 점검하고 그 점검결과서
　를 보관해야 한다.

　- **다중이용업주 점검결과서 보관 기간 : 1년간 보관**

　- 이렇게 다중이용업주가 안전시설등을 점검하는 경우, 다중이용업소에 설치된 안전시설등이 해당 건축
　물의 다른 시설·장비와 연계되어 작동한다면 : 해당 건축물의 관련 시설·장비를 관리하는 소유자·
　점유자 등 관계인 및 소방안전관리자는 다중이용업주의 안전점검에 협조해야 한다.

건축물의
다른 시설과
연계 작동

② 다중이용업주는 정기점검을 소방시설관리업자에게 위탁할 수 있다.

③ 안전점검의 대상, 점검자의 자격, 점검주기·방법, 그 밖에 필요한 사항은 <u>행안부령</u>으로 정한다.

안전점검의 대상 및 점검자의 자격 등

① **안전점검 대상** : 다중이용업소의 영업장에 설치된 안전시설등

② **안전점검자의 자격**

  -해당 영업장의 다중이용업주 또는 다중이용업소가 위치한 특정소방대상물의 소방안전관리자(소방안전관리자가 선임된 경우에만 한함)

  -해당 업소의 종업원 중 소방안전관리자 자격을 취득한 자, 소방기술사·소방설비(산업)기사 자격 취득자

  -소방시설관리업자

③ **점검주기** : 매 <u>분기별 1회 이상</u> 점검(단, 소방시설등의 자체점검을 실시한 경우, 그 분기에는 점검을 하지 않을 수 있다.)

④ **점검방법** : 안전시설등의 작동 및 유지·관리 상태 점검

이론과 개념 설명

설비 및 구조의 이해

복합개념 정리

핵심만 개념정리

실전 기출핵심문제

실제 풀어보는 총정리

과태료 부과 주요 세부 기준

위반행위	과태료(단위 : 만 원)
• 안전시설등을 기준에 따라 설치·유지하지 않은 경우 　▶ 안전시설등의 작동·기능에 지장을 주지는 않는 경미한 사항을 2회 이상 위반함	100
• 안전시설등의 설치 전, 소방본부장 및 서장에게 안전시설등의 설계도서를 첨부하여 신고해야 하는데 　▶ 안전시설등 설치신고를 하지 않고 안전시설등을 설치한 경우 　▶ 안전시설등 설치신고를 하지 않고 영업장 내부구조를 변경한 경우	100
• 정기점검 결과서를 보관하지 않은 경우	
• 안전시설등을 고장상태 등으로 방치한 경우 　- 소화펌프를 고장상태로 방치 　- 수신반의 전원을 차단한 상태로 방치 　- 동력(감시)제어반을 고장상태로 방치하거나 전원을 차단한 경우 　- 소방시설용 비상전원을 차단한 경우 　- 소화배관의 밸브를 잠금상태로 두어 소방시설이 작동할 때 소화수가 나오지 않거나 또는 소화약제가 방출되지 않는 상태로 방치한 경우	200
• 안전시설등을 설치하지 않은 경우	300

	위반 횟수별 과태료 차등부과 행위	1회	2회	3회
차 등 부 과	• 소방안전교육을 받지 않거나, 또는 종업원이 안전교육을 받도록 하지 않은 경우 • 비상구를 폐쇄·훼손·변경하는 등 행위 • 피난시설, 방화구획(시설)을 폐쇄·훼손·변경하는 등 행위 • 영업장 내 피난통로에 피난에 지장을 주는 물건 등을 쌓아 놓은 경우 • 안전시설등의 공사를 마친 후 신고를 하지 않은 경우 • 피난안내도를 갖추지 않거나, 피난안내 영상물을 상영하지 않은 경우 • 소방안전관리 업무를 하지 않은 경우	100	200	300

소방관계법령 II
초고층 및 지하연계 복합건축물 재난관리에 관한 특별법

제정 배경

서울 롯데타워, 부산 마린시티 등 초고층 건축물의 대두와 더불어 대도시의 지하교통수단 및 지하연계 복합건축물의 발전으로 재난 유형 또한 다양해지고 복합적인 형태를 띠며 대규모 재난으로 확산될 위험 또한 커지고 있다.

이에 따라 초고층 및 지하연계 복합건축물의 설계 단계에서부터 검토를 거쳐, 종합적인 재난방재 시스템을 구축하여 효율적인 재난관리 및 피해 경감을 위해 「초고층 및 지하연계 복합건축물 재난관리에 관한 특별법」이 제정되었다.

법의 적용 대상

① 초고층 건축물
② 지하연계 복합건축물
③ ①, ②에 준하여 재난관리가 필요한 것으로 대통령령으로 정하는 건축물 및 시설물

용어의 정의

① **초고층 건축물**: 층수 50층 이상 또는 높이 200m 이상인 건축물(「건축법」에 따름)
② **지하연계 복합건축물**: 다음의 요건을 모두 갖춘 것
  - **층수가 11층 이상이거나, 1일 수용인원이 5천명 이상인 건축물로**: 지하부분이 지하역사 또는 지하도상가와 연결된 건축물
  - 건축물 안에 「건축법」에 따른 문화·집회시설, 판매시설, 운수시설, 업무시설, 숙박시설, 위락시설 중 유원시설업의 시설 또는 대통령령으로 정하는 용도의 시설이 하나 이상 있는 건축물

- **유원시설업**이란? 이용자에게 유희를 제공할 목적으로 기계,전기·전자 장치를 이용해 일정 공간 내에서 이용 가능하도록 만든 유기시설이나 유기기구를 갖추어, 이를 이용객(관광객)에게 이용하도록 하는 시설(놀이동산, 키즈카페 등)
- **대통령령으로 정하는 용도의 시설?** 의료시설 중 종합병원과 요양병원을 말함

③ **관계지역**: 건축물 및 초고층 건축물 등의 시설물과 그 주변 지역을 포함하여 재난의 예방·대비·대응 및 수습 등의 활동에 필요한 지역으로 대통령령으로 정하는 지역

④ **일반건축물등**: 관계지역 안에서 초고층 건축물등을 제외한 건축물 또는 시설물(초고층 빼고 다른 일반 건축물이나 시설물!)

⑤ **관계인**: 초고층 건축물등 또는 일반 건축물등의 소유자·관리자·점유자

⑥ **관리주체**: 초고층 건축물등 또는 일반 건축물등의 소유자 또는 관리자(해당 건축물등의 소유자와 관리 계약 등에 따라 관리책임을 진 자를 포함).

⑦ **총괄재난관리자**: 초고층 건축물등의 재난 및 안전관리 업무 총괄자

총괄재난관리자

초고층 건축물등에서의 전반적인 종합 대책 및 안전관리 등을 위해 총괄재난관리자를 지정하여 각 분야별 안전관리자를 총괄 관리·감독하는 등 재난관리를 주도, 관계지역 내 재난관리 업무 협의·조정 등의 역할 수행

1) 총괄재난관리자의 지정 및 업무사항

- 초고층 건축물등의 관리주체는 총괄재난관리자를 두어 다음의 업무를 총괄·관리하도록 한다.
- 총괄재난안전관리자는 다른 법령에 따른 안전관리자를 겸직할 수 없다.

총괄재난관리자의 총괄·관리 업무사항	Tip!
① 재난 및 안전관리 계획수립에 관한 사항 ② 재난예방 및 피해경감계획의 수립·시행에 관한 사항 ③ 교육 및 훈련에 관한 사항 ④ 홍보계획의 수립·시행에 관한 사항 ⑤ 통합안전점검 실시에 관한 사항	**계획·예방** • 안전관리 계획, 예방계획 등을 세우고 • 평상시 교육·훈련과 그에 대한 홍보 계획, • 주기적인 점검 실시에 대한 사항

	대비·대응
⑥ 종합방재실의 설치·운영에 관한 사항 ⑦ 종합재난관리체제의 구축·운영에 관한 사항 ⑧ 유해·위험물질의 관리 등에 관한 사항 ⑨ 초기대응대 구성·운영에 관한 사항	• 초고층 건축물에서 모든 재난 등을 종합적으로 컨트롤 할 수 있는 종합방재실을 설치·운영하고, • 그러한 재난에 대비할 수 있는 체제의 구축, • 더불어 유해·위험물질까지 종합적으로 관리하며 • 초기대응대로 신속한 대응!
	대피유도
⑩ 피난안전구역 설치·운영에 관한 사항 ⑪ 대피 및 피난유도에 관한 사항	• 대피 및 피난유도에 대한 사항은 물론 • 초고층 건축물인 만큼 피난안전구역까지 설치·운영

⑫ 그 밖에 재난 및 안전관리에 관하여 [행정안전부령]으로 정한 사항

> 행안부령으로 정하는 사항?
> • 초고층 건축물등의 유지·관리 및 점검, 보수에 관한 사항
> • 방범·보안·테러 대비 – 대응 계획의 수립 및 시행에 관한 사항

2) 총괄재난관리자의 자격

① 건축사, 건축 · 기계 · 전기 · 토목 · 안전관리 분야 기술사

② 특급소방안전관리자 선임 자격이 있는 사람

③ (건축·기계·전기·토목·안전관리 분야) 기사 : 재난 및 안전관리 실무경력이 5년 이상인 사람

④ (건축·기계·전기·토목·안전관리 분야) 산업기사 : 재난 및 안전관리 실무경력이 7년 이상인 사람

⑤ 주택관리사 : 재난 및 안전관리 실무경력이 5년 이상인 사람

3) 총괄재난관리자 지정(선임) 및 등록

• 초고층 건축물등의 관리주체는 아래의 기준일로부터 30일 내에 총괄재난관리자를 지정해야 한다.

• 지정한 날부터 14일 내에 시·군·구 재난안전대책본부의 본부장에게 지정 등록 신청을 제출해야 한다.

일반 건축물 → 소방본·서장

초고층 건축물 → 시·군·구 대책본부 본부장

> 📢 **Tip**
>
> 초고층 건축물은 재난이 발생하면 그 피해 규모가 일반 건물보다 훨씬 더 크기 때문에, 이러한 초고층 건축물의 총괄재난관리자는 일반 소방본부나 소방서보다 더 큰 단위인 **<지역 대책본부>** 에서 관리해야 하겠죠? 그런데 서울에만 24개, 경기북부에는 14개의 초고층 건축물이 있기 때문에 (특별·광역)시·도 단위로 한꺼번에 묶이는 것이 아니라, 그보다는 조금 더 세부적인 관리가 이루어질 수 있도록 "시·군·구의 대책본부 본부장(시장·군수·구청장)" 단위로 관리한다고 생각하면 좋아요! (예를 들어, 경기도 김포시에 위치한 어떤 초고층 건축물이 있다고 한다면 : **시·군·구 재난안전대책본부의 본부장**(김포시 시장)**에 지정 등록 신청)**

지정이 필요한 경우	기준일(로부터 30일 내 지정)
① 초고층 건축물등을 건축한 경우	건축물의 사용승인 또는 사용검사 등을 받은 날
② 용도변경 또는 용도변경에 따른 수용인원 증가로 초고층 건축물등이 된 경우	용도변경 사실을 건축물대장에 기록한 날
③ 초고층 건축물등을 양수하거나, 경매·매각 등으로 인수한 경우	양수 또는 인수한 날 (다만, 종전의 총괄재난관리자를 다시 지정한 경우는 제외)
④ 총괄재난관리자를 해임했거나 퇴직한 경우	해임 또는 퇴직한 날

4) 총괄재난관리자에 대한 교육

- **교육 대상** : 총괄재난관리자
- **교육 시기** : 총괄재난관리자로 지정된 날부터 6개월 내 → 이후 2년마다 1회 이상 보수교육(2년 주기)
- **교육 실시자** : 소방청장 또는 소방청장이 지정하는 기관

> **총괄재난관리자 교육 사항**
>
> (1) 재난관리 일반
> (2) 법 및 하위법령의 주요 내용
> (3) 재난예방 및 피해경감계획 수립에 관한 사항
> (4) 관계인, 상시근무자 및 거주자에 대해 실시하는 재난 및 테러 교육·훈련
> (5) 종합방재실의 설치·운영에 관한 사항
> (6) 종합재난관리체제의 구축에 관한 사항
> (7) 유해·위험물질의 관리 등에 관한 사항
> (8) 피난안전구역의 설치·운영에 관한 사항
> (9) 그 밖에 소방청장이 필요하다고 인정하는 사항

기타 관리주체의 방재계획

1) 재난 및 안전관리 협의회

관계지역 안에 관리주체가 둘 이상인 경우, 이들 관리주체는 '재난 및 안전관리 협의회'를 구성, 운영해야 한다.

2) 초고층 건축물등에서의 교육 및 훈련 등

① 초고층 건축물등의 관리주체는 관계인, 상시근무자·거주자에 대해 다음의 교육·훈련을 매년 1회 이상 실시해야 한다.

관계인 및 상시근무자에 대한 교육·훈련	① 재난 발생 상황보고·신고 및 전파에 관한 사항 ② 장애인을 포함하여 입점자, 이용자·거주자 등의 대피유도에 관한 사항 ③ 현장 통제와 재난대응 및 수습에 관한 사항 ④ 재난발생 시 임무 / 재난 유형별 대처·행동요령에 관한 사항 ⑤ 2차 피해 방지·저감(줄임)에 관한 사항 ⑥ 외부기관 출동 → 상황 인계에 관한 사항 ⑦ 테러 예방 및 대응 활동 사항
거주자 등에 대한 교육 및 훈련	① 피난안전구역의 위치에 관한 사항 ② 피난층으로의 대피요령 등 ③ 피해 저감을 위한 사항 ④ 입점자의 경우 : 테러 예방 및 대응활동

② 관리주체는 교육·훈련에 필요한 장비 및 교재 등을 갖추어야 한다.

관리주체는 다음 연도 교육·훈련 계획을 수립하여 매년 12월 15일까지 시·군·구 본부장에게 제출한다.

▶**교육·훈련 계획에 포함되는 사항** : 교육·훈련의 종류, 내용, 시기, 횟수 및 참여 대상 등

③ 교육·훈련에 소화/피난 훈련과 방화관리상 필요한 교육이 포함된 경우 관리주체는, 교육·훈련 예정일 14일 전까지 관할 소방서장과 교육·훈련의 내용·시기·방법·대상 등에 대해 협의해야 한다.

④ 관리주체는 교육·훈련 실시 결과를 작성하여 교육·훈련을 한 날부터 10일 내에 시·군·구 본부장에게 제출 + 1년간 보관한다.

⑤ 시·군·구 본부장은 관리주체로부터 받은 교육·훈련 결과를 10일 내에 관할 소방서장에게 통보해야 한다.

⑥ 소방청장이나 시·도본부장은 초고층 건축물등의 관리주체가 ①항에 따른 교육·훈련을 실시하는 데에 필요한 지원을 할 수 있다.

3) 통합안전점검

초고층 건축물등의 관리주체는 「고압가스」, 「도시가스」, 「전기안전관리」, 「승강기」, 「어린이놀이시설」 등 관련 법에 따른 정기검사(안전점검)를 통합안전점검으로 시행하고자 하는 경우, 계획을 수립하여 희망하는 날의 30일 전까지 시·도 본부장 또는 시·군·구 본부장에게 신청서를 제출하여 요청해야 한다.

4) 초기대응대 구성·운영

초고층 건축물등의 관리주체는 신속한 초기대응을 위해 '초기대응대'를 구성, 운영해야 한다.

① 초기대응대는 상주하는 5명 이상의 관계인으로 구성(단, 공동주택의 경우 3명 이상의 관계인으로 구성 가능)

② 초기대응대의 역할

- 재난 발생 장소 등 현황 파악
- 신고 및 관계지역에 전파 / 긴급구조기관에 재난정보 제공
- 재난 초기대응, 거주자·입점자 등의 피난(대피) 유도
- 구조 및 응급처치
- 그 밖에 재난예방 및 피해경감에 필요한 사항

③ 초기대응대는 피난유도, 구조·응급처치, 불을 사용하는 설비·기구 등의 열원 차단에 필요한 장비 등을 갖추어야 한다.

④ 총괄재난관리자는 초기대응대를 대상으로 다음의 내용을 포함한 교육·훈련을 매년 1회 이상 실시한다.

- 재난 발생 장소 확인 방법
- 신고 및 관계지역 전파 방법 / 소방대 도착 시 현장 유도 및 정보 제공
- 초기 대응 및 신체 방호 방법 & 소방·피난시설 작동 방법
- 층별 거주자·입점자의 피난유도 방법
- 응급구호 및 안전 방호 방법

- 불을 사용하는 설비 · 기구의 열원 차단 방법

- 위험물품 응급조치 방법

- 그 밖에 재난 초기 대응에 필요한 사항

피난안전구역

초고층 건축물(50층 이상 또는 200m 이상)		• 피난층 또는 지상으로 통하는 직통계단과 직접 연결되는 피난안전 구역을 지상층으로부터 최대 30개층 마다 1개소 이상 설치할 것
지하연계 복합건축물	30층 이상 ~ 49층 이하	• 피난층 또는 지상으로 통하는 직통계단과 직접 연결되는 피난안전 구역을 해당 건축물 전체 층수의 2분의 1에 해당하는 층으로부터 상하 5개층 이내에 1개소 이상 설치할 것
	16층 이상 ~ 29층 이하	• 지상층별 거주밀도가 m²당 1.5명을 초과하는 층 : 해당 층의 사용형태별 면적 합의 10분의 1에 해당하는 면적을 피난안전구역으로 설치할 것
초고층 건축물등의 지하층이 특정 용도로 사용되는 경우		특정용도 : 문화·집회시설, 판매시설, 운수시설, 업무시설, 숙박시설, 위락시설 중 유원시설업 시설 또는 대통령령으로 정하는 용도의 시설이 하나 이상 있는 건축물
		• 해당 지하층에 피난안전구역 면적 산정기준에 따라 피난안전구역을 설치하거나, 선큰(지표 아래에 있는 공간으로 자연광을 유도하고 외부 공기에 개방된 공간 : 건축물 사용자등의 보행 및 휴식, 피난을 위한 공간으로 사용된다.)을 설치할 것

초고층 건축물
(50층 이상)

벌금	5년 이하 / 5천만원 이하	피난안전구역을 설치·운영하지 않은 자 또는 폐쇄·차단 등의 행위
	300만원 이하	총괄재난안전관리자 지정하지 않은 자
과태료	500만원 이하	초기대응대 구성·운영하지 않은 자
	300만원 이하	• 다른 법령에 따른 안전관리자를 겸직한 자 • 상시근무자 및 거주자에게 재난·테러 등에 대한 교육·훈련을 하지 않은 자

📢 **Tip**

- 소방시설을 **폐쇄·차단**한 경우도 **5년에 5천 벌금**이었어요~!
- (총괄)소방안전관리(보조)자를 '선임'하지 않은 경우도 300만원 이하의 벌금이었고, 총괄재난안전관리자를 지정(선임)하지 않은 경우도 마찬가지로 300만원 이하의 벌금! [**미선임은 300벌!**]
- 소방안전관리자를 겸한 자도 300 과태료! (재난)안전관리자를 겸직한 사람도 300 과태료! [**겸직은 300과!**]
- 피난정보 미제공 및 소방훈련·교육 미실시도 300 과태료였고, 마찬가지로 초고층 건축물등에서 상시근무자 및 거주자에게 교육·훈련을 하지 않은 경우도 300 과태료! [**훈련·교육 미실시는 300과!**]

소방관계법령 II
재난 및 안전관리 기본법

목적

각종 재난으로부터의 국토 보존 및 국민의 생명·신체·재산 보호를 위해 **국가와 지방자치단체**의 재난 및 안전관리체제를 확립하고, 재난의 예방·대비·대응·복구와 안전문화활동, 그 밖에 재난 및 안전관리에 필요한 사항을 규정함

용어의 정의

1) **재난**: 국민의 생명·신체·재산과 국가에 피해를 주는(줄 수 있는)것 - 자연재난 / 사회재난으로 구분

- 자연재난: 태풍, 홍수, 호우, 강풍, 풍랑, 해일, 대설, 한파, 낙뢰, 가뭄, 폭염, 지진, 황사, 조류 대발생, 조수, 화산활동, 소행성·유성체 등 자연우주물체의 추락·충돌, 그 밖에 이에 준하는 자연현상으로 인해 발생하는 재해
- 사회재난: 화재·붕괴·폭발·교통사고(항공/해상사고 포함), 화생방 사고, 환경오염사고 등으로 인해 발생하는 대통령령으로 정하는 규모 이상의 피해와 국가핵심기반의 마비, 감염병, 가축전염병의 확산 등으로 인한 피해
  └ 국가핵심기반이란, 에너지·정보통신·교통수송·보건의료 등 국가경제 및 국민의 안전·건강 또는 정부의 핵심기능에 중대한 영향을 미칠 수 있는 시설이나 정보기술시스템 및 자산 등을 뜻함

2) **재난관리**: 재난의 예방·대비·대응·복구를 위해 하는 모든 활동

3) **안전관리**: 재난이나 그 밖의 각종 사고로부터 사람의 생명·신체·재산상의 안전을 확보하기 위해 하는 모든 활동

4) **안전기준**: 각종 시설 및 물질 등의 제작·유지관리 과정에서 안전을 확보할 수 있도록 적용해야 하는 기술적 기준을 체계화한 것 - 안전기준의 분야·범위 등은 대통령령으로 정함.

5) **재난관리주관기관**: 재난이나 그 밖의 각층 사고에 대하여 그 유형별로 예방·대비·대응·복구 업무를 주관하여 수행하도록 대통령령으로 정하는 관계 중앙행정기관

6) **재난관리책임기관**
   ① 중앙행정기관 및 지방자치단체
   ② 지방행정기관·공공기관·공공단체 및 재난관리의 대상이 되는 중요시설의 관리기관 등으로 대통령령으로 정하는 기관

재난관리 주관기관

해양 환경오염 사고 / 해양 선박사고
▶해양수산부

학교(시설)에서 발생한 사고
▶교육부

가축 질병 등
▶농림축산식품부

재난관리 책임기관

▷지방 해양수산청…

▷각 시·도 교육청…

▷농림축산검역본부…

7) 긴급구조 : 재난이 발생하거나, 또는 발생할 우려가 현저할 때 국민의 생명·신체·재산을 보호하기 위해 긴급구조기관과 긴급구조 지원기관이 하는 인명구조, 응급처치, 그 밖에 필요한 모든 긴급한 조치

8) 긴급구조기관 : 소방청, 소방본부 및 소방서. 다만 해양에서 발생한 재난의 경우에는 해양경찰청·지방해양경찰청·해양경찰서를 말함

안전관리계획

안전관리계획 작성 책임자

안전관리계획의 구분	작성 및 책임자
국가안전관리 기본계획(국가 단위)	국무총리
국가안전관리 기본계획(부처 단위)	중앙행정기관의 장
시·도 안전관리계획	시·도지사
시·군·구 안전관리계획	시장·군수·구청장

→ 국가안전관리기본계획과 집행계획, 시·도안전관리계획, 시·군·구안전관리계획은 민방위계획 중 재난관리분야의 계획으로 본다.

→ 국가안전관리기본계획에 포함해야 하는 사항 : ① 재난에 관한 대책 ② 생활·교통·산업·범죄·식품안전, 안전취약계층의 안전 및 그 밖에도 이에 준하는 안전관리에 관한 대책

1) 국가안전관리기본계획의 수립(안전관리 계획 수립)

① (대통령령으로 정하는 바에 따라) "국무총리"는 국가안전관리기본계획의 수립 지침을 작성하여 관계 중앙행정기관의 장에게 통보한다.

→ 수립지침에는, 각 부처별로 중점적으로 추진할 안전관리기본계획의 수립에 관한 사항과 국가재난관리체계의 기본방향이 포함될 것

② 관계 중앙행정기관의 장은 수립지침에 따라 그 소관에 속하는 재난 및 안전관리업무에 관한 기본계획을 작성한 후 국무총리에게 제출한다.

③ 국무총리는 관계 중앙행정기관의 장이 제출한 기본계획을 종합하여 국가안전관리 기본계획을 작성, 중앙위원회의 심의를 거쳐 확정한 후 이를 관계 중앙행정기관의 장에게 통보한다.

④ 중앙행정기관의 장은 확정된 국가안전관리기본계획 중 그 소관 사항을 관계 재난관리책임기관(중앙행정기관과 지방자치단체는 제외)의 장에게 통보한다.

⑤ 국가안전관리기본계획을 변경하는 경우에는 위 ①~④항목까지를 준용

2) 집행계획

① 관계 중앙행정기관의 장은 통보받은 국가안전관리기본계획에 따라 그 소관 업무에 관한 집행계획을 작성, 조정위원회 심의를 거쳐 국무총리의 승인을 받아 확정한다.

② 관계 중앙행정기관의 장은 확정된 집행계획을 행정안전부장관에게 통보, 시·도지사 및 재난관리책임기관의 장에게 통보한다.

③ 재난관리책임기관의 장은 ②항에 따라 통보받은 집행계획을 토대로 세부집행계획을 작성하여 관할 시·도지사와 협의 후 소속 중앙행정기관의 장에게 승인을 받아 이를 확정한다.

이론과 개념 설명

실무 및 구조의 이해

복합개념 정리

위임입 개념정리

실전 기출예상문제

실기 풀어보는 총정리

→이 경우, 그 재난관리책임기관의 장이 공공기관이나 공공단체의 장인 경우에는 그 내용을 지부 등 지방조직에 통보한다.

재난의 예방·대비 / 대응 / 복구

💬 **미리보기**
재난의 예방·대비 - 대응 - 복구

1) 재난관리책임기관의 장은 소관 업무 분야에서 재난 발생 방지를 위해 다음의 조치를 할 것

> **재난 방지 조치**
>
> ① 재난 예측 및 예측정보 제공·이용 체계 구축
>
> ② 재난에 대응할 조직 구성 및 정비
>
> ③ 재난 발생에 대비한 교육·훈련, 예방관련 홍보
>
> ④ 재난 발생 위험이 높은 분야에 대한 안전관리체계 구축 및 규정 제정
>
> ⑤ 재난방지시설 점검·관리
>
> ⑥ 국가핵심기반의 관리
>
> ⑦ 특정관리 대상지역에 대한 조치
>
> ⑧ 재난관리자원의 관리(재난의 수습활동에 필요한 전기·통신, 격리시설, 철근·시멘트 등 정해진 장비, 물자, 자재 및 시의 관리) - 2024년 시행
>
> ⑨ 그 밖에 재난예방을 위해 필요하다고 인정되는 사항

2) 행안부장관은 효율적인 재난관리를 위해 다음의 사항이 포함된 국가재난관리 기준을 제정·운영할 것

① 재난분야 용어 정의, 표준체계 정립

② 국가재난 대응체계 원칙

③ 재난경감 · 상황관리 · 유지관리 등에 관한 일반 기준

④ 재난에 관한 예보 · 경보 발령 기준

⑤ 재난상황의 전파

⑥ 재난 발생 시 효과적인 지휘 · 통제 체제 마련

⑦ 효과적인 재난관리를 위한 관계기관 간의 상호협력 방안

⑧ 재난관리체계에 대한 평가 기준 및 방법

⑨ 그 밖에 효율적인 재난관리를 위해 행안부장관이 필요하다고 인정하는 사항

행안부 장관	재난관리책임기관 장
· 기준, 표준 제정	· 방지 조치
- 재난 용어, 표준체계	- 예측, 대응조직 구성
- 재난 대응체계	- 교육 · 훈련 · 홍보
- 재난관리체계 평가 기준	- 방지시설 점검 · 관리
- 상황전파/지휘·통제 체제	- 관리 대상지역 · 관리자원
- 일반 기준, 발령 기준	- 위험도 높은 분야 체계 구축

3) 재난분야 위기관리 매뉴얼 작성·운용

재난관리책임기관(중앙+지방)의 장은 효율적인 재난관리를 위해 재난 유형에 따라 다음의 위기관리 매뉴얼을 작성·운용하고, 재난대응 활동계획과 위기관리 매뉴얼이 서로 연계되도록 한다.

① 위기관리 표준매뉴얼	• 재난관리 주관기관의 장이 작성 (단, 주관기관과 관련된 재난에 대해서는 주관기관의 장과 협의하여 행안부 장관이 작성할 수도 있음) • 국가 차원에서 관리가 필요한 재난에 대한 재난관리 체계 및 관계 기관의 임무·역할 규정 • 위기대응 실무매뉴얼의 작성 기준이 되는 매뉴얼
② 위기대응 실무매뉴얼	• 재난관리 주관기관의 장 + 관계기관의 장이 작성 → 주관기관의 장은 실무매뉴얼과 표준매뉴얼을 통합 작성할 수도 있음 • 표준매뉴얼에서 규정했던 기능·역할에 따라 실제 재난 대응에 필요한 조치사항 및 절차를 규정
③ 현장조치 행동매뉴얼	• 실무매뉴얼을 작성했던 장이 지정한 기관의 장이 작성 • 시장·군수·구청장이 작성할 경우 : 행동매뉴얼을 통합하여 작성 가능 • 재난 현장에서 임무를 직접 수행하는 기관의 행동조치 절차를 구체화한 문서

재난의 대응

💬 **미리보기**

중앙 & 지방 대책본부와 위원회의 구성

대책본부　　일종의 컨트롤 센터 역할, 지난 총괄

〈중앙〉
재난안전 대책본부

〈지방〉
재난안전 대책본부

▷대표 : 본부장(행안부 장관)

▷대표 : 시·도지사(시·군·구의 경우:시장, 군수, 구청장)

위원회　　심의, 안건검토·회의

〈중앙〉
안전관리 위원회

〈지방〉
안전관리 위원회

▷대표 : 위원장(국무총리)

▷대표 : 위원장(시·도지사)
(시·군·구의 경우:시장, 군수, 구청장)

1) 재난 선포 절차 및 과정

긴급조치가 필요한 재난발생(우려)
↓
시·도지사 건의, 중앙재난안전대책 본부장 승인
↓
재난선포 요건 검토(대책본부 회의)
↓
중앙안전관리 위원회 개최
↓
중앙안전관리 위원회 심의 및 의결
↓
재난사태 선포 : 행안부 장관
↓
긴급조치 수행
↓
재난사태 해체 : 행안부 장관

긴급 시 중앙위원회 심의 없이
행안부장관의 재난 선포

미승인 시 재난사태 즉시 해제

2) 재난사태의 선포

① (대통령령으로 지정한 재난이 발생하거나, 그러한 우려가 있어 피해 등을 줄이기 위해 긴급 조치가 필요한 경우) 행안부 장관은 중앙위원회의 심의를 거쳐 재난사태를 선포할 수 있는데,

② 만약 상황이 긴급하여 중앙위원회를 거칠 시간적 여유가 없는 경우에는 중앙위원회의 심의를 거치지 않고, 행안부 장관이 재난사태를 선포할 수 있다.

→ 이에 따라 행안부 장관이 재난사태를 선포한 경우, 지체 없이 중앙위원회의 승인을 받아야 하는데 만약 승인을 받지 못할 경우 선포된 재난사태를 즉시 해제해야 한다.

③ 행안부 장관 및 지방자치단체의 장은 재난사태가 선포된 지역에 대하여 다음과 같은 조치를 할 수 있다.

- 재난경보 발령, 재난관리자원 동원, 대피명령, 응급지원 / 위험구역 설정
- 해당 지역에 소재하는 소속 공무원 비상소집
- 해당 지역에 대한 여행 및 이동 자제 권고
- 휴업·휴교·휴원 요청 및 그 밖에 재난예방에 필요한 조치

④ 재난으로 인한 위험이 해소되었다고 인정되는 경우, 또는 추가적인 재난 발생 우려가 없어진 경우 행안부 장관은 선포되었던 재난사태를 즉시 해제한다.

📁 **재난 선포 및 해제 권한자**
행정안전부 장관

3) 위기경보 발령

① 재난관리 주관기관의 장은 (대통령령으로 정하는) 재난에 대한 징후를 식별하거나, 재난 발생이 예상되는 경우에는 그 위험 수준이나 발생 가능성 등을 판단하여 <u>위기경보를 발령</u>, 그에 부합하는 조치를 하도록 할 수 있다.

(다만 국가 차원의 재난, 다수의 주관기관이 관련되는 재난 상황에서는 행안부 장관이 위기경보 발령 가능)

② 위기경보는 재산피해의 전개 속도, 확대 가능성 등 종합적인 심각성을 고려하여 [관심 - 주의 - 경계 - 심각]으로 구분한다. (단, 다른 법령의 기준이 따로 있는 경우에는 해당 기준을 따름)

③ 재난관리 주관기관의 장은 [심각] 단계의 경보를 발령/해체하는 경우, 행안부 장관과 협의해야 한다.

(다만 긴급한 경우에는 우선 조치 후, 행안부 장관과 협의)

④ 재난관리 책임기관의 장은 신속한 위기경보 발령을 위해 재난과 관련한 위험 정보를 얻으면, 즉시 행안부 장관 / 재난관리 주관기관의 장/ 시·도지사(시·군·구의 경우 시장·군구·구청장)에게 통보해야 한다.

- <u>위기경보 발령/해제 권한자</u> : <u>주관기관의 장</u>('심각' 단계는 행안부 장관과 협의)
- 위험정보가 생기면 책임기관의 장은 주관기관 장, 행안부 장관, 시도지사 등에게 공유

4) 재난 유형별 대응체계

단계(유형)	내용	대응
관심(Blue : 파)	징후가 있지만 그 활동성이 낮고, 가까운 기간 내에 국가적 위기로 발전할 가능성은 비교적 낮은 상태	징후활동 감시
주의(Yellow : 노)	징후활동이 비교적 활발하고 국가적 위기로 발전할 경향성이 일정 수준으로 나타나는 상태	대비계획 점검
경계(Orange : 주)	징후활동 매우 활발! 전개 속도 및 경향성이 국가적 위기로 발전할 가능성이 농후한 상태	즉각 대응태세 돌입
심각(Red : 빨)	징후활동 매우 활발! 전개 속도 및 경향성이 심각한 수준으로 확실한 상태	대규모 인원 피난

1) 특별재난지역 선포

① **특별재난지역 선포 권한자**：대통령

> 💬 (예를 들어, 코로나19 때 대구·경북 지역에 대해서 대통령의 특별재난지역 선포가 있었어요. 그 외에도 호우나 홍수 등으로 인해 특별재난지역이 선포되기도 했지요. 이렇게 특별재난지역으로 선포되면, 복구 비용이나 세금 등에 대한 감면 혜택 등이 지원된답니다. 그래서 재난발생으로 인한 '복구' 단계에서 이러한 특별재난지역 선포가 이루어져요)

② 중앙대책본부의 본부장은 일정 규모의 재난이 발생하여 특별한 조치가 필요하다고 인정되거나, 또는 지역대책 본부장의 요청에 따라 그 사유가 타당하다고 인정하는 경우에 중앙위원회의 심의를 거쳐 해당 지역을 특별재난지역으로 선포할 것을 대통령에게 건의할 수 있다.

③ 건의를 받은 대통령은 해당 지역을 특별재난지역으로 선포할 수 있다.

④ 지역대책 본부장은 관할 지역의 재난으로 인해 국가의 안녕 및 사회질서 유지에 중대한 영향을 미치거나, 효과적인 피해 수습을 위해서 중앙대책 본부장에게 특별재난지역 선포 건의를 요청할 수 있다.

2) 특별재난지역에 대한 지원

국가나 지방자치단체는 특별재난지역으로 선포된 지역에 대해 국고보조 등의 지원을 하는 외에, (대통령령으로 정하는 바에 따라) 응급대책 및 재난구호와 복구에 필요한 행정·재정·금융·의료상의 특별지원을 할 수 있다.

3) 특별재난의 범위 및 선포

① 대통령이 특별재난지역을 선포하는 경우, 중앙대책 본부장은 특별재난지역의 구체적인 범위를 정해 공고한다.

② **특별재난의 범위**

- 자연재난으로, 국고지원 대상 피해 기준금액의 2.5배를 초과하는 피해가 발생한 재난
- 자연재난으로, 국고지원 대상 읍·면·동：피해 기준금액의 4분의 1을 초과하는 피해가 발생한 재난

- 사회재난으로, 재난이 발생한 해당 지방자치단체의 행정·재정능력으로 수습이 곤란하여 국가 차원의 지원이 필요하다고 인정되는 재난
- 그 밖에 재난 발생으로 생활기반 상실 등 극심한 피해에 대하여 효과적인 수습 및 복구를 위해 국가 차원에서 특별한 조치가 필요하다고 인정되는 재난

재난안전법 주체(권한)별 주요 업무 도표

대통령	국무총리	행안부 장관	재난 책임기관의 장
특별재난지역 선포 ('복구' 단계) ⋮ 특별재난지역의 구체적인 범위 설정은 중앙대책 본부장	국가안전 기본계획 작성 (국가 단위) ⋮ (부처 단위) 중앙 행정기관 (~부, 처, 청)의 장	• 재난 예방·대비의 '기준/표준' 제정 • 재난사태 선포/해체	• 재난 '방지' 조치 • 위험정보 생기면 공유

건의

재난 주관기관의 장

위기경보(파 - 노 - 주 - 빨) 발령/해제

소방관계법령 II
위험물안전관리법

위험물안전관리법에서 말하는 '위험물'의 정의

인화성 또는 발화성 등의 성질을 가지는 것으로서 대통령령이 정하는 물품(제1류~제6류 위험물)

→ 쉽게 말해서, 특정 온도 등의 조건에서 불이 쉽게 붙을 수 있는 성질을 가지는 것 중 대통령령으로 정해놓은 특정 물질을 위험물이라고 하는데, 이러한 위험물은 신체·재산 등의 손실을 가져올 우려가 있으며 다음과 같은 위험성을 가진다는 특징이 있다.

1) 위험물이 가지는 위험성

① **화학적 위험성** : 물질의 폭발성, 반응성, 강산성(강한 산성 : 산소 방출이 쉬운 성질)

② **물리적 위험성** : 물질의 온도, 압력, 전압 등

③ **생리적 위험성** : 물질과 인체 간의 반응

2) 각종 위험물의 규제 : 기관 및 관련 법령

구분	목적	관리대상	법령	담당 행정기관
위험물	위험물로 인한 위해 방지 및 공공의 안전 확보	제1류~제6류의 인화성·발화성 물품	위험물 안전관리법	소방청
화학물질	화학물질로부터 국민의 생명·재산·환경 보호	화학물질	화학물질관리법	환경부
대기오염 물질	건강하고 쾌적한 환경에서의 생활	일산화탄소, 암모니아 등	대기환경보전법	
건강장해 물질	근로자의 안전·보건 유지 및 증진	화학물질, 석면 등	산업안전보건법	고용노동부
고압가스	고압가스로 인한 위해 방지, 공공의 안전 확보	고압가스	고압가스 안전관리법	산업통상자원부
산적액체 위험물	국민의 생명·재산 보호	방사성 물질, 산적액체 위험물	선박안전법	해양수산부
화약, 폭약, 화공품	공공의 안전 유지	화약, 폭약, 화공품	총포화약법	경찰청
농약	농약 품질향상 및 유통질서 확립, 농약의 안전 사용 등	농약	농약관리법	농림축산식품부

위험물의 종류별로 위험성을 고려하여, 제조소등의 설치허가 등의 기준이 되는 정해진 수량. (지정수량 미만의 위험물에 대해서는 시·도조례를 따름)

1) 지정수량 예시

유황	휘발유	질산	알코올류	등·경유	중유
100kg	200L	300kg	400L	1,000L	2,000L

암기법 → 황발질코 1, 2, 3, 4 / 등·경 천 / 중2천

→ 액체(~유, ~류)는 '리터(L)' 단위를 쓰고 그 외 유황/질산은 'Kg' 단위로 표시

　(단, 제6류위험물은 액체이지만 비중을 고려하여 Kg으로 표시 - 엄격한 규제)

2) 둘 이상의 위험물 저장·취급 시 환산

같은 장소에서 둘 이상의 위험물품을 저장·취급 시 각 품별 지정수량으로 나누어 얻은 수를 합산한 값이 1 이상일 때 이를 지정수량 이상의 위험물로 간주한다.

예시

같은 장소에서 휘발유와 중유를 취급하고 있고, 이 때 휘발유가 140L, 중유가 1,600L라면
① 휘발유(지정수량 200L)
　→ 140L ÷ 200L = 지정수량의 0.7배
② 중유(지정수량 2,000L)
　→ 1,600L ÷ 2,000L = 지정수량의 0.8배
따라서, 0.7 + 0.8 = 1.5로, 1 이상이 되므로 지정수량 이상의 위험물을 취급하는 경우가 됨

위험물 제조소등의 구분

위험물 '제조소등'은 제조소 + 저장소 + 취급소로 구분할 수 있다.

1) 제조소
1일에 지정수량 이상의 위험물을 제조하기 위한 일련의 시설(제조·취급·저장시설)을 갖춘 곳

2) 저장소
① **옥내 저장소** : 옥내(지붕과 기둥, 벽 등으로 둘러싸인 곳)에 저장하는 장소

② **옥외 저장소** : 옥외에 위험물을 저장하는 장소

③ **옥내탱크 저장소** : 옥내에 있는 탱크에 위험물을 저장하는 장소

④ **옥외탱크 저장소** : 옥외에 있는 탱크에 위험물을 저장하는 장소

⑤ **지하탱크 저장소** : 지하에 매설한 탱크에 위험물을 저장하는 장소

⑥ **이동탱크 저장소** : 차량에 고정된 탱크에 위험물을 저장하는 장소

⑦ **간이탱크 저장소** : 간이탱크에 위험물을 저장하는 장소

⑧ **암반탱크 저장소** : 암반 내 공간을 이용한 탱크에 액체 위험물을 저장하는 장소

> 📁 **참고**
>
> 저장탱크에 보관하지 않고 소량용기에 보관하면 옥내·옥외 저장소에 해당하고, 저장탱크에 저장하는 경우는 '탱크'저장소 허가를 받아야 한다는 차이가 있어요~!

3) 취급소
① **주유취급소** : 고정된 주유설비를 이용하여 자동차·항공기·선박 등의 연료탱크에 직접 주유하기 위해 위험물을 취급하는 장소(주유소)

② **판매취급소** : 점포에서 위험물을 용기에 담아 판매하기 위해 지정수량의 40배 이하의 위험물을 취급하는 장소(석유판매점, 화공약품 상점 등)

③ **이송취급소** : 배관 및 이에 부속된 설비를 이용해 위험물을 이송하는 장소

④ **일반취급소** : 위의 ① 내지 ③ 외의 장소

위험물의 저장·취급

① **지정수량 이상의 위험물** : 제조소등에서 저장·취급해야 함

② **지정수량 미만의 위험물** : 시·도조례 기준

③ **위험물의 임시저장·취급**

    ㄱ. 관할소방서장의 승인을 받아 지정수량 이상의 위험물을 90일 이내의 기간 동안 임시로 저장·취급하는 경우

    ㄴ. 군부대가 군사목적으로 지정수량 이상의 위험물을 임시로 저장·취급하는 경우

④ 위험물의 저장·취급은 중요기준 및 세부기준을 따른다.

  - **중요기준** : 화재 등 위해의 예방과 응급조치에 있어 큰 영향을 미치거나, 그 기준을 위반하는 경우 '직접적'으로 화재를 일으킬 가능성이 큰 기준 → 1,500만원 이하의 벌금

  - **세부기준** : 중요기준보다 상대적으로 적은 영향을 미치거나, 그 기준을 위반하는 경우 '간접적'으로 화재를 일으킬 수 있는 기준 및 위험물안전관리에 필요한 서류·기구등의 비치에 관한 기준 → 500만원 이하의 과태료

위험물안전관리자

1) 위험물안전관리자의 자격

위험물 취급자격자의 구분	취급 가능한 위험물
위험물기능장/기능사, 위험물산업기사	모든 위험물
위험물안전관리자 교육 이수자	제4류위험물
소방공무원 경력 3년 이상	

2) 위험물안전관리자의 선임 및 해임

① 제조소등의 관계인은 제조소등마다 위험물 취급의 자격이 있는 자(대통령령)를 안전관리자로 선임해야 하고, 해임 및 퇴직 시에는 그 날로부터 30일 내에 다시 선임해야 한다.

② 위험물 안전관리자 선임 시 14일 이내에 소방본부장 또는 소방서장에게 선임신고 한다.

③ 안전관리자가 해임·퇴직 시 그 관계인 또는 안전관리자가 소방본·서장에게 그 사실을 알려 해임·퇴직 사실을 확인받을 수 있다.

3) 제조소등의 종류 및 규모에 따라 선임해야 하는 안전관리자의 자격(일부)

→ (위험물) [기능장/기능사, 산업기사, 교육이수자, 소방공무원 경력자] = [장/사, 기사, 교·공] 세트

제조소등의 종류 및 규모			안전관리자 자격
제조소	① 제4류만 취급하는 것으로 지정수량 5배 이하		[장/사, 기사, 교·공]
	② ①호 외의 것		• 기능장, 산업기사 • 또는 2년 이상 기능사 경력자
저장소	1. 옥내 저장소	제4류만 취급하는 것으로 지정수량 5배 이하	[장/사, 기사, 교·공]
		제4류 중 일부(알코올·제2,3,4석유류·동식물유)만 저장하는 것으로 지정수량 40배 이하	
	2. 옥외 탱크	제4류만 취급하는 것으로 지정수량 5배 이하	
		제4류 중 일부(제2,3,4석유류·동식물유)만 저장하는 것으로 지정수량 40배 이하	
	3. 옥내 탱크	제4류만 취급하는 것으로 지정수량 5배 이하	
		제4류 중 일부(제2,3,4석유류·동식물유)만 저장하는 것으로 지정수량 40배 이하	
	4. 지하 탱크	제4류 위험물만 저장 - 지정수량 40배 이하	
		제4류 위험물 중 일부(제1,2,3,4석유류·알코올류·동식물유)만 저장 - 지정수량 250배 이하	
	5. 간이탱크 - 제4류위험물만 저장		
	6. 옥외 저장소 - 제4류 위험물만 저장 - 지정수량 40배 이하		
	7. 보일러, 버너, 그 밖에 이와 유사한 장치에 공급하기 위한 위험물을 저장하는 탱크저장소		
	8. 선박·철도·항공기주유취급소의 고정 주유설비에 공급하기 위한 위험물을 저장하는 탱크저장소 - 지정수량의 250배 이하		
	9. 1호 내지 8호에 해당하지 않는 장소		• 기능장, 산업기사 • 또는 2년 이상 기능사 경력자
취급소	(1) 주유취급소		[장/사, 기사, 교·공]
	(2) 판매취급소	제4류만 취급하는 것으로 지정수량 5배 이하	
		제4류 중 일부(알코올·제2, 3, 4석유류·동식물유)만 취급하는 것	
	(3) 제4류위험물만을 취급하는 일반취급소 - 지정수량 10배 이하		
	(4) 「농어촌 촉진법」 자가발전시설에 사용되는 위험물을 취급하는 일반취급소		
취급소	((1), (4))에 해당하지 않는 취급소		• 기능장, 산업기사 • 또는 2년 이상 기능사 경력자

4) 위험물안전관리자의 대리자

① 대리자를 지정하여 직무를 대행할 수 있는 경우

- 안전관리자가 여행·질병, 또는 그 밖의 사유로 일시적으로 직무를 수행할 수 없거나

- 안전관리자의 해임·퇴직과 동시에 다른 안전관리자를 선임하지 못하는 경우

→ 제조소등의 관계인은 다음의 일정 자격요건 중 어느 하나를 갖춘 사람을 위험물 안전관리자의 대리자로 지정하여 그 직무를 대행하도록 해야 한다. (✓ 대리자의 직무 대행 기간 : 30일 이하)

② 대리자의 자격요건

ㄱ. 위험물 취급에 관한 취급자격자 (「국가기술자격법」 근거)

ㄴ. 안전관리 규정에 의한 안전교육을 받은 자

ㄷ. 제조소등의 위험물안전관리 업무에서 안전관리자를 지휘·감독하는 직위에 있는 자

5) 위험물안전관리자의 책무

① 위험물 취급작업 시 해당 작업이 저장·취급에 관한 기술기준과 예방규정에 적합하도록, 해당 작업에 참여해 작업자에 대하여 지시 및 감독하는 업무

② 화재 등의 재난이 발생한 경우 응급조치 및 소방관서등에 연락·신고

③ 위험물 취급 일지 작성·기록

④ 위험물시설의 안전을 담당하는 자를 따로 두는 제조소등은 그 담당자에게 다음 규정에 의한 업무 지시(담당자를 따로 두지 않는 제조소등은 다음 규정에 의한 업무)

- 제조소등의 위치·구조·설비를 기술기준에 적합하도록 유지하기 위한 점검 및 점검상황 기록·보존

- 제조소등의 구조·설비의 이상을 발견한 경우 관계자에게 연락 및 응급조치

- 화재가 발생하거나 발생 위험이 현저한 경우 소방관서 등에 연락 및 긴급조치

- 제조소등의 계측·제어·안전장치 등의 유지·관리

- 제조소등의 위치·구조·설비에 관한 설계도서 등의 정비·보존 및 안전에 관한 사무 관리

⑤ 화재 등의 재해 방지에 관하여 인접하는 제조소등과 그 밖의 시설 관계자와의 협조체제 유지

⑥ 그 밖에 위험물을 수납한 용기를 차량에 적재하는 작업, 위험물을 보수하는 작업 등 위험물 취급과 관련된 작업의 안전에 관하여 필요한 감독

6) 위험물안전관리자의 위험물 취급

• 위험물 취급작업 시 안전관리자는 작업자에게 안전관리에 필요한 지시 및 행안부령에 따른 위험물 취급에 관한 안전관리 감독 수행

→ 제조소등의 관계인과 종사자는 안전관리자의 의견을 존중, 권고에 따라야 한다.

- 제조소등에서 위험물취급 자격자가 아닌 자는 안전관리자 또는 (행안부령으로 정하는) 대리자가 참여한 상태에서 위험물을 취급해야 한다.

7) 한명의 안전관리자를 중복으로 선임할 수 있는 경우(1인의 안전관리자 중복 선임)

① 보일러·버너 또는 이와 비슷한 것으로, 위험물을 소비하는 장치로 이루어진 7개 이하의 일반취급소와 + 그 일반취급소에 공급하기 위한 위험물을 저장하는 저장소를 동일인이 설치한 경우(일반취급소 및 저장소가 모두 같은 건물이나 같은 울 안에 있는 경우[동일구내]에 한함).

② 위험물을 차량에 고정된 탱크 또는 운반용기에 옮겨 담기 위한 5개 이하의 일반취급소(취급소 간 보행거리 300m 이내인 경우에 한함)와 + 그 일반취급소에 공급하기 위한 위험물을 저장하는 저장소를 동일인이 설치한 경우

③ 동일구내에 있거나, 상호 보행거리 100m 이내 거리에 있는 저장소로 - 저장소의 규모, 저장하는 위험물의 종류 등을 고려하여 다음에 해당하는 저장소를 동일인이 설치한 경우

ㄱ. 10개 이하의 옥내·옥외저장소

ㄴ. 10개 이하의 암반탱크 저장소

ㄷ. 30개 이하의 옥외탱크 저장소

ㄹ. 옥내탱크·지하탱크·간이탱크 저장소

④ 다음의 기준에 모두 적합한 5개 이하의 제조소등을 동일인이 설치한 경우

- 각 제조소등이 동일구 내에 있거나 상호 보행거리 100m 이내 거리에 있을 것

- 각 제조소등에서 저장·취급하는 위험물의 최대수량이 지정수량의 3,000배 미만일 것(저장소 제외)

⑤ 그 밖에 (① 또는 ②의 제조소등과 비슷한 것으로) 선박주유취급소의 고정주유설비에 공급하기 위한 위험물을 저장하는 저장소와 당해 선박주유취급소에 해당하는 제조소등을 동일인이 설치한 경우

위험물시설의 설치 및 변경

1) 설치 및 변경 허가 등

① 제조소등을 **설치**하거나 **위치·구조·설비를 변경**할 때 : '시·도지사'의 허가를 받아야 하고 → 설치/변경 후에는 완공검사를 받아야 한다.

② **위험물의 품명·수량·지정수량의 배수를 변경**하고자 할 때 : 변경하고자 하는 날의 1일 전까지 '시·도지사'에게 신고

2) 설치허가 제외대상(신고/허가 필요×)

① 주택의 난방시설을 위한 저장소·취급소(단, 공동주택의 중앙난방시설은 제외)

② 농·축·수산용으로 필요한 난방시설·건조시설을 위한 지정수량 20배 이하의 저장소

주택 난방시설 저장·취급소
(공용주택의 중앙난방은 허가·신고 필요)

농·축·수산 난방/건조
지정수량 20배 이하 저장소

이론과 개념 설명

설비 및 구조의 이해

복합개념 정리

위험물 개념정리

실전 기출예상문제

설계 뜯어보는 총정리

③ **제조소등의 승계신고**∶승계한 날로부터 30일 이내 – 시 · 도지사에 신고

④ **제조소등의 용도폐지 신고**∶용도폐지일로부터 14일 이내 – 시 · 도지사에 신고

⑤ **허가취소, 사용정지**∶시 · 도지사는 제조소등의 관계인이 규정을 위반했다면 행안부령이 정하는 바에 따라 허가를 취소하거나 6월 이내 기간을 정하여 제조소등의 전부 또는 일부의 사용정지를 명할 수 있다.

관계인에 의한 제조소등의 사용 중지 등

1) **관계인이 경영상 형편, 대규모 공사 등의 사유로 제조소등의 사용을 중지하는 경우**(3개월 이상 위험물을 저장·취급하지 않는 것)∶행안부령으로 정하는 안전조치를 해야 한다.(단, 사용중지 기간에도 위험물안전관리자가 직무를 계속 수행하는 경우에는 안전조치 면제 가능)

> **행정안전부령으로 정하는 안전조치**
>
> 1. 탱크 배관 등 위험물을 저장·취급하는 설비에서 위험물 및 가연성 증기 등 제거(위험물 제거)
> 2. 관계인이 아닌 사람은 제조소등에 출입금지 조치
> 3. 해당 제조소등의 사용중지 사실 게시
> 4. 그 밖에 위험물 사고 예방에 필요한 조치

2) **관계인은 제조소등의 사용을 중지하거나, 또는 중지했던 제조소등의 사용을 재개하려는 경우**∶사용 중지 또는 재개하려는 날의 <u>14일 전까지 시 · 도지사에게 신고</u>할 것

→ 이에 따라 신고를 받은 시 · 도지사는 관계인이 안전조치를 적합하게 했는지, 또는 위험물 안전관리자가 직무를 수행하는지 확인하고 필요한 경우 안전조치 이행을 명할 수 있다.

3) 관계인은 사용중지 신고에 따라 제조소등의 사용을 중지하는 기간 동안은 위험물 안전관리자를 선임하지 않을 수 있다.

위험물의 저장·취급과 관련한 각종 신청 절차 및 시기 등

내용	절차	시기
제조소등의 설치 또는 변경	시·도지사의 허가(또는 협의 : 군용시설)	공사착공 전까지
(90일 이내)임시저장·취급	소방본부장 또는 소방서장 승인	임시저장·취급 전까지
위험물 안전관리자 선임신고	소방본부장 또는 소방서장에 신고	선임 후 14일 이내
품명, 수량, 지정수량 변경	시·도지사에 신고	변경 1일 전까지
완공검사	시·도지사의 검사	완공 후 사용 개시 전까지
제조소등의 승계신고	시·도지사에 신고	양도·인가를 받은 자가 30일 이내
제조소등의 용도 폐지신고	시·도지사에 신고	용도 폐지 후 14일 이내
제조소등의 사용중지 및 재개	시·도지사에 신고	중지 또는 재개 14일 전

위험물 제조소등의 점검

위험물 제조소등의 관계인은 그 제조소등을 안전하게 유지·관리하기 위해 위치·구조·설비를 기준에 적합하게 유지해야 하고, 일정 규모 이상의 제조소등은 정기적으로 점검을 실시해야 한다.

1) 제조소등의 정기점검

| 정기점검 대상 | ① 지정수량 10배 이상의 위험물을 취급하는 제조소
② 옥외저장소 : 지정수량 100배 이상의 위험물을 저장
③ 옥내저장소 : 지정수량 150배 이상의 위험물을 저장
④ 옥외탱크 저장소 : 지정수량 200배 이상의 위험물 저장
⑤ 암반탱크 저장소 / 지하탱크 저장소 / 이동탱크 저장소
⑥ 이송취급소
⑦ 지정수량 10배 이상의 위험물을 취급하는 일반취급소
(다만 제4류 위험물만을 지정수량의 50배 이하로 취급하는 일반취급소로서 '보일러·버너 등을 소비하는 장치로 이루어진 일반취급소' 또는 '위험물을 용기에 옮겨 담거나 차량에 고정된 탱크에 주입하는 일반취급소'는 제외)
⑧ 위험물을 취급하는 탱크로서 지하에 매설된 탱크가 있는 제조소·주유취급소 또는 일반취급소 | **정기점검 실시자**

① 제조소등의 안전관리자
(단, 저장·취급하는 액체위험물의 최대수량이 50만리터 이상인 특정·준특정 옥외탱크저장소는 소방청장이 정하여 고시하는 점검방법에 관한 지식 및 기능이 있는 자에 한함)
② 위험물 운송자(이동탱크저장소에 한함)
③ 안전관리 대행기관
④ 탱크시험자(점검 의뢰) |
| 정기점검 횟수 | 연 1회 이상 | |

정기점검 기록 유지 사항	- 제조소등의 명칭 - 점검 방법 및 결과 - 점검 연월일 - 점검을 한 안전관리자 또는 탱크시험자와 점검에 참관한 안전관리자의 성명
점검기록의 보존	3년
정기점검 결과 제출	제조소등의 관계인은 점검을 한 날부터 30일 이내에 시·도지사에게 제출

📁 **참고**

구조안전점검

옥외탱크 저장소 중 저장·취급하는 액체위험물의 최대수량이 50만리터 이상인 경우에는 정기점검 외에도 특정·준특정 옥외탱크 저장소에 대한 <구조안전점검>을 실시해야 한다.

구조안전점검 대상	점검자의 자격	점검 기록 보존 기간
50만리터 이상의 옥외탱크 저장시설	소방청장이 고시하는 점검방법에 관한 지식 및 기능이 있는 사람	25년 (아래 '다'에 해당하는 경우는 30년)
횟수		

가. 제조소등의 설치허가에 따른 완공검사 합격확인증을 교부받은 날부터 12년
나. 최근의 정기검사를 받은 날부터 11년
다. 특정·준특정 옥외저장탱크에 안전조치를 한 후 공사에 구조안전검사기 연장 신청을 하여 적정한 것으로 인정받은 경우에는 최근의 정기검사를 받은 날부터 13년

2) 표시(기재)방법

① [점검결과]란에는 해당 제조소등의 위치·구조·설비의 기술기준 적합성 여부 등에 따라 다음과 같이 표시함.

- **점검결과가 적합한 경우**: [　　　] 적합 란에 ✓표 / 부적합한 경우: [　　　] 부적합 란에 ✓표

- 해당 제조소등에 존재하지 않는(해당사항이 없는) 점검항목에 대한 결과는 [해당 없음]란에 ✓표

- 점검항목 중에서 '접지 저항치의 적부'에는 적지 측정을 하는 부위별로 그 저항치 측정값을 별지에 기재하여 첨부

- 점검방법이 여러 개인 경우에는 해당 방법들을 모두 이행해야 함.(다만, 그 중 일부만을 이행하더라도 적정한 점검을 할 수 있는 경우에는 모두 이행하지 않을 수 있음).

② [비고]란의 기재방법 및 기재사항

- 부적합한 점검항목에 대해서는 수리·개조·이전 등을 한 연월일과 구체적인 내용을 기재할 것

- 해당 제조소등의 구조, 위험물의 저장·취급형태 등 (여건상) 특정 점검항목에 대한 점검이 곤란한 경우, [점검곤란] 표기와 그 사유를 기재할 것(이 경우 '점검결과'란은 공란으로 둘 것)
- 다른 법령에 따른 점검 등을 이미 실시하여 (일부 항목에 대해) 정기점검을 실시하지 않는 경우에는 다른 법령에 따른 점검 등의 개요를 기재할 것(이 경우 '점검결과'란에는 다른 법령에 따른 점검결과를 표시할 것)

3) 점검방법

지하탱크 저장소 등 탱크나 배관의 누설 여부 확인 방법

① 일정 기간 탱크의 재고량을 측정하여 누설 여부 확인
- **위험물량 측정방법** : 액면계와 같은 측정기기를 이용하여 7일간 매일 측정 – 위험물 취급작업 종료 시와 취급작업 개시 시의 위험물량을 측정하여, 그 차이가 탱크용량의 1/200 이상인 경우에는 이상(누설)이 있는 것으로 판단.(1/200 미만인 경우에도 연속적인 감소·증가가 확인되면 이상이 있는 것으로 간주함).

액면계(위험물량 측정) 예시

② 배관 및 탱크에 위험물·질소·물 등을 주입한 상태에서 가압하여 누설 여부 확인
- **질소가압 점검방법** : 탱크와 배관에 있는 위험물을 완전히 비우고, 개구부 및 밸브를 완전히 폐쇄 → 이후 질소를 주입 + 압력(200kPa)을 가해 10분간의 정치시간 이후 50분간의 압력강하 정도가 시험압력의 10% 이내면 이상이 없는 것으로 판단
- **수압점검 방법** : (질소가압 점검방법 준용) 가압 후 10분간 정치시간, 이후 20분간의 압력강하 정도가 시험압력의 10% 이내인 경우 이상이 없는 것으로 판단

③ 이중배관의 경우 : 이중배관이란 내관/외관으로 이루어져 내-외관 사이에 누설점검을 위한 틈이 있는 구조로, 이러한 누설점검 틈을 확인하여 점검

④ 이동탱크 저장소 : 위험물이나 물 등을 적재한 상태로 일정 시간 경과 후 탱크 외면에서 누액(밀폐된 공간에서 액체가 새어나오는 것) 여부를 확인

⑤ 기구를 이용한 점검 : ① 육안점검(탱크 내부 변형·손상·부식 등 확인) + ② 비파괴시험(초음파로 탱크 두께 측정, 초음파 탐상실험에 의한 용접부 확인 등)

이론과 개념 설명

설비 및 구조의 이해

복합개념 정리

위험물 개념정리

실전 기출예상문제

쉽게 풀어보는 총정리

벌금 및 과태료

1) 벌금형 이상

징역	1년 이상 10년 이하 징역	• 제조소등(또는 제6조 1항)에 따른 허가를 받지 않고 지정수량 이상의 위험물을 저장·취급하는 장소에서 위험물을 유출·방출·확산시켜 사람의 신체·생명·재산에 위험을 발생시킨 자 ① 위의 죄를 범하여 상해에 이르게 한 때:무기 또는 3년 이상의 징역 ② 위의 죄를 범하여 사망에 이르게 한 때:무기 또는 5년 이상의 징역
징역 (금고) 또는 벌금	7년 이하 금고 또는 7천 이하 벌금	<u>업무상 과실</u>로 제조소등(또는 제6조 1항)에 따른 허가를 받지 않고 지정수량 이상의 위험물을 저장·취급하는 장소에서 위험물을 유출·방출·확산시켜 사람의 신체·생명·재산에 위험을 발생시킨 자 → 위의 죄를 범하여(업무상 과실로) 사람을 사상에 이르게 한 경우 : 10년 이하 징역 (금고) 또는 1억 이하 벌금
	5년 이하 징역 또는 1억 이하 벌금	제조소등의 설치허가를 받지 않고 제조소등을 설치한 자
	3년 이하 징역 또는 3천 이하 벌금	저장소 또는 제조소등이 아닌 장소에서 지정수량 이상의 위험물을 저장·취급한 자
	1년 이하 징역 또는 1천 이하 벌금	• 탱크시험자로 등록하지 않고 탱크시험자의 업무를 한 자 • 정기점검을 하지 않거나 점검기록을 허위로 작성한 관계인으로서 규정에 따른 허가를 받은 자 • 정기검사를 받지 않은 관계인으로서 규정에 따른 허가를 받은 자 • 자체소방대를 두지 않은 관계인으로서 규정에 따른 허가를 받은 자 • 운반용기에 대한 검사를 받지 않고 운반용기를 사용하거나 유통시킨 자 • 보고 또는 자료제출을 하지 않거나 허위로 보고나 자료제출을 한 자 또는 관계 공무원의 출입·검사·수거를 거부·방해·기피한 자 • 제조소등에 대한 긴급 사용정지·제한명령을 위반한 자
벌금	1천 500만 이하 벌금	• 위험물의 저장·취급에 관한 중요기준을 따르지 않은 자 • 변경허가를 받지 않고 제조소등을 변경한 자 • 제조소등의 완공검사를 받지 않고 위험물을 저장·취급한 자 • 제조소등의 사용정지 명령을 위반한 자 • 업무정지 명령을 위반한 자 • 수리·개조·이전의 명령을 따르지 않은 자 • 안전관리자를 선임하지 않은 관계인으로 규정에 따른 허가를 받은 자 • 대리자를 지정하지 않은 관계인으로 규정에 따른 허가를 받은 자 • 탱크안전성능시험 또는 점검에 관한 업무를 허위로 하거나, 결과 증명 서류를 허위로 교부한 자

벌 금	**1천 500만 이하 벌금**	• 명령을 위반하여 보고 또는 자료제출을 하지 않거나 허위로 보고 또는 자료제출을 한 자 및 관계공무원의 출입·조사·검사를 거부·방해·기피한 자 • 예방규정을 제출하지 않거나 변경명령을 위반한 관계인으로서 규정에 따른 허가를 받은 자 • 정지지시를 거부하거나 국가기술자격증·교육수료증·신원확인을 위한 증명서 제시 요구 또는 신원확인 질문에 응하지 않은 자 • 탱크시험자에 대한 감독상 명령을 따르지 않은 자 • 무허가장소의 위험물에 대한 조치명령을 따르지 않은 자 • 저장·취급기준 준수명령 또는 응급조치명령을 위반한 자
	1천만 이하	• 위험물 취급에 관한 안전관리·감독을 하지 않은 자 • 안전관리자 또는 대리자가 참여하지 않은 상태에서 위험물 취급한 자 • 변경한 예방규정을 제출하지 않은 관계인으로 (제6조 1항 규정에 따른) 허가를 받은 자 • 위험물 운반 관련 중요기준에 따르지 않은 자, 규정을 위반한 위험물 운송자 • 관계인의 정당한 업무를 방해하거나, 출입·검사 등을 수행하면서 알게 된 비밀을 누설한 자

양벌규정

(1) 법인의 대표자나 법인 또는 개인의 대리인, 사용인, 그 밖의 종업원이 그 법인 또는 개인의 업무에 관하여 (법 제 33조) [징역] 항목의 ①항 위반 시, 그 행위자를 벌하는 외에 그 법인 또는 개인을 5천만원 이하의 벌금에 처하고 같은 조 ②항 위반 시, 그 행위자를 벌하는 외에 그 법인 또는 개인을 1억원 이하의 벌금에 처한다.
(다만, 법인 또는 개인이 그 위반행위를 방지하기 위해 해당 업무에 관하여 상당한 주의·감독을 게을리하지 않은 경우에는 그러하지 않음)

(2) 법인의 대표자나 법인 또는 개인의 대리인, 사용인, 그 밖의 종업원이 그 법인 또는 개인의 업무에 관하여 [징역 (금고) 또는 벌금] ~ [벌금]까지의 조항 중 어느 하나의 위반행위를 하면 그 행위자를 벌하는 외에 그 법인 또는 개인에게도 해당 조문의 벌금형을 부과한다. (다만, 법인 또는 개인이 그 위반행위를 방지하기 위해 해당 업무에 관하여 상당한 주의·감독을 게을리하지 않은 경우에는 그러하지 않음)

2) 과태료

500만원 이하 과태료	• 임시저장에 관한 승인을 받지 않은 자 • 위험물의 저장·취급에 관한 세부기준을 위반한 자 • 품명 등의 변경신고를 기간 내에 하지 않거나 허위로 한 자 • 지위승계 신고를 기간 내에 하지 않거나 허위로 한 자 • 제조소등의 폐지신고 또는 안전관리자의 선임신고를 기간 내에 하지 않거나 허위로 한 자 • 사용 중지·재개 신고를 기간 내에 하지 않거나 거짓으로 한 자 • 등록사항의 변경신고를 기간 내에 하지 않거나 허위로 한 자 • 예방규정을 준수하지 않은 자 • 점검결과를 기록·보존하지 않은 자 1차 위반 시 250만원 / 2차 위반 시 400만원 / 3차 위반 시 500만원 • 정기점검을 한 날부터 30일 내에 점검결과를 제출하지 않은 자 • 위험물의 운반에 관한 세부기준을 위반한 자 • 위험물의 운송에 관한 기준을 따르지 않은 자

이론과 개념 설명

설비 및 구조의 이해

특별개념 정리

위험물 개념정리

실전 기출예상문제

실기 톺아보는 총정리

건축관계법령

건축법의 목적 및 소방법과의 관계

1) **「건축법」의 목적** : 건축물의 대지, 구조, 설비 기준, 용도 등을 정해 안전·기능·미관을 향상, 그로써 공공복리 증진에 이바지함

① 건축법[하드웨어적 개념]

ㄱ.**마감재** : 화재 발생 방지

ㄴ.**방화구획** : 화재 확산 한계(화재가 적용되는 구역을 제한)

ㄷ.**내화구조** : 화재 시 내화강도 유지

ㄹ.피난통로 확보를 규정(법적으로 정하고 표준을 만듦)

② 소방시설 설치 및 관리에 관한 법률[**소프트웨어적 개념**]

ㄱ.피난과 소화거점 확보를 위한 제연(除 없앨 제, 煙 연기 연 : 실내에 찬 연기를 없앰), 소화설비, 소화활동설비, 경보설비 등으로 구성

💬 건축물이 건축법(하드웨어)에 해당한다면, 건축물이 지어지고 그 안에 채워넣는 설비들은 소방시설법(소프트웨어!)

건축물의 방화안전 개념

건축법에서 말한 마(감재), 방(화구조), 내(화구조), 피(난) 순서로 정리하기~!

1) **실내 마감재**: 방화구획과 피난계단, 지상으로 통하는 주된 복도는 일정 시간 화재 확산을 방지할 수 있도록 불연재, 준불연재료, 난연재료를 실내 마감재로 사용함.

2) **방화구획**: 건축물 내부를 방화벽으로 구획(경계를 지어서 구역을 가르는 것, 또는 가른 구역)

   ① 화재의 확산이 일정구역으로 제한되도록

   ② 소화 작업 및 피난시간을 일정시간 확보할 수 있도록 하고

   ③ 연기의 확산은 소방관계법에 위임해 제연이 시행되도록 한다. ― '소방'학개론에서 연기 확산 속도를 배웠죠?

3) **내화구조**: 화재 시 일정시간 건축물의 강도를 유지하기 위해 주요 구조부와 지붕은 내화구조로 한다.

> 🗨 **내화(견딜 내, 불 화)**: 철근콘크리트 등과 같이 화재가 발생해도 일정 시간 동안은 그 형태나 강도가 크게 변하지 않는, 화재에 견딜 수 있는 성능을 가진 것으로 짜인 구조.

4) **피난**: 대피공간, 발코니, 복도, 직통계단, 피난계단, 특별피난계단의 구조 및 치수 등을 규정한다.

┗ 소방× / 건축법에서 규정!

직통계단	모든 층에서 계단만으로 피난층 또는 지상층으로 직접 연결되는 계단
옥내피난계단	옥내 → 복도 → 계단실 → 피난층
옥외피난계단	옥내 → 복도 → 옥외계단 → 지상층
특별피난계단	옥내 → 복도 → 부속실 → 계단실 → 피난층

5) **방염**: 착화물(가연물)에서 일어나는 발화가 지연될 수 있도록 하는 재료를 말함

1) **건축물** : 토지에 정착한 공작물(인공적으로 제작한 시설물) 중에서

   ① 지붕과 기둥(지붕＋기둥) 또는 지붕과 벽(지붕＋기둥＋벽)이 있는 것

   ② 건축물에 부수되는 시설물(대문, 담장 등)

   ③ 지하 또는 고가의 공작물에 설치하는 사무소, 공연장, 점포, 차고,
      창고

   ④ 기타 대통령령으로 정하는 것

고가의 공작물에 설치한
건축물 참고 예시

> 💬 토지에 사람이 만들어서 움직이지 않고 정착되어 있는 공작물 중에서! 기본적으로 눈과 비로부터 보호하기 위해서 '지붕'
> 이 있어야 할 것이고, 그 지붕을 받쳐주는 기둥 또는 벽이 있는 것은 건축물! 그리고 그러한 건축물에 부수되는 대문이나 담
> 장도 건축물! 또, 기둥을 세워 땅 위로 높게 설치한 도로(또는 그렇게 가설한 것)의 내부 등에 설치하는 사무소, 공연장, 점
> 포, 차고, 창고 등도 건축물!

2) **건축설비** : 건축물에 설치하는 전기·전화 설비, 초고속 정보통신 설비, 지능형 홈네트워크 설비, 가스·급
수·배수(配 나눌 배 : 수원지에서 수돗물을 나눠 보내는 것)·배수(排 밀어낼 배 : 고여있는 물을 내보내는 것)·환
기·냉/난방·소화·배연 및 오물처리 설비, 굴뚝, 승강기, 국기 계양대, 유선방송 수신시설, 우편함, 저수
조, 방범시설, 그 외 국토교통부령으로 정하는 설비

3) **지하층** : 건축물의 바닥이 지표면 아래에 있는 층으로, 그 바닥으로부터 지표면까지의 평균 높이가 해당
층 높이의 1/2 이상인 것

4) **거실** : 건축물 안에서 거주, 집무, 작업, 집회, 오락 등의 목적을 위해 사용되는 방(단순히 Living room의 의
미 아님!)

5) **주요구조부**: 건축물 구조상 주요 부분인 기둥, 보(수직 기둥에 '가로로' 연결돼 하중을 지탱하는 부분), 지붕틀, 내력벽, 바닥, 주 계단을 말하며 건축물 안전의 결정적 역할 담당.

① '주요구조부'는 방화적 제한을 일괄 사용하기 위한 용어/ 건축물 구조상 중요하지 않은 사잇기둥, 최하층 바닥, 작은 보, 차양, 옥외계단은 주요구조부에서 제외!

② **구조내력 등**: (견디는 힘) 건축물은 고정하중, 적재하중, 적설하중, 풍압, 지진 및 기타 진동, 충격에 안전한 구조를 가져야 함.

■ **구조**

① **내화구조**(불을 진압하고도 골격이 남아있는 것): 화재에 견디는 성능을 가진 철근콘크리트조, 연와조(점토를 고온에 구워서 만듦), 기타 이와 유사한 구조로써 화재 시 일정 시간 동안 형태 및 강도가 크게 변하지 않는 구조. 대체로 화재 후에도 재사용이 가능한 정도의 구조를 말함.

　→ 지지하는 뼈대를 내화구조로 하여 붕괴 방지!

② **방화구조**(防 막을 방): 화염의 확산을 막을 수 있는 성능을 가진 것으로 철망 모르타르 바르기, 회반죽 바르기 등을 말함. 내화구조보다는 비교적 강도가 약해 방화성능은 떨어지지만, 인접 건축물에서 발생한 화재에 의한 연소를 방지하고 건물 내 화재 확산을 방지하기 위함.

■ **재료구분**

① **불연재료**: 불에 타지 않는 성능을 가진 재료

　ㄱ. 콘크리트, 석재, 벽돌, 기와, 철강, 알루미늄, 유리

　ㄴ. 시멘트모르타르 및 회(미장재료 – 바닥이나 천장 등에 시멘트, 회를 바르는 것) 사용하는 경우는 규정으로 정한 두께 이상인 것에 한함.

　ㄷ. 시험 결과 국토교통부장관이 정한 불연재료 성능기준 충족(질량감소율)·인정하는 불연성 재료(복합 구성된 경우 제외)

② **준불연재료**: 불연재료에 준하는 성질을 가진 재료, 시험(산업표준화법에 의한 한국산업표준) 결과 가스 유해성, 열방출량이 국토교통부장관이 정한 성능기준 충족하는 것

③ **난연재료**(難 어려울 난): 불에 잘 타지 않는 성질을 가진 재료, 시험(산업표준화법에 의한 한국산업표준) 결과 가스 유해성, 열방출량이 국토교통부장관이 정한 성능기준 충족하는 것

　→ 타긴 타는데 시간을 좀 끌어줌

이론과 개념 설명

설비 및 구조의 이해

특화개념 정리

위밍업 개념정리

실전 기출예상문제

실전 뜯어보는 총정리

■ 면적의 산정

① **대지면적** : 대지의 수평투영면적으로 하되, 다음의 면적은 대지면적에서 제외

　　ㄱ. 대지 안에 건축선이 정해진 경우 그 건축선과 도로 사이의 대지면적은 제외

　　ㄴ. 대지에 도시·군계획시설인 도로·공원 등이 있는 경우 그 도시·군 계획시설에 포함되는 대지면적 제외

② (해당 층의) **바닥면적** : 건축물의 각 층 또는 그 일부로써 벽, 기둥(기타 이와 유사한 구획)의 중심선으로 둘러싸인 부분의 수평투영면적(입체를 수평으로 투영한 면적)

③ **건축면적** : 건축물의 외벽(없는 경우 외곽부분 기둥)의 중심선으로 둘러싸인 부분의 수평투영면적. (그 건물의 그림자가 생겼을 때 생기는 모양대로 차지하고 있는 면적!)

바닥면적

건축면적

> 📁 **[참고 1] 바닥면적 산정 시 제외되는 주요 부분**
> ① 주택의 발코니·노대 : 가장 긴 외벽에 접한 노대 길이×1.5m를 한 값만큼 제외
> ② 필로티(주차, 차량 통행 등에 이용되는 필로티, 공동주택의 필로티) 제외
> ③ 승강기탑, 계단탑, 장식탑, 다락[층고 1.5m 이하(경사진 형태의 지붕은 1.8m 이하)인 것], 굴뚝, 더스트슈트, 설비덕트, 물탱크, 정화조 등 제외
> ④ 공동주택으로 지상층에 설치한 기계실, 전기실, 어린이놀이터, 조경시설, 생활폐기물 보관함의 면적 제외
> ⑤ 2004년 5월 이전에 건축된 다중이용업소의 비상구에 연결하여 설치한 폭 1.5m 이하의 옥외피난계단 제외
> ⑥ 사용승인 후 15년 이상 되어 리모델링하는 건축물로 미관 향상, 열 손실 방지 등을 위해 외벽에 부가하여 설치한 마감재 부분 제외

📂 **[참고 2]** 면적 산정 시 말하는 '벽의 중심선'이란?

• 일반 건축물에서는 벽체의 중심선(벽체 두께의 절반)으로 함

• 태양열 주택에서는 '내측' 내력벽의 중심선으로 함

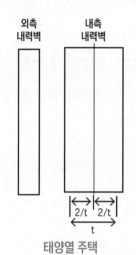

일반 건축물   태양열 주택

▶ **처마, 차양, 부연 등 그 외벽의 중심선으로부터 수평거리 1m 이상 돌출된 부분이 있는 건축물**의 건축면적은 그 돌출된 끝부분으로부터 다음의 수평거리를 후퇴한 선으로 둘러싸인 부분의 수평투영면으로 한다.

① 전통사찰 : 4m 이하의 범위에서 외벽의 중심선까지의 거리

② 사료 투여, 가축 이동 등을 위해 돌출차양이 설치된 축사 : 3m 이하의 범위에서 외벽의 중심선까지의 거리

③ 한옥 : 2m 이하의 범위에서 외벽의 중심선까지의 거리

④ 충전시설 설치 목적으로 처마, 차양, 부연 등이 설치된 공동주택 : 2m 이하 범위 외벽 중심선까지

⑤ 수소연료 공급시설을 위해 처마, 차양 등이 설치된 주유소 등 : 2m 이하 범위 외벽 중심선까지

⑥ 그 밖의 건축물 : 1m

축사 건축면적 예시

📂 **[참고 3]** 건축면적 산정 시 제외되는 부분(일부)

(1) 지표면으로부터 1m 이하에 있는 부분

(2) 2004년 5월 이전에 건축된 다중이용업소 비상구에 설치한 폭 2m 이하의 옥외피난계단

(3) 건축물 지상층에 일반인이나 차량이 통행할 수 있도록 설치한 보행통로나 차량 통로

(4) 지하주차장의 경사로

(5) 건축물 지하층의 출입구 상부

(6) 생활폐기물 보관함(음식물쓰레기, 의류 수거함 등)

(7) 어린이집의 비상구에 연결하여 설치하는 폭 2m 이하의 영유아 대피용 미끄럼대 또는 비상계단

④ **연면적**: 하나의 건축물의 각 층 바닥면적의 합계

    ㄱ. 단, 용적률 산정에 있어서 지하층 면적, 지상층에서 해당 건축물의 부속 용도인 주차용으로 사용되는 면적, 피난안전구역의 면적, 건축물의 경사 지붕 아래에 설치하는 대피공간의 면적은 산입(포함)하지 않는다.

⑤ **용적률**(容 담을 용, 積 쌓을 '적': 건물을 얼마나 높게 쌓아 담았는지!)

    ㄱ. 대지면적에 대한 연면적의 비율(대지에 둘 이상의 건축물이 있는 경우, 그 건축물들의 연면적의 합계로 계산)

$$\frac{연면적}{대지면적} \times 100 = 용적률$$

💬 대지면적 중에 '위'로 쌓아올린 면적이 총 얼마인지! 그래서 쌓아올린 각 층마다의 바닥면적을 모두 더한 연면적을 대지면적으로 나누는 것! 예를 들어, 대지면적 $100m^2$에 연면적이 $600m^2$이라면 용적률은 600%

⑥ **건폐율**(建 엎지를 건, 蔽 덮을 폐: 대지에 얼마나 넓게 퍼져서 지어졌는지!)

    ㄱ. 대지면적에 대한 건축면적의 비율(대지에 둘 이상의 건축물이 있는 경우, 그 건축물들의 건축면적의 합계로 계산)

$$\frac{건축면적}{대지면적} \times 100 = 건폐율$$

💬 '건배!'를 했는데 테이블 위로 술이 엎어졌을 때, 테이블의 면적이 대지면적, 엎어져서 차지하고 있는 면적이 건축면적! '건'폐율이니까 '건'축면적을 대지면적으로 나누기! 이때, 대지라는 한정된 공간에서 건축면적이 차지하고 있는 비율을 말하는 거니까 건축면적은 대지면적보다 커질 수 없으므로 건폐율은 100%를 넘길 수 없다. 예를 들어, 대지면적이 $100m^2$일 때, 어떤 건물의 건축면적이 $50m^2$라면 건폐율은 50%.

⑦ **구역, 지역, 지구**

    ㄱ. 구역: 도시개발구역, 개발제한구역 등

    ㄴ. 지구: 방화지구, 방재지구, 경관지구 등

• **방화지구**: 밀집한 도심지에서 인접 건물로 화재가 확산될 우려가 있을 때 건축물 구조를 내화구조로 하고 공작물의 주요구조부를 불연재로 하도록 규제를 강화하는 지구

• **방재지구**: 재해로 인한 위험이 우려될 때 산사태, 지반 붕괴 등 재해예방에 장애가 된다고 인정되는 건축을 제한하거나 금지하는 지구
• **경관지구**: 경관의 보전, 관리 등을 위해 규제를 강화하는 지구

ㄷ. 지역: 주거지역, 상업지역 등

이론과 개념 설명

설비 및 구조의 이해

특허개념 정리

위험물 개념정리

실전 기출예상문제

실기 들어보는 총정리

■ 건축

① **신축**: 기존 건축물이 철거되거나 멸실된 대지를 포함해 건축물이 없는 대지에 새로이 건축물을 축조 (쌓아서 만듦)하는 것.

> '멸실'은 멸망해 사라짐, 또는 재해 등으로 심하게 파손되는 것을 의미하는데 '신축'에서 말하는 멸실은 전자의 경우, 건축 물이 사라져서 소실되어 버린 대지를 포함하는 의미!

② **증축**: 기존 건축물이 있는 대지 안에서 건축물의 건축면적, 연면적, 층수, 높이를 증가시키는 것. 기존 건축물이 '있는' 대지에서 기존 건축물에 붙여서 건축하거나, 별동으로 건축하거나 관계없이 모두 증 축에 해당.

③ **개축**: 기존 건축물의 전부 또는 일부(지붕틀, 내력벽, 기둥, 보 중 3개 이상 포함되는 경우)를 철거하고, 그 대지 안에서 이전과 동일한 규모의 범위 내에서 건축물을 다시 축조하는 것.

> 改 고칠 개, 다시 짓는 것은 미관상의 이유이던, 기능상의 이유이던, 이전 것을 고치기 위함이니까 개축
> ─ 본인 의지로 철거 후 다시 축조

④ **재축**: 건축물이 천재지변이나 재해에 의해 멸실된 경우, 그 대지 안에서 다음 요건을 갖춰 다시 축조 하는 것.

> '재축'에서 말하는 멸실은 건축물이 천재지변이나 재해 등으로 심하게 파손된 대지를 의미! 재축은 본인 의지가 아닌, 재 해에 의해 망가져서 다시 축조하는 것

ㄱ. 연면적 합계는 종전 규모 이하로 할 것(재해로 멸실되어 재축한다면, 연면적 합계는 그 이전 규모 이하로!)
ㄴ. 동수, 층수 및 높이는 다음 어느 하나에 해당할 것
   a. 동수, 층수 및 높이가 종전 규모 이하일 것
   b. 동수, 층수 또는 높이의 어느 하나가 종전 규모를 초과하는 경우에는 해당 동수, 층수 및 높이가 건축법령에 모두 적합할 것

💬 재축 시 몇 동으로 할 것인지, 높이 또는 층수는 몇 층인지의 기준은 종전 규모와 동일해야 하고, 만일 동, 층 또는 높이 중 어느 하나가 그 이전 규모를 초과할 경우에는 건축법령에 적합해야 함!

⑤ **이전** : 건축물의 주요구조부(뼈대)를 해체하지 않고 동일한 대지 안의 다른 위치로 옮기는 것.

⑥ **리모델링** : 건축물의 노후화를 억제하거나 기능 향상 등을 위해 대수선하거나 건축물의 일부를 증축(기존 건물이 있는 대지에 붙여서 짓거나 별동 지음) 또는 개축(본인 의지로 철거 후 다시 지음)하는 행위.

■ **대수선**

① 건축물의 기둥, 보, 내력벽, 주계단 등의 구조나 외부형태를 수선, 변경하거나 증설하는 것으로 대통령령으로 정하는 것. → 허가 및 신고 필요

② 대수선은 다음 어느 하나에 해당하는 것으로 증축, 개축 또는 재축에 해당하지 않는 것을 말함.

💬 [개축]과 [대수선]의 차이점은, 개축은 전부 또는 일부를 거의 철거 수준으로 허물고 다시 짓는 것인데, '대수선'은 '주요구조부' 중 일부를 수선, 변경, 증설하는 것으로 '건축 행위'로 분류할 정도가 아니라는 것! 그래서 '~축'이 아닌 '대수선'으로 개축, 증축, 재축보다는 조금 더 작은 범위이지만, 그럼에도 안전을 위해 허가나 신고가 필요한 범위를 규정!

③ 기둥을 증설 또는 해체하거나 3개 이상 수선 또는 변경하는 것

④ 보를 증설 또는 해체하거나 3개 이상 수선 또는 변경하는 것

⑤ 지붕틀을 증설 또는 해체하거나 3개 이상 수선 또는 변경하는 것(한옥의 경우 서까래는 지붕틀의 범위에서 제외)

⑥ 내력벽을 증설 또는 해체하거나 그 벽면적을 30m² 이상 수선 또는 변경하는 것

⑦ 건축물의 외벽에 사용하는 마감재료를 증설 또는 해체하거나, 벽면적을 30m² 이상 수선 또는 변경하는 것

⑧ 다가구주택의 가구 간 경계벽 또는 다세대주택의 세대 간 경계벽을 증설 또는 해체, 수선 또는 변경하는 것

⑨ 주계단/피난계단/특별피난계단을 증설 또는 해체, 수선 또는 변경하는 것

⑩ 방화벽 또는 방화구획을 위한 바닥 또는 벽을 증설 또는 해체, 수선 또는 변경하는 것

> 🗨 기본적으로 주요구조부와 방화(화재 번짐 제한), 피난에 필요한 8가지의 증설 또는 해체는 앞에 아무 조건 없이 대수선에 해당. [주요구조부] 중에서도 건축물의 척추, 갈비뼈와도 같은 세로 골격인 [기둥]과 가로 골격인 [보], 그리고 머리와도 같은 [지붕틀]은 뼈를 '3개 이상' 수선, 변경할 때 대수선 허가가 필요!
>
> '내력벽'이나 '외벽에 사용하는 마감재료'는 그 건축물의 크기나 층수에 따라 벽 면적이 너무 천차만별일 테니 30m² 이상 수선, 변경할 때 대수선에 해당! 단, 다가구(다세대) 주택에서 경계벽은 이 집과 저 집, A집의 어떤 방과 B집의 어떤 방이 벽 하나를 사이에 두고 연결되어 있는 구조일 테니, 일부분만 수선할 때가 아니라 그냥 건드리면 전부 대수선에 해당!
>
> 주요구조부 중에서 주계단이나, 피난에 필요한 (특별)피난계단은 개수나 면적으로 중요도를 헤아릴 수 없으니 증설, 해체, 변경, 수선 그 자체로 대수선에 해당하고, 방화벽 또는 방화구획을 위한 바닥 또는 면적은 '방화' 목적의 공간은 그 모든 면이 불에 강하고 견딜 수 있는 재료를 써야 할 테니 기준을 정하지 않고 증설, 해체, 수선, 변경 시 전부 대수선에 해당!

> 🗨 건축물이 노후되는 것을 억제하거나 기능을 향상하기 위해 이러한 대수선 또는 증축, 개축을 하는 것을 리모델링이라고 한다는 것까지 체크!

■ 도로

보행 및 자동차의 통행이 가능한 너비 4m 이상의 도로로, 다음의 어느 하나에 해당하는 도로나 그 예정도로(단, 지형적으로 자동차 통행이 불가능한 경우이거나, 막다른 도로인 경우에는 대통령령으로 정하는 구조와 너비의 도로를 말함)

① 「국토의 계획 및 이용에 관한 법률」, 「도로법」, 「사도법」, 그 외 기타 관계법령에 의거하여 신설·변경에 관해 고시된 도로

② 건축허가 또는 신고 시, 시·도지사(또는 시장·군수·구청장)가 그 위치를 지정하여 공고한 도로

③ 대지와 도로의 관계(접도요건): 건축물의 대지는 2m 이상이 도로(자동차 통행만을 위해 사용되는 도로 제외)에 접해야 한다.

1) 건축물의 높이는 '지표면'으로부터 해당 건축물 상단까지의 높이로 산정

2) 단, 이때 건축물의 옥상에 설치되는 승강기탑, 계단탑, 망루, 장식탑, 옥탑 등(묶어서 '옥상부분')이 있는 경우 그 옥상부분의 수평투영면적의 합계가 해당 건축물의 건축면적의 1/8을 넘으면 그 높이까지 전부 건축물의 높이에 산입한다(더한다).

3) 만약 옥상부분의 수평투영면적의 합계가 1/8 이하인 경우라면, 그 부분의 높이가 12m를 넘는 부분만 건축물의 높이에 산입한다.

옥상부분의 수평투영면적이 해당 건축물의 건축면적의 1/8이 넘는 경우에는 그 높이 전부를 건축물 높이에 산입!
→ 건축면적이 총 800m²인데 옥탑(옥상부분)의 면적이 그 8분의 1인 100m²를 넘는 150m²이므로, 그 높이인 10m를 건축물의 높이에 모두 산입!

따라서 지표면~건축물 상단 높이 40m에 옥상부분 높이 10m를 더해 총 50m

1. 지표면으로부터 건물 상단까지의 높이가 40m이니까 일단 이 건축물의 기본적인 높이는 40m
2. 이때 옥상부분이 2개 있는데, 이 옥상부분의 수평투영면적은 50+30으로 총 80m²
3. 이 건물의 건축면적이 800m²인데 옥상면적의 합이 80m²이니까 건축면적의 1/8인 이하인 경우에 해당하므로, (8분의 1이면 100m²인데 다 합쳐도 80m²니까 1/8 이하)
4. 높이가 12m를 넘는 부분만 건축물 높이에 산입!
→ 따라서 높이 10m의 경우는 12m를 넘지 않으니까 산입되지 않고, 높이 15m의 경우는 12m를 넘는 부분만 산입하므로 3m를 건축물 높이에 산입.
5. 건축물의 높이는 40+3으로 총 43m

4) 옥상돌출물(지붕마루장식, 굴뚝, 방화벽의 옥상돌출부 등)과 난간벽(그 벽면적의 1/2 이상이 공간으로 된 것에 한함)은 해당 건축물 높이에 산입하지 않는다.

💬 한옥을 생각해보면, 지붕 위에 새, 원숭이, 개 등 장식물을 해 둔 경우가 있죠? 그러한 지붕마루장식은 높이 산정에 포함하지 않는다는 것!

5) 층고: 방의 바닥구조체 윗면부터 윗층의 바닥구조체 윗면까지의 높이

☆ '층수'의 산정 및 제한

1) 건축물의 '지상층'만을 층수에 산입하며 건축물의 부분에 따라 층수를 달리하는 경우에는 그 중에서 가장 많은 층수를 그 건축물의 층수로 본다. → '지하층'은 층수 산정에서 제외!

2) 층의 구분이 명확하지 않은 건축물은 높이 4m 마다 하나의 층으로 산정한다.

3) 건축물의 옥상부분(승강기탑, 옥탑, 계단탑, 망루, 장식탑 등)으로서 수평투영면적의 합계가 해당 건축물의 건축면적의 1/8 이하인 것은 층수 산정에서 제외한다. (주택법에 따른 사업계획승인 대상 공동주택으로 세대별 전용면적이 85m² 이하인 경우 1/6 이하인 것도 제외)

요렇게 생긴 건물이 있다고 가정해볼게요!
- 일단 '층수' 산정에서 지하층은 제외한다고 했으니 가장 아래 지하는 층수에 포함 X !
- 그리고 이 건물의 A부분, B부분, C부분이 서로 층수를 달리하고 있는 구조라 가장 높은 층을 이 건물의 층수로 산정을 해야 하는데, 이때 C부분 옥상에 위치한 옥탑의 수평투영면적이 건축면적인 1,600m²의 1/8인 200m²보다 작은 120m²이므로 이 옥탑은 층수 산정에서 제외!
- 따라서 제외 부분을 빼고 산정하면 이 건물의 층수는 3층!

[더 알아보기] 내화구조 및 방화구조의 기준

내화구조는 일정시간 동안 형태·강도가 크게 변하지 않아 재사용도 가능한 정도의 구조, 방화구조는 연소확대를 방지할 수 있는 정도의 구조를 말하는데 이러한 각각의 내화구조와 방화구조로 인정받을 수 있는 기준을 더 알아보겠습니다.

---

1) 내화구조 기준(일부)

벽	① (철골)철근콘크리트조 : 두께 10cm 이상 ② 골구는 철골조 + 그 양면을 두께 4cm 이상의 철망모르타르 또는 두께 5cm 이상의 콘크리트블록·벽돌·석재로 덮은 것 ③ 철재 보강된 콘크리트블록조·벽돌조·석조로 철재에 덮은 콘크리트블록 등의 두께가 5cm 이상 ④ 벽돌조 : 두께 19cm 이상 ⑤ 경량기포 콘크리트패널 또는 경량기포 콘크리트 블록조 : 두께 10cm 이상
바닥	① (철골)철근콘크리트조 : 두께 10cm 이상 ② 철재 보강된 콘크리트블록조·벽돌조·석조로 철재에 덮은 콘크리트블록 등의 두께가 5cm 이상 ③ 철재의 양면을 두께 5cm 이상의 철망모르타르 또는 콘크리트로 덮은 것
지붕	① (철골)철근콘크리트조 ② 철재로 보강된 콘크리트조·벽돌조·석조 ③ 철재로 보강된 유리블록 또는 망입유리로 된 것

→ 골격이 되는 구조가 철골·철근콘크리트, 연와조(벽돌) 등으로 이루어져 있는 내화구조!

---

2) 방화구조 기준

철망 모르타르 바르기	바름 두께 2cm 이상
① 석고판 위에 시멘트 모르타르·회반죽 바른 것 ② 시멘트 모르타르 위에 타일을 붙인 것	두께의 합계 2.5cm 이상
심벽에 흙으로 맞벽치기	두께 무관
그 외	한국산업표준이 정하는 바에 의한 시험 결과가 방화 2급 이상에 해당하는 것

→ 철망 모르타르, 회반죽 바르기 등으로 내화구조보다는 비교적 강도가 약한 방화구조!

이론과 개념 설명

설비 및 구조의 이해

복합개념 정리

위밍업 개념정리

실전 기출예상문제

쉽게 풀어보는 총정리

피난시설, 방화시설 및 방화구획의 관리

피난시설, 방화구획 및 방화시설의 범위

1) 피난시설 : 복도, 출입구(비상구), 계단(직통계단, 피난계단 등), 피난용 승강기, 옥상광장, 피난안전구역 등

2) 방화구획(경계지어 가름) : 내화구조의 벽·바닥, 방화문(60분 방화문, 60분＋방화문), 자동방화셔터 등

3) 방화시설 : 내화구조, 방화구조, 방화벽, 마감재료(불연/준불연/난연), 배연설비, 소방관 진입창 등

피난시설

■ 직통계단

건축물의 피난층(직접 지상으로 통하는 출입구가 있는 층이나 피난안전구역) 외의 층에서 피난층 또는 지상층으로 통하는 계단

1) 직통계단의 설치기준

피난층 외의 층에서 거실의 각 부분으로부터 가장 가까운 거리에 있는 1개소의 계단에 이르는 보행거리가 다음의 값 이하가 되도록 설치해야 한다.

직통계단 보행거리 기준	
일반기준	• 30m 이하
건축물의 주요구조부가 내화구조 또는 불연재료	• 50m 이하 • 층수가 16층 이상인 공동주택의 경우, 16층 이상의 층 : 40m 이하
반도체 및 디스플레이 패널 제조공장으로 자동화 생산시설에 자동식 소화설비를 설치한 경우	• 75m 이하 • 무인화 공장 : 100m 이하

▣ 피난계단 및 특별피난계단

① 피난계단	• 건축물의 내부 다른 부분과 방화구획된 구조로, 계단실로의 화염 및 연기유입을 차단한 직통계단 • 동선 : 옥내 → 계단실 → 피난층
② 특별피난계단	• 건축물 내부의 다른 부분과 방화구획 및 계단실과 옥내 사이에 노대 또는 부속실을 설치한 직통계단으로 피난계단보다 높은 피난 안전성 확보 가능 • 동선 : 옥내 → (노대)부속실 → 계단실 → 피난층

피난계단 및 특별피난계단의 설치대상

① 5층 이상 또는 지하 2층 이하인 층에 설치하는 직통계단은 피난계단 또는 특별피난계단으로 설치해야 한다.

(단, 건축물의 주요구조부가 내화구조 또는 불연재로 되어 있는 경우로, 다음 중 어느 하나에 해당하는 경우는 (특별)피난계단으로 설치하지 않을 수 있다.)

- 5층 이상인 층의 바닥면적 합계가 200㎡ 이하인 경우
- 5층 이상인 층의 바닥면적 200㎡ 이내마다 방화구획이 되어 있는 경우

② 위 ①에서 판매시설 용도로 쓰는 층으로부터 직통계단은 그 중 1개소 이상을 특별피난계단으로 설치할 것

③ (갓복도식 공동주택을 제외한) 건축물의 11층(공동주택은 16층) 이상인 층(바닥면적 400m² 미만 제외) 또는 지하 3층 이하인 층(바닥면적 400m² 미만 제외)으로부터 피난층 또는 지상으로 통하는 직통계단은 특별피난계단으로 설치할 것 → **TIP** 상대적으로 고층인 <u>11층 이상 건물</u>(공동주택은 16층 이상) 또는 <u>지하 3층 이하</u>로 깊이가 깊은 곳이라면, 바로 피난이 가능한 피난층이나 지상층으로 갈 수 있는 직통계단(계단실)이 연기나 화재로부터 더 안전하게 유지될 수 있도록 '부속실'을 한 번 더 거치는 특별피난계단으로 해야 되겠죠?

④ 건축물의 5층 이상인 층으로, 문화·집회시설 중 전시장 또는 동·식물원, 판매시설, 운수시설(여객용 시설), 운동·위락시설, 관광휴게시설, 수련시설 용도로 쓰는 층인데 그 층의 해당 용도로 쓰는 바닥면적의 합계가 2,000m²를 넘는 경우에는 직통계단 외에도 그 넘는 2,000m² 이내마다 1개소의 피난계단 또는 특별피난계단을 설치해야 한다.

■ 피난계단 및 특별피난계단의 구조

1) 건축물 내부에 설치하는 피난계단의 구조

구획	계단실은 (창문 등을 제외한) 해당 건축물의 다른 부분과는 내화구조의 벽으로 구획할 것
마감	실내에 접하는 면은 불연재로 할 것
조명	계단실에는 예비전원에 의한 조명설비를 설치 ← 상용전원이 정전되어도 사용 가능!
외부 창문	계단실 바깥쪽과 접하는 창문 등은 해당 건축물의 다른 부분에 설치하는 창문 등으로부터 2m 이상 거리를 두고 설치할 것
내부 창문	건축물 내부와 접하는 계단실의 창문 등(출입구 제외)은 망입유리 붙박이창으로 면적 1m² 이하
건물 내부에서 계단실로 통하는 출입구	• 60분+ 또는 60분 방화문을 설치 • 유효 너비 : 0.9m 이상 • 피난 방향으로 열 수 있을 것 • 항상 닫힌 상태 유지 또는 화재로 인한 연기·불꽃·온도 감지 시 자동으로 닫히는 구조
계단	내화구조로 하고, 피난층 또는 지상까지 직접 연결될 것

2) 건축물 바깥쪽에 설치하는 피난계단의 구조

① 계단은 그 계단으로 통하는 출입구 외의 창문 등으로부터 2m 이상의 거리를 두고 설치할 것

② **건축물 내부에서 (외부의) 계단으로 통하는 출입구**: 60분+ 또는 60분 방화문을 설치

③ **계단 유효 너비**: 0.9m 이상

④ **구조**: 내화구조로 하고 지상까지 직접 연결될 것

3) 특별피난계단의 구조

① **건축물 내부와 계단실의 연결**: 노대를 통해 연결하거나, 외부를 향해 열 수 있는 면적 1m² 이상인 창문 또는 배연설비가 있는 면적 3m² 이상인 부속실을 통해 연결할 것

② **구획**: 계단실·노대 및 부속실은 창문 등을 제외하고는 내화구조의 벽으로 각각 구획할 것

③ **마감**: 계단실 및 부속실의 실내에 접하는 부분의 마감은 불연재로 할 것

④ **조명**: 계단실에는 예비전원에 의한 조명설비를 설치할 것

⑤ **외부 창문**: 계단실·노대·부속실에 설치하는 건축물 바깥쪽에 접하는 창문 등은 계단실·노대·부속실의 당해 건축물의 다른 부분에 설치하는 창문 등으로부터 2m 이상의 거리를 두고 설치할 것

⑥ **내부 창문**

ㄱ. 계단실에는 노대·부속실에 접하는 부분 외에는 건축물 내부와 접하는 창문 등을 설치하지 않을 것

↔ 노대·부속실에는 출입구를 제외하고 계단실 외 건축물 내부와 접하는 창문 등을 설치하지 않을 것

ㄴ. 계단실의 노대·부속실에 접하는 창문 등은 망이 들어있는 유리의 붙박이창으로 그 면적을 각각 1m² 이하로 할 것

⑦ 출입구

ㄱ. 건축물 내부에서 노대·부속실로 통하는 출입구: 60분+ 또는 60분 방화문을 설치

ㄴ. 노대·부속실로부터 계단실로 통하는 출입구: 60분, 60분+ 또는 30분방화문 설치

ㄷ. 유효 너비: 0.9m 이상

ㄹ. 피난 방향으로 열 수 있을 것

ㅁ. 항상 닫힌 상태 유지 또는 화재로 인한 연기·불꽃·온도 감지 시 자동으로 닫히는 구조

ㅂ. 계단 구조: 내화구조로 하되, 피난층 또는 지상까지 직접 연결되도록 할 것

■ 옥상광장

옥상광장 또는 2층 이상인 층에 있는 노대 등의 주위에는 높이 1.2m 이상의 난간을 설치해야 한다. (다만, 그 노대 등에 출입할 수 없는 구조일 때는 난간을 설치하지 않음)

🗀 참고

건축 등에서 말하는 '노대'란, 베란다나 발코니처럼 건물 외부로 돌출되어 지면과는 닿지 않는 바닥이나 마루 등을 말해요. 이 경우에는 옥상광장과 같은 구조도 노대 등으로 포함시켜 볼 수 있어요.

1) 옥상광장 설치 대상

5층 이상인 층이 다음의 용도로 쓰이는 경우에는 피난용도로 쓸 수 있는 광장을 설치할 것

① 제2종 근린생활시설 중 공연장·종교집회장·인터넷컴퓨터 게임시설 제공업소(PC방: 해당 용도로 쓰는 바닥면적의 합계가 각각 300m² 이상인 경우만 해당)

② 문화 및 집회시설(전시장 및 동·식물원 제외), 종교시설, 판매시설, 주점영업, 장례시설

2) 옥상광장 설치 기준

① 다음의 어느 하나에 해당하는 건축물은 옥상으로 통하는 출입문에 비상문자동개폐장치를 설치할 것

- 옥상광장을 설치해야 하는 건축물(옥상광장 설치 대상)
- 피난용도로 쓸 수 있는 광장을 옥상에 설치하는 다중이용 건축물 또는 연면적 1,000m² 이상인 공동주택

② 계단과 연결

옥상광장 설치 대상인 건축물의 (특별)피난계단은 해당 건축물의 옥상으로 통하도록 설치할 것. 이 경우 옥상으로 통하는 출입문은 피난방향으로 열리는 구조로 이용에 장애가 없도록 할 것

③ 옥상공간 확보

층수가 11층 이상인 건축물로, 11층 이상인 층의 바닥면적 합계가 10,000m² 이상인 건축물의 옥상에는 다음의 공간을 확보할 것

- **건축물의 지붕을 평지붕으로 하는 경우**: 헬리포트(헬리콥터가 이착륙하는 공간)를 설치하거나, 또는 헬리콥터를 통해 인명 등을 구조할 수 있는 공간
- **건축물의 지붕을 경사지붕으로 하는 경우**: 경사지붕 아래에 설치하는 대피공간

비상문자동개폐장치

■ 대지 안의 피난 및 소화에 필요한 통로 설치

건축물의 대지 안에는 그 건축물 바깥쪽으로 통하는 주된 출구와 지상으로 통하는 (특별)피난계단으로부터 도로 또는 공지(공원, 광장 등 피난·소화를 위해 대지의 출입에 지장이 없는 것)로 통하는 통로를 다음의 기준에 따라 설치할 것

1) 각 시설별 구분에 따른 통로의 너비

- 단독주택: 0.9m 이상
- 바닥면적 합계가 500m² 이상인 문화·집회시설, 종교·의료·위락·장례시설: 유효 너비 3m 이상
- 그 밖에 용도로 쓰는 건축물: 유효너비 1.5m 이상

2) 필로티 내 통로의 길이가 2m 이상이 경우, 피난·소화활동에 장애가 생기지 않도록 자동차 진입억제용 말뚝 등 통로 보호시설을 설치하거나 통로에 단차(층계 높이 차이)를 둘 것

[단독주택]　　　　[바닥면적 500m² 이상]　　　　[필로티 통로 보호시설]

▣ 피난용 승강기

화재 등 재난 발생 시 거주자의 피난활동에 적합하도록 제조·설치된 엘리베이터로, 평상시에는 승객용으로 사용하는 엘리베이터(승강기)를 말한다. 건축물 내부의 다른 부분과는 방화구획된 별도의 승강장을 설치하여 화재 시 안전한 피난이 가능하도록 할 것

1) 피난용 승강기 설치대상

고층 건축물(층수 30층 이상 또는 높이 120m 이상)에는 승용 승강기 중 1대 이상을 피난용 승강기로 설치할 것

2) 피난용 승강기 설치기준

① **승강장 바닥면적** : 승강기 1대당 <u>6m²</u> <u>이상</u>

② 각 층으로부터 피난층까지 이르는 승강로를 단일구조로 연결하여 설치할 것

③ 예비전원으로 작동하는 조명설비 설치

④ 승강장의 출입구 부근의 잘 보이는 곳에 해당 승강기가 피난용 승강기임을 알리는 표지 설치

⑤ 그 밖에 화재예방 및 피해경감을 위해 다음의 구조·설비 기준에 맞을 것

ㄱ. 피난용 승강기 승강장의 구조

- 승강장의 출입구를 제외한 부분은 해당 건축물의 다른 부분과 **내화구조**의 바닥·벽으로 구획할 것

- 승강장은 각 층의 내부와 연결될 수 있도록 하되, 그 출입구에는 **60분(+)방화문**을 설치할 것 (방화문은 언제나 닫힌 상태 유지)

- 실내에 접하는 부분의 **마감은 불연재**

- **배연설비**를 설치할 것(단, 제연설비를 설치한 경우에는 배연설비 설치하지 않을 수 있음)

ㄴ. 피난용 승강기 승강로의 구조

- 승강로(승강 케이지·카(car)가 오르내리는 통로)는 건축물의 다른 부분과 **내화구조**로 구획할 것

- 승강로 상부에 **배연설비**를 설치할 것

ㄷ. 피난용 승강기 기계실의 구조

- 출입구를 제외한 부분은 해당 건축물의 다른 부분과 **내화구조의 바닥·벽으로 구획**할 것

- 출입구에는 **60분(+)방화문**을 설치할 것

ㄹ. 피난용 승강기 전용 예비전원

- 정전 시 피난용 승강기·기계실·승강장 및 폐쇄회로 텔레비전 등의 설비를 작동할 수 있는 **별도의 예비전원** 설비를 설치할 것

- 위 사항에 따른 예비전원은 <u>초고층 건축물</u>(층수 50층 이상 또는 높이 200m 이상)에서는 <u>2시간 이상</u>, <u>준초고층 건축물</u>(초고층은 아닌 고층건축물)에서는 <u>1시간 이상</u> 작동 가능한 용량일 것

- 상용전원과 예비전원의 공급을 자동 또는 수동으로 전환 가능한 설비를 갖출 것

- 전선관 및 배선은 고온에 견딜 수 있는 **내열성 자재**를 사용하고 **방수조치** 할 것

방화구획

■ 방화구획

1) 방화구획은 건물 내 어느 부분에서 발생한 화재가 인접 공간 또는 건물 전체 등으로 확대되는 것을 방지하기 위해 설치함.

2) 방화구획은 내화구조의 벽·바닥으로 구획(경계를 지어 가름)하여 화재에 저항할 수 있고, 방화구획의 개구부나 틈새 등은 규정의 내화 및 방연성능을 확보한 것으로 설치할 것

■ 방화구획의 개구부 및 틈새 등

1) 출입문 : 60분 또는 60분+방화문

2) 내화구조의 벽을 설치하지 못하는 경우 : 자동방화셔터 설치

3) **방화구획의 틈새**(관통부 등):내화채움 구조

4) **공조설비 풍도 내부**:방화댐퍼

[참고] 내화채움 및 방화댐퍼 참고 자료	
틈새에 내화충진재 메우기	
덕트에 방화댐퍼 설치	방화댐퍼 뜨거워지면 퓨즈 녹아서 문 닫음

▣ 방화구획 설치기준

주요구조부가 내화구조 또는 불연재료로 된 건축물로서 연면적이 1천 제곱미터를 넘는 것은 방화구획을 해야 한다.

1) 구획방식

① **층별 구획**:매층마다 구획(단, 지하 1층에서 지상으로 직접 연결되는 경사로은 제외)

② **필로티 등**:필로티 부분을 주차장으로 사용하는 경우, 그 부분은 건축물의 다른 부분과 구획할 것

☆☆③ **면적별 구획**

ㄱ. 10층 이하의 층은 바닥면적 1,000m² 이내마다 구획

ㄴ. 11층 이상의 층은 바닥면적 200m² 이내마다 구획(단, 벽 및 반자의 실내마감이 불연재로 된 경우는 500m² 이내)

ㄷ. 스프링클러설비 등 자동식 소화설비를 설치한 경우는 상기 면적의 ×3배로 기준이 완화됨

주요구조부(기둥, 보, 지붕틀 등)가 내화구조 또는 불에 안 타는 불연재료로 된 건물인데 연면적이 1,000m²를 넘으면 위 기준에 맞춰 방화구획! 기본적으로 매 층마다 방화구획하고, 10층 이하의 층은 바닥면적 기준으로 1,000m² 이내로, 11층 이상의 층은 기본적으로 200m² 이내지만 내장재(벽재, 바닥재 등)가 불에 강한 불연재로 되어있다면 조금 완화해서 500m² 이내마다 방화구획!

그런데 만약에 여기서 스프링클러설비처럼 '자동'으로 '소화'해주는 자동식 소화설비가 설치된 경우에는 불이 나더라도 자동으로 빨리 소화할 수 있을 테니 각 기준에서 ×3배의 면적으로 방화구획 설정 범위를 좀 더 넓게 완화해줌!

자동식소화설비 설치된 경우 방화구획 기준	
10층 이하의 층	바닥면적 3,000m² 이내(1,000x3)
11층 이상의 층(11층부터)	바닥면적 600m² 이내(200x3)
11층 이상의 층인데 내장재도 불연재	바닥면적 1,500m² 이내(500x3)

2) 방화구획의 구조

① 방화구획으로 사용하는 60분(+)방화문은 언제나 닫힌 상태를 유지하거나, 또는 화재로 인한 연기·불꽃을 감지 시 자동으로 닫히는 구조(연기·불꽃 감지로 자동 폐쇄가 어려운 경우 온도 감지로 자동 폐쇄되는 구조)로 할 것

② 외벽과 바닥 사이에 틈이 생긴 때나, 급수관·배전관 등의 관이 방화구획으로 되어 있는 부분을 관통하여 그로 인해 방화구획에 틈이 생긴 경우에는 그 틈을 내화시간 이상 견딜 수 있는 내화채움성능이 인정된 구조로 메울 것

③ 환기 또는 냉·난방시설의 풍도가 방화구획을 관통하는 경우, 그 관통부분이나 근접한 부분에 다음의 기준에 적합한 댐퍼를 설치할 것(다만 반도체 공장 건축물로 풍도 주위에 스프링클러헤드를 설치하는 경우는 제외)

- 화재로 인한 연기·불꽃 감지로 자동 폐쇄되는 구조(단, 주방 등 항상 연기가 발생하는 부분에서는 온도 감지로 자동 폐쇄)

- 국토교통부장관이 정하여 고시하는 비차열성능 및 방연성능 기준에 적합할 것

▣ 방화문

화재의 확대 및 연소 방지를 위해 방화구획의 개구부에 설치하는 문

1) 방화문의 구분

60분＋방화문	연기 및 불꽃을 60분 이상 차단할 수 있고, 차열(열을 차단)할 수 있는 시간이 30분 이상
60분 방화문	연기 및 불꽃을 60분 이상 차단
30분 방화문	연기 및 불꽃을 30분 이상 차단

→ 방화문은 연기 및 불꽃을 기본적으로 차단해주는데 차단할 수 있는 시간에 따라 구분할 수 있고, 60분＋방화문의 경우 차열까지 30분 이상 가능해요~!

💬 쉽게 말해서, 방화문이니까 차열이든 비차열이든 기본적으로 방화문이 해야 하는 화염/연기를 차단하는 기능은 <u>똑같이 갖고 있지만</u>, 같은 방화문이라도 최상등급, 상등급, 일반등급을 구분하는 기준이 '차열' 성능의 유무라고 생각하면 쉬워요~!
그래서 기존 최상등급 갑종방화문은 도합 1시간 30분을 버티는데 그중 30분은 '열'까지 차단하는 차열 성능이 있는 것, 상등급 갑종방화문은 1시간을 버티는데 비차열(열은 차단 못함)로만 1시간, 일반등급인 을종방화문은 비차열로만 30분 이렇게 구분했는데 현재는 최상등급을 60＋방화문(차열 30분), 상등급은 60분 방화문(차열X, 비차열 1시간), 일반등급을 30분 방화문(비차열 30분)으로 개정!

2) 방화문의 성능기준 및 구성

① 건축물 방화구획을 위해 설치하는 방화문은 건축물의 용도 등 구분에 따라 화재 시 가열에도 정해진 일정 시간 이상을 견딜 수 있어야 한다.

② 방화문은 항상 닫혀있는 구조(또는 화재 발생 시 불꽃·연기 등에 의해 자동 폐쇄되는 구조)로 한다.

◾ 자동방화셔터

내화구조로 된 벽을 설치하지 못하는 경우, 화재 시 연기·열을 감지하여 자동 폐쇄되는 셔터

1) 자동방화셔터 설치기준(요건)

① 피난이 가능한 60분＋방화문 또는 60분 방화문으로부터 3m 이내에 별도로 설치할 것

② 전동 또는 수동방식으로 개폐할 수 있을 것

③ 불꽃감지기 또는 연기감지기 중 하나와, 열감지기를 설치할 것

④ 불꽃이나 연기를 감지한 경우 일부 폐쇄되는 구조일 것

⑤ 열을 감지한 경우 완전 폐쇄되는 구조일 것

이론과 개념 설명

설비 및 구조의 이해

핵심개념 정리

위험요 개념정리

실전 기출예상문제

쉽게 풀어보는 총정리

> 📢 **Tip**
> 불꽃이나 연기는 실제 화재라기보다는 담배연기나 기타 불순물을 감지한 것일 수도 있으므로 일단 '일부' 폐쇄가 이루어지지만, 완전한 열을 감지한 경우에는 의심의 여지 없이 "화재다!"라고 인식해서 '완전' 폐쇄하는 구조라고 생각하면 쉬워요~!

방화셔터 예시

방화댐퍼 예시

2) 자동방화셔터의 성능기준 및 구성

① 건축물의 방화구획을 위해 설치하는 자동방화셔터는 건축물의 용도 등 구분에 따라 화재 시 가열에도 일정 성능 이상(품질시험 결과, 비차열 1시간 이상의 내화성능 확보)을 견딜 수 있어야 한다.

② 자동방화셔터는 위의 '1) 자동방화셔터 설치기준' 등에 따른 구조를 가진 것이어야 하나, 수직방향(↕)으로 폐쇄되는 구조가 아닌 경우, 불꽃·연기·열 감지에 의해 완전폐쇄되는 구조여야 한다.

③ 자동방화셔터의 상부는 상층 바닥에 직접 닿아야 하며, 그렇지 않은 경우 방화구획 처리를 하여 연기와 화염의 이동통로가 되지 않도록 할 것

방화시설

■ 배연설비
화재 시 연기를 옥외로 배출하는 시설

1) 배연설비(배연창, 배연구) 설치대상
다음에 해당하는 건축물의 거실(피난층의 거실은 제외)에는 배연설비를 설치할 것

① **6층 이상인 건축물로 다음의 용도로 쓰이는 건축물**
- **공연장·종교집회장·PC방**(인터넷컴퓨터게임시설제공업소) : 해당 용도의 바닥면적 합계가 300m² 이상인 경우
- **문화·집회시설, 종교시설, 판매시설, 운수시설**

- 의료시설

- 연구소, 유스호스텔 / 아동관련·노인복지 시설

- 운동시설, 업무시설, 숙박시설, 위락시설, 관광휴게시설, 장례시설

② **다음 용도로 쓰이는 건축물**

- 요양병원·정신병원

- 노인요양시설·장애인 거주 및 의료재활시설

- 산후조리원

2) 배연설비(배연창, 배연구) **설치기준**

① 건축물이 방화구획으로 구획된 경우, 그 구획마다 1개소 이상의 배연창을 설치하되 배연창의 상변과 천장(또는 반자)으로부터 수직거리가 0.9m 이내일 것. 다만 반자의 높이가 바닥으로부터 3m 이상인 경우에는 배연창의 하변이 바닥으로부터 2.1m 이상의 위치에 놓이도록 설치할 것

② 배연창의 유효면적은 산정기준에 의하여 산정된 면적이 1m² 이상으로서 그 면적의 합계가 당해 건축물의 바닥면적(방화구획이 설치된 경우에는 그 구획된 부분의 바닥면적)의 100분의 1 이상일 것. 이 경우 바닥면적 산정 시 거실바닥면적의 20분의 1 이상으로 환기창을 설치한 거실의 면적은 산입하지 않는다.

③ 배연구는 연기·열감지기에 의해 자동으로 열 수 있는 구조로 하되, 손으로도 열고 닫을 수 있도록 할 것

④ 배연구는 예비전원에 의해 열 수 있도록 할 것

⑤ 기계식 배연설비를 하는 경우에는 위의 ①~④의 규정에 불구하고 소방관계법령의 규정에 적합하도록 할 것

■ 소방관 진입창

1) 소방관 진입창 설치대상

건축물의 11층 이하의 층[1]에는 소방관이 진입할 수 있는 창을 설치하고, 외부에서 주야간에 식별할 수 있는 표시를 할 것. 다만, 다음의 어느 하나에 해당하는 아파트는 제외함.

- 「건축법」에 따라 대피공간을 설치한 아파트

- 비상용승강기를 설치한 아파트

---

1) 소방관이 사다리차로 접근 가능한, 타격해서 깨고 들어갈 수 있는 실질적인 높이

2) 소방관 진입창 설치기준

① 2층 이상, 11층 이하인 층에 각각 1개소 이상 설치할 것. 이 경우 소방관이 진입할 수 있는 창의 가운데에서 벽면 끝까지의 수평거리가 40m 이상인 경우에는 40m 이내마다 소방관이 진입할 수 있는 창을 추가로 설치한다.

② 소방차 진입로 또는 소방차 진입이 가능한 공터에 면할 것

③ 표식 : 창문의 가운데에 지름 20cm 이상의 역삼각형을 야간에도 알아볼 수 있도록 빛 반사 등의 붉은색으로 표시할 것.

④ 창문의 한쪽 모서리에 타격지점을 지름 3cm 이상의 원형으로 표시할 것

⑤ 창문의 크기는 폭 90cm 이상, 높이 1.2m 이상으로 하고, 실내 바닥면으로부터 창의 아랫부분까지의 높이는 80cm 이내로 할 것.

⑥ 다음의 어느 하나에 해당하는 유리를 사용할 것

　ㄱ. 플로트판 유리 : 두께 6mm 이하인 것

　ㄴ. 강화유리 또는 배강도유리 : 두께 5mm 이하인 것

　ㄷ. 위 ㄱ 또는 ㄴ에 해당하는 유리로 구성된 이중 유리 : 두께 24mm 이하인 것

(실내 바닥면)

이론과 개념 설명

설비 및 구조의 이해

복합개념정리

위험연계 개념정리

실전 기출예상문제

실계 돌아보는 총정리

■ 건축물의 마감재료

1) 방화에 지장이 없는 재료의 구분

① 불연재료	• 불에 타지 않는 성질을 가진 재료 • 콘크리트·석재·벽돌·기와·철강·알루미늄·유리·시멘트모르타르 및 회
② 준불연재료	불연재료에 준하는 성질을 가진 재료
③ 난연재료	불에 잘 타지 않는 성능을 가진 재료

└▸ 자세한 설명은 [건축관계법령] 참고~!

2) 건축물 내부의 마감재료

① **규제 대상** : 공동주택, 발전시설, 공장, 문화 · 집회시설 등 「건축법 시행령」에서 정하는 건축물

② **규제 대상 건축물의 내부 마감재료 적용 기준**

- **거실의 벽·반자 실내에 접하는 부분의 마감재료** : 불연재, 준불연재 또는 난연재 사용

- **거실에서 지상으로 통하는 복도·계단 등**(그 밖의 벽·반자의 실내에 접하는 부분)**의 마감재료** : 불연재 또는 준불연재사용(난연재 사용×)

3) 건축물 외벽의 마감재료 등

① **규제 대상**: 의료시설, 교육연구시설, 3층 이
상 또는 높이 9m 이상인 건축물 등

② **규제 대상 건축물의 외벽 마감재료 적용 기준**
위 규제 대상 건축물의 <u>외벽에는 불연재료
또는 준불연재료</u>를 마감재료로 사용할 것.
(단, 일부 용도로 소규모 건축물 등의 경우에
는 난연재료 등을 마감재료로 할 수도 있다.)

③ **건축물 외벽에 설치하는 창호 기준**
위 규제 대상 건축물의 인접대지 경계선에
접하는 외벽에 설치하는 창호와 인접대지 경
계선 간의 거리가 1.5m 이내인 경우, 해당 창

호는 방화유리창으로 설치할 것. (단, (간이)스프링클러 헤드가 창호로부터 60cm 이내에 설치되어 건
축물 내부가 화재로부터 방호되는 경우에는 방화유리창 설치 면제)

▣ 피난시설, 방화구획 및 방화시설의 관리

정당한 사유 없이 피난시설, 방화구획 및 방화시설에 대하여 다음의 행위를 금지한다.

> **금지행위**
>
> ① 폐쇄·훼손 행위
> ② 물건 적치 및 장애물 설치 행위
> ③ 변경 행위
> ④ 용도에 장애를 주거나 소방활동에 지장을 주는 행위

🗀 **[참고] 금지행위 예시**

① 폐쇄·훼손 행위 : [폐쇄] 계단이나 복도 등에 방범철책 설치로 피난할 수 없게 하는 행위, 비상구에 잠금장치 설치,
 쇠창살·용접 등으로 비상(탈출)구 개방 불가 / [훼손] 방화문 철거·제거, 자동폐쇄장치 제거 등

② 물건 적치 및 장애물 설치 행위 : 복도에 자전거 및 물건 등 적치·방치 등

③ 변경 행위 : 방화구획 및 내부 마감재 임의 변경, 방화문을 목재나 유리문으로 변경, 임의구획으로 무창층 발생, 방
 화구획에 개구부 설치 등

④ 용도 장애 또는 소방활동 지장 초래 행위 : 화재 시 소방호스 전개 시 걸림·꼬임 현상으로 소방활동에 지장을 초래
 한다고 판단되는 행위 등

소방안전교육 및 훈련 / 소방계획의 수립

소방훈련 및 교육

1) 소방훈련 및 교육의 정의: 화재를 비롯한 사고 및 재난으로부터, 인간의 안전을 지키기 위해 안전의식 고취 및 실천을 통해 위험에 적절하게 대응할 수 있는 행동능력을 기르고자 의도적이고 계획적으로 실시하는 교육(훈련)

2) 소방훈련 및 교육 계획 수립: 연간계획 수립 → 분기 또는 월별 세부계획 수립의 구조가 일반적이며, 11월 ~12월경에 다음 연도의 계획을 수립하여 원활한 예산 지원 및 업무 협조가 이루어질 수 있도록 한다. [대형대상물의 경우 연간-분기-월별 3단계로 계획을 수립하고, 실시 1개월 전에 이를 미리 공지하고 협조를 구하는 것이 좋다.]

3) 소방교육 및 훈련 계획에 포함하는 내용: 교육·훈련의 종류, 주기, 대상 / 내용 및 방법 / 시나리오 / 기타 행정지원 계획

합동소방훈련?

1) 소방서장은 특·1급 소방안전관리대상물의 관계인으로 하여금 소방관서와 함께 합동소방훈련을 실시하게 할 수 있다.

2) 합동소방훈련은 준비단계부터 상호간 의견 교환을 통해 실질적·효율적으로 진행하고, 훈련의 규모와 내용을 정하여 장비 등 필요한 부분에 대해 준비한다. 훈련의 규모와 내용이 결정되면 모든 거주자 및 전 사원에게 알려 적극적인 동참을 유도한다.

3) 훈련협조 요청은 최소 훈련시작 일주일 전에 공문으로 발송한다.

> 📁 **합동소방훈련 사항**
> ① 자위소방대의 초동조치 능력 배양
> ② 신속한 상황전파 및 개인별 임무분담체계 확립
> ③ 대상물 특성에 맞는 종합적 방화대책 수립
> ④ 소방관서, 유관기관과의 역할분담 및 협조체계 구축

소방교육 및 훈련의 실시원칙

1) 학습자중심 원칙 : 한 번에 한 가지씩/쉬운 것 → 어려운 것 순서로 진행

2) 동기부여 원칙 : 중요성 전달, 초기성공에 대한 격려, 보상 제공, 재미 부여, 전문성 공유 등

3) 목적원칙 : 어떤 '기술'을 어느 정도까지 익힐 것인지, 습득하려는 기술이 전체 중 어느 위치에 있는지 인식

4) 현실원칙 : 비현실적인 훈련 ×

5) 실습원칙 : 목적을 생각하고 정확한 방법으로 한다.

6) 경험원칙 : 현실감 있는 훈련, 교육

7) 관련성 원칙 : 실무적인 접목과 현장성 필요

소방계획의 수립

소방계획이란, 화재로 인해 소방안전관리대상물에 재난이 발생하는 것을 사전에 예방, 대비하고 화재 발생 시 대응, 복구를 통해 인명과 재산 피해를 최소화하기 위해 작성 및 운영하고, 유지 및 관리하는 위험관리 계획

> 💬 한마디로, 사전예방 및 원활한 대응·복구를 위해 작성하고 그에 따라 운영 및 유지·관리하는 것!

1) 주요내용

① **소방안전관리대상물의 일반현황** : 위치, 구조, 연면적, 용도, 수용인원 등

② 소방안전관리대상물에 설치한 소방·방화시설, 전기·가스·위험물시설 현황 * **'수도시설'은 미포함!**

③ 자체점검계획, 대응대책, 소화와 연소 방지 관련 사항

④ 피난계획 및 피난경로 설정, 각종 시설 및 설비의 점검·정비/유지·관리 계획

⑤ 소방훈련 및 교육 계획

⑥ 위험물의 저장 및 취급 관련 사항 등

2) 소방계획서 예시

(소방계획서 예시)

1. 일반현황

구분	점검항목
명칭	작동상사
도로명주소	서울특별시 노원구 123로 99
연락처	02-001-0001
규모/구조	• 연면적 : 5,000m² • 층수 : 지상 5층/지하 1층 • 높이 : 20m • 용도 : 사무실
계단	• 직통계단 : 1, 2, 3층 중앙 • 피난계단 : 4, 5층 동쪽
인원현황	• 거주인원 1명 • 상시 근무인원 12명 • 고령자 : 2명 • 영유아 : 0명 • 장애인 : 1명
관리현황	소방안전관리자 • 성명 : 김철수 • 선임날짜 : 2020년 5월 8일 • 연락처 : 010-0123-4567

2. 소방시설 일반현황

구분	설비		점검결과
소화설비	[V] 소화기구	[V] 소화기	
		[ ] 간이소화용구	
	[ ] 자동소화설비		
	[V] 옥내소화전설비		
	[V] 옥외소화전설비		
	[V] 스프링클러설비		

3. 자체점검

구분	점검시기	점검방식
작동기능점검	2021년 3월 2일	[ ] 자체 [V] 외주
종합정밀점검	2021년 9월 3일	[ ] 자체 [V] 외주

이론과 개념 설명

설비 및 구조의 이해

목차개념정리

위밍업 개념정리

실전 기출예상문제

쉽게 풀어보는 총정리

소방계획의 주요원리

1) 종합적 안전관리
2) 통합적 안전관리
3) 지속적 발전모델

소방계획서의 작성원칙

1) 실현가능한 계획
2) 실행우선 ↔ '계획우선'이면 안 됨!
3) **구조화** : [작성 - 검토 - 승인] 단계를 거쳐야 함.
4) 관계인의 참여

소방계획 작성 시기

1) 특정소방대상물의 소방안전관리자는 소방계획서를 매년 12월 31일까지 작성·시행한다.
2) [작성 - 검토 - 승인] 거쳐서 개선조치 및 요구사항 수렴하여 차기연도 소방계획에 반영한다.

소방계획의 수립절차

1단계	2단계	3단계	4단계
사전기획	**위험환경분석**	**설계/개발**	**시행/유지관리**
관계자들 의견 수렴, 요구 사항 검토하면서 준비하고 계획을 수립하는 단계	위험요인(환경) 파악하고 분석, 평가해서 대책까지 수립	전체적인 소방계획의 목표 및 전략을 세워 실행계획을 수립	검토를 거쳐 시행하고 유지관리하는 단계

자위소방대/자위소방활동

1) 자위소방대: 소방안전관리대상물에서 인명 및 재산 피해 최소화를 위해 편성하는 자율적인 안전관리 조직

  └, 소방안전관리자의 업무에 자위소방대 구성 및 운영도 포함 됨!

  └, 초기소화, 피난유도 및 응급처치 등 골든타임(화재:5분, 심폐소생술:4~6분 내) 확보 목적

자위소방활동

비상연락	화재 상황 전파, 119 신고 및 통보연락 업무
초기소화	초기소화설비 이용한 조기 화재진압
응급구조	응급조치 및 응급의료소 설치·지원
방호안전	화재확산방지, 위험물시설 제어 및 비상 반출
피난유도	재실자·방문자의 피난유도 및 화재안전취약자 피난보조

자위소방대 구성

1) 자위소방대의 개념: 소방안전관리대상물에서 화재 등과 같은 재난 발생 시 비상연락, 초기소화, 피난유도 및 인명·재산피해 최소화를 위해 편성하는 자율 안전관리 조직으로 소방안전관리자로 하여금 이러한 자위소방대를 구성·운영하도록 한다. 자위소방대는 화재 시 초기소화, 조기피난 및 응급처치 등에 필요한 골든타임(화재 시 5분, CPR은 4~6분 내) 확보를 위한 필수 조직이다.

2) 자위소방대 조직구성 원칙: 대상처의 규모와 소방시설 및 편성대원을 고려하여 TYPE-Ⅰ, Ⅱ, Ⅲ로 조직을 구성하는데, 특수한 경우에는 현장 여건에 따라 조직 편성기준을 다르게 적용할 수 있다.

3) 유형별(TYPE) 조직구성

  ① TYPE-Ⅰ:특급, 연면적 30,000m² 이상을 포함한 1급 (공동주택 제외)

Type - Ⅰ	• 특급 • 1급 (연면적 30,000m² 이상 포함, 공동주택 제외)

[지휘조직] 화재상황을 모니터링하고 지휘통제 임무를 수행하는 '지휘통제팀'
[현장대응조직] '본부대' : 비상연락팀, 초기소화팀, 피난유도팀, 응급구조팀, 방호안전팀 (필요 시 가감)
[현장대응조직] '지구대' : 각 구역(Zone)별 현장대응팀 (구역별 규모,인력에 따라 편성)

- Type-Ⅰ의 대상물은 지휘조직인 '지휘통제팀'과 현장대응조직인 '비상연락팀·초기소화팀·피난유도팀·방호안전팀·응급구조팀'으로 구성
- Type-Ⅰ의 대상물은 둘 이상의 현장대응조직 운영 가능 (본부대 / 지구대로 구분)
- 본부대는 비상연락팀·초기소화팀·피난유도팀·방호안전팀·응급구조팀을 기본으로 편성, 지구대는 각 구역(Zone)별 규모 및 편성대원 등 현장의 운영 여건에 따라 팀을 구성할 수 있다.

■ 지구대 구역(Zone) 설정 기준

임차구역에 따른 구역(Zone) 설정 [임차구역]
• 적용기준 : 대상구역의 관리권원(Tenancy)
• 구역 내 임차권(관리권원)별로 분할 또는 다수의 권원을 통합해 설정 (7F : A사, B사 각각 1 Zone)
층(Floor)에 따른 구역(Zone) 설정 [수직구역]
• 적용기준 : 대상물의 층(Floor)
• 단일 층 또는 5층 이내의 일부 층을 하나의 구역으로 설정(1F를 1 Zone 으로 또는 2~5F를 1 Zone으로 설정)
면적(Area)에 따른 구역(Zone) 설정 [수평구역]
• 적용기준 : 대상물의 면적(Area)
• 하나의 층이 1,000㎡ 초과 시 추가로 구역 설정 또는 대상물의 방화구획 을 기준으로 구분(B1, B2 지하가 하나의 층인데 면적이 1,000㎡ 초과, 각 각 1 Zone)
용도에 따른 구역(Zone) 설정 [용도구역]
• 적용기준 : 대상구역의 용도(Occupancy)
• **비거주용도(주차장, 강당, 공장 등)는 구역(Zone) 설정에서 제외!**(B2 주 차장과 6F 대강당은 지구대 구역 설정에서 제외 : 0 Zone)

💬 지구대 구역을 설정하는 방식 및 기준(수직, 수평, 임차, 용도 등)의 특징과 지구대 구역(Zone) 설정 시 비거주용도(주차장, 공장, 강당 등) 공간은 구역설정에서 제외한다는 것을 기억하면 유리해요~!

② TYPE-Ⅱ : 1급 (단, 연면적 3만 이상은 Type-Ⅰ), 상시 근무인원 50명 이상의 2급

<table>
<tr><td>Type - Ⅱ</td><td>• 1급 　*단, 연면적 3만m² 이상의 경우 TYPE-Ⅰ 적용(공동주택 제외)
• 2급 (상시 근무인원 50명 이상)</td></tr>
</table>

[지휘조직] 화재상황을 모니터링하고 지휘통제 임무를 수행하는 '지휘통제팀'
[현장대응조직] 비상연락팀, 초기소화팀, 피난유도팀, 응급구조팀, 방호안전팀 (필요 시 가감)

- Type-Ⅱ의 대상물은 지휘조직인 '지휘통제팀'과 현장대응조직인 '비상연락팀 · 초기소화팀 · 피난 유도팀 · 방호안전팀 · 응급구조팀'으로 구성
- Type-Ⅱ의 현장대응조직은 조직 및 편성대원의 여건에 따라 팀을 가감 운영할 수 있다.

📢 Tip
Type-Ⅰ과의 차이점은 Type-Ⅱ는 현장대응조직이 둘 이상으로(본부대와 지구대로) 나뉘지 않는다는 점!

③ TYPE-Ⅲ : 2급 (단, 상시 근무인원 50명 이상은 Type-Ⅱ), 3급

<table>
<tr><td>Type - Ⅲ</td><td>• 2급, 3급
*단, 상시 근무인원 50명 이상인 경우 TYPE-Ⅱ 적용</td></tr>
</table>

- (10인 미만) 현장대응팀 - 개별 팀 구분 없음
- (10인 이상) 현장대응조직 - 비상연락팀, 초기소화팀, 피난유도팀 (필요 시 가감 편성)

- Type-Ⅲ의 대상물은 지휘조직과 현장대응조직으로 구성
- 편성대원 10인 미만의 현장대응조직은 하위 조직(팀)의 구분 없이 운영 가능하나, 개인별 비상연락
  ·초기소화·피난유도 등의 업무를 담당할 수 있도록 현장대응팀을 구성
- 편성대원 10인 이상의 현장대응조직은 비상연락팀, 초기소화팀, 피난유도팀으로 구성하며 필요 시
  팀을 가감 편성한다.

■ 초기대응체계

① 자위소방대에서 지휘통제팀 등 다른 팀에도 포함되어 편성할 수 있는데, 즉각 출동이 가능한 인원으
  로서 화재 발생 초기에 신속하게 대응 가능하도록 구성한다.
  ∟ 비상연락, 초기소화, 피난유도 등을 수행
② 소방안전관리대상물 이용 기간 동안 상시적으로 운영되어야 한다.
③ **인원 편성** : 소방안전관리보조자, 경비(보안) 근무자, 대상물의 관리인 등 상시 근무자를 중심으로 구성
  하고 근무자의 근무 위치, 근무 인원 등을 고려하여 편성해야 한다.
④ 소방안전관리보조자(보조자가 없을 시 선임 대원)를 운영책임자로 지정한다.
⑤ 1명 이상은 수신반 또는 종합방재실에 근무하면서 화재상황 모니터링 또는 지휘통제가 가능해야 한다.

| 자위소방대 인력 편성 및 임무 부여

1) 자위소방대원은 대상물 내 상시 근무자 또는 거주하는 인원 중에서 자위소방활동이 가능한 인력으로 편
   성한다.
2) 각 팀별로 최소 2명 이상의 인원을 편성하고 팀별 책임자(팀장)를 지정한다.

3) 소방안전관리대상물의 소유주 또는 법인의 대표(관리기관의 책임자)를 자위소방대장으로 지정하고, 소방
   안전관리자를 부대장으로 지정한다. (대장 또는 부대장 부재 시 업무 대리를 위한 대리자를 지정해 운영)
4) 각 팀별 기능에 기초하여 자위소방대원별 개별 임무를 부여하는데, 대원별 복수 임무 또는 중복 지정이
   가능하다.

자위소방대 조직도

화재대응 및 피난

화재대응

1) 화재전파 및 접수

① "불이야!" 라고 외쳐 타인에게 알린다. ← 육성전파

② 화재경보장치(발신기 누름버튼) 눌러서 작동 ← 수동으로 버튼 누름

③ 화재경보장치 작동으로 수신반에 '자동으로' 화재 신호 접수

> 포인트1. 화재전파 시 육성 전파가 가능하다.
>
> 포인트2. 화재경보장치(발신기)를 작동시킬 때는 사람이 '수동'으로 누르지만, 화재경보장치가 작동되면 '자동'으로 수신반에 신호를 보낸다.

"불이야!" (육성전파)	발신기 (수동으로) 누름	수신반으로 화재신호 자동 접수

2) 화재신고 : 화재를 인지·접수한 경우 화재발생 사실과 현재 위치(건물 주소 및 명칭), 화재 진행 상황, 피해 현황 등을 소방기관(119)에 신고해야 하고, 소방기관에서 알았다고 확인이 끝날 때까지 전화를 끊지 않는다.

3) 비상방송 : 담당 대원은 비상방송설비(일반방송설비 또는 확성기 등)를 사용해 화재 사실 전파 및 피난개시 명령

4) 초기소화

① 화재현장에서 소화기 및 옥내 소화전을 사용해 초기소화 작업 실시

② 화원의 종류, 화세의 크기, 피난경로 확보 등을 고려해 초기 대응 여부를 결정하는데 초기소화가 어렵다고 판단되는 경우 열/연기 확산 방지를 위해 출입문을 닫고 즉시 피난한다.

5) 관계기관 통보·연락 : 소방안전관리자(또는 자위소방조직상의 담당 대원)는 비상연락체계를 통해 관련한 기관, 협력 업체 등에 화재 사실 전파 및 대응 준비 지시

6) 대원소집 및 임무 부여 : 화재 접수 시 초기대응체계를 구축해 신속 대응, 자위소방대장 및 부대장은 비상 연락체계를 통해 대원 소집 및 임무 부여(지휘통제, 초기소화, 방호안전, 응급구조 등)

화재 시 일반적 피난 행동 및 피난 실패 시 요령

1) 연기 발생 시 자세를 최대한 낮추고, 코와 입을 젖은 수건 등으로 막아 연기 흡입을 막은 상태로 유도등, 유도표지를 따라 대피한다.

2) 화재 시 엘리베이터 이용 금물! 계단을 이용해 옥외(건물 밖)로 대피한다.

3) 출입문을 열기 전, 문 손잡이가 뜨겁다면 이미 바깥에도 화재 발생 가능성이 있으므로 문을 열지 말고 다른 길을 찾는다.

4) 아래층으로 대피가 불가능할 때는 옥상으로 대피하고, 아파트에서 세대 밖으로 나가기 어렵다면 세대 간 경량칸막이를 통해 옆 세대로 대피하거나 세대 내 대피공간을 이용한다.

5) 옷에 불이 붙었을 때는 눈과 입을 가리고 바닥에서 뒹굴며 불길을 꺼트린다.

6) 탈출한 후에는 절대로 화재 건물에 재진입하지 않는다.

> 📁 **피난 실패 시**
>
> 건물 밖으로 대피하지 못했을 때에는 밖으로 통하는 창문이 있는 방으로 들어간 후, 방 안에 연기가 들어오지 못하도록 문틈을 커튼 등으로 막고 구조를 기다린다. 이 때 내부의 물건 등을 활용해 자신의 위치를 알린다.

재해약자(장애인 및 노약자 등) 피난계획 및 피난보조 예시

1) 비상구의 위치, 소방시설의 위치, 임시 대피공간 등 장애인 및 노약자뿐만 아니라 전 거주자가 건물에 대해 숙지해야 한다.

2) 건축물의 환경에 적합한 소방시설, 피난보조기구 등을 설치하고 적극적인 설비 보강이 요구된다.

3) 장애인, 노약자, 임산부 등 유형별 현황을 파악하고, 유형별 훈련 등을 통해 피난 및 피난보조 능력을 향상한다(피난보조자의 임무 파악, 피난보조기구 사용법, 피난유도방법 등).

4) 자위소방대의 초기 대피시스템 구축 및 재난 관련 관서의 협조체계 구축을 위해 전 거주자가 참여한 합동훈련이 효과적이다.

5) 장애유형별 피난보조 예시

지체장애인 (신체 활동에 제약이 있는 장애)	일반적 경우	• 소아 • 몸무게가 가벼운 편	업어서 이동 또는 한 손은 다리, 다른 손은 등을 받쳐 안아서 이동한다.
		• 보조자와 비슷 • 몸무게가 무거운 편	팔을 어깨에 걸쳐 어깨동무 부축 또는 2명이 장애인의 등과 다리를 받쳐 함께 안아올려 이동 등
	휠체어 사용자	• 계단에서 주의 요구 • 다수가 보조 시 상대적으로 수월	• 일반휠체어 : 2인이 보조 시 한 명은 장애인을 마주 보고 휠체어를 뒤쪽으로 기울여 손잡이를 잡고 뒷바퀴보다 한 계단 아래에서 무게중심 잡고 이동한다. • 전동휠체어 : 무거워서 다수의 인원과 공간이 필요하기 때문에 전원을 끄고 장애인을 업거나 안아서 이동하는 것이 효과적이다.
청각장애인	말이나 소리를 듣는 데 어려움이 있으므로 대신 시각적인 전달인 표정, 제스쳐, 조명, 메모 등을 이용한 대화가 효과적이다.		
시각장애인	지팡이 사용 및 피난보조자에 기대도록 하여 안내하고, 애매한 표현보다는 왼쪽, 오른쪽, 1m, 2m와 같이 명확한 표현을 통해 장애물이나 계단 등을 미리 알려준다.		
지적장애인	공황상태에 빠지지 않도록 차분하고 느린 어조와 친절한 말투로 도움을 주러 왔음을 밝힌다. *신속하게 상황을 설명은 옳지 않은 예시!		
노약자	• 노인의 경우 지병을 표시하고, 환자 및 임산부는 상태를 알 수 있도록 표시 등을 부착해 구조대가 알기 쉽게 전달한다. • 정기적인 소방교육 및 훈련 필요하다.		

복습

- 시각장애인의 피난 보조 시 "여기로, 저만큼" 같은 친숙한 표현을 사용한다. (O / X)

- 청각장애인의 경우 손전등이나 전등을 활용하는 것이 효과적이다. (O / X)

- 전동휠체어 이용자는 전원을 켠 상태로 다수가 함께 들어올려 이동하는 것이 가장 수월하다. (O / X)

- 지적장애인에게는 단호한 말투로 신속하고 정확하게 상황을 설명해야 한다. (O / X)

→ X (시각장애인 피난 보조 시 좌측 1m, 오른쪽 방면 2m 등 명확한 표현을 사용해야 한다.)

　O (청각장애인의 피난 보조 시 조명 등 시각적인 전달 방식이 효과적이다.)

　X (전동휠체어는 무겁기 때문에 전원을 끄고 장애인을 업거나 안아서 이동하는 것이 효과적이다.)

　X (지적장애인에게는 친절한 말투로 느리고 차분하게 설명해야 한다.)

응급처치 개요

응급처치의 정의, 목적

1) 의사의 치료가 시행되기 전, 부상이나 질병으로 위급한 상황에 놓인 환자에게 즉각적이고 임시적인 처치를 제공하는 것. (*'영구적'인 '치료' 절대 불가!)
2) **목적**:생명을 구하고 유지, 2차 합병증 예방, 고통 및 불안 경감, 추후 의사의 치료 시 빠른 회복을 돕기 위함.

응급처치의 중요성

1) 환자의 생명유지
2) 고통 경감
3) 치료기간 단축
4) 의료비 절감

> 📢 **Tip**
> 2차적으로 오는 합병증 예방, 불안 경감, 회복 빠르게 도울 수 있으나 [영구적]인 [치료]는 불가!

응급처치 기본사항

기도확보	• 이물질 있으면 기침유도, 하임리히법 • 이물질이 눈에 보인다고 손으로 빼내거나 제거하려 하면 안 됨! • 구토하려 하면 머리를 옆으로 돌린다. • 이물질이 제거되었다면 머리=뒤 / 턱=위로 들어올려 기도 개방
지혈처리	• 혈액량의 15~20% 출혈 시 생명 위험
상처보호	• 출혈이 발생한 상처 부위에 소독거즈로 응급처치 후 붕대로 드레싱 • 청결하게 소독된 거즈 사용, 한번 사용한 거즈는 재사용 X

응급처치 일반원칙

1) 구조자(본인)의 안전이 최우선!

2) 사전에 환자의 이해와 동의를 구할 것

3) 응급처치와 동시에 구조 요청하기 – 119구급차(무료) / 앰뷸런스(일정요금 징수)

4) 불확실한 처치는 금물!

출혈의 증상 및 처치

1) 출혈

① **외출혈**: 혈액이 피부 밖으로 흘러나오는 것

② **내출혈**: 혈액이 피부 안쪽에 고이는 것

③ 체내에는 성인 기준 체중의 약 7%의 혈액이 존재하는데, 일반적으로 혈액량의 15~20% 출혈 시 생명 위험, 30% 출혈 시 생명을 잃는다.

2) 출혈 증상

① 호흡, 맥박 빠르고 약하고 불규칙 ↔ 반사작용은 둔해진다.

② 체온 저하, 혈압 저하, 호흡곤란, 탈수현상 및 갈증 호소, 구토 발생

③ 피부가 창백해지고 차고 축축해지며 동공 확대, 두려움 및 불안 호소

3) 출혈 시 응급처치

① **직접압박**: 소독거즈로 출혈 부위를 덮고 4~6인치 압박붕대로 출혈 부위가 압박되도록 감는다. 출혈이 계속되면 소독거즈를 추가, 압박붕대를 한 번 더 감고 출혈 부위는 심장보다 높게 한다.

② **지혈대 사용하기**: 지혈로 해결되지 않는 심한 출혈에 사용하는 방식. 괴사의 위험 있어 5cm 이상의 넓은 띠를 사용하고, 착용시간을 기록해둔다.

화상

신체가 흡수 가능한 양보다 더 많은 에너지에 노출되었을 때, 에너지와 신체 접촉면 사이의 온도 증가로 발생하는 증상을 화상이라고 한다. 이러한 화상을 유발하는 에너지원에는 열, 방사선, 전기, 빛, 화학물질 등이 있다.

화상의 원인별 내용물질

열	열, 증기, 뜨거운 액체·물체
방사선	핵물질
전기	번개, (일반·충전)전기
빛	태양열을 포함한 자외선, 강력한 빛
화학물질	부식제, 산, 염기

화상의 분류

1도(표피화상)	2도(부분층화상)	3도(전층화상)
• 피부 바깥층 화상 • 부종, 홍반, 부어오름 • 흉터없이 치료 가능	• 피부 두 번째 층까지 손상 • 발적, 수포, 진물 • <u>모세혈관</u> 손상	• 피부 전층 손상 • 피하지방/근육층 손상 • 피부가 검게 변함 • <u>**통증이 없다.**</u>

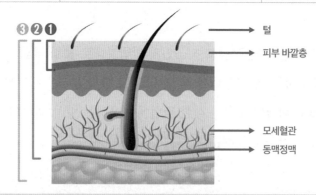

💬 화상환자의 피부조직에 옷가지가 붙은 경우 옷을 잘라내지 말고 수건 등으로 닦거나 또는 접촉을 피한다. 물집이 터지지 않은 1, 2도 화상은 흐르는 물을 이용해 젖은 드레싱+붕대를 느슨하게 감는다. 물집이 터진 2, 3도 화상은 생리식염수로 적신 드레싱+붕대 느슨히, 고압의 물은 사용 금지

심폐소생술(성인 대상)

1) 심폐소생술의 중요성: 심장이 멎고 호흡이 4~6분 이상 중단되면 산소부족으로 손상된 뇌 기능이 정상적으로 회복되지 않기 때문에 호흡이 멎은 경우 즉시 심폐소생술을 실시해야 한다.

2) 심폐소생술 순서: 가슴압박(Compression) - 기도유지(Airway) - 인공호흡(Breathing) 'C→A→B'의 순서로 진행한다.

3) 일반인 심폐소생술 시행순서 및 방법

① 환자의 어깨를 가볍게 두드리며 괜찮은지 질문하고 반응을 확인한다.

② 반응이 없거나 호흡이 비정상이면 119에 신고하여 구조를 요청하거나 직접 신고한다. 동시에 주변인을 지목하여 자동심장충격기[AED]를 요청하거나 준비한다.

③ 맥박 및 호흡의 정상 여부를 10초 내로 판별한다.

④ **가슴압박**: 환자의 가슴뼈(흉골) 아래쪽 절반 위치를 강하게 압박한다.

ㄱ. 구조자의 체중을 실어서 압박

ㄴ. 팔은 일직선으로 곧게 뻗기

ㄷ. 구조자(나)와 환자는 수직(90도)각도를 유지한다.

ㄹ. 분당 100~120회, 5cm 깊이

ㅁ. 강하게 압박하되, 갈비뼈 주의

ㅂ. 압박 후 완전히 이완되어야 한다.

⑤ **인공호흡**: 턱을 들어올려 기도 개방 – 엄지, 검지로 코 막고 가슴이 올라올 정도로 1초에 걸쳐서 인공호흡(인공호흡에 자신없거나 거부감있으면 가슴압박만 시행한다.)

⑥ **가슴압박과 인공호흡 과정 반복**: 비율 30:2 (가슴압박 30회:인공호흡 2회), 교대 시 5주기로 교대

⑦ 환자가 움직이거나 소리내면 호흡 돌아왔는지 확인하고 회복되었으면 옆으로 돌려 기도 개방, 반응 및 정상적 호흡 없으면 심정지 재발로 가슴압박 및 인공호흡 다시 시작한다.

자동심장충격기 [AED] 사용방법

1) 전원 켜기

2) 패드 부착: 쇄골(빗장뼈) 바로 아래/가슴아래와 겨드랑이 중간

3) 심장리듬 분석: "심전도 분석중, 환자에게서 떨어지라"는 음성 나오면 심폐소생술 멈추고 환자에서 손 떼기

환자기준 오른쪽
환자기준 왼쪽

3-1) 심장충격(제세동) 필요 시 기계가 알아서 동작

3-2) 심장충격(제세동) 필요하지 않다는 음성지시 나오면 즉시 심폐소생술 다시 시행

4) 제세동 필요 환자의 경우, 버튼이 깜빡임 - 버튼 누르기 전 주변인 모두 환자에게서 떨어질 것

5) 2분마다 심장리듬 분석+심폐소생술 반복

5-1) 2분 간격으로 AED가 심장충격 여부 판단 - 구급대 도착 전까지 심장충격+심폐소생술 반복

5-2) 심폐소생술 도중 환자 정상으로 돌아오면 심폐소생술 중단, 상태 관찰

일반인 구조자의 소생술 흐름(순서)

1) 환자 발견(환자 : 반응 없음 확인)

2) 119에 신고+자동심장충격기(AED) 요청 및 준비(응급의료전화 서비스 이용 시 상담원의 지시에 따른다.)

3) 환자 상태 : 무호흡 또는 비정상호흡(심정지 호흡)[맥박 및 호흡의 정상여부 판별은 10초 이내]

4) 가슴압박 시행[자동심장충격기 도착, 준비]

5) 자동심장충격기(AED) 음성지시에 따라 AED 사용

6) 자동심장충격기의 심장리듬분석 결과

① **심장충격이 필요한 경우** : 심장충격 시행

② **심장충격이 불필요한 경우** : 2분간 가슴압박 시행하면서 구조 기다릴 것

소방학개론

연소(燃 탈 '연' + 燒 불사를, 불태울 '소')

아주 쉽게 말해서~ 태워서 불이 나는 것을 '연소'라고 본다면, 이 때 '불'이 갖는 의미가 무엇일까?

어두운 동굴 안에서 불을 피우기 위해 나무 장작더미를 모아 마찰을 이용해 불을 붙였다. 그리고 더 활활 타게 하기 위해 입으로 숨을 후~후~ 불어 넣고 마른 장작을 계속 추가했다. 이렇게 타오르는 불은 온기를 주는 뜨거운 '열'을 내뿜고, 주변을 밝히는 '빛'을 낼 것이다.

이렇게 물질의 격렬한 산화반응으로 열과 빛을 발생하는 현상을 [연소]라고 한다.

└, 어떤 물질이 산소와 결합(또는 수소를 잃는)하는 것.

📁 **비교**

공기 중에 있는 철(Fe)이 산소와 결합해 녹이 슬면 산화철(Fe_2O_3)이 되는 반응을 나타내지만, 이 때 반응속도가 느리고 에너지 방출량이 크지 않기 때문에 눈으로 확인되는 어떠한 빛을 내지는 않는다. 따라서 이러한 반응을 '산화'라고는 하지만, 철에 녹이 스는 것을 '연소'라고 하지는 않는다.

왜? 연소는 가연물이 산소와 결합하여 '열'과 '빛'을 내는 산화현상이기 때문에!

연소의 3요소

1) **가연물질**: 불이 날 수 있는 물질

2) **산소**: 연소를 일으키거나 지속시키기 위해 꼭 필요

3) **점화에너지**: 불을 붙일 수 있는 에너지

　　→ 가연물과 산소가 결합하면 '산화반응'이 일어나고 이 때 점화에너지에 의해 불이 붙으면서 열과 빛을 동반한 연소를 일으킨다.

연소의 4요소

연소의 3요소에 의해 연소가 시작되었다면 **연쇄반응**이 더해져 연소가 반복 진행(지속)할 수 있게 된다.

사전적 의미로 [연쇄반응]이란, 외부로부터 더 이상 에너지를 가하지 않아도 생성된 에너지나 물질이 주변의 다른 대상들에게도 반응을 계속 일으켜 그 반응이 계속 반복되고 지속되는 것을 의미하기도 한다.

→ 불길이 점점 커져서 직접적인 에너지를 가하지 않아도 연소가 확대되고 지속되는 현상을 볼 수 있어요.

연소의 3요소   연소의 4요소

가연성 물질

1) 산소 또는 산소를 포함한 물질과 작용할 수 있는 물질로 연소하기 쉬운 물질!

2) 그래서 이러한 가연성 물질에는, 대부분의 <u>유기화합물</u>과 <u>금속</u> 등이 포함되고, 산소와 만나 상호작용을 하면서 화학적인 성질이 변하게 되는데(화학반응) 이 때 열을 방출하는 '발열반응'을 일으킨다.

가연성 물질	유기화합물	탄소(C)를 포함한 화합물로, 탄소(C), 수소(H), 산소(O), 질소(N) 등의 <u>원소</u>를 포함하는 것이 특징인 화학물질. → 원소 : 더 이상 다른 물질로 분해되지 않는 성분, 물질을 이루는 기본 성분. 쉽게 말해서, 두 가지 이상의 원소가 결합해서 만들어진 것을 '화합물'이라 하는데, 그러한 화합물들 중에서 탄소(C)를 기본 골격으로 갖는 물질이 유기화합물이고 이러한 유기화합물은 탄소 외에도 수소, 산소, 질소 등의 원소를 포함한다! 메탄 CH_4 프로판 C_3H_8

가연성물질	금속	칼륨, 나트륨, 마그네슘 등 └ 소금이 아닌 순수 알칼리 금속! **예** 마그네슘(Mg)에 불을 붙이면 매우 밝은 빛을 내면서 흰 재를 남기고 타버리는데, 이러한 성질을 이용해 섬광탄의 재료가 되기도 함. → "칼/나/슘은 불이 붙는 금속이구나!" 정도로 기억하기~!

📁 **참고**

비슷하지만 조금 더 포괄적인 의미인 [가연물]이 있는데 불에 탈 수 있는 고체, 액체, 기체 등을 말해요.
위에서 말한 유기화합물과 금속을 포함한 가연성 물질 + 비금속, 가연성 가스(LPG, LNG) 등도 포함된답니다.
가연성 물질이 불이 붙을 수 있는 물질인 것은 맞지만, 불이 붙을 수 있는 것은 가연성 물질은 물론이고 비금속이나 가연성 가스 등 다양한 형태의 고체, 액체, 기체로 존재하며 이를 포괄적으로 이르는 말은 [가연물]이다! 요 개념도 같이 체크!

가연성 물질이 되기 위한 구비조건(타기 쉬운 성질인 '가연성'이 좋은 물질들의 특징)

1) 활성화에너지가 작다.

불을 붙이기 위해 들여야 하는 힘이 작을수록 불이 쉽게 붙는다. 연소에서는 점화에너지가 활성화에너지에 해당.

2) 열전도율이 작다.

뜨거운 쪽에서 차가운 쪽으로 열이 전달되는 정도 = 열전도율.
열기가 잘 이동하지 않고 계속 머물러 있을수록 불붙기 쉬움!
→ 따라서 열전도율(열기가 이동하려는 성질)이 작을수록 가연성이 좋다!

3) 산소와 친화력 크다(조연성 가스인 산소, 염소와 친화력 큼).

조연성 가스(助 도울 조, 燃 탈 연) : 자기 자신은 타지 않지만, 다른 물질이 잘 타도록 돕는 가스로 산소, 염소 등이 있다. 즉, 산소는 더 잘 타도록 도와주는 애니까 친하게 지내면 더더욱 불타오르기 쉬워짐! 이를 조금 더 유식하게 말하면, 산소 친화력이 강하면 활성(활동이나 반응이 빨라짐)이 커서 산소와 더 쉽게 반응할 수 있어진다! 따라서 산소 친화력이 클수록 불타오르기 좋다!

4) 비표면적이 크다.

비표면적 = 단위 질량당 표면적. 쉽게 말해서, 같은 1kg일지라도 입자가 잘게 쪼개질수록 그만큼 산소와 접촉할 수 있는 표면적은 커지므로(넓어지므로) 연소가 쉬워진다. (덩어리 상태의 금속은 가연성이 없어도 분말로 존재하는 형태에서는 연소 및 폭발이 가능!) 이처럼 산소와 접촉하는 비표면적이 클수록 가연성이 좋다!

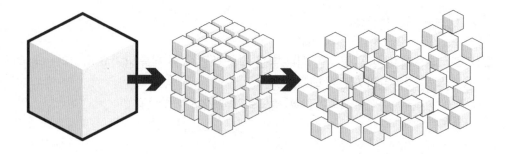

→ 덩어리 상태일 때는 산소가 침투할 틈이 별로 없었지만, 비표면적이 커질수록 산소가 파고들 틈이 많아지고 그만큼 산소 접촉면도 넓어지므로 불타기 쉬워진다!

5) 연소열이 크다.

쉽게 말해서 기초대사량! 어떤 물질 1g이 탈 때 발생하는 열량을 연소열이라고 생각하면 쉽다.

똑같은 시간 동안 운동을 했을 때 기초대사량이 더 높은 사람이 몸을 이루고 있는 지방들을 더 잘 태우는 것처럼, 연소 시 발생하는 열량이 클수록 주변 물질을 활성화시키는 에너지의 반복 상호작용(피드백)이 원활해지므로 연소를 확산시키기 유리하다.

6) 건조도가 높다.

물체에 포함된 수분율(함수율)이 높으면, 외부에서 에너지를 얻더라도 연소에 쓰기 위한 열분해 작용보다 수분을 증발시키기 위해 그 에너지를 먼저 가져다 쓰게 되므로 힘이 달려서 연소가 어려워진다. 따라서 함수율이 적고 물기가 없이 건조도가 높은 물질일수록 가연성이 좋다!

불연성 물질

1) 불연성(不 아닐 불, 燃 탈 연) **물질**: 불이나 열과 접촉해도 불이 붙거나, 타거나, 연소를 촉진시키지 않는 물질.

| 불연성물질 | 불활성기체 | • 다른 물질과 혼합되기 어려운 기체(산소와 결합 X)
• 헬륨(He), 네온(Ne), 아르곤(Ar), 크립톤(Kr), 크세논(Xe), 라돈(Rn)

너같은 범생이랑은 안 놀아!

헬/네/곤　　　　산소

→ 헬네곤ㅋㅋ라 : 이름도 날라리같아서 연소 모범생인 산소와 아예 어울리지 못하는 애들이다~! |

이론과 개념 설명

설비 및 구조의 이해

복합개념 정리

위험물 개념정리

실전 기출예상문제

쉽게 풀어보는 총정리

불연성물질	완전산화물	• 산소와 이미 결합한 후, 산소(O)랑 더 이상의 화학반응을 일으키지 못하는 물질 • 물(H_2O), 이산화탄소(CO_2), 산화알루미늄(Al_2O_3), 삼산화황(SO_3) → 이미 이름에 '산'이 있고, '산'씨 성을 쓸 정도로 산소와 너무 오래된 부부같은 사이라 시큰둥하니 반응이 없는 애들이다~!
	흡열반응물질	• 질소는 산소와 결합하면 질소산화물(N_2O, NO_1, NO_2 등)을 생성한다. 즉, 산화반응은 일으킬 수 있지만 이 때 열을 발산하는 발열이 아닌, 오히려 열을 흡수해버리는 '흡열반응'을 일으키기 때문에 가연물이 될 수 없다. • 질소(N_2), 질소산화물(NO_x) → 질소는 산소랑 만나면 "소고기 사줄게!"하면서 열불을 뺏어가서 열불이 나지 않게 만든다!

💬 자체가 연소하지 않는 돌이나 흙도 불연성 물질!

산소공급원

1) 일반적으로 화재 시 연소를 일으키거나 연소가 지속되기 위해서는 산소가 공급되어야 하고, 일반 가연물의 경우 산소 농도가 15% 이하가 되면 연소가 어려워진다.

2) 보통 공기 중에는 약 21vol%의 산소가 포함되어 있어 일반적인 화재 발생 시 공기가 산소공급원이 된다.

3) 산화성 물질: 그 자체가 반드시 가연성을 갖는 것은 아니지만, 산소를 발생시켜 다른 물질의 연소를 조장하거나 연소가 쉽게 일어나도록 하는 물질 - 제1류 위험물/제6류 위험물

제1류 위험물 (산화성 고체)	강산화제, 다량의 산소 함유 → 가열, 충격, 마찰에 의해 분해되고 산소 방출
제6류 위험물 (산화성 액체)	자체는 불연인데, 강산으로 산소 발생시키는 조연성 액체

+ 제5류 위험물(자기반응성 물질)도 분자 내에 산소를 함유하고 있어 자기연소가 가능하다!

📁 **참고**
소방안전관리자 2급에서는 제5류 위험물도 산소공급원에 포함시키고 있답니다~!

불에 탈 수 있는 가연성 물질이 공기 중에 있거나 산소와 만나 가연성 혼합기를 형성할 수 있다. 이렇게 가연성 혼합기가 형성됐을 때 발화(연소가 시작)하기 위해서 에너지가 공급되어야 하는데, 이 에너지를 [점화에너지(점화원)]라고 한다. 이 때 가해지는 에너지는 대부분 열에너지 형태로 공급된다.

> 💬 LNG 가스통에서 가스가 누출되었다. LNG의 주성분은 메탄으로 이는 가연성 물질(유기화합물)이다. 이 가연성 물질과 공기 중의 산소가 만나 가연성 혼합기를 만들 수 있는데 여기에 점화에너지가 공급되면 발화하여 불이 붙는다.

1) 점화에너지가 될 수 있는 요소

① **화염**(火 불 화, 焰 불꽃 염) : 사전적 의미로는 가연물이 불에 타면서 내는 눈에 보이는 빛깔을 의미하나, 여기서는 쉽게 설명하기 위해 통상 '불꽃'으로 생각해도 OK!

→ 작은 불꽃(화염)으로도 가연성 혼합기체에 확실하게 인화할 수 있다. 이는 메탄, 부탄, 프로판 등과 같이 탄소와 수소로만 이루어진 유기화합물인 탄화수소의 화염온도가 혼합기체의 발화온도보다 높기 때문이다.

> • 화염온도? 연료가 타면서 도달하게 되는 온도
> • 발화온도? 공기 중에서 가연성 물질이 일정한 온도가 되었을 때, 외부의 점화에너지 없이도 불이 붙는 최저 온도

메탄(CH_4)의 경우를 예로 들어 생각해보면, 메탄이 공기 중에서 가열되거나 또는 압축에 의해 계속 열이 오르다가 외부의 점화에너지가 공급되지 않았는데도 스스로 불이 붙어버릴 수 있는 최저온도는 약 580° 정도이다. 다시 말해서 공기 중에서 계속 열 받던 메탄이 외부 자극없이 혼자 불이 붙을 수 있는 최저 '발화온도'가 580° 정도이다.

그런데 만약 아주 작은 불꽃이 메탄에 작용해서 이 연소에 의해 도달하게 되는 화염온도는 메탄이 산소 중일 때 약 2,810°, 공기 중에서는 1,957°까지 도달할 수 있다. 그러니까 불꽃(화염)이 메탄에 작용해서 연소가 이루어지면 이미 2,000°에 가까운 온도까지 도달해버렸으니, 580°만 되어도 스스로 불이 붙던 혼합기체(메탄+공기)는 이미 연소가 시작되고도 남았을 것이다.

따라서 결론은! 가연성 혼합기체(가연성 물질과 공기·산소가 만나서 형성된 불이 날 수 있는 기체)는 아주 작은 화염으로도 확실하게 불이 붙을 수 있다.

② **단열압축**: 열의 이동이 차단된 상태에서 기체를 압축(부피를 줄임)했을 때 열이 발생하고 축적된다. 이렇게 발생한 열은 발화 시 에너지원으로 작용할 수 있다.

단열압축

예를 들어, 폭발성이 강한 혼합기체가 배관을 통해 흐르고 있을 때 갑작스럽게 배관의 밸브를 닫아버리면 혼합기체가 압축되면서 열이 발생하고, 그로 인한 발화 및 폭발이 일어날 수 있다. 또, 타이어라는 한정된 공간에 계속 공기를 주입하면 그 안에서 공기가 압축되면서 열이 발생하고 타이어가 점점 뜨뜻해지는데 이 또한 단열압축의 예시이다.

③ **열면**(熱 더울 열, 面 표면 면): 고온의 고체표면에 가연물이 접촉하면 접촉면을 통해 열이 전달되면서 가연물의 온도가 상승해 발화로 이어질 수 있다.

ㄱ. 열면에 의해 가연물이 발화를 하거나, 하지 않게 되는 그 발화 여부는 뜨거운 가열체의 '면적'에 영향을 크게 받는다.

 － 예를 들어, 흡연 시 들이마실 때 발생하는 담뱃불은 약 850°의 높은 온도이지만, 담뱃불이라는 발화원의 면적이 너무 작기 때문에 프로판과 공기 혼합기체가 이 담뱃불과 접촉하더라도 담뱃불이라는 열면에 의해 발화되지는 않는다.

④ 전기불꽃('Spark' : 스파크)

ㄱ. 전기불꽃은 단시간에 집중적으로 작용하는 밀도 높은 점화에너지이다.

→ 누군가와 한순간에 호감에 훅! 빠질 때 '스파크가 튀었다!'고 하는 것처럼 전기불꽃은 단시간에! 집중적으로! 작용하는 밀도 높은 에너지!

ㄴ. 하지만 고체 형태의 가연물을 분해하거나 발화시킬 정도의 파워는 없어서 대개의 경우 가연성 기체나 증기에 작용하는 경우가 많다.

→ 전기불꽃으로 고체를 분해·발화시키는 어려움, 따라서 주로 가연성 기체 및 증기에 작용.

ㄷ. 실제로 발생하는 화재 및 폭발사고에서는 정전기에 의한 불꽃을 포함해 전기불꽃이 원인이 되는 경우가 많다.

→ 정전기 현상으로도 불꽃이 일 수 있고, 전기불꽃에 포함되어 화재 및 포발사고의 원인이 되기도 한다.

⑤ 자연발화

ㄱ. 외부에서 에너지를 얻지 않아도 물질이 자체적으로 열을 축적하다 온도가 높아져서 스스로 발화하는 것

ㄴ. 자연발화의 원인이 되는 [자연발화 5총사] : 이 5총사에 의해 물질의 온도가 상승, 자연발화한다.

a. 분해열 : 화합물이 압력에 의해 자기를 이루고 있던 원소로 분해되면서 발생하는 열

→ 셀룰로이드, 니트로 셀룰로오스

b. 산화열 : 물질이 산소와 결합하며 발생하면서 열 → 석탄, 건성유

c. 발효열 : 박테리아 같은 미생물에 의해 발효하면서 발생하는 열 → 퇴비

d. 흡착열 : 물질(흡착제)이 가스 분자 등을 끌어들여 흡착하면서 발생하는 열 → 목탄, 활성탄

e. 중합열 : 간단한 분자들이 결합하여 덩치가 큰 고분자로 합성되면서 발생하는 열 → 시안화수소, 산화에틸렌

원인	종류	외우는 팁(유튜브 영상 참고)
분해열	셀룰로이드, 니트로셀룰로오스	보통 우리가 지방(살)을 보고 이 "셀룰라이트 좀 봐!"라고 하죠? 이 살을 태워버리려면 지방을 분해시켜야 한다! → 그거 분해 안하면 다 셀로(살로), 니 셀로오(너 살로~) 간다!
산화열	석탄, 건성유	석탄 캐러 산까지 와서 건성으로 하면 화가 안나겠시유?
발효열	퇴비	그 집 김치는 장독에 넣고 땅에 묻어서 발효시키는데 좋은 퇴비를 써서 그런지 맛이 그렇게 좋대!
흡착열	목탄, 활성탄	너가 나한테 그렇게 바짝 달라붙으면(흡착) 심장 운동이 활성화돼서 자꾸 목이 탄다니까!
중합열	시안화수소, 산화에틸렌	그 녀석이 너한테 그렇게 중합열 (중하면) 시안화수소, 산화에틸렌?!

ㄷ. 자연발화 예방법

    a. 자주 통풍!

    b. 주위 온도 낮추기!

    c. <u>습도 낮게</u> 유지!

       └, 잠깐만요! 습도가 높다는 건 물기가 많은 거니까 촉촉하다는 말이고, 습도가 낮다는 건 반대로 건조하다는 의미인데 건조하면 오히려 불이 더 쉽게 붙지 않나요?

       ☞ 자연발화 예방법에서 말하는 낮은 습도는 '오일 탱크'를 생각해보면 좋아요! 습도가 높으면 수분에 의해 수분 막을 형성해서 통풍이 안 되고 안에서 열이 쌓이게 되니까 통풍이 되도록 하고, 습도를 낮게 유지해서 열이 축적되지 않도록 예방한다고 볼 수 있어요.

수분 막

유류

⑥ 이 외에도 마찰, 충격, 열선, 광선 등 기타요소도 발화의 에너지원이 될 수 있다.

  → 열선(熱 더울 열, 線 줄 선) : 적외선 사진이나 통신에 쓰이는 열이 발생하는 전기 도선 등

▌연쇄반응(연소의 4요소)

1) 가연성 물질과 산소 분자가 점화에너지까지 얻었겠다, 그러면 세력다툼이라도 하듯 불안정한 과도기적 물질로 나뉘면서 활성화되는데 이렇게 물질이 활성화되는 상태를 라디칼이라고 한다.

  💬 즉, 막 불타오르려고 하는 대혼란 상황에서 태어난 것이 바로 '라디칼'이라고 볼 수 있어요. 그래서 이 라디칼은 극도로 불안정한 과도기적 물질이죠. 그래서 이 라디칼은 주변 분자들을 가만히 두질 않고 공격하려는 성향이 강한데 이걸 '반응성이 강하다'고도 합니다.

2) 한 개의 라디칼이 주변 분자에게 강펀치를 날리자, 두 개의 라디칼이 만들어졌고 이러한 '분기반응'을 통해 라디칼의 숫자는 기하급수적으로 증가한다. 이러한 세력 확장을 〈연쇄반응〉이라고 한다.

3) 세력확장 즉, 〈연쇄반응〉을 통해 만들어진 라디칼들은 이제 불꽃(화염)파의 우두머리가 되어 화염이 발생하는 연소를 주도한다.

설비 및 구조의 이해 / 복합개념 정리 / 위밍업 개념정리 / 실전 기출예상문제 / 쉽게 풀어보는 총정리

라디칼(활성화 상태)	분기반응	연쇄반응(화염 연소 주도)

4) 화염이 발생하는 일반적인 연소에서 연쇄반응이 주도해 폭주하는 것을 막고자, 연쇄반응으로 발생하는 라디칼을 흡착해 없애버리는 '억제소화'가 만들어졌고, 이러한 억제소화를 통해 연쇄반응이 참여하는 화염 연소는 진압할 수 있게 되었다.

5) 하지만 노장은 죽지 않는다고 했던가… 연쇄반응이 빠진 3요소 노장들(가/산/점)만 참여하는 무염연소(표면연소)에서 억제소화는 아무런 효과가 없었다.

무염연소(표면연소 : 화염 X)	화염이 발생하는 연소
억제소화 효과 '없음'	억제소화로 라디칼 처리 가능!

▌ 연소의 특성 (용어의 구분)

1) **인화**(引 이끌 인, 火 불 화) : [가연성 물질 + 산소]라는 '물질조건'이 성립된 집합체가 <u>외부로부터 에너지를 받아</u> 불이 발생하거나 타기 시작하는 현상 → 외부에서 에너지만 얻으면 언제든지 불이 나게 이끌 수 있다.

2) **발화**(發 일어날 발, 火 불 화) : '자연발화'라고도 함. <u>외부의 에너지 유입이 없어도</u> 자체적인 내부 열만으로도 착화(着 붙을 착, 火 불 화 : 불이 붙다)하는 현상
   → 스스로 불을 붙이거나 불을 일으킬 수 있다.(외부 에너지 필요 X)

구분	의미	내용
인화점 (Flash Point)	외부에서 에너지를 받으면 착화가 가능한 가연성 물질의 최저 온도	• 인화점이 낮을수록 쉽게 불이 붙을 수 있기 때문에 위험하다. 그래서 인화점은 물질의 위험성을 평가하는 척도가 되고 「위험물안전관리법」에서는 석유류 분류 기준으로도 쓰임. • 액체의 경우 액면(액체의 표면)에서 증발된 증기(액체가 증발하면서 만든 기체, 수증기)의 농도가 그 증기의 <u>연소하한계</u>에 달했을 때의 액체온도가 인화점이 된다. └ 가연성 혼합기가 연소할 수 있는 최소 농도
연소점 (Fire Point)	발생한 화염이 꺼지지 않고 지속되는 온도	• 외부의 에너지에 의해 화염이 발생하는 최저 온도가 '인화점'이라면 점화에너지를 제거해도 5초 이상 연소상태가 유지되는 온도가 '연소점'이다. • 일반적으로 인화점보다 5~10℃ 높음.
발화점 (AIT:Auto-Ignition Temperature)	외부로부터 직접적인 에너지 공급이 없어도 물질 자체의 열이 축적되면서 스스로 착화가 일어날 수 있는 최저온도 (=착화점, 착화온도)	• 가연성 물질을 공기 중에서 가열함으로써 발화되는 최저 온도 • 발화점이 가장 낮은 대표적인 물질:황린 ← 발화점 35℃ • 파라핀계 탄화수소($CnH2n+2$)는 탄소수가 많아질수록 발화점이 낮아진다.

점화원 → OIL 등유 — 인화점 **39℃**

OIL 등유 — 발화점 **210℃**

◁ **Tip**

그래서 ['발화점'이 가장 높고 > '연소점' > '인화점'] 순으로 온도가 높다!

1) 한계산소농도

① 연소의 물질조건인 [가연성 물질+산소]의 측면에서 봤을 때, 가연성 물질이 연소할 수 있는 공기 중의 **최저 산소 농도**를 한계산소농도 또는 한계산소지수(LOI : Limited Oxygen Index)라고 한다.

→ 공기 중의 산소 농도가 최소한, 아무리 못해도 이 정도는 되어야~ 가연성 물질이 연소할 수 있는 물질조건이 형성된다! 하는데 이 때 말하는 '최소한, 못해도 이 정도는' 되어야 하는 산소 농도가 바로 한계산소농도라는 거예요~!

② 물질에 따라 한계산소농도가 다르지만 일반적인 가연물의 경우 필요한 한계산소농도는 14~15vol% 정도이다.

→ 그래서 산소공급원에 대해 설명하면서, 일반 가연물의 경우 산소 농도가 15% 이하가 되면 연소가 어려워진다고 설명했는데 이 한계산소농도보다 적은 농도의 산소밖에 공급되지 못하면 연소가 이루어지지 않고, 화재가 소멸된다고 보는 거예요~!

2) 연소범위

① **기체가 확산되어 공기 중에 섞여 가연성 혼합기**(可 허락할 가, 燃 탈 연:탈 수 있는 성질을 가진 혼합된 기체)를 만드는데, 만들어졌다고 아무 때나 불이 붙을 수 있는 게 아니라 그 농도가 적정한 범위 내에 있을 때에만 연소가 발생할 수 있다. 이렇게 <u>연소가 가능한 농도 범위</u>를 '연소범위'라고 한다.

② '범위'라는 건 한정된 구간(영역)을 말하기 때문에 '최소한 이 정도'부터 '최대 이 정도'까지 영역이 정해져 있다. 그래서 '최소한 이 정도'보다도 가연성 <u>기체의 수가 적어 농도가 열어지거나</u>, 반대로 '<u>최대 이 정도</u>'보다도 기체의 수가 많아 농도가 짙어지면 연소는 일어나지 않는다.

└, 이렇게 연소가 일어날 수 있는 연소범위의 최솟값을 '연소 하한계' / 연소가 일어날 수 있는 연소범위의 최댓값을 '연소 상한계'라고 한다. → 하한계보다 열은 농도이거나, 상한계보다 짙은 농도이면 연소 발생 ×!

이론과 개념 설명

설비 및 구조의 이해

특정개념 정리

위험물 개념정리

실전 기출예상문제

실계 풀어보는 총정리

③ 기체마다 각각의 연소범위가 다르다.

기체/증기	연소범위(vol%) (하한 ~ 상한)	기체/증기	연소범위(vol%) (하한 ~ 상한)
수소	4.1 ~ 75	메틸알코올	6 ~ 36
아세틸렌	2.5 ~ 81	암모니아	15 ~ 28
중유	1 ~ 5	아세톤	2.5 ~ 12.8
등유	0.7 ~ 5	휘발유	1.2 ~ 7.6

3) 아세톤과 아세틸렌은 하한계가 2.5로 같지만, 아세톤의 상한계는 12.8까지고 아세틸렌의 상한계는 81까지이므로 아세틸렌의의 연소범위가 아세톤보다 넓다.

중유, 암모니아, 메틸알코올의 연소범위

연소의 형태

연소의 형태는 가연성 물질의 상(相 바탕 상:각 종류의 모양 - 고체냐, 기체냐, 액체냐)에 따라 다르다.

1) 고체의 연소

① **분해연소**:가연성 고체에 열이 가해지고, 그 열에 의해 두 가지 이상의 물질로 분해되는 반응을 '열분해'라고 한다. 가연성 고체가 이렇게 열분해되면서 가연성 증기를 발생시키는데 이 가연성 증기가 공기와 혼합되어 위에서 설명한 연소범위 농도에 도달하게 되면 점화원에 의해 연소된다.(가장 일반적인 연소 형태!)

ㄱ. 즉, 고체의 '분해연소'란… 가연성 고체(물질)가 열에 의해 열분해되면서 가연성 증기를 발생시켜 연소하는 현상을 의미한다는 것!

ㄴ. 고체의 분해연소에 해당하는 것:목재, 종이, 석탄 등 (열분해 시 가연성 증기를 발생시키는 고체)

② **표면연소**: 열분해를 통해 가연성 증기를 발생하지 않는 고체의 경우, 적열상태(빨갛게 달구어진 상태)인 고체 표면에 산소가 도달하여 산화반응을 일으키면서 <u>화염을 내지 않고</u> 연소하는 것을 의미한다.

ㄱ. 예를 들어, 목재가 타는 과정을 생각해보면 목재에 열이 가해지면 열분해를 통해 1차적으로 가연성 증기를 발생시키고 이 가연성 증기가 연소하면서 화염을 동반한 분해연소의 과정을 겪는다. 이후 잔류(남은) 고체가 더 이상 증기를 발생하지 않고, 적열상태(빨갛게 달구어진 상태)일 때 주변의 산소가 이 고체의 표면에 도달하면 산화반응을 일으키면서 화염을 내지 않고 연소되는데 이를 표면연소라고 한다.

ㄴ. 그래서 이러한 표면연소를 무염연소(無 없을 무, 炎 불꽃 염 : 화염(불꽃)이 없는 연소) 또는 작열연소(灼 불사를, 밝을 작, 熱 더울 열 : 화염(불꽃) 없이 가시광선(눈에 보이는 빛)을 내며 뜨겁게 타오르는 연소)라고 한다.

ㄷ. 화염이 발생하지 않는 무염연소는 (가/산/점) 노장들만 참여하는 전투! 즉, 라디칼은 발생하지 않는다! 따라서 무염연소 시 연쇄반응은 일어나지 않는다! (+화염연소를 진압하는 억제소화는 효과가 없다!)

ㄹ. 고체의 표면연소(=무염/작열연소)에 해당하는 것 : 숯, 금속(마그네슘), 목재의 말기연소(연소 끝물), 코크스(석탄을 가공해서 만든 연료) 등

분해연소   표면연소

③ **증발연소** : 고체가 열에 의해 융해(融 녹을 융, 解 풀 해 : 녹아서 풀어짐)되어 액체가 되고, 이 액체가 증발하면서 가연성 증기가 발생, 연소되는 것을 말한다. [고체 → 액체(융해) → 기체(가연성 증기)]

ㄱ. 고체의 증발연소에 해당하는 것 : 양초(고체 파라핀), 황, 열가소성수지(열의 의해서 녹는 플라스틱) 등

ㄴ. 분해연소와 비교해보면, 나무나 종이는 타면서 재를 남기듯이 조각조각 '분해'(열분해)되는 반면, 양초는 융해되면서(녹으면서) 액체인 촛농이 되고 기체화되어 가연성 증기를 발생시킨다.

④ **자기연소** : 가연성 고체를 이루고 있는 분자가 이미 내부적으로 산소를 함유하고 있어서 열분해에 의해 가연성 증기와 산소를 동시에 발생시키는 물질이 연소하는 것을 '자기연소'라고 말한다.

　ㄱ. 이미 내부적으로 산소를 함유하고 있으니 외부로부터 산소(공기) 공급이 필요 없고, 폭발적으로 연소하는 경우가 많다.

　ㄴ. 고체의 자기연소에 해당하는 것 : 제5류 위험물(자기반응성물질), 폭발성 물질

2) 액체의 연소

① **증발연소** : 가연성 액체가 내부적인(자체의) 열 또는 외부 에너지로 인해 증발하면서 가연성 증기를 만들고, 그 증기가 공기와 혼합되면서 연소범위 농도가 만들어졌을 때 화염을 발생시키는 일반적인 연소형태로, 대부분의 액체가 이러한 증발연소를 한다.

　ㄱ. 고체의 증발연소에서 고체가 녹아 융해되면서 액체가 되는 과정이 빠지고, 시작부터 가연성 '액체'로 시작하는 게 액체의 증발연소!

② **분해연소** : 흔치 않은 액체의 연소형태로, 액체의 분자량이 큰 물질은 증발이 아닌 '분해'라는 화학적 변화를 일으켜 가연성 증기가 만들어진다. 에너지를 받은 분자가 '열분해'하면서 원래보다 작은 분자들로 나뉘며 기체가 되는 방식이다.

　ㄱ. 액체의 분해연소에 해당하는 것 : 글리세린, 중유 등

3) 기체의 연소

① **확산연소** : (가연성 가스인 LPG가 공기 중으로 누출되었을 때를 떠올려보면) 분출된 기체가 공기 중으로 '확산(흩어져서 널리 퍼짐)'되어 공기와 가연성 기체가 혼합되고, 그렇게 만들어진 가연성 혼합기체가 연소범위 농도의 영역에서 화염을 발생시키는 것을 '확산연소'라고 말한다.

② **예혼합연소** : 애당초, 이미 가연성 기체와 공기를 연소범위 내의 농도로 맞춰 혼합시켜 놓고 이 기체를 노즐을 통해 공급하여 연소시키는 것을 예혼합연소(豫 미리 예)라고 말한다.

　ㄱ. 위에서 말한 확산연소로 발생한 화염은 황색 또는 적색을 띠나, 철저히 계획적으로 만들어진 예혼합연소에 의해 발생한 화염은 청색 또는 백색을 띤다. (마치 원래는 빨간 장미를 철저히, 계획적으로 개조해서 파란장미를 만들듯이!)

　ㄴ. (계획 없이, 자기들끼리 뭉쳐서 화염을 일으킨) 확산연소는 공기의 공급이 원활(일정)하지 못해 불완전 연소를 하는 경우가 많아 연소 효율이 떨어져 황·적색을 띤다. 반면에, (철저한 계획하에 엘리트 코스를 밟아 탄생한) 예혼합연소는 완전 연소에 가까워 온도가 높은 청·백색을 띤다. (청＞백＞황＞적 순으로 온도가 높고 에너지도 크며 청색에 가까울수록 완성도가 높은 완전 연소에 해당한다. 빨간색 불은 보통 불완전 연소 시 발생한다.)

고체	액체	기체
• 분해 : 열분해→가연성증기(목재, 종이) • 표면 : 화염X, 라디칼X(숯, 코크스) • 증발 : 융해(양초, 황) • 자기 : 내부에 산소 함유, 외부 공기 불필요, 폭발 가능(제5류위험물-자기반응성)	• 증발 : 액체 증발→가연성증기 • 분해 : 분자량 커서 증발X, 분해됨. 열분해→가연성증기(글리세린, 증유)	• 확산 : 분출된 가연성 기체가 확산, 공기와 혼합 →연소범위 농도 생성해 연소 -화염은 황색/적색(불완전) • 예혼합 : 미리 [가연성 기체+공기]를 연소범위 농도로 혼합, 공급해서 연소 -화염은 청색/백색(계획적인 엘리트→완전연소)

화재

1) **화재의 정의** : '화재'란 사람이 의도치 않은 또는 고의로 발생한 연소 현상으로, 소화설비 등을 이용해 소화(진압)할 필요가 있는 화학적 폭발 현상을 의미한다.

① 인간의 의도에 반해, 또는 방화(고의)에 의해 발생한 것

② 사회 공익을 해치거나 인명 피해 및 경제적 손실을 방지하기 위해 소화할 필요성이 있는 연소 현상일 것

③ 소화시설 또는 동일 효과가 있는 것을 사용할 필요성이 있을 것

> 🗨 자연적으로 소화(진압)될 것임이 분명해 소화할 필요성이 없거나, 자산가치의 손실이 우려되지 않거나, 소화할 필요성이 있더라도 소화시설 및 장비 등을 사용해 진화할 필요가 없는 것은 '화재'로 볼 수 없다.

소화법 분류 I -연소 조건에 따른 제어

1) 연소는 가연물, 산소, 점화에너지, 연쇄반응의 4요소로 구성되므로 이 중 하나 이상을 제거하면 연소현상을 제어할 수 있다.

2) 각 제거요소(제거대상)별 소화법

가연물	산소	에너지 (점화에너지보다는 연소를 지속시키는 열 에너지)	연쇄반응
제거소화	질식소화	냉각소화	억제소화

① **제거소화** : 가연물을 제거해버려서 연소를 제어하는 소화법. 다시 말해, 가연물과 불이 난 근원을 격리시켜 연소를 중단하는 것이다.

> 예 가스화재 시 밸브 잠그기, 산림화재 시 불길이 진행하는 방향에 있는 나무 등 가연물을 미리 제거하기, 화재현장의 대상물 파괴 등 → 자주 쓰는 방식은 아님!

② **질식소화** : 산소 공급을 차단하는 소화법. 또는 가연물에서 발생되는 가연성 증기 농도를 연소 하한계보다 옅어지도록 희석하는 '희석소화'도 일종의 질식소화로 볼 수 있다.

→ 한계산소농도 (일반 가연물 14~15%) 이하로 공기 중 산소농도 유지!

> 예 화재 초기 담요나 모래 등을 덮어 진압, 유류화재 시 폼(하얀 거품 같은 것)으로 유류 표면을 덮어 제어, 불활성 가스(이산화탄소)로 제어, 연소 진행 중인 구획(구역) 밀폐 등

③ **냉각소화** : 연소가 진행 중인 계(물질의 집합체)의 열을 빼앗아 온도를 떨어트리는 소화법.

ㄱ. 가연물은 열을 받아 열분해하거나 또는 증발하면서 가연성 증기를 계속 발생시키는데, 이러한 가연물의 온도가 인화점 이하로 떨어지면 가연성 증기의 농도가 연소범위 농도 하한계 밑으로 떨어져 연소가 제어되는 원리이다.

> → 다시 말해, 인화점은 외부의 에너지가 들어왔을 때 불이 붙을 수 있는 최저온도이므로 이보다 낮은 온도로 식혀버리면 외부 에너지가 들어와도 농도가 너무 옅어 불이 붙지 않는 것이다.

ㄴ. 냉각소화에서 가장 유용한 물질은 '물'로 열을 빼앗는 약제로 주로 사용된다.

ㄷ. 물은 자기 온도를 높이기 위해 필요한 열량(비열)과 기체로 증발할 때 써야 하는 열(증발열)이 매우 높아 연소가 진행 중인 계에 물을 투입하면 물이 많은 열량을 필요로 하기 때문에 연소 중인 물질의 열을 빼앗아 가는 것이다(냉각).

ㄹ. 하지만 동시에 물은 유류화재에서 연소면을 확대(기름으로 발생한 화재에 물 뿌리면 물이 퍼지면서 불길이 확대)시키고, 전기화재 시 감전 유발의 위험성, 칼륨·나트륨(금속) 등의 물질과는 격렬하게 반응하기 때문에 금속화재에 물 사용 시 폭발성 강한 수소를 발생시킬 수 있으므로 주의가 요구되거나 소화 시 물을 사용하지 않는다.

ㅁ. 점화에너지는 연소 시 최초의 화염 발생을 위해 투입되는 에너지이므로 '냉각소화'가 이미 쓰여버린 최초의 점화에너지를 차단하기 보다는, 연소가 진행되면서 연소 지속을 위해 발생되는 열(에너지)을 빼앗는 것에 가깝다.

④ **억제소화**(부촉매 소화) : 화염을 동반한 연소를 주도하는 (불꽃파 우두머리) 라디칼을 흡착, 제거해 연쇄반응(세력 확장)을 중단시키는 화학적 자용에 의한 소화법.

물리적 작용 (성분 변화 X, 상태만 변화)			화학적 작용 (다른 물질과 작용해 새로운 물질로 변함)
제거소화	질식소화	냉각소화	억제소화
가연물 제거	폼, 이산화탄소	주수(注水)물, 암분	할론, 할로겐화합물

이론과 개념 설명

설비 및 구조의 이해

목합개념 정리

개념 개념정리

실전 기출해설문제

쉽게 뜯어보는 총정리

1) 물리적 작용에 의한 소화 : 열, 가연성 기체(또는 공기)의 양을 변화시켜 연소를 중단시키는 것.

　① **연소에너지 한계에 의한 소화**(냉각소화) : 연소하면서 발생하는 열에너지를 흡수하는 매체(약제와 같은 물질 및 수단)를 화염 속에 투입, 소화하는 방식.

> 냉각을 위한 매체로 '열용량'(어떤 물질의 온도를 높일 때 필요한 열량)을 이용하는 경우는 탄광에 '암분'을 살포하는 것을 예로 들 수 있다.
>
> 밀폐된 탄광은 내부에서 발생한 가연성 증기로 인해 폭발이 일어날 수 있는데 이 때 불연성(안타는) 암석 가루인 '암분'을 살포하면 먼지 같은 석탄 분말(미분탄)과 암분이 섞이게 되고, 상대적으로 열용량이 큰 암분이 자신이 필요한 열량을 보충하기 위해 에너지를 흡수한다(빼앗는다).

> 상(상태, 모양) 변화 즉, [고체→액체→기체] 변화 시 쓰이는 열인 '잠열'(증발열)을 이용한 냉각소화의 예시는 분무주수에 의한 소화가 해당한다. 보통은 물 사용!
>
> *분무주수(噴 뿌릴 분, 霧 안개 무, 注 부을/댈 주, 水 물 수) : 물을 뿌리거나 안개와 같은 미립자 형태로 방사하는 것

　② **농도 한계에 의한 소화**(연소범위 밖으로 퇴출!) : 가연성 기체가 연소범위 내의 농도일 때만 연소가 진행되니까 연소범위 하한계보다 낮게, 또는 연소범위 상한계보다 높게 농도를 변화시켜 연소 진행을 막는 소화 방식.

> 가연성 물질의 농도를 연소범위 밖으로!
> ① 연소 중인 고체나 액체가 들어있는 용기를 밀폐해서 외부 기체(산소 등)를 차단하거나 거품(폼) 또는 불연성 액체로 덮어 산소(공기) 공급 차단 → ＿＿＿A＿＿＿ 소화
> ② 타고 있는 액체나 고체를 인화점 이하로 냉각해 가연성을 소멸시키는 소화 방법
> ③ 알콜 화재 시 물을 투입해 알콜 농도를 40% 이하로 떨어트림
> ④ 석유류 등의 비수용성 액체 화재 시 액체 표면에 물방울을 빠르고 강하게 불어넣어 유화액(에멀젼 Emulsion) 형성. 이는 미세한 액체가 다른 액체에 분산돼 퍼지는 것으로 증기압을 낮춰 연소범위를 벗어나게 함.
> *②번 보충) 냉각소화가 증발잠열을 흡수하는 에너지 한계 방식이기도 하지만, 예를 들어 주수소화의 경우 증발하면서 발생한 수증기에 의해 가연성 혼합기 농도 변화에도 영향을 줄 수 있음!
> *A 정답 : 질식

> 가연성 혼합기(연소 가능한 혼합기체)에 불활성 물질(반응 X, 다른 물질이 활성화되지 못하게 함)을 첨가하여 연소범위를 좁혀 연소 정지!
> 불활성 물질인 이산화탄소, 질소, 수증기 등을 가연성 혼합기에 첨가하면 연소범위가 축소되는 것을 이용하는 소화 방식.
> 예를 들어, 이산화탄소나 질소(흡열반응)를 주입하면 산소가 힘을 쓰지 못하게 될 테니, 산소와 가연성 증기(기체)가 혼합된 가연성 혼합기의 연소범위도 축소될 것. / 물질에 따라 충분한 양의 불활성 물질을 주입(첨가)하면 연소반응 제어 가능.

이론과 개념 설명

실비 및 구조의 이해

복합개념 정리

위험물 개념정리

실전 기출예상문제

실계 뜯어보는 총정리

③ **화염의 불안정화에 의한 소화**: 화염(불꽃)을 불어 꺼트리는 것을 이용하는 방법.

→ 작은 화염에 강한 기류를 발생시키는 방법.

→ 실제 성공 사례는 적지만, 유정(油井 : 석유의 원유를 뽑아내기 위해 판 우물, 샘) 화재 시 폭약폭발로 발생시킨 폭풍으로 진압한 사례가 있었음.

2) 화학적 작용에 의한 소화 → 억제소화

① 라디칼(Radica : 불꽃파 우두머리)의 생성을 억제, 연쇄반응(세력 확장)을 중단시키는 소화법.

② 약제가 화학적 작용을 통해 라디칼을 흡수함. (*화학적 작용 : 다른 물질과 작용해 새로운 물질로 변함)

③ 분말소화약제 또는 하론류 사용.

3) 소화작용: 위의 모든 소화방식은 서로 상호보완적으로 작용하는 경우가 많다.

예 주수소화 시 증발잠열을 이용한 에너지 흡수(냉각소화)에도 효과가 있지만 동시에, 증발하면서 발생한 수증기로 인해 가연성 혼합기의 연소범위 변화에도 영향을 주는 부수적인 효과도 함께 발생.

화재의 분류

분류	A급 일반화재	B급 유류화재	C급 전기화재	D급 금속화재	K급 주방화재
정의	• 일상에서 가장 많이 존재하는 가연물에서 비롯된 화재(종이, 나무, 솜, 고무,'폴리~'류 등) • 화재 발생 건수 월등히 높음(보통화재)	유류에서 비롯된 화재(인화성 액체, 가연성 액체, 알코올, 인화성 가스 등)	전기가 통하고 있는 (통전 중인) 전기 기기 등에서 비롯된 화재 (전기'에너지'로 발생한 화재를 일컫는 것이 아님!)	• 가연성 금속류가 가연물이 되어 비롯된 화재 • 특히 가연성 강한 금속류는 칼륨, 나트륨, 마그네슘, 알루미늄 등 • 덩어리(괴상)보다는 분말상일 때 가연성 증가	주방에서 사용하는 식용유, 동식물성 유 등을 취급하는 조리기구에서 비롯된 화재
특징	연소 후 재가 남는다.	연소 후 재가 남지 않는다.	물을 이용한 소화는 감전의 위험이 있음.	대부분 물과 반응해 폭발성 강한 수소 발생 →수계(물, 포, 강화액) 사용 금지!	Tip. 비누는 기름이 달라붙는 것을 막는다!(치킨 먹고 기름진 손 비누로 싹싹)
소화	냉각이 가장 효율적 →다량의 물 또는 수용액으로 소화	포(하얀 거품) 덮어 질식소화	가스 소화약제(이산화탄소) 이용한 질식소화	금속화재용 분말소화약제, 건조사(마른모래) 이용한 질식소화	연소물 표면을 차단하는 비누화 작용 +식용유 온도 발화점 이하로 냉각작용

1) '화염'의 전달(확산)

① **접염연소**(접촉할 때 '접', 화염의 '염') : 화염이 물체에 접촉함으로써 연소가 확산되는 현상.

ㄱ. 화염의 온도가 높을수록 접염연소가 잘 일어난다.

ㄴ. 화염은 규모가 크고, 접촉되는 범위도 넓어 접염연소가 광범위하게 이루어지며 공포감을 유발한다.

ㄷ. 주간(밝을 때)에는 완전연소 부분으로부터 발생하는 고열의 화염이 잘 보이지 않는 경우가 있다.

　└ 완전연소 시 화염은 백색, 청색이라 밝은 주간에는 잘 보이지 않을 수도 있어요.

ㄹ. 야간(어두울 때)에는 화염에 면한 부분의 연기가 반사된 빛에 의해 화염으로 보일 수 있다.

② **비화**(飛 날 비, 火 불 화) : 불티가 바람에 날리거나 튀어 멀리 떨어진 곳에 있는 가연물에 착화되어 연소가 확대되는 현상.

ㄱ. 비화에 의해 연소가 확산되면 불이 발생한 화원으로부터 멀리 떨어진 장소에서 다수의 발화가 발생할 수 있다.

ㄴ. 불티의 크기가 클수록 위험도가 높지만, 작은 불티일지라도 바람, 습도 등에 따라 화재로 번질 수 있다.

ㄷ. 불티가 날아가는 비화 거리와 범위는 연소물질의 종류, 발화부위의 화세(화재의 크기나 강한 정도), 풍력 등에 따라 달라진다.

ㄹ. 야간에는 작은 것도 빨갛게 보이지만, 주간(낮)에는 단순한 검은 물체로 보일 수 있어 주의해야 한다.

2) '열' 전달

① 화염이 확산되기 위해서는 '열'의 전달이 이루어져야 한다.

② 온도가 다른 두 개가 접촉하고 있거나, 내부에 온도구배(열이 흐르는 방향에 따라 온도차가 있는 것)가 발생한 경우 상대적으로 온도가 높은 곳(뜨거움)과 낮은 곳(차가움)이 존재하게 되는데 이 때 온도가 높은 곳에서 낮은 곳으로, 즉 에너지가 높은 곳에서 낮은 곳으로 전달된다. 이렇게 뜨거운 곳에서 차가운 곳으로 열이 흐르는 과정을 열전달이라고 한다.

ㄱ. 전도(Conduction) : 두 물체가 접해있을 때 뜨거운 곳에서 차가운 곳으로 열이 전달되는 것. 화재 시 화염과는 떨어져 있지만, 거리가 인접한 가연물에 불이 옮겨붙는 것은 전도열에 의한 것이다. 다만 열전도 방식에 의해 화염이 확산되는 경우는 흔치 않다.

　예 쇠젓가락의 한쪽 끝을 가열하면 불꽃이 닿지 않은 반대쪽도 이내 열이 전달되어 뜨거워지는 것, 뜨거운 국그릇에 숟가락을 담가놓았더니 손잡이 부분이 뜨거워진 것, 손난로를 쥐고 있을 때 손이 따뜻해지는 것 등이 전도 현상에 해당한다.

이론과 개념 설명

설비 및 구조의 이해

복합개념 정리

위암기 개념정리

실전 기출예상문제

쉽게 뜯어보는 총정리

ㄴ. 대류(Convection) : 기체 혹은 액체와 같은 유체의 흐름(뜨거운 공기는 위로! 차가운 공기는 아래로!)에 의해 열이 전달되는 것.

> **예** 난로를 사용하면 난로에 가까이 있는 공기는 열전도 당해서 뜨거워지니까 위로 올라가려고 하고, 난로에서 먼 공기는 상대적으로 차가우니 아래로 내려가려고 하는데 이러한 흐름이 반복(순환)하면서 방 안의 공기가 따뜻해지는 것이 대류 현상. 에어컨은 위쪽에, 난로는 아래쪽에 설치하는 것도 대류를 고려한 것. → 대류는 순환이다!

③ **복사**(Radiation, 輻 바퀴살 복, 射 쏠 사) : '바큇살'은 바퀴의 중심에서 테두리로 이어지는 부챗살 모양의 막대 같은 것을 말하는데, 이러한 부챗살 모양으로 쏜다고 해서 복사!

ㄱ. 보통 화재 현장에서 인접건물을 연소시키는 주원인이 복사열이다. 가림막이 없는 땅에서 햇볕을 계속 쬐면 뜨거워지는 것은 태양으로부터 열에너지가 파장 형태로 계속 방사되어 열이 전달되는 복사열의 사례로 볼 수 있다.

ㄴ. 화재에서 화염의 접촉 없이 연소가 확산되는 것은 복사열에 의한 것!

- 복사는 파장 형태로 열에너지가 전달되는 것이므로, 쉽게 말해 그 파장을 방해하는 차단물(방해물)이 중간에 껴있으면 복사가 이루어지지 않는다. 그래서 화재 현장에서는 보통 바람이 불어오는 쪽(풍상)이 바람으로부터 보호를 받는 쪽(풍하)보다 공기가 맑아 복사에 의한 열전달이 잘 이루어진다. (산에 바람이 불어 맞부딪치고 넘어가는 뒤쪽, 바람이 가려지는 쪽을 풍하라고 하므로 바람으로부터 보호를 받는 풍하보다는 바람의 진행 방향에 있는 풍상쪽에서 복사가 원활!) 따라서 화재 현장에서 인접건물이 화염의 접촉 없이도 영향을 받아 연소되는 것은 이러한 복사열이 주원인으로 작용한다.

깜짝퀴즈

Q. 직접적인 화염의 접촉(또는 접염연소) 없이 연소가 확산되는 현상의 원인은?
A. 복사

화재의 양상

1) 실내화재의 양상

건물화재는 건물 내 일부분에서부터 발화하여, 출화(화염이 바닥재 또는 수직으로 된 벽, 칸막이 등의 입장재를 타고 천장으로 확산되는 단계)를 거쳐 최성기에 이르고 인접건물과 같은 외부로 연소가 점차 확대된다.

① **초기**：외관상 개구부(창)에서 하얀 연기가 나오고, 실내 가구 등 일부가 독립적으로 연소하는 상황.

② **성장기**：외관상 세력이 강한 검은 연기가 분출되고, 가구에서 천장면까지 화재가 확대된 상황으로 최성기의 전초단계. 근접한 동으로의 연소 확산 가능성 있음.

③ **최성기**：외관상 연기량 적어지고 화염 분출이 강해지며 유리가 파손되고, 구조물이 낙하할 수 있어 위험. 실내 전체에 화염이 충만하고 연소가 최고조에 달한 상황.
   *복사열로 인접 건물로 연소 확대될 가능성 있음.

④ **감쇠기(감퇴기)**：외관상 지붕이나 벽체가 타서 떨어지고 곧이어 대들보, 기둥 등도 무너져 내림. 연기는 검은색(흑)에서 흰색(백)으로 변함. 화세가 쇠퇴하며 연소확산의 위험은 없는 상태이나, 바닥이 무너지거나 벽체가 떨어지는 등의 위험성 있음.

2) 건축물 종류에 따른 화재 양상

① **내화조 건축물**：내화(耐 견딜 내, 火 불 화：화재에 견딜 수 있는 성능을 가짐)조 건축물에는 대표적으로 철근 콘크리트 구조가 있다. 천장, 바닥, 벽이 내화구조로 되어 있어 연소로 붕괴되지 않아 공기의 분포가 거의 일정한 상태를 유지한다.

   ㄱ. 내화구조 건축물의 화재 지속시간은 2~3시간에서 수 시간 이상 지속되기도 해 800~1,050℃ 정도의 온도가 오래 유지되는 편(기본적으로 화재이기 때문에 고온상태이기는 하나, 목조건축물에 비해서는 낮은 온도이므로 '저온장기형'이라고도 함.)

   ㄴ. 목조에 비해 발연량이 많다. (발연량：연기 발생량, 연기의 농도)

② **목조 건축물**：보통 목조건물은 가구 및 내장재가 타기 쉬운 가연물로 되어 있어 순식간에 <u>플래시 오버(Flash Over)</u>[1]에 도달하며 온도가 급상승한다.

   ㄱ. 또 골조(뼈대)도 목재이고 개구부가 많아 공기가 드나들기 좋기 때문에 격렬히 연소하는 것이 특징이다.

   ㄴ. 벽체의 상부와 지붕 일부가 불에 타면서 내려앉으면 연소는 최성기에 이르고 온도가 1,100~1,350℃에 달한다.

   ㄷ. 최성기를 지나 굵은 기둥이나 보(수직 기둥에 연결돼 하중을 지탱하는 부분)마저 넘어지고, 타고 남은 목재의 부스러기에서 연기가 나는 상태가 되며 최성기 이후로는 원활한 공기의 흐름으로 냉각, 온도가 급속 저하한다.

   ㄹ. 보통의 목조주택 화재 시 출화~최성기까지 약 10분, 최성기~감쇠기까지 약 20분 소요. (고온단기형)

---

1) 플래시 오버(Flash Over) ：일순간 폭발적으로 실내 전체가 화염에 휩싸이는 현상

실내화재의 현상

플래시 오버 (Flash Over)	• 발화에서 출화를 거쳐 수직구조물을 타고 화염이 천장으로 확산, 가연성 가스가 축적되어 일순간 실내 전체가 폭발적으로 화염에 휩싸이게 되는 현상. • 징후 : 열과 진한 연기가 쌓이고 바닥부터 천장까지 고온 상태. • 통상 내화건물의 경우 출화 후 5~10분 후에 발생.	가연성 가스
백 드래 프트 (Back Draft)	• 실내가 충분히 가열되어 다량의 가연성 가스가 축적되어 있을 때, 소화활동을 위해 문을 개방함으로써 공기가 유입되어 축적된 가스가 폭풍을 동반해 폭발적으로 연소하며 실외로 분출되는 현상. • 농연 분출, 파이어볼 형성, 건물 벽체 붕괴 현상 동반. • '연기폭발'이라고도 함. • 화재실 개방 전 천장 부근을 개방해 환기(가스 방출)시킴으로써 폭발력을 억제할 수 있음.	
롤 오버 (Roll Over)	• 완전히 성장하지 않은 화재 단계에서 발생한 가연성 증기가 화재구획을 빠져나갈 때 발생함. • 화재구획 천장에 가연성 증기층이 형성, 연소되지 않은 (미연소) 가연성 가스를 통해 파도같이 빠른 속도로 화염이 확산되는 현상. • 플레임 오버(Flame Over)라고도 하며 가연물 표면에서 일어나는 플래시오버와 구별됨!	가연 가스 미연소

연기

가. 연기 : 공기 중에 부유하고 있는 고체 또는 액체의 미립자(맨눈으로 볼 수 없는 아주 작은 알갱이)로, 그 크기는 안개입자보다 작다.

나. 화재에서의 '연기' : 이러한 연기 미립자만을 의미하는 것이 아니라 연소하면서 발생한 가스 성분을 포함, 가연물의 열분해로 방출된 증기, 탄소입자, 그을음(매연), 연소되지 않은(미연소) 증기가 응축된 아주 작은 액체 방울(액적) 등이 대기 중에 확산 및 부유하고 있는 상태 즉 열기류 전체를 총칭한다.

1) 연기의 유동(흘러 움직임)

① **건물 내에서 연기 유동** : 화재에서 연기는 고온의 상승기류를 타고 상승하는데, 이러한 연기와 섞인 공기도 역시 열기를 포함하고 있어 온도가 높아 부력(중력을 거슬러 뜨려는 힘)이 작용해 공기가 유동, 그 공기에 포함된 연기도 확산된다.

② **복도에서 연기 유동**: 복도에서는 연기가 천장면에 근접해 안정된 형태로 멀리 흐를 수 있다. 복도의 위쪽은 화재가 난 화점실에서부터 연기가 흘러나와 확산되고, 복도의 아래쪽은 주위의 공기가 화점실로 유입되는 양상. 이렇듯 복도를 통해 이동하는 연기의 수평유속(↔가로방향, 흐르는 속도)은 플래시오버 이전에는 평균 0.5m/sec이고 플래시오버 이후에는 평균 0.75m/sec이다.

③ **내화건물에서 연기 유동**: 내화건물에서 연기의 흐름은 중성대(실내와 실외 압력이 같아지는 지점)의 위치에 따라 달라지는데 중성대는 상·하층의 개구부 크기 및 냉·난방에 의해 위치가 달라질 수 있다. 일반적으로 건축물에서 연기는 화재가 발생한 층(화점층)을 수평 이동하며 오염시키고, 상층(위층)으로 이동 후 계단실 등을 통해 강하한다(타고 내려온다).

④ **지하터널 등에서 연기 유동**: 지하가 등에서 연기는 1m/sec 정도의 속도로 이동하나, 제트팬(도로 터널이나 지하차도의 환기를 위해 설치하는 환풍기)이 설치된 긴 터널에서의 이동속도는 3~5m/sec에 달한다. 이처럼 인공적으로 설치한 공기조화설비와 배기닥트가 연기의 이동속도를 빠르게 유동시키는 요인이 될 수 있다.

2) 연기의 확산 속도

① **단위**: 공통적으로 m/sec 또는 m/s로 표기(거리를 초 단위로 나눔)

일반 보행 속도	수평방향 (↔)	수직방향(계단실 ↕)	제트팬(지하터널 배기장치)
1~1.2	0.5~1 (복도 연기유동 시 플래시오버 • 이전 : 0.5m/s • 이후 : 0.75m/s)	• 초기 : 2~3 • 농연(짙은 연기) : 3~5	3~5
	보행보다 느림	보행보다 빠름, 농도 짙으면 더 빠름	제트팬, 공기조화설비, 배기닥트가 유동 속도 증진

위험물, 전기, 가스 안전관리

위험물 안전관리

■ 위험물

1) 위험물 : 인화성(불이 잘 붙는 성질, 공기와 혼합 시 점화에너지에 의해 불이 붙을 수 있는 성질) 또는 발화성(일정 온도에서 불이 쉽게 불거나 자연히 연소를 일으키는 성질) 등의 성질을 갖는 것으로 대통령령으로 정하는 물품

2) 위험물 안전관리 제도 : 제조소등마다 관계인은 대통령령이 정하는 위험물 취급 자격자를 안전관리자로 선임해야 하며, 해임 및 퇴직 시 그날로부터 30일 내 선임. 선임한 날로부터 14일 내 소방서장(본부장)에 신고

3) 지정수량 : 위험물의 종류별로 위험성을 고려해 대통령령이 정하는 제조소등의 설치허가 시 기준이 되는 최저 기준 수량

유황	휘발유	질산	알코올류	등·경유	중유
100Kg	200L	300Kg	400L	1,000L	2,000L

> 백단위를 숫자 순서대로 외우면 쉬워요~! 황발질코 1,2,3,4 / 등경천 / 중이천(황,질은 킬로그램)

■ 위험물의 종류별 특성

제1류	제6류	제5류	제2류	제3류	제4류
산화성 고체	산화성 액체	자기반응성 물질	가연성 고체	자연발화성 금수성 물질	인화성액체
강산화제(산소부자)→가열, 충격, 마찰로 분해되어 산소 방출	강산(자체는 불연이나 산소 발생) : 일부는 물과 접촉 시 발열	산소함유→자기연소 : 가열, 충격, 마찰로 착화 및 폭발! 연소속도 빨라 소화 곤란	저온착화, 유독가스	자연발화, 물과 반응	• 물보다 가볍고 공기보다 무거움 • 주수(물)소화 못하는 게 대부분
과산화나트륨	과산화수소	니트로글리세린, 질산에틸	마그네슘	나트륨, 황린	휘발유, 등유, 경유, 아세톤

산화제   자기반응성 물질   전부위험물

가연물질의 산소공급원

■ 제4류 위험물의 성질

1) 인화가 쉽다(불이 잘 붙는다).

2) 물에 녹지 않으며 물보다 가볍고, 증기는 공기보다 무겁다(기름은 물과 안 섞이고, 물보단 가벼워서 물 위에 뜬다! 반면, 증발하면서 생기는 증기는 공기보다 무거워 낮은 곳에 체류한다).

3) 착화온도가 낮은 것은 위험하다(불이 쉽게 붙기 때문에!).

4) 공기와 혼합되면 연소 및 폭발을 일으킨다.

■ 유류 취급 시 주의사항

1) **석유난로**: 불을 끈 상태에서 연료 충전하기, 기름 넘치지 않도록 관리, 고정해서 사용하기, 불이 붙은 상태에서는 이동 금지, 불 켜놓고 자리 비우지 않기

2) (유류는 증기를 만들고, 그 증기에도 불이 붙을 수 있기 때문에) 유류가 들어있던 드럼통 절단 시 남아있던 유증기를 배출해야 한다.

3) 유류 취급·보관 장소를 확인할 때는 성냥, 라이터 ×! 손전등 사용하기

4) 페인트, 시너 사용 시 실내 환기 충분히~!

전기안전관리

■ 전기화재 원인

1) **전선의 합선**(단락): 전선이 이어 붙어지는 경우

2) **누전**: 설계된 곳 이외의 통로로 전류가 흘러나가는 경우

3) **과전류**(과부하)

4) 그 외 규격미달의 전선을 사용, 절연불량, 정전기 불꽃 등이 전기화재의 원인이 될 수 있음

① **단락(합선)에 의한 발화**

전선의 피복 손상으로 전선끼리 접촉하게 되거나, 또는 못과 같은 금속이 매개체가 되어 전선끼리 이어지게 되는 경우 등을 합선 또는 단락이라고 볼 수 있다. 이러한 합선(단락)에 의해 접촉 부분에서 큰 소리와 함께 전기불꽃이 발생하게 되면 용융흔(전선이 녹아 액체화되어 발생되는 흔적 등)이 생긴다. 이러한 용융흔을 통해 합선(단락)의 여부 및 출화원인 등을 추론할 수 있는 근거가 되기도 한다.

1차 용융흔	• 전선에 외력이 가해져 절연피복이 파손되어 단락 • 접촉불량 등 국부발열에 의해 절연이 열화되어 단락
2차 용융흔	• 화재 등 외부 화염·열에 의해 단락

이론과 개념 설명

설비 및 구조의 이해

복합개념 정리

위험물 개념정리

실전 기출예상문제

실기 풀어보는 총정리

[더 알아보기] **합선**(단락)**으로 인한 발화형태**

전선 등에 절연체 열화(전기·열 전달이 어려운 성질을 가진 물질의 그 성질이 약해지는 현상) 또는 파괴로 합선이
발생하면 순간적으로 많은 양의 단락전류가 발생하여 스파크가 일어나고, 이로 인해 발화가 일어날 수 있는데 그
형태는 다음과 같다.

- 단락점 이외의 부분에서 전선 피복이 연소하는 경우
- 단락점에서 발생한 스파크가 인화성·가연성 가스 또는 가연성 물질에 착화하는 경우
- 단락 순간에 발생한 고열로 인해 용융된(녹은) 전선이 주위의 인화성·가연성 물질에 접촉하여 착화한 경우
- 불완전 단락 시 발생된 고열에 의해 전선의 절연피복에서 직접 발화한 경우

📢 **Tip**

단락(합선)과 헷갈리지 말아야 하는 '단선'!

ㄴ 단선 : 전선이 끊기는 것 − 전기, 불 X

단락은 전선이 서로 달라붙어 필요 이상의 과전류를 발생시키거나 불이 날 위험이 있지만 단선은 전선이 아예 끊기는 것이기
때문에 전기가 통하지도 않고, 따라서 화재 발생 위험도 없겠죠? 시험에 단락과 단선을 헷갈리게 하는 문제가 나올 수 있으니
주의!

+ '절연불량'도 비슷한 맥락으로 전기를 차단하는 절연 기능이 제대로 작동해야 하는데, 그 기능이 불량이 되어 절연 불량이
발생하면 전기화재의 원인이 되는 것을 말합니다~! 만약 시험에서 전기화재의 원인이 '절연'이라고 묻는다면 오히려 전기
가 통하지 않는 절연상태는 전기화재의 원인이 되지 않으므로 오답, 헷갈리지 않도록 주의!

② 과부하에 의한 발화

전선에는 안전하게 전류를 흘릴 수 있는 최대전류(허용전류)가 정해져 있는데, 이러한 허용전류 및 정
격전압·정격전류, 시간 등의 값을 초과해서 사용하는 경우 과부하가 발생할 수 있다.

① 전선의 과부하	• 사용부하의 총합이 전선의 허용전류를 넘긴 경우 • 이부자리, 장롱 아래 및 단열재 사이를 전선이 통과하는 경우 • 전류감소계수(전류 흐름에 방해가 되는 요소의 계수 : 허용전류와 관련이 있다)를 무시한 금속관 배관 및 경질 비닐관 배선을 사용한 경우 • 코드릴에 코드를 감은 상태로 코드의 허용전류에 가까운 전류를 흘리는 경우 • 꼬아 만든 전선의 소선 일부가 단선되어 있는 경우
② 전기부품 및 기기의 과부하사용 중	• 전기부품(저항기, 다이오드, 반도체, 코일 등)이 가지고 있는 일정 저항이 감소함 으로 인해 전류가 증가하여 다른 부품에 과부하가 걸리는 경우 • 전동기를 사용하는 기기의 경우, 전동기의 회전이 방해되는 경우 • 정격 이상의 전류가 흘러 전기적 과부하 상태가 되는 경우

③ 누전에 의한 발화

누전이란, 원래 전류의 통로로 쓰이도록 설계된 곳 이외의 곳으로 전류가 흐르는 현상을 말한다. 건물·공작물 또는 그에 부대되는 설비 등에서 발생한 누설전류가 장기간 특정 부분으로 흐르게 되면 누전화재가 발생할 수 있다. 절연불량(전류가 잘 통하지 않도록 하는 성질에 불량이 생김)으로 절연체를 통해 누전이 발생하면 절연 열화가 촉진되어 누설전류가 증가, 발화에 이를 수 있다.

> [더 알아보기] **누전화재의 원인**(구성 요소)
>
> - 누전점 : 전류의 경로 중 전류가 누설된 지점
> - 발화점(출화점) : 누전이 발생한 경로 중에서 저항이 크고 전류가 집중되어 과열, 발열되는 지점
> - 접지점 : 대지 또는 접지 구조물에 접촉하는 지점

■ 전기화재 예방법

1) 문어발(콘센트 하나에 여러 개 꽂기) 금지, 플러그 몸체 잡고 뽑기, 플러그 흔들리지 않게 완전히 꽂기, 전선 꼬이지 않게 관리, 사용 안 할 때는 플러그 뽑아놓기, 누전차단기 설치(월 1~2회 작동 확인), 양탄자 밑으로 전선 두지 않기, 쇠붙이와 접촉 금지

2) 과전류 차단장치 설치, 고열을 발생하는 백열전구 및 전열기구에 고무 코드 전선 사용

■ 감전사고 방지책

1) **노출 충전부**(전류가 흐르는 부분) **방호** : 노출되어 있는 충전부에 직접 접촉하거나, 누전 등으로 인해 충전된 부위에 접촉을 시도할 때 발생할 수 있는 감전사고를 방지하기 위해 충전부를 방호 또는 격리시켜야 한다.

2) **보호절연** : 전기가 통하는 성질의 금속은 절연물(전기가 통하지 않는 성질의 물질)로 덮고, 바닥도 절연처리 한다. 기기의 절연은 이중 절연구조의 기기를 사용한다.

3) **보호접지** : 인체 감전 사고 등의 예방을 위해 금속제 외함을 접지시켜 누설전류를 대지로 흘려보내 전압을 감소시키고 감전 사고를 막을 수 있다.

4) **누전차단기 설치** : 누전으로 인한 감전사고 예방을 위해 감도전류 30(mA) 이하, 동작시간 0.03(초) 이하인 누전차단기를 설치한다. (욕실 등에 콘센트를 설치하는 경우 15(mA)이하)

5) **이중절연 구조의 전동기계·기구 사용** : 감전 우려가 높은 장소에서 사용해야 하거나, 또는 접지가 곤란한 전기기기의 경우 가급적 절연을 이중으로 실시한 이중절연 기기를 사용하도록 한다.

■ 가스[LPG vs LNG]

구분	LPG	LNG(Natural)
성분	부탄(C_4H_{10}), 프로판(C_3H_8)	메탄(CH_4)
비중 (기준:1)	무겁!(1.5~2) = 가라앉음(바닥체류)	가볍!(0.6) = 위로 뜸(천장체류)
수평거리	4m	8m
폭발범위	부탄 : 1.8~8.4% 프로판 : 2.1~9.5%	5~15%
탐지기	상단이 바닥부터 상방 30cm 이내	하단이 천장부터 하방 30cm 이내

📂 **이렇게 비교하면 쉬워요!**

'비중'이란, 공기를 1로 기준 잡고, 그것보다 무겁느냐, 가볍느냐를 나타낸 수치에요.

그래서 비중이 1.5~2인 LPG는 공기보다 무겁고, 비중이 0.6인 LNG는 공기보다 가벼워요.

LPG는 무거워요! 그래서 바닥에 깔려 체류하게 되고, 수평 이동 시 느릿느릿 4m밖에 못가지요. (연소기로부터 수평거리 4m 이내 설치) LPG를 잡아내기 위해서는 탐지기의 상단(윗면)이 바닥으로부터 상방 30cm 이내에 위치해야 무거운 LPG를 잡아 낼 수 있답니다.

반대로, LNG는 가벼워요! LNG의 N은 네추럴(Natural)을 의미하는데 생각만 해도 산뜻하고 가볍죠? 그래서 가벼운 LNG 는 위로 떠올라 천장에 체류하기도 하고 수평 이동 시 8m 정도로 멀리 이동해요. (연소기/관통부로부터 8m 이내 설치) 이렇게 가벼운 LNG를 잡아내기 위해서는 탐지기의 하단(아랫면)이 천장으로부터 하방 30cm 이내에 위치해야 LNG를 잡아낼 수 있어요.

■ 가스 사용 시 주의사항[사용 전-중-후]

사용 전	• 연료용 가스에는 메르캅탄류의 화학물질이 첨가되어 있어, 냄새로 확인이 가능하므로 가스 사용 전, 새고 있지는 않은지 냄새로 확인하고 자주 환기를 시킨다. • 연소기(고온의 가스를 만드는 장치) 부근에 가연성 물질을 두지 않는다. • 콕크, 호스 등 연결부는 호스 밴드로 확실히 조이고, 호스가 낡거나 손상된 경우 즉시 교체한다. • 연소기구는 불구멍 등이 막히지 않도록 자주 청소한다.
사용 중	• 콕크를 돌려 점화 시 불이 붙은 것을 확인한다. • 파란불꽃 상태가 되도록 조절한다.(황/적색불꽃은 불완전연소 시 색깔 - 일산화탄소 발생) • 장시간 자리를 비워서는 안 되며 주의하여 지켜본다.
사용 후	• 연소기에 부착된 콕크는 물론, 중간밸브도 확실하게 잠근다. • 장시간 외출 시 중간밸브와 용기밸브, (도시가스 사용 시) 메인밸브까지 모두 잠그도록 한다.

가스 사용 그림 예시

▣ 가스 화재의 주요 원인[사용자/공급자]

1) 사용자 입장에서 발생할 수 있는 가스화재 원인

가스 사용 주의사항과 비교해서 보면 쉬워요~!

- 환기 불량에 의한 질식사 → 자주 환기
- 콕크 조작 미숙 → 콕크 확실히 조이기
- 호스 접속 불량 방치 → 호스 손상 시 즉시 교체
- 점화 미확인으로 인한 누설 폭발 → 콕크를 돌려 점화 시 불이 붙은 것을 확인
- 가스 사용 중 장시간 자리 이탈 → 장시간 자리 비우기 X
- 실내에 용기 보관 중 가스 누설
- 성냥불로 누설 확인 중 폭발 → 냄새로 확인(메르캅탄류)
- 연탄 등 인화성 물질 동시 사용 → 부근에 가연성 물질 두면 안 됨
- 조정기 분해 오조작

2) 공급자 입장에서 발생할 수 있는 가스화재 원인

전문성이 필요한 '작업' 또는 취급, 운반의 경우를 생각해보기~!

- 배달원의 안전의식 결여
- 고압가스 운반 기준 불이행
- 용기밸브의 오조작
- 용기교체 작업 중 누설화재
- 가스충전 작업 중 누설폭발
- 배관 내 공기치환작업 미숙
- 잔량 가스처리 및 취급 미숙
- 용기 보관실에서 점화원(성냥, 라이터 등) 사용

공사장 안전관리 계획 및 감독

공사현장 안전관리계획의 현황 및 필요성

- 일정 규모 이상의 공사현장에 대한 안전관리 사항은 규정이 마련되어 있으나, 소규모이거나 일부분에 대한 공사현장에 관한 구체적인 안전관리 규정은 현재로서는 다소 미흡한 상태이다.
- 소방관련법에서는 공사 현장에 설치하는 임시소방시설의 유지·관리 등에 대해 명시하고 있다.

> **임시소방시설의 종류**
>
> ① 소화기
> ② 간이소화장치(물을 방사하여 화재 진압이 가능한 장치)
> ③ 비상경보장치(화재 발생 시 주변 작업자에게 화재 사실을 알릴 수 있는 경보장치)
> ④ 가스누설경보기
> ⑤ 간이피난유도선(피난 방향을 안내하는 장치)
> ⑥ 비상조명등
> ⑦ 방화포(작업 시 불티 등으로부터 보호해줄 수 있는 불연성 천 또는 물품)

📁 **[참고] 특정소방대상물의 소방안전관리 및 임시소방시설의 유지·관리 공통 사항**
- 피난시설 및 방화시설의 관리
- 소방시설 및 소방관련 시설의 관리
- 화기취급의 감독
- 그 밖의 소방안전관리상 필요한 업무

- 이에 따라 건축물의 증·개축, 대수선, 인테리어 공사 등의 진행 시 해당 공사의 안전관리에 대한 책임이 발생하며, 이미 사용 중인 건축물의 증·개축, 대수선, 인테리어 공사 등은 해당 건물에 선임된 소방안전관리자가 현장의 안전관리업무를 수행한다.(공사현장 안전관리×)
- 공사장 소방안전관리와 관련된 구체적인 작업 사항은 「소방시설법 시행령」으로 규정하고 있다.
  - 인화성·가연성·폭발성 물질을 취급하거나 가연성 가스를 발생시키는 작업
  - 용접·용단 등 불꽃을 발생시키거나 화기를 취급하는 작업
  - 전열기구, 가열전선 등 열을 발생시키는 기구를 취급하는 작업

- 알루미늄, 마그네슘 등을 취급하여 폭발성 부유분진(공기 중에 떠다니는 미세 입자)을 발생시킬 수 있는 작업
- 그 밖에 이와 비슷한 작업으로 소방청장이 고시하는 작업

공사현장 내 화재유형 및 특징

1) 전기화재

- 국내 공사현장 화재 원인 중에서는 전기적 원인의 비중이 가장 큼
- 전기화재 주요 발생 장소: 지하 수변전실, MCC실, 서버실 등 전기관련 시설
- 공사현장에서는 가설전기(공사를 위해 임시로 전기 공급 후 해체하는 방식)를 사용하기 때문에 가설전선 관리의 소홀 및 부적절한 전열기구의 사용 등으로 화재발생 우려가 높아짐
- 공사현장에서 전기화재 발생 시, 발화지점이 은폐되어 있는 경우가 많아 초기대응이 늦어질 수 있어 위험성 증가

2) 방화

- 공사현장은 개방된 장소로 외부인의 접근이 자유롭고 특히 야간에는 보안이 더욱 취약해질 수 있기 때문에 방화에 의한 화재 위험도가 높다.
- 방화 시 휘발유·시너 등의 유류를 사용하는 경우가 많아 연소확대가 급속하게 이루어지며, 공사현장에는 다량의 가연물이 존재하기 때문에 화재 시 심각한 수준의 인명·재산피해를 야기할 우려가 있다.

3) 현장사무소 등 가설건축물 화재

공사현장에서는 컨테이너와 같은 가설(임시)건축물을 많이 사용하며, 난방을 위해 전열기구 등을 사용하거나 식당 용도의 가설건축물에서는 화기의 취급도 이루어지고 있는 데에 비해 아직까지는 가설건축물에 대한 소방설비 등의 설치·관리 의무가 없어 화재 발생 시 매우 취약하다.

4) 작업자 부주의

- 공사 중 용접작업에 의한 불티 또는 흡연 시 담뱃불에 의한 화재가 대표적인 작업자의 부주의로 볼 수 있으며, 담뱃불에 의한 화재는 담배불티가 바람에 날려 가연성·인화성 물질 외에도 현장의 가연물에 착화할 가능성이 높다.
- 공사현장에는 페인트 등 다량의 인화성·가연성 물질이 적치되어 있는 경우가 많아 용접작업 시 불티 등에 의해 착화되면 연소가 급격히 확대되고 대형 화재로 번질 위험이 있다.

공사 단계별 화재발생 RISK

1) 공사현장에는 대규모 가연성 자재 등이 다량 적치되어 있어 완공 이후(건물 사용 시점)보다 가연물의 양이 많고 집중되어 있다.

2) 단계별 화재 특성

- 공사 초기 기초·골조공사 단계 : 연료지배형[가연성 자재·가연물(연료)의 지배를 받는 화재]
- 건물 외벽 커튼월(비내력벽) 설치 이후 : 연료지배형 + 환기지배형[산소공급원의 지배를 받는 화재]
  → 커튼월 설치로 내·외부 차단, 실내에 각종 가연물이 집중되기 때문!
- 공사 후반 : 자재 적치 등으로 화재 발생 위험도 및 피해정도가 증가하여 완공 전 시점에서 위험도(Risk) 최대

안전관리계획서 작성

공사 전반의 효율적인 안전관리를 위하여 안전관리계획서를 작성함으로써 사고예방과 인명·재산피해를 최소화할 수 있도록 한다.

1) 안전관리계획 수립절차

 안전관리계획 수립대상 여부 확인

↓

 건설업자(주택건설 등록업자): 안전관리계획 작성·감리원(감독자) 확인 후 발주자에게 제출

↓

 발주자: 관할 행정기관에 안전관리계획 제출

↓

 행정기관: 내용 검토 및 필요 시 보완요청

2) 안전관리계획에 포함하는 내용

① 건설공사 개요 및 안전관리조직

② 공종별 안전점검 계획

③ 공사장 주변의 안전관리 대책

④ 통행안전시설 설치 및 교통소음에 관한 계획

⑤ 안전관리비 집행계획

⑥ 안전교육 및 비상 시 긴급조치 계획

⑦ 공종별 안전관리계획

+ 그 외 공종별 화재안전조치 및 공사장 주변 안전에 관한 사항도 함께 제시할 것

▌공사현장의 화재안전관리

1) 용접·화기작업의 안전관리

① **관리 중점**

- 화기작업의 절차 및 규정 수립

- 현장작업자·외부 협력업체 등을 대상으로 규정에 대한 교육 및 현장 게시

② **화기작업의 최소화**

- 화기작업을 최소화하고, 이를 대체할 수 있는 비화기(cool-work) 방법 활용하기

> **비화기**(cool-work) **방법 예시**
>
> - 톱이나 토치를 사용하는 절단작업 → 수압 절단
> - 용접 → 기계적 볼팅, 이음쇠 작업
> - 납땜 → 나사, 플랜지 이음
> - 방사형 톱 → 왕복 톱

2) 공간별 화기작업 시 주의사항

① 화기작업 금지구역 설정

화기작업 및 용접작업은 화재위험도가 높은 작업이므로 공사현장 또는 건물 내에서 화재 위험요소가 있는 장소라면 화기·용접작업을 하지 않아야 하며, 이러한 위험공간에 대하여 <화기작업 금지구역>으로 정해 관리할 수 있도록 한다.

> **화기작업 금지구역 예시**
>
> - 산소농도가 높은 환경
> - 산화제 물질 보관·취급 장소
> - 폭발물 및 위험물 보관·취급 장소
> - 가연성 액체·금속 또는 인화성 가스 등을 보관·사용하는 장소(구역)

② 고위험장소에서 작업 시 대책 마련

고위험장소에서의 화기작업은 기본적으로 금지하되, 불가피하게 필요한 경우 다음의 대책을 따를 것

- 분진·유증기·가스 등은 충분히 제거 후 작업할 것(제거가 어려운 경우 화기작업X)
- 화기작업 시 덕트 및 컨베이어 작동 중단
- 가급적 기계 및 설비의 가동 중단 시간에 맞춰 화기작업 등을 계획·실시할 것
- 탱크 및 보일러의 화기작업은 도급업자(자격자)만 작업 가능
- 화재감시자 배치로 작업 전부터 작업 중, 완료 이후까지 지속적으로 감시할 것

③ 밀폐공간에서의 화기작업 시

ㄱ. 밀폐된 공간 내 가연성·폭발성 기체나 유독가스 여부 확인 및 질식 예방을 위한 산소결핍 여부를 미리 확인하고 작업 중에도 지속적으로 산소 농도 체크 및 환기 조치

ㄴ. 작업에 지장을 주지 않는 한 밀폐공간과 연결되는 파이프,덕트,전선 등은 연결을 끊어둘 것

ㄷ. 용접에 필요한 가스 실린더 및 동력원 등은 밀폐공간 외부의 안전한 장소에 둘 것

ㄹ. 감시인은 항상 자리를 지키고 적정한 보호장구를 갖출 것

1) 발화원 및 발화물 관리

화재의 근원이 될 수 있는 요소(원인)인 발화원 및 발화물에 대한 관리에 철저할 것

- 흡연구역을 지정하여 현장(구역) 내 흡연으로 인한 화재위험 관리
- 용접·용단 작업 시 불꽃(불티)관리 및 인화물(가연물) 방호관리
- 화기작업 시 사전허가제 실시 및 허가서 발급 : 소방안전관리자, 감시단 등의 확인
- 화기 사용계획서 준용 및 작업 현황판 활용
- 화재 감시인(소화기 지참) 배치
- 야적물 방치 시 불연성 재료로 보양조치 및 태그 부착하여 관리
- 야간 및 정전 시 피난로를 확인할 수 있도록 축광물질을 활용하여 대피로 표시
- 현장 내 방송시설 설치

2) 교육·훈련

근로자 및 작업자에 대한 안전교육 및 주기적인 화재진압 훈련 실시, 현장 조직 구축 및 모의훈련 필요

- 현장 소방안전관리자 지정
- 자체 소방단 운영
- 화재 감시인 지정·배치

화기취급 감독 및 화재위험작업의 허가·관리

화기취급작업

용접(Welding), **용단**(Cutting), 연마(Grinding), 땜(Soldering, Brazing), 드릴(Drilling) 등 **화염 또는 불꽃**(스파크)를 발생시키는 작업. 또는 가연성 물질의 점화원이 될 수 있는 모든 기기를 사용하는 작업을 화기취급작업이라고 함.

→ 한 마디로, 불꽃(화염,스파크)을 튀게 하는 작업이나 또는 가연물에 불이 붙게 만들 수도 있는 어떠한 기기를 사용하는 작업을 화기취급 작업이라고 함~!

- **용접**(Welding) : 금속이나 유리 같은 것들을 서로 이어 붙이는 등 '접합'하고자 하는 둘 이상의 물체의 접합부에, 방해물질을 제거하고 결합시키는 과정을 말함. 주로 열을 이용하여 용융시켜서(녹여서) 두 물체(금속 등)를 접합한다.
- **용단**(Cutting) : 고체 금속을 절단하는 것으로 금속 절단부에 열을 가해 산화반응을 일으켜 재료를 녹여 절단하는 것을 말함.

→ 이러한 용접 및 용단 작업으로 인해 발생하는 불티 등이 화재 및 폭발의 위험성을 높일 수 있다.

1) 용접 방법에 따른 분류

① 아크(Arc) 용접

전기회로와 연결된 2개의 금속을 접촉시켜 전류를 흐르게 하여 약간 거리를 벌려 놓으면 청백색의 아크(Arc)가 발생하며 고열을 띠게 되는데, 이러한 고열로 금속에 기화(기체화 됨)가 발생되어 전류의 통전 상태가 유지될 수 있다. 또한 이렇게 발생된 고열로 금속을 용융 및 용착(녹아서 붙음)시키는 용접을 아크용접이라고 한다.

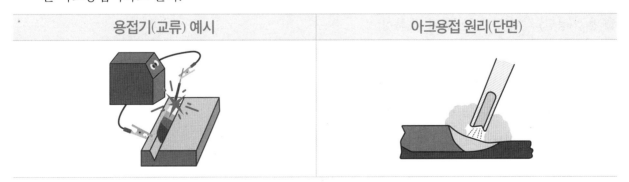

용접기(교류) 예시	아크용접 원리(단면)

- **아크용접의 열적 특성** : 아크(Arc)는 청백색의 강한 빛과 열을 내는 것이 특징이며 일반적으로는 3,500~5,000℃, 가장 높은 부분의 최고온도는 약 6,000℃에 이른다.

② **가스용접**(용단)

'가연성 가스 + 산소'조합의 반응으로 생성되는 가스 연소열을 이용하는 용접 방식. 여기서 가스 연소열이 용접의 열원이 된다. 주로 사용되는 가연성 가스는 아세틸렌(C_2H_2), 프로판(C_3H_8), 부탄(C_4H_{10}), 수소(H_2) 등이 있는데 그 중 특히 **산소-아세틸렌 조합은 화염 온도가 높아 강하고 단단한 재료를 용접하기에 좋고, 유연하며 조절이 용이해 주로 사용되는 가스이다.**

- **가스용접의 열적 특성**:가스용접 시 작업 품질에 영향을 미치는 **'가스 불꽃'!**

→ 가스 불꽃은 점화 후 산소를 분출하여 매연은 날려버리고 다음과 같은 색상의 화염을 발생시킨다.

- 팁 끝 쪽:휘백색(백심)
- 백심 주위:푸른색(속불꽃)
- 속불꽃 주위:투명한 청색

▶ 스패터(Spatter) 현상

용접 작업 시 떨어지는 작은 금속 방울(용적) 입자들이 날아가 튀기는-**비산 현상을 스패터(Spatter)**라고 한다.

스패터(Spatter) 발생 원인

⑴ 아크용접 : 가스폭발, 아크 휨, 긴 아크

⑵ 가스용접(용단) : 용접(용단)의 불꽃 세기가 강한 경우

→ **작업 현장 주위에 비산하는**(날아가 튀기는) **불꽃이 증가하면 화재 및 폭발 위험성이 높아짐.**

◎ 용접(용단) 작업 시, '비산 불티'의 특성

- **실내 무풍 시 불티의 비산거리**:약 11m (단, 풍향/풍속·작업높이·철판두께 등 환경에 따라 비산거리 상이함)
- **불티 적열 시 온도**:약 1,600℃ (참고:보통 고체 가연물은 약 250~450℃의 점화원에 의해 발화하므로 적열하는 비산 불티의 온도는 화재 및 폭발 가능성이 매우 높은 편.)
- **발화원이 될 수 있는 크기**:직경 약 0.3~3mm
- 용접(용단) 시 비산 불티 수천 개 발생
- 고온으로 작업과 동시부터 수 분, 길게는 수 시간 이후에도 화재 가능성 있음

1) 화재예방법

소방안전관리대상물(소방안전관리자의 업무)	특정소방대상물(관계인 선에서의 업무)
• 소방계획서의 작성·시행 • 자위소방대 및 초기대응체계 구성·운영·교육 • 피난·방화시설, 방화구획의 유지·관리 • 소방시설 및 소방관련 시설의 관리 • 소방훈련·교육 • <u>화기취급의 감독</u> • 화재발생 시 초기대응 • 업무수행에 관한 기록·유지 • 그 밖에 소방안전관리에 필요한 업무	• 피난·방화시설, 방화구획의 유지·관리 • 소방시설 및 소방관련 시설의 관리 • 화재발생 시 초기대응 • <u>화기취급의 감독</u> • 그 밖에 소방안전관리에 필요한 업무

2) 소방시설법

공사시공자(건설공사를 하는 자)는 특정소방대상물의 신축·증축·개축·재축·이전·용도변경·대수선 또는 설비 설치 등을 위한 공사 현장에서 인화성 물품을 취급하는 작업 등 **대통령령으로 정하는 작업**(화재위험작업)을 하기 전에 설치 및 철거가 쉬운 '**임시소방시설**(화재대비 시설)'을 **설치·관리**해야 한다.

3) 산업안전보건기준에 관한 규칙

① 위험물이 있어 폭발이나 화재가 발생할 우려가 있는 장소(또는 그 상부)에서 **불꽃이나 아크(Arc)를 발생**하거나 고온이 될 우려가 있는 화기·기계·기구·공구 등 사용×

② 위험물, 인화성 유류·고체가 있을 우려가 있는 배관, 탱크 또는 드럼과 같은 용기에 대하여 사전에 해당 위험물질을 제거하는 등 **화재 및 폭발 예방조치를 한 후가 아니라면 화재 위험작업 금지**

이론과 개념 설명

설비 및 구조의 이해

복합개념 정리

위험인 개념정리

실전 기출예상문제

실게 풀어보는 총정리

③ 통풍·환기가 충분치 않은 장소에서 화재위험작업을 하는 경우, 통풍·환기를 위한 **산소 사용 불가!**(산소는 연소의 3요소)

④ 화재위험작업이 시작되는 시점부터 종료될 때까지 **'작업내용/일시, 안전점검 및 조치에 관한 사항'을 작업 장소에 서면으로 게시할 것**

⑤ 작업자가 화재위험작업 시 불꽃·불티의 **비산방지(불꽃 날림방지)** 등 안전조치 이행 후 작업을 실시하도록 함

⑥ 건축물, 화학설비나 위험물 건조설비가 있는 장소, 그 밖에 위험물이 아닌 인화성 유류 등 폭발이나 화재의 원인이 될 우려가 있는 물질을 취급하는 장소에는 **소화설비를 설치해야 함** ← 건축물 등의 규모 넓이 및 취급하는 물질의 종류에 따라 예상되는 폭발·화재를 **예방하기에 적합**해야 한다.

⑦ **흡연장소** 및 난로 등 화기를 사용하는 장소에 **화재예방에 필요한 설비를 설치**해야 하며, 화기를 사용한 사람은 **불티가 남지 않도록 뒤처리**를 확실히 해야 함

⑧ 화재 또는 폭발 위험이 있는 장소에서 화재 위험이 있는 (규정의) 물질을 취급하는 경우 화기 사용 금지

⑨ 화로, 가열로, 가열장치, 소각로, 철제굴뚝, 화재를 일으킬 위험이 있는 설비 및 건축물과 인화성 액체 사이에는 **안전거리를 유지**하거나 불연성 물체를 **차열재료로 하여 방호해야 함**

⑩ **소각장**을 설치하는 경우 화재가 번질 위험이 없는 위치에 설치하거나 불연성 재료로 설치해야 함

▶ 가연성물질이 있는 장소에서 화재위험작업 시 준수사항
- 작업 준비 및 작업절차 수립
- 작업장 내 위험물 사용 보관 현황 파악
- 화기작업에 따른 인근 가연성물질에 대한 방호조치 및 소화기구 비치
- 용접불티 비산방지덮개, 용접방화포 등 불꽃·불티 비산방지 조치
- 인화성 액체의 증기 및 인화성 가스가 남아있지 않도록 환기 조치
- 작업근로자에 대한 화재예방 및 피난교육 등 비상조치

비산방지 덮개(조치)

■ 화재감시자 배치

다음의 어느 하나에 해당하는 장소에서 용접·용단 작업을 하는 경우, **화재감시자**를 지정하여 용접·용단 장소에 배치해야 함

(단, 같은 장소에서 상시·반복적으로 작업할 때 **경보용** 설비·기구, **소화설비 또는 소화기**가 갖추어진 경우에는 화재감시자 **지정·배치 면제**)

> 📢 **Tip**
> 화재감시자는 소방안전관리(보조)자 또는 안전관리자가 지정

1) 작업반경 11m 이내에 건물구조 자체나 내부(개구부 등으로 개방된 부분을 포함)에 가연성물질이 있는 장소

2) 작업반경 11m 이내의 바닥 하부에 가연성물질이 11m 이상 떨어져 있지만 불꽃에 의해 쉽게 발화될 우려가 있는 장소

3) 가연성물질이 금속으로 된 칸막이·벽·천장 또는 지붕의 반대쪽 면에 인접해 있어 열전도나 열복사에 의해 발화될 우려가 있는 장소

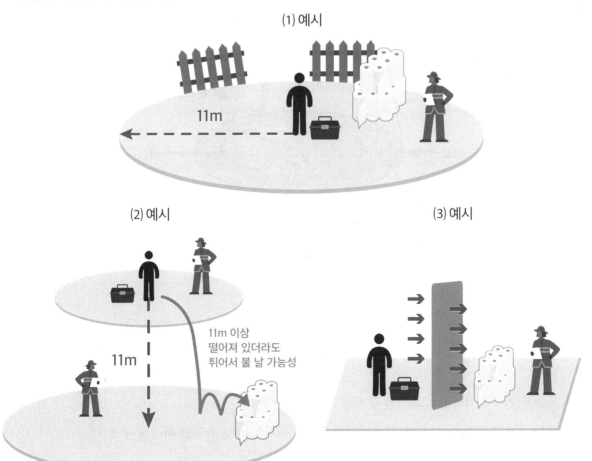

(1) 예시

(2) 예시

11m 이상 떨어져 있더라도 튀어서 불 날 가능성

(3) 예시

■ 화재감시자 업무

• 위의 (1)~(3)의 장소에 **가연성물질이** 있는지 여부 확인

• 「산업안전보건기준에 관한 규칙」에 따른 가스 검지, 경보 성능을 갖춘 **가스 검지 및 경보장치의 작동 여부 확인**

• 화재 발생 시 사업장 내 근로자의 **대피 유도**

> 📢 **Tip**
> 사업주는 배치된 화재감시자에게 업무 수행에 필요한 확성기 · 휴대용 조명기구 · 대피용 마스크 등 대피용 방연장비 지급할 것

■ 작업 시 직하층에 화재감시자가 필요한 경우

(2층에서 2명 이상 작업 시 화재감시자 배치 예시)

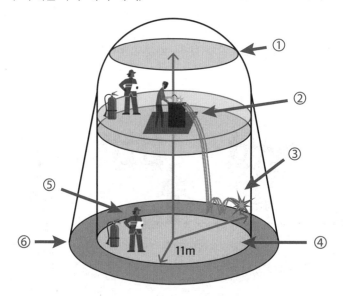

① **11m 법칙 적용 시, 추가적인 안전대책이 필요하다** : 문 폐쇄, 바닥 개구부 막음조치, 컨베이어 정지, 허가서 부착, 작업관계자 외 접근금지 → 비산불티가 들어갈만한 공간이 있는지 점검하고, 관리자는 필요에 따라 화재감시자를 추가로 배치할 것.

② 가능하다면 화기 작업 중 비산불티를 관리할 작업자를 배치

③ 가연성 물품의 이동조치 또는 방화장벽으로 구획 및 방화 패드 · 커튼 · 내화성 타포린 등으로 덮을 것.

④ 하부에 위치한 장비는 방호(막아서 지키고 보호)되어야 함.

⑤ 비상통신장비 + 적절한 소화기를 구비한 화재감시자 배치

⑥ 바람이나 작업 위치 등 환경에 따라 필요하다면 관리자는 11m 법칙을 확장할 수 있다.

화재감시자에게 지급되는 장비

- 사업주는 배치된 화재감시자에게 업무 수행에 필요한 확성기·휴대용 조명기구·대피용 마스크 등 대피용 방연장비 지급할 것
- 비상통신장비를 갖추고 적절한 소화기를 구비한 화재감시인 배치

화재감시자 지급 장비

| 확성기 | 휴대용 조명기구 | 대피용 마스크
(방연장비) | 소화기
(간이소화용구 등) |

용접·용단 작업자의 주요 재해발생 원인별 대책

구분	주요 원인	대책
화재	불꽃 비산(불꽃 날림)	• 불꽃받이·방염시트 사용 • 불꽃이 튀기는 구역(비산구역) 내 가연물 제거 및 정리·정돈 • 소화기 비치
	가열된 용접부 뒷면에 있는 가연물	• 용접부 뒷면 점검 • 작업종료 후 점검
폭발	토치·호스를 통한 가스 누설	• 가스누설이 없는 토치·호스 사용 • 좁은 구역에서 사용할 때 : 휴게시간에는 토치를 통풍이 잘 되는 곳에 둠 • 접속 실수 방지 : 호스에 명찰 부착
	드럼통이나 탱크를 용접·절단 시 잔류 가연성 가스(증기)의 폭발	• 내부에 가스(증기) 없는지 확인
	역화*	• 정비된 토치·호스 사용 • 역화방지기 설치
화상	토치·호스에서 산소 누설	• 산소 누설이 없는 호스 사용
	공기 대신 산소를 환기나 압력 시험용으로 사용	• 산소의 위험성 교육 실시 • 소화기 비치

*역화? 내부에서 연료를 연소시켜 에너지를 만드는 기관(내연기관)에서 불꽃이 거꾸로 역행하는 현상

• 화재예방을 위해 화기취급 작업을 사전에 허가 / 화재감시자가 입회하여 감독

• 준수 사항

1) 사전허가

2) 안전조치 · 화기취급작업 감독 처리절차

3) 화기취급작업 신청서 작성

4) 화기취급작업 허가서 교부 및 안전수칙 등의 사전허가

■ 화기취급작업의 일반 절차

구분	처리 절차	업무내용
1. 사전허가	• 작업 허가	• 작업요청 • 승인·검토 및 허가서 발급
⇩		
2. 안전조치	• 화재예방조치 • 안전교육	• 소방시설 작동 확인 • 용접·용단장비·보호구 점검 • 가연물 이동(치우기) 및 보호조치 • 화재안전교육 • 비상시 행동요령 교육
⇩		
3. 작업·감독	• 화재감시자 입회 및 감독 • 최종 작업 확인	• 화재감시자 입회 • 화기취급감독 • 현장 상주 및 화재 감시 • 작업 종료 확인

화재위험작업의 관리감독 절차

잠깐! 화기취급작업 vs 화재위험작업 뭐가 다른가요?

▶ 화기취급작업은 용접, 용단, 땜 등 불꽃(화염,스파크)을 발생시키거나 또는 가연성물질에 (불을 붙일 수 있는)점화원으로 작용할 수 있는 어떠한 기기를 사용하는 작업을 말합니다.

▶ '화재위험작업'이란 소방시설법(및 시행령)에서 정하기를, 공사 현장(신축·증축·개축·재축·이전·용도 변경·대수선 또는 설비 설치를 위함)에서 **인화성 물품을 취급하는 작업** 등을 화재위험작업이라고 합니다. 그리고 여기서 말하는 [인화성 물품을 취급하는 작업]이란 다음과 같습니다.

• 인화성·가연성·폭발성 물질을 취급하거나 가연성 가스를 발생시키는 작업

• **용접·용단 등 불꽃을 발생시키거나 화기를 취급하는 작업**

• 전열기구, 가열전선 등 열을 발생시키는 기구를 취급하는 작업

• 알루미늄, 마그네슘 등을 취급하여 폭발성 부유분진(공기 중에 떠다니는 미세 입자)을 발생시키는 작업

• 그 밖에 위와 비슷한 작업으로 소방청장이 정하여 고시하는 작업

☞ 그러니까, 화재위험작업이라는 큰 범위 안에 화기취급작업도 포함되는 정도로 봐주셔도 무방하겠는데요, 앞으로 이야기하는 '화재위험작업'이라는 것은 위에서 봤던 화기취급작업을 비롯해 공사현장에서 인화성 물품을 취급하는 여러 작업들을 총칭하는 것으로 이해해 주시면 되겠습니다~!

■ 화재위험작업 관리감독 절차

① 화재안전 감독자(감독관)는 예상되는 화기작업의 위치를 확정하고, 화기작업을 시작하기 전, 작업현장의 화재안전조치 상태 및 예방책을 확인한다.

주요 확인사항

- 소화기 및 방화수 배치
- 불꽃방지포 설치
- 작업현장 주변 가연물 및 위험물의 이격 상태
- 전기를 이용한 화기작업 시 전기 인입(전기를 끌어옴) 상태 등

② 작업현장의 준비상태가 확인되고 현장에 화재안전 감시자가 배치된 후에 화재안전 감독자(감독관)는 서명 및 화기작업 허가서 발급

③ 화기작업 허가서는 해당 작업현장 내 작업자 및 관리자가 화기 작업에 대한 사항을 인지할 수 있도록 작업구역 내에 게시

④ 화기작업 중 화재감시자는 작업 중은 물론, 휴식·식사 시간 등에도 현장에 대한 감시 활동을 계속 진행해야 하며, 화재발생 시 초동대처가 가능하도록 대응준비를 갖추어야 함

⑤ 작업 완료 시 화재감시자는 해당 작업 구역 내에 30분 이상 더 상주하면서 발화 및 착화 발생 여부를 감시해야 하며 이 때 작업구역의 직상·직하층에 대해서도 점검을 병행해야 함 → 점검 확인 후 허가서 [확인]란에 서명

⑥ 화재안전 감독자(감독관)에게 작업 종료 통보(작업 종료 통보 후 3시간 이후까지는 순찰점검 등 추가적인 현장 관찰이 필요)

⑦ 전체 작업 및 감시감독 시간 완료 시 화재안전 감독자(감독관)는 해당 구역에 대한 최종점검 및 확인 후 허가서에 서명하여 작업 완료 → '확인'날인된 허가서는 기록으로 보관

• 작업위치 확정
• 안전조치 및 예방책 확인

감독관 →

배치

감시자

• 서명
• 허가서 ── 게시

감독관 →

작업 중
+ 휴식·식사 시간

• 현장감시
• 대응준비

감시자

↓

작업 완료

30분 상주·추가 감시
+ 직상/직하층 점검

• 최종점검/확인
• 허가서 서명 → 기록보관

감독관 ←

확인	작업완료
	■ 완료일시 :
	■ 화재감시자 :　(서명)

• [확인]란 서명
• 감독관에게 통보 + 3시간 순찰점검

감시자 ←

감시자

설비 및 구조의 이해

복합개념 정리

위험일 개념정리

실전 기출예상문제

쉽게 풀어보는 총정리

			화기취급작업 허가서
허가 개요	신청인 (업체명)		
	작업명칭	□ 용접(WELDING)　　□ 절단(CUTTING)　　□ 기타 (　　　)	
	허가기간	□　년　월　일 □ (작업 시작 시간) 시 분 ~ (작업 종료 시간) 시 분 (　시간)	
	허가장소		
	작업개요		
	보충작업 필요여부		
안전 요구사항	■ 작업 시 안전조치가 요구되는 사항에 [V] 표시		
	① 화재예방조치		② 안전교육
	□ 가연물 이동 및 보호조치 □ 작업장 내 위험물 사용 및 보관 현황 □ 소화설비(소화·경보) 작동 확인 □ 비산방지 조치 여부(비산방지덮개 설치 등) □ 용접·용단 장비 및 보호구 점검		□ 화재안전교육(작업수칙) □ 비상시 대피교육 및 행동 요령 □ 소방시설 사용 교육·훈련
	③ 화재감시자 입회 및 감독		④ 기타
	□ 화재감시자 지정 및 입회 □ 화재감시자 확성기 및 조명기구, 방연장비 착용 □ 소화기 및 비상통신장비 비치 여부		□ 작업구역설정 및 출입통제 □ 작업구역 통풍 및 환기 조치 □ 작업 사전공지(게시·통보·방송)
	■ 별도 조치 사항(기타 요구사항 직접 기입)		
	□ 작업 완료 후 30분 이상 대기·감시 완료 후 작업 완료 통보 □ 작업구역 직상·직하층에 대한 점검 시행 □ 작업종료 후 3시간 이상 순찰점검		
확인	안전조치 확인		작업완료
	■ 확인일시 : ■ 확인자 : (서명)		■ 완료일시 : ■ 화재감시자 : (서명)
	위와 같이 화기취급작업을 허가 함. 년　월　일 소방안전관리자(작업 책임자) :　　　　(서명)		

화기취급작업 안전수칙

■ 화기취급 수칙

① 작업현장 내 음주 금지 및 금연(위반 시 작업허가 취소)

② 화재감시자의 지시에 따라 작업수행 및 안전수칙 준수

③ 작업 중 불티가 가연물로 비산되지 않도록 주의할 것

④ 용접(용단) 장비를 사전에 점검하고 개인 보호장구를 착용할 것

⑤ 작업허가서에 따른 허가장소와 시간·장비를 사용할 것

⑥ 작업현장의 화재 위험성이 높아지는 경우에는 작업 중단

■ 가연물 이동

① 작업현장(반경 11m 이내) 가연물 이동·제거

　▶ 벽, 파티션, 천장의 반대편에 있는 가연물 이동·제거

② 작업현장(반경 11m 이내) 바닥 깨끗이 청소

③ 가연성, 인화성물질을 보관하던 배관·용기·드럼은 위험물질 방출(배출), 폭발·화재위험성 미리 확인

④ 벽, 파티션, 천장 지붕에 가연성 덮개나 단열재(스티로폼 등)가 없을 것

　(∵ 불이 붙을 수 있는 덮개나 스티로폼과 같은 단열재가 덧대어져 있으면 불이 옮겨 붙을 위험이 있기 때문!)

> 작업현장 내(반경 11m 이내) 가연물의 이동 및 제거가 어려울 경우 ▼

■ 가연물 보호

① 작업현장(반경 11m 이내)의 가연물에 차단막 등 설치

② 벽, 바닥, 덕트 등 개구부에 불연성 물질로 폐쇄

③ 종이, 나무, 섬유 등으로 된 가연성 바닥재의 경우 보호조치

④ 덕트 및 컨베이어벨트를 통해 불티가 비산·점화 가능 시 작동을 정지하거나, 차단막을 설치하는 등 적절한 보호조치

■ 화재 시 행동요령

① 화재 발생 시 소화기·옥내소화전으로 초기소화(화재 진압)

② 초기소화 실패 시, 화재신고 및 방재실 보고·경보설비 작동

③ 발화원(용접·용단 작업에 쓰이는 가스용기 등) 제거

④ 화재 확산 시 작업자 및 인근 재실자·거주자 피난유도

MEMO

Ⅱ

설비 및 구조의 이해

소화설비

소화기구

- 소화기 : 사람이 수동으로 조작, 작동하는 기구로 압력에 따라 소화약제 방사
- 자동확산소화기 : 화재 감지 시 자동으로 소화약제 방출·확산, 국소적 소화
- 간이소화용구 : 능력단위 1 미만의 소화기구

1) 소화기의 종류(약제별)

① 분말소화기

ㄱ. ABC급과 BC급으로 구분, 시중 대부분은 ABC 급(A, B, C급 화재에 적응성이 있다)

ㄴ. 주성분 : [ABC급] 제1인산암모늄-담홍색 / [BC 급] 탄산수소나트륨-백색

ㄷ. 분말소화기에는 가압식/축압식 두 종류가 있으나, 현재는 축압식 분말소화기만 생산·사용 중 (가압식 분말소화기는 터지면 사고 발생 위험이 있어 발견 즉시 폐기 조치)

ㄹ. (축압식) 분말소화기 : 지시압력계가 있어 용기 내 압력 확인 가능

☆a. 지시압력계 정상범위 <u>0.7MPa~0.98MPa</u> [녹색(정상)/빨강(과압)/노랑(압력미달)]

ㅁ. 내용연수(사용기한) : 10년으로 하고 내용연수가 지난 제품은 교체하거나, 또는 성능검사에 합격한 소화기는 내용연수가 경과한 날의 다음 달부터 다음의 기간 동안 사용 가능하다.

 - 내용연수 경과 후 10년 미만(생산된지 20년 미만이면) : 3년 연장 가능

 - 내용연수 경과 후 10년 이상(생산된지 20년 이상이면) : 1년 연장 가능

② 이산화탄소 소화기

ㄱ. BC급 화재에 적응성(B급 유류화재, C급 전기화재 – 전기는 고가제품 많아서 가스로 처리하는 것이 좋다.)

ㄴ. 냉각, 질식소화

안전핀

지시압력계

호스

노즐

손잡이(레버)

사이폰관

소화약제 + 질소가스(압력)

본체용기

③ 할론 소화기

ㄱ. BC급 화재에 적응성 : 억제(부촉매), 질식소화

ㄴ. 할론1211, 할론2402 소화기 : 지시압력계 부착

ㄷ. 할론1301 소화기 : 지시압력계 없음, 소화능력 가장 뛰어남, 독성 적고 냄새 없음.

> 📣 **Tip**
>
> 지시압력계가 부착된 소화기는 축압식 분말소화기와 할론1211 · 할론2402소화기이다.
>
> 축압식/가압식 헷갈린다면, ['사'용하지 않는 '가'압식은 '지'시압력계'가' '없다' - 사가지가 없다!]

2) 간이소화용구

능력단위가 1 미만인 소화기구(소화기 미니미)로, 에어로졸식 소화용구, 투척용 소화용구, 소화약제 이외의 것을 이용한 소화용구 등이 있다.

소화약제 이외의 것을 이용한 소화용구		
마른 모래	삽 장비) 50L 이상의 것 1포	능력단위 0.5 단위
팽창질석 또는 팽창진주암	삽 상비) 80L 이상의 것 1포	

> 📁 **능력단위?**
>
> 소화기로 소화할 수 있는 화재의 크기를 일정한 양으로 기준치를 두는 것.
>
> 예를 들어, 나무 장작더미 90개를 쌓아 올린 상태에서 불을 붙였을 때, 그 정도 규모의 화재를 진압할 수 있는 정도의 소화능력을 A급 일반화재의 능력단위 1로 규정하는 것. 화재의 크기를 정확한 수치로 정할 수 없기 때문에 화재 진압에 필요한 소화 능력을 비교가 가능한 일정 규모로 규정짓는 것을 의미한다.

A1 : A급화재 1만큼의 능력단위

A10 : 능력단위 10

3) 소화기 설치기준

① **소형소화기** : 능력단위 1 이상, 대형소화기 능력보다는 미만인 소화기[보행거리 20m 이내]

이론과 개념 설명

설비 및 구조의 이해

복합개념 정리

워임암 개념정리

실전 기출예상문제

쉽게 풀어보는 총정리

② **대형소화기**: 사람이 이동 가능하도록 운반대와 바퀴 탑재/능력단위: A10, B20 이상인 소화기[보행거리 30m 이내]

- 각 층마다 설치할 것. 높이는 <u>바닥으로부터 1.5m 이하</u>가 되도록 설치
- 간이소화용구는 전체 설치기준의 1/2을 넘지 않아야 한다(노유자시설 제외).

　　→ 노유자의 경우엔 응급상황 발생 시 일반 소화기보다 간이소화용구를 사용하는 것이 더 용이하므로 노유자 시설에는 간이소화용구가 전체 기준의 1/2을 초과해도 괜찮다.

위락시설	공연장, 집회장, 의료시설, 관람장, 문화재, 장례시설	근린, 판매, 숙박, 업무시설, 노유자시설
30m²	50m²	100m²

단, <u>내화·불연구조</u> = (<u>기준면적×2배</u>)까지 완화해줌
거실 33m² 이상이면 능력단위1 소화기 1개 이상 추가로 설치

ㄱ. 위락시설(무도·유흥음식점, 투전기업소 등): 인구가 밀집할 가능성이 있고 술, 춤, 노래 등으로 맨 정신이기 어려운 유흥시설의 특성상 소화기 설치기준 면적이 가장 작은 30m²이다(다른 시설에 비해 같은 면적당 더 많은 소화기를 비치해야 한다).

ㄴ. 공연장, 집회장, 의료시설, 관람장, 문화재, 장례시설: 인구가 밀집하는 장소이지만 규모가 크고 어느 정도 인구 통제가 가능한 시설로 소화기 설치기준 면적은 50m²이다.

ㄷ. 근린생활시설, 판매시설, 숙박시설, 업무시설, 노유자시설: 인구가 밀집하는 장소이지만 일반적으로 해당 장소를 방문하는 사람들에게 출입구와 동선 등의 파악이 비교적 친숙하고 인구 통제가 가능한 시설로 소화기 설치기준 면적이 가장 완화된 100m²이다.

a. 단, 시설의 주요구조부가 내화구조이고, 실내에 면하는 부분이 (준)불연 및 난연재료로 이루어진 경우, 소화기 설치기준 면적의 2배로 설치기준을 완화해준다.

b. → 예를 들어, 위락시설이지만 내화구조 + 불연재로 이루어져 있다면 원래 설치기준 면적인 30m²에 곱하기 2를 한 60m²마다 하나씩 소화기를 설치할 수 있도록 완화해주는 규정이다.

c. 한 층에 둘 이상의 <u>거실</u>(특정한 목적이 있는 공간)로 구획된 공간의 바닥면적이 33m² 이상인 경우 추가로 소화기를 배치해야 한다.

이론과 개념 설명

설비 및 구조의 이해

특정개념 정리

위망일 개념정리

실전 기출예상문제

설계 듣보는 중정리

d. 자동확산소화기를 제외한 소화기구는 바닥으로부터 높이 1.5m 이하인 곳에 비치하고, 소화기는 "소화기", 투척용소화용구는 "투척용소화용구", 마른 모래는 "소화용 모래", 팽창진주암 및 팽창질석은 "소화질석"이라고 표시한 표지를 보기 쉬운 곳에 부착한다. 다만, 소화기 및 투척용 소화용구의 표지는 축광표지(전등, 태양빛 등을 흡수하여 이를 축적시킨 상태에서 일정시간 동안 발광이 계속되는 것)로 설치하고, 주차장의 경우 표지를 바닥으로부터 1.5m 이상의 높이에 설치한다.

e. 변전실, 보일러실, 발전실 등 부속용도별로 사용되는 부분은 소화기구 및 소화장치를 추가 설치한다.

부속용도별로 추가해야 하는 소화기구 및 자동소화장치(일부)

용도	추가하는 소화기구
① 보일러실(아파트의 경우 방화구획된 것 제외)·건조실·세탁소·대량화기취급소 ② 음식점·다중이용업소·호텔·기숙사·노유자시설·의료시설·업무시설·공장·장례식장·교육연구시설·교정 및 군사시설의 주방 ③ 관리자의 출입이 곤란한 변전실·송전실·변압기실 및 배전반실(불연재로 된 상자 안에 설치된 것은 제외) → 다만, 위 시설들 중 (간이)스프링클러설비·물분무등소화설비 또는 상업용 주방자동소화장치가 설치된 경우에는 자동확산소화기 설치 면제	(1) 해당 용도의 바닥면적 25m² 마다 능력단위 1 이상 소화기 설치 + 자동확산소화기를 다음과 같이 설치 • 바닥면적 10m² 이하 : 1개 • 바닥면적 10m² 초과 : 2개 (2) ②의 주방의 경우, (1)에 의해 설치하는 소화기 중 1개 이상은 주방화재용(K급)소화기를 설치할 것
(위의 ③ 항목의 장소를 제외한) 발전실·변전실·송전실·변압기실·배전반실·통신/전기기기실·기타 이와 유사한 시설이 있는 장소	해당 용도의 바닥면적 50m²마다 적응성 있는 소화기 1개 이상 설치

예시1

Q. 아래 그림은 A 사무실(업무시설)을 나타낸 도면이다. 해당 장소에 요구되는 소화기의 능력단위와 최소 설치 개수를 계산하시오. (단, 설치하려는 소화기의 능력단위는 2단위이다.)

사무실 1,000㎡

창고 50㎡

풀이

① 업무시설의 소화기 설치 기준 면적은 100m²이다. 이때 내화구조 및 불연재에 대한 별도의 언급이 없었으므로 곱하기 2배의 면적이 아닌, 기존 기준 면적인 100m²로 계산한다. 그러면 해당 장소의 총 면적은 1,050m²이고 기준 면적은 100m²이므로 1,050÷100 = 10.5로, 10.5 이상의 능력단위가 요구된다.

② 업무시설의 기본적인 기준 면적은 100m²마다 능력단위 '1 이상'의 소화기 1대를 배치하는 것인데, 그렇다면 사무실 1,000m²에 필요한 소화기는 10개가 된다 (1,000÷100). 그런데 이때 문제에서 제시한 소화기의 능력단위가 2이므로 기본적인 배치 기준인 능력단위 1의 소화기보다 소화 능력이 2배 더 강력해 그만큼 책임질 수 있는 면적이 2배 넓어진 것으로 볼 수 있다. 따라서 능력단위 2의 소화기라면 5개만 설치해도 사무실에 필요한 능력을 갖출 수 있다.

③ 창고는 33m² 이상의 거실(목적이 있는 공간)이므로 소화기를 별도로 한 대 더 놓는다. 이때 창고 면적이 능력단위 2인 소화기가 책임질 수 있는 면적인 200m²를 넘기지 않으므로 1대면 충분하다. (업무시설 기준 면적 100 X 소화기 능력단위가 2이므로, 능력단위 2짜리 1개로 소화할 수 있는 면적이 200m²라고 보는 것.) 따라서 해당 장소에 필요한 소화기 최소 개수는 총 6개.

예시2

Q. 다음 도면을 참고하여 능력단위 2인 소화기 설치 시, B상사(업무시설)에 필요한 소화기의 최소 개수를 구하시오. (단, B상사는 주요구조부가 내화구조이고 실내면은 불연재로 되어있다.)

25m

15m

20m

재무팀

개발팀

5m

복도

이론과 개념 설명

설비 및 구조의 이해

부록개념 정리

위 암기 개념정리

실전 기출예상문제

쉽게 풀어보는 총정리

풀이

① 재무팀(면적 500m²)과 개발팀(면적 300m²)은 각각 바닥면적 33m² 이상의 거실로 본다. 이때 '내화구조＋불연재'이므로 기존 업무시설의 기준 면적인 100m²에서 곱하기 2배의 면적인 200m²로 설치기준이 완화된다.

② 이때 200m²는 능력단위가 1인 소화기 기준이므로 문제에서 제시한 능력단위 2의 소화기라면 능력이 2배가 되어 소화기 1개로 400m²까지 책임질 수 있는 것으로 본다. 그렇다면 면적 500m²인 재무팀을 커버하기 위해서는 1개로는 부족하므로 최소 2개를 설치하고, 면적이 300m²인 개발팀에는 1개를 설치한다.

③ 복도의 경우, 전체길이가 40m이므로 소형소화기의 설치기준인 보행거리 20m를 기준으로 [최소한]의 설치 개수를 구하자면, 복도 가운데에 1개를 두어 양쪽으로 보행거리 20m 기준을 충족할 수 있다. 따라서 최소한의 소화기 개수는 재무팀에 2개, 개발팀에 1개, 복도에 1개로 총 4개를 두면 충족할 수 있다.

4) 소화기의 점검

① 외관 파손 여부 확인

ㄱ. 노즐 및 혼 불량 시 즉시 교체, 본체 용기 변형 및 손상(부식)된 경우 교체

ㄴ. 지시압력계 녹색 범위(정상) 위치 확인

ㄷ. 레버(손잡이) 정상 여부 확인

ㄹ. 안전핀 탈락 여부 등 정상 여부 확인

② 소화기 중량 점검

ㄱ. 분말: 약제가 굳거나 고형화(덩어리지는 현상)되지 않았는지 점검해야 한다.

ㄴ. 이산화탄소: 소화기의 제원표에 명시된 총중량에서 실제 측정한 소화기 무게를 뺀 값을 계산하여 소화약제의 손실량을 확인, 손실량이 약제중량의 5% 초과 시 불량(점검 시 '저울' 필요).

③ 가압식 소화기의 경우 현재 생산이 중단되었으며 사고 발생 방지를 위해 발견 시 교체(폐기)하거나 사용상의 주의가 요구된다.

5) 소화기 사용순서

① 소화기 이동: 화점에 근접 시 화상 주의, 통상 2~3m 거리두기 → ② 안전핀 제거: 바닥에 놓고 소화기의 몸체를 잡고 안전핀 제거(손잡이 잡으면 안전핀 안 뽑힘) → ③ 화점에 조준: 한 손은 노즐, 한 손은 손잡이 → ④ 방사: 바람 등지고 빗자루로 쓸 듯이 방사(손잡이를 누르자마자 놓거나 간헐적으로 누르면 안 됨)

주거용 주방에서 조리기구를 사용할 때 발생할 수 있는 화재에 대비하여 화재 발생 시 자동으로 소화약제를 방출하고 전기 및 가스의 공급을 자동으로 차단하는 소화장치이다.

1) 자동소화장치의 원리

① 조리기구(가스렌지, 인덕션 등)에서 화재 및 연기 발생

② 감지부에서 화재 및 연기 감지

③ 자동으로 소화약제 방출+가스누설차단밸브 작동하여 가스 차단(제거소화)

2) 자동소화장치의 종류

① 주거용 주방자동소화장치

② 상업용 주방자동소화장치

③ 캐비닛형 자동소화장치

④ 가스자동소화장치

⑤ 분말자동소화장치

⑥ 고체에어로졸자동소화장치

3) 주거용 주방자동소화장치의 설치기준

① 소화약제 방출구는 환기구의 청소부분과 분리되어 있어야 하고, 형식승인 받은 유효설치 높이 및 방호면적에 따라 설치할 것

② 감지부는 형식승인 받은 유효 높이 및 위치에 설치할 것

③ 차단장치는 상시 확인 및 점검이 가능하도록 설치할 것

④ 가스용 주방자동소화장치를 사용하는 경우 탐지부는 수신부와 분리 설치하되, 다음의 위치에 설치할 것

• **공기보다 가벼운 가스 사용 시**: 천장으로부터 30cm 이하

• **공기보다 무거운 가스 사용 시**: 바닥으로부터 30cm 이하

⑤ 수신부는 주위 열기류 또는 습기·온도에 영향을 받지 않고 사용자가 상시 볼 수 있는 장소에 설치할 것

이론과 개념 설명

설비 및 구조의 이해

복합개념정리

확인 개념정리

실전 기출예상문제

쉽게 들어보는 총정리

4) 상업용 주방자동소화장치

① 소화장치는 조리기구의 종류별로 성능인증을 받은 설계 매뉴얼에 적합하게 설치할 것

② 감지부는 성능인증을 받은 유효높이 및 위치에 설치할 것

③ 차단장치는 상시 확인 및 점검이 가능하도록 설치할 것

④ 후드에 설치되는 분사헤드는 후드의 가장 긴 변의 길이까지 방출될 수 있도록 소화약제의 방출 방향 및 거리를 고려하여 설치할 것

⑤ 덕트에 설치되는 분사헤드는 성능인증을 받은 길이 이내로 설치할 것

옥내소화전 설비

건축물 내에 설치하는 소방시설, 건축물 내에서 화재 발생 시 관계자 또는 소방대원이 호스 및 노즐을 통해 방사되는 물을 이용해 소화하는 수계소화설비

▣ 옥내소화전설비의 구성

옥내소화전설비 계통도

1) 수원

끌어올려지는 물의 근원 → 옥내소화전설비의 수원을 수조 형태로 설치하는 경우, 소방설비의 **전용수조**로 한다.

> 📂 **수원의 저수량**
>
> - 방수량 : 130L/min 이상 (분당 130L 이상 방수되어야 함)
> - 수원의 저수량 : 옥내소화전 설치개수 N x 2.6m³ (130L/min에 20분을 곱한 값) 이상
> • 30~49층 : N x 5.2m³(130L/min x 40분) 이상 – N 최대 개수 5개
> • 50층 이상 : N x 7.8m³(130L/min x 60분) 이상 – N 최대 개수 5개

→ 29층 이하의 일반건물이라면 설치개수 N은 최대 2개까지로 설정, 층수가 30층 이상이거나 높이가 120m 이상인 고층건물이라면 설치개수 N은 최대 5개까지로 설정한다.

저수량은 옥내소화전을 사용하기 위해 확보해야 하는 물의 양인데, 이 물을 얼마큼 확보해야 하는지를 계산하는 것이 수원의 저수량이다. 이때 옥내소화전이 가장 많이 설치된 층의 개수를 기준으로 저수량을 계산하는데 일반건물이라면 옥내소화전을 동시에 3대 이상 가동해야 할 정도로 큰 규모의 화재가 발생했다면 안전상 옥내소화전을 이용해 초기소화에 주력하는 것이 의미가 없기 때문에 최대 '2개'까지로 기준을 적용해 계산한다.

그리고 29층 이하의 건물에 전문 소방대원 인력이 투입되기까지 버텨야 하는 시간을 20분으로 약속했으므로, 방수량x20분을 한 값인 2.6m³에 설치개수 N(1대 또는 2대)를 곱해 저수량을 계산한다.

마찬가지로, 30층 이상의 고층건축물에서 옥내소화전이 가장 많이 설치된 층의 개수(설치개수) N은 최대 5개까지로 설정할 수 있고, 소방대 투입까지 소요되는 시간은 30~49층일 때 40분, 50층 이상일 때 60분으로 설정한다.

이론과 개념 설명

설비 및 구조의 이해

복합개념 정리

위험물 개념정리

실전 기출예상문제

쉽게 빠져보는 총정리

2) 가압송수장치

① **펌프방식**:가장 일반적인 방식. 전동기(모터) 또는 엔진에 연결된 펌프를 이용해 가압 및 송수가 이루어지며 옥내소화전설비 전용 펌프 사용이 원칙. 만약 다른 소화설비와 펌프 겸용 시 각 설비의 성능에 지장이 없는 선에서 겸용 가능하나, 30층 이상의 고층건축물(소방대상물)은 스프링클러설비와 펌프 겸용 불가.

② **고가수조방식**:고가수조(높은 곳에 위치한 수조)로부터 발생하는 자연낙차압을 이용하는 방식. 최고층 소화전에 규정 방수압을 확보할 수 있을 만큼 높이 설치해야 해서 일반 건물에서는 거의 사용하지 못함.

③ **압력수조방식**:압력수조 내에 물을 압입(압축해서 주입)하고 압축된 공기를 충전하여 수송하는 방식. 탱크의 설치 위치에 구애받지 않는 장점이 있음.

④ **가압수조방식**:별도의 압력탱크가 필요하며 압력탱크 내 압축공기 또는 불연성 고압기체에 의해 소방용수를 가압 및 송수하는 방식. 전원이 필요하지 않음.

펌프방식 고가수조방식 압력수조방식 가압수조방식

3) 기동용수압개폐장치(펌프방식)

기동용수압개폐장치는 펌프방식 중 자동기동 방식에서 사용하는 장치로 배관 내 압력 변화를 감지해 자동으로 펌프를 기동 또는 정지시키는 역할을 수행한다. 일반적으로 압력챔버를 기동용수압개폐장치로 주로 사용한다.

- **용적**:100L 이상
- **안전밸브**:과압을 방출
- **압력스위치**:전기적 신호를 통해 펌프 자동기동 및 정지
- **배수밸브**:압력챔버의 물 배수
- **압력계**:압력챔버 내 압력을 표시

4) 밸브 및 배관 등

① **후드밸브**(Foot Valve): 수원이 펌프보다 아래에 위치한 경우 흡입 측 배관 말단에 후드밸브를 설치한다. 후드밸브는 이물질 제거(여과 기능) 및 물이 흡입배관에서 역류해 수조로 다시 빠져나가는 것을 막는 <u>체크기능(역류방지)</u>이 있다.

② **개폐밸브**: 배관을 열고 닫음으로써 유체의 흐름(물의 흐름)을 제어하는 밸브

    → **개폐표시형 개폐밸브**: 외부에서도 밸브가 개방 상태인지, 폐쇄 상태인지 쉽게 알 수 있는 밸브. 옥내소화전의 급수 배관에는 개폐표시형 개폐밸브를 설치해야 함. 주로 OS&Y밸브와 버터플라이밸브 설치하나, 버터플라이밸브는 마찰 손실이 커서 흡입 측에는 설치 X

③ **체크밸브**: 배관 내 유체 흐름을 한쪽 방향으로 흐르게 제어함. (역류 방지 기능 수행) 스모렌스키 체크밸브와 스윙체크밸브가 가장 많이 사용됨.

    ㄱ. **스모렌스키 체크밸브**: 스프링 내장, 평상시 체크밸브 기능 수행. 물의 흐름이 갑자기 멈추거나 방향이 바뀔 때 생기는 수격(물에 의한 충격)이 발생되는 펌프 토출 측과 연결송수구 연결 배관 등에 주로 설치한다.

    ㄴ. **스윙체크밸브**: 주 급수배관이 아닌 물올림장치의 펌프 연결배관이나 유수검지장치 주변 배관처럼 비교적 유량이 적은 배관에 사용되는 밸브 → <u>유량이 적은 배관에서 사용하는 체크밸브는 스윙체크!</u>

디스크

디스크 닫힘 · 디스크 개방

이론과 개념 설명

설비 및 구조의 이해

핵심만개념정리

위험물 개념정리

실전 기출예상문제

쉽게 풀어보는 총정리

④ **물올림장치** : 물올림장치는 수원이 펌프보다 낮은 곳에 위치한 경우에만 설치. 후드밸브 고장으로 펌프 흡입 측 배관에 물이 없어 펌프가 공회전하는 것을 방지하기 위해 보충수를 공급하는 역할.

물올림

펌프

수원(수조)

💬 수원의 수위가 펌프보다 높이 위치한 경우에는 물올림장치, 후드밸브 등을 설치하지 않을 수 있다!

⑤ **순환배관과 릴리프밸브**

ㄱ. **순환배관** : 펌프의 토출 측 배관이 막힌 상태로 물은 방출되지 않고 펌프가 공회전하는 체절 운전 시, 수온이 상승해 펌프에 무리가 가는 것에 대비해 순환배관 상에 릴리프밸브를 설치하여 과압을 방출하고 수온 상승을 방지하기 위한 설비이다.

ㄴ. **릴리프밸브** : 배관 내 압력이 릴리프밸브에 설정된 압력 이상으로 상승하면 스프링이 밀려 올라가면서 체절압력 미만에서 개방하여 과압을 방출하는 역할을 한다.

릴리프밸브

순환배관

펌프

릴리프밸브 동작 전 · 릴리프밸브 동작 후

📢 **Tip**

릴리프밸브가 동작하기 전에는 홀더로 막혀있다가, 릴리프밸브가 동작하면서 스프링(용수철)에 의해 홀더가 열리고 순환하면서 과압을 방출하게 된답니다. 그림을 보고 동작 전, 동작 후의 모습이 어떻게 다른지 이해할 수 있다면 OK! 릴리프(Relief)란, '경감, 완화'의 의미인데요~ 그래서 릴리프 밸브는 펌프에 과압이 발생하는 것을 방지하기 위해 순환시켜주고, 압력을 완화시켜주는 역할을 한다! 이렇게 이해하시면 훨씬 쉽겠죠?

⑥ **성능시험배관** : 정기적인 펌프 성능 시험을 통해 펌프의 토출량 및 토출압력 확인을 위해 설치하는 배관. 크게 개폐밸브, 유량계, 유량조절밸브로 이루어져 있다. *스프링클러설비 참고

⑦ **송수구** : 옥내소화전은 그 물의 양이 한정되어 있기 때문에 소방공무원 등이 본격적으로 화재를 진압할 때 소방차로부터 물을 보충(송수)할 수 있는 송수구를 설치한다.

⑧ **방수구 및 호스[설치기준]**

ㄱ. 옥내소화전은 층마다 설치하되, 해당 특정소방대상물의 각 부분으로부터 하나의 옥내소화전 방수구까지의 수평거리가 25m 이하가 되도록 할 것.

ㄴ. 바닥으로부터 높이 1.5m 이하가 되도록 위치할 것.

ㄷ. 호스 구경은 40mm 이상(호스릴 옥내소화전은 25mm 이상)

ㄹ. 방수량 : 130L/min, 방수압력 : 0.17MPa 이상 0.7MPa 이하

이론과 개념 설명

설비 및 구조의 이해

목합개념 정리

핵심 개념정리

실전 기출예상문제

실기 물어보는 총정리

■ 옥내소화전 방수압력 측정

- 방수압력과 방수량 측정 시 2개 이상 설치된 경우에는 2개를 동시에 개방시켜 놓고 측정한다(1개 설치 시 1개 개방).
- 방수압력 측정계 : 피토게이지

■ 피토게이지 사용 방법

옥내소화전 노즐 구경(내경)의 1/2 만큼의 거리를 두고 피토게이지를 노즐에 근접하여 방수압력을 측정한다.

■ 측정 시 주의사항

① 초기 방수 시 물속 이물질이나 공기가 완전히 배출된 후 측정한다.

② 반드시 직사형 관창을 사용한다.

③ 피토게이지는 봉상주수(막대모양 분사) 상태에서 직각으로 측정한다.

직사형 관창   봉상주수

■ 방수량의 산정

$$Q = 2.065 \times D^2 \times \sqrt{p}$$

방수량   관경(노즐 구경mm)   방수압력

→ 피토게이지로 측정한 방수압력을 P에 대입, 관경 또는 노즐 구경을 D에 대입해서 계산했을 때 옥내소화전의 적정 방수압력(Q)이 분당 130L/min 이상 나오면 정상.

5) 감시제어반&동력제어반

동력제어반 MCC

감시제어반(수신기)

① **평상시**(정상 위치) : '자동[연동]' (펌프는 정지 상태)

② **시험·점검을 위한 수동 조작 시** : 자동/수동 절환스위치 '수동' 위치 + (주펌프 또는 충압펌프) '기동' 버튼 누름(또는 '기동' 위치)

③ 펌프 기동 시 점등 상태

　ㄱ. MCC : 전원표시등 ON(항상 점등), 기동 버튼 ON, 펌프기동 표시등 ON / (정지 버튼은 소등)

　ㄴ. 감시제어반 : 각 펌프 조작스위치 하단 표시등 ON

6) 펌프의 기동, 정지압력 세팅

- 일정 압력변동이 생기면 압력스위치가 작동, 제어반으로 신호 보내 펌프 기동
- 압력세팅:Range 정지점, Diff (정지점 - 기동점) 정지점과 기동점의 차이

① 주펌프의 '정지점 (Range)'

　ㄱ. 펌프가 정지하는 지점(단, 주펌프는 자동 정지되지 않아야 한다.)

양정	10m	20m	40m	60m	80m	100m
정지점	0.1MPa	0.2MPa	0.4MPa	0.6MPa	0.8MPa	1MPa

② 주펌프의 '기동점' 찾기

　　ㄱ. 펌프가 기동되는 지점으로 (주펌프, 충압펌프의) 기동점은 자연낙차압보다 높아야 한다.

　　ㄴ. 당해 건축물의 자연낙차압+0.2MPa(스프링클러설비의 경우+0.15MPa)를 계산한 값 이하일 때 펌
　　　프 기동→ 옥내소화전의 최소 방수압력이 0.17이니까 더하기 0.2 / 스프링클러 최소 방수압력이 0.1이니까
　　　더하기 0.15

📁 참고

자연압(자연낙차압)이란,

• 옥내소화전의 경우 : 최상층 옥내소화전의 방수구로부터 펌프의 중심점까지의 거리

• 스프링클러설비의 경우 : 최고수위 살수장치(또는 헤드)로부터 펌프의 중심점까지의 거리

③ 정지점과 기동점의 차이인 Diff 값 계산

☆ㄱ. 압력세팅 시 압력스위치에서 설정하는 것은 정지점(Range)과 Diff(차이)값!

　　→ 따라서 [Diff = 정지점 – 기동점]이라는 공식도 알고 있어야 하고, 반대로 [기동점 = 정지점 – Diff]인 것도
　　　체크!

④ 충압펌프의 정지점(Range)은 주펌프보다 0.05 ~ 0.1MPa 낮게 설정, 충압펌프의 기동점은 주펌프보다
　0.05MPa 높게 설정.

　　→ 평소에 물이 조금씩 새어 나와서 압력이 아주 조금씩 떨어지는 때 움직이는 게 충압펌프. 즉, **충압펌프가
　　　주펌프보다 더 예민하게 반응해서, 먼저 기동**된다.(충압펌프의 Diff는 최소 0.1MPa 이상으로 설정해
　　　서 너무 잦은 기동 방지)

이론과 개념 설명

설비 및 구조의 이해

목합개념정리

위험물 개념정리

실전 기출예상문제

쉽게 뜯어보는 총정리

조절볼트를 드라이버로 조정해 눈금 세팅

예시1

풀이

- 펌프사양상의 양정(또는 총양정)은 100m이다.
  → 주펌프 정지점 1MPa
- 기동점 : 자연낙차압 + 0.2MPa
  자연낙차압 20m를 환산하면 0.2니까 기동점은 0.4MPa
  → **주펌프 기동점은 0.4MPa**
- Diff = (정지점 1 - 기동점 0.4)이므로 0.6MPa
- 충압펌프의 정지점은 주펌프보다 (0.05 ~ 0.1MPa 정도) 낮게,
  충압펌프의 기동점은 주펌프보다 0.05MPa 이상 높게 설정
  → **충압펌프 정지점(0.9 ~ 0.95MPa), 기동점(0.45MPa), Diff(0.95MPa - o.45MPa) = 0.5Mpa**

7) 펌프의 기동 및 정지 순서

옥내소화전 2차측 배관 압력 떨어짐(감압) → 압력챔버가 감지해서 압력스위치 작동 → 충압펌프가 먼저 기동하나, 충압펌프만으로는 충압량 부족하여 압력챔버 압력이 지속적으로 감속(감압 지속) → 주펌프 기동하여 압력 보충 → 방출량 과다(압력이 충분히 보충되면), 충압펌프 자동 정지+주펌프 수동 정지

> 💬 **주펌프 수동 정지**
>
> 주펌프가 자동으로 정지하는 시스템일 때, 물이 방수되면서 압력이 계속 올랐다 떨어졌다 반복하다 보니, 정지점에서 멈추고 기동점에서 기동하면서 방수가 일정하게 되지 않는 문제 발생, 그래서 주펌프는 사용이 완료되고 수동으로 정지하도록 바뀜.

8) 옥내소화전 실습(사용순서)

① 옥내소화전함에 발신기가 함께 부착된 경우 발신기를 먼저 눌러 화재신호를 보낸다.

② 소화전함을 개방, 노즐을 잡고 호스가 꼬이지 않도록 전개(풀어)하여 화점까지 이동한다.

③ "밸브개방!"이라고 외치며 밸브를 [반시계 방향]으로 돌려 개방한다.

④ 노즐을 조작해 방수한다. 이때 한 손은 관창선단을 잡고 다른 손은 결합부를 잡아 호스를 몸에 밀착시킨다.

⑤ 사용 후 "밸브폐쇄"를 외치며 밸브를 완전히 폐쇄하고 동력제어반에서 펌프를 정지한다.

⑥ 호스는 그늘(음지)에서 말려 재사용을 위해 잘 정리해둔다.

옥외소화전설비

건축물 외부에 설치하는 물 소화설비로 외부에서의 소화 및 인접건물로의 연소 확대를 방지하기 위해 설치하는 설비.

1) 특성 및 설치기준

① **방수량**: 350L/min

② **방수압력**: 0.25Mpa 이상 0.7MPa 이하

③ **수원의 용량**: 7m³ 또는 2개 이상일 때는 14m³ 이상(2개 이상일 때는 2개를 기준으로 설치개수×7m³)

④ **설치기준**: 소방대상물의 각 부분으로부터 호스접결구까지 수평거리 40m 이하

⑤ **호스 구경**: 65mm

⑥ 소화전함 표면에 '옥외소화전' 표지 부착

⑦ 옥외소화전마다 5m 이내에 소화전함 설치해야 함

　→ 옥외소화전 10개 이하 : 옥외소화전마다 5m 이내에 1개 이상 소화전함 설치

　→ 옥외소화전 11개 이상 30개 이하 : 11개 이상의 소화전함 분산 설치

　→ 옥외소화전 31개 이상 : 옥외소화전 3개마다 1개 이상 소화전함 설치

2) 옥외소화전 사용방법

① 최소 2인 1조가 되어 사용한다. (필요시 3인 1조)

② 소방호스와 관창을 체결한 후 화점으로 이동

③ 옥외소화전에서 소화전 렌치를 이용해 밸브를 개방한다.

④ 화점에 방수하여 소화 실시

⑤ 옥외소화전 사용이 끝나면 밸브 폐쇄(자동으로 정지되지 않을 시 소화펌프 수동정지)

⑥ 소방호스 등 정리

3) 옥외소화전설비 주요 고장원인별 개선방안

고장 증상		원인	개선책
펌프 흡입측배관 내에 물이 없거나 잦은 물 배수 현상		후드밸브 고장으로 체크밸브가 제기능(역류방지)을 하지 못함	후드밸브 수리 또는 교체
펌프성능시험 시 릴리프밸브 미개방		릴리프밸브 세팅압력 불량 또는 릴리프밸브 불량	릴리프밸브 고정 또는 교체
배관압력 감압 시 주펌프가 충압펌프보다 먼저 기동(원래 충압펌프가 먼저 기동되어야 함)		압력스위치 (세팅 값)조정 불량	충압펌프·주펌프의 압력스위치 세팅 값 재조정
소화펌프 동작 시 기동표시등 미점등		기동표시등 불량 또는 선로 단선	기동표시등 교체 또는 선로 보수
배관 내 압력이 수시로 감압 (충압펌프의 잦은 기동)		체크밸브 밀림 또는 배관 누수	체크밸브를 교체하거나 배관 누수부위의 보수
소화전 사용 시 방수 불량	제어반 상태 불량	소화펌프 기동 불량 또는 제어반의 자동기동 상태 관리 미비	펌프 보수 또는 제어반 자동상태로 관리
	제어반 관리 상태 정상임에도 방수 불량	옥외소화전 앞 제수변 밸브(제수밸브) 미개방 → 제수밸브는 소화전 파손 등 상수도에 이상이 발생하여 수리가 필요할 때 물을 잠그고 흐름을 통제하는 역할	제수밸브 개방

이론과 개념 설명

설비 및 구조의 이해

복합개념 정리

위험요인 개념정리

실전 기출예상문제

설계 문어보는 총정리

스프링클러설비

물을 소화약제로 하는 '자동식' 소화설비로 초기소화에 절대적인 효과를 가짐

■ 스프링클러설비 구조

① **프레임**(후레임, Frame) : 헤드의 나사부와 디플렉타를 연결하는 연결부

② **디플렉타**(Defletor) : 헤드에서 방수된 물을 세분하여 퍼뜨리는 역할

③ **감열체** : 평상시 방수구를 막고 있다가, 특정 온도에서 반응하여 파괴 또는 분리(이탈)되면서 방수구가 열리고 방수됨으로써 스프링클러설비가 작동한다.

ㄱ. 감열체가 있으면 폐쇄형 스프링클러

ㄴ. 감열체가 없으면 개방형 스프링클러

■ 스프링클러설비의 종류

1) 폐쇄형 스프링클러설비[습식/건식/준비작동식]

① 습식 스프링클러

ㄱ. 배관 내부가 가압수(물)로 채워져 있다.

ㄴ. 작동순서 : 화재 발생 → 헤드개방(방수) → 2차측 배관 압력 저하 → 1차측 압력에 의해 유수검지장치(알람밸브) 클래퍼 개방 → 압력스위치 작동으로 사이렌 작동, 화재표시등, 밸브개방표시등에 점등 → 배관 내 압력 저하로 기동용수압개폐장치 작동, 펌프 기동

ㄷ. 알람밸브(습식 유수검지장치)와 클래퍼 : 클래퍼 개방(뚜껑 열림) → 시트링홀로 물 유입 → 압력스위치 작동 → 사이렌 작동, 화재표시등, 밸브개방등 점등

② 건식 스프링클러

ㄱ. 1차측 배관은 가압수, 2차측 배관은 압축공기(Air) 또는 질소가스 상태. 에어콤푸레샤(Air Compressor) 공기를 압축하는 장치(공기압축기)가 있다.

ㄴ. **작동순서** : 화재 발생 → 헤드개방, 압축공기(질소) 방출 → 2차측 배관 공기압(압력) 저하 → 클래퍼 개방(급속개방기구 작동) → 1차측 물이 2차측으로 유수되어 헤드를 통해 방수 → 건식 압력스위치 작동으로 사이렌 작동, 화재표시등, 밸브개방표시등에 점등 → 배관 내 압력 저하로 기동용수압개폐장치 작동, 펌프 기동

ㄷ. 건식 유수검지장치 : 드라이밸브

③ 준비작동식 스프링클러

ㄱ. 1차측은 가압수, 2차측 배관 내부는 대기압 상태. 화재를 감지하는 감지기(A,B) 별도로 필요한 설비.

ㄴ. **작동순서** : 화재 발생 → 교차회로 방식의 감지기 A or B(A 또는 B) 작동하여 경종 또는 사이렌 경보, 화재표시등 점등 → 이후 감지기 A and B(A와 B 모두) 작동하거나 또는 수동기동장치(SVP) 작동 → 준비작동식 유수검지장치(프리액션 밸브) 작동 → 솔레노이드 밸브 작동, 중간챔버 감압, 밸브 개방 / 압력스위치 작동으로 사이렌 경보, 밸브개방표시등 점등 → 2차측으로 물 급수되어 헤드 개방 및 방수 → 배관 내 압력 저하로 기동용수압개폐장치 작동, 펌프 기동

이론과 개념 설명

설비 및 구조의 이해

특화개념정리

위험물 개념정리

실전 기출예상문제

실계 톺아보는 총정리

ㄷ. 프리액션밸브(준비작동식 유수검지장치) : 감지기 A와 B 모두 동작 시 중간챔버와 연결된 전자밸브인 [솔레노이드밸브]가 개방되며 중간챔버의 물이 배수되어 감압(압력이 감소)하고 1차측 물이 2차측으로 유수된다.

동작 전

동작 후

2) 주위온도에 따른 분류(폐쇄형 스프링클러헤드)

설치장소의 평상시 최고 주위온도에 따라 규격의 표시온도의 것으로 설치해야 함. 예를 들어, 설치장소의 최고 주위온도가 45℃라면 (폐쇄형) 헤드에 표시된 온도가 79℃ 이상 121℃ 미만인 것을 사용.

설치장소 최고 주위온도	표시온도(헤드 개방 온도)
39℃ 미만	79℃ 미만
39℃ 이상 64℃ 미만	79℃ 이상 121℃ 미만

3) 개방형 스프링클러설비[일제살수식]

① 1차측 배관 가압수, 2차측 배관 대기압 상태. 개방형 스프링클러헤드를 사용하는 일제살수식은 일제개방밸브 사용.

② 일제살수식 스프링클러는 감지기가 작동하면 모든 스프링클러 헤드에서 일제히 방수!

③ **작동순서** : 화재 발생 → 교차회로 방식의 감지기 A or B(A 또는 B) 작동하여 경종 또는 사이렌 경보, 화재표시등 점등 → 이후 감지기 A and B(A와 B 모두) 작동하거나 또는 수동기동장치(SVP) 작동 → [일제개방밸브] 작동 → 중간챔버 감압, 밸브 개방 / 압력스위치 작동으로 사이렌 경보, 밸브개방표시등 점등 → 2차측으로 물 급수되어 헤드에서 방수 → 배관 내 압력 저하로 기동용수압개폐장치 작동, 펌프 기동

■ 스프링클러설비 종류별 특징 및 장·단점

구분	폐쇄형			개방형
	습식	건식	준비작동식	일제살수식
내용물	• 배관 내 '가압수'	• 1차측 - 가압수 • 2차측 - 압축공기 (질소)	• 1차측 - 가압수 • 2차측 - 대기압	• 1차측 - 가압수 • 2차측 - 대기압
작동순서	① 화재발생 ② 헤드 개방 및 방수 ③ 2차측 배관 압력 ↓ ④ [알람밸브] 클래퍼 개방 ⑤ 압력스위치 작동, 사이렌, 화재표시등 밸브개방표시등 점등 ⑥ 압력저하되면 기동용 수압&압력스위치 자동으로 펌프 기동	① 화재발생 ② 헤드개방, 압축공기 방출 ③ 2차측 공기압 ↓ ④ [드라이밸브] 클래퍼 개방, 1차측 물 2차측으로 급수 → 헤드로 방수 ⑤ 압력스위치 작동, 사이렌, 화재표시등, 밸브개방표시등 점등	① 화재발생 ② A or B 감지기 작동 *사이렌, 화재표시등 점등 ③ A and B 감지기 작동 또는 수동기동장치 작동 ④ [프리액션밸브] 작동 → 솔밸브, 중간챔버 감압 밸브 개방 압력스위치 작동 →사이렌, 밸브개방표시등 점등	① 화재발생 ② A or B 감지기 작동 (경종/사이렌, 화재표시등 점등) ③ A and B 감지기 작동 또는 수동기동장치 작동 ④ [일제개방밸브] 작동 → 솔밸브, 중간챔버 감압 밸브 개방 압력스위치 → 사이렌, 밸브개방표시등 점등
작동순서		⑥ 압력저하 되면 기동용 수압&압력스위치 자동으로 펌프 기동	⑤ 2차측으로 급수, 헤드 개방 및 방수 ⑥ 압력저하되면 기동용 수압&압력스위치 자동으로 펌프 기동	⑤ 2차측으로 급수, 헤드를 통해 방수 ⑥ 압력저하되면 기동용 수압&압력스위치 자동으로 펌프 기동
유수검지장치	알람밸브	드라이밸브	프리액션밸브	일제개방밸브
장점	• 구조 간단, 저렴 • 신속 소화(물!) • 유지관리 용이	• 동결 우려 없고 옥외 사용 가능	• 동결 우려 없음 • 오동작해도 수손피해X • 헤드 개방 전 경보로 조기 대처 용이(빠른 대피)	• 신속 소화 • 층고 높은 곳도 소화 가능
단점	• 동결 우려, 장소 제한 • 오작동 시 수손피해	• 살수 시간 지연 및 초기 화재촉진 우려(공기) • 구조 복잡	• 감지기 별도 시공 • 구조 복잡, 비쌈 • 2차측 배관 부실공사 우려	• 대량살수→수손피해 • 감지기 별도 시공

■ 스프링클러설비의 점검

• 기본사항 : 점검 시 경보가 울리면 건물 내 인파가 혼란을 겪을 수 있으므로 점검 중임을 사전 통보하거나, 수신반에서 경보스위치를 정지시킨 후 시험에 임한다.

1) 습식의 점검

① [말단시험밸브]를 열어 가압수를 배출 시키면

② 2차측 압력저하로 알람밸브 클래퍼 개방(작동)되고, 지연장치에 설정된 일정 시간(4~7초) 후 압력스위치 작동

접점(동작 전)

(동작 후)

> 📁 참고
>
> [지연장치]란, 비화재보로 인한 혼선을 방지하기 위한 장치

ㄱ. 습식 점검 시 확인사항

　a. 수신기(감시제어반)에서 화재표시등, 해당구역의 밸브개방표시등 점등 확인

　b. 해당 구역의 경보(사이렌) 확인 ← 혼선 방지를 위해 경보 정지시켜놨다면 잠시 정상상태로 두고 확인

　c. 소화펌프 자동기동 확인

　　→ 점검도 실제 화재 상황과 동일하게 작동하는지 확인해야 하므로, 사이렌 울려주고 화재표시등 켜고, 밸브가 잘 열려서 밸브개방표시등 점등되고 펌프까지 작동하는지를 확인!

ㄴ. 점검 후 복구

말단시험밸브 잠그면 2차측 배관에 다시 가압수 차서 가압되고, 자동으로 클래퍼 복구, 이후 압력 채워져서 펌프도 자동 정지. (단, 06년 12월 30일 이후 건축허가동의 대상물은 주펌프를 수동 정지함.)

2) 준비작동식의 점검

가. 경보 정지 또는 사전 통보. 2차측 개폐밸브 잠그고 배수밸브 개방 상태로 점검

① 준비작동식 유수검지장치 작동 방법

ㄱ. 해당 방호구역 감지기 2개 회로 작동

ㄴ. 수동조작함(SVP) 작동

ㄷ. 밸브 자체 수동기동밸브 개방

ㄹ. 수신기(감시제어반)의 준비작동식 유수검지장치 수동기동스위치 작동

ㅁ. 수신기(감시제어반)의 동작시험 스위치 및 회로선택 스위치 작동

☆② 준비작동식 점검 시 확인사항

ㄱ. A or B(A 또는 B) 감지기 작동 시 : 화재표시등 점등, 감지기 A 또는 감지기 B 지구표시등 점등, 경종 또는 사이렌 경보 작동

ㄴ. A and B(감지기 둘 다) 작동 시 : 화재표시등 점등, 감
지기 A, B 지구표시등 점등, 사이렌 또는 경종 작동,
전자밸브(솔레노이드밸브) 개방, 밸브개방표시등 점
등, 펌프 자동기동

💬 감지기 A, B가 모두 작동했으니 확실한 화재상황으로 인식한 것과 동일하게 밸브개방 및 밸브개방표시등 점등, 펌프까지
자동으로 기동되는 것까지 확인한다는 차이점을 기억하기!

■ 스프링클러설비의 방수량과 방수압력

① 방수압력 : 0.1MPa 이상 1.2MPa 이하

② 방수량 : 80L/min 이상(분당 80L만큼 방수되어야 한다.)

■ 스프링클러설비의 헤드 기준개수

(지하층 제외) 층수가 10층 이하인 대상물	공장	특수가연물 저장·취급	30
		그 밖의 것	20
	근생·판매·운수 또는 복합	판매시설 또는 복합건축물 (판매시설이 설치되는 복합 건축물)	30
		그 밖의 것	20
	헤드 부착 높이	8m 이상	20
		8m 미만	10
층수 11층 이상 대상물(아파트 제외), 지하가·지하역사			30

■ 스프링클러설비의 저수량

① 폐쇄형 스프링클러헤드 : 헤드 기준개수×1.6m³

ㄴ(80L/min×20분)

단, 30층~49층 이하의 특정소방대상물의 경우 : 헤드 기준개수×3.2m³(∵40분 이상)

50층 이상의 경우 : 헤드 기준개수×4.8m³(∵60분 이상)

예 지하역사의 경우 : 기준개수 30개×1.6m³ = 48m³(48,000L)

이론과 개념 설명

설비 및 구조의 이해

복합개념 정리

위험물 개념정리

실전 기출예상문제

쉽게 풀어보는 총정리

■ 스프링클러설비 배관

① **가지배관**: 스프링클러헤드가 설치된 배관. 토너먼트방식 X, 교차배관에서 분기되는 지점을 기준으로 한쪽 가지배관에 설치되는 헤드의 개수는 8개 이하여야 함(배관 말단으로 갈수록 압력이 떨어지므로 일정 압력을 유지하기 위해 8개 이하로 제한).

② **교차배관**: 직접 또는 수직배관을 통해 가지배관에 급수하는 배관으로 가지배관과 수평하거나 밑으로 설치해야 함(교차배관이 더 높으면 물때 같은 것이 껴서 배관 막힐 수도 있기 때문에 수평 또는 밑에 설치).

│ 펌프성능시험

가. 준비사항: 제어반에서 주펌프, 충압펌프 [수동], 펌프 토출측 개폐밸브 폐쇄.

1) 체절운전: 펌프 토출측 밸브 잠금+유량조절밸브 잠금으로, 토출량이 0인 상태에서 펌프 기동. 체절압력이 정격토출압력의 140% 이하인지, 릴리프밸브가 체절압력 미만에서 작동하는지 시험.

> 📂 **참고**
> 주펌프의 **정지점**은 체절운전점 직적(또는 릴리프밸브 작동 직전) 값으로 설정한다 : 펌프 터지지 않게 정지하는 지점

2) 정격부하운전(100% 유량운전): 펌프가 기동된 상태에서 유량조절밸브 개방, 유량계의 유량이 100%(정격 유량상태)일 때 정격토출압력 이상이 되는지를 시험.

① 성능시험배관상의 [개폐밸브]를 완전 개방하고 [유량조절밸브]를 약간 개방해 주펌프 수동 기동.

② [유량조절밸브]를 조금씩 개방하면서 유량계 정격토출량의 100%에 도달했을 때의 압력을 측정, 압력계의 압력이 정격토출압력의 100% 이상이면 정상.

3) 최대운전(150% 유량운전): 유량계의 유량이 정격토출량의 150%일 때 압력계의 압력이 정격토출압력의 65% 이상이 되는지를 시험.

① [유량조절밸브]를 더 개방, 유량계 정격토출량의 150%에 도달했을 때 압력계의 압력이 정격토출압력의 65% 이상이면 정상.

개폐표시형 개폐밸브

유량조절밸브 유량계 개폐밸브

릴리프밸브

압력계

주펌프

4) 펌프성능시험

① **체절운전**: 체절압력이 정격토출압력의 140% 이하인지 확인, 체절압력 미만에서 릴리프밸브 작동

② **정격부하운전**: 유량이 100%(정격유량 상태)일 때 정격압력 이상 되는지 확인

③ **최대운전**: 유량이 정격토출량의 150% 됐을 때, 정격토출압의 65% 이상 되는지 확인

5) 펌프성능시험 시 유의할 점

① 유량계에 작은 **기포가 통과하지 않아야** 한다.

▶ 기포가 통과할 경우 정확한 유량 측정이 어렵기 때문!

기포가 통과하는 원인

- 흡입배관의 이음부로 공기 유입
- 후드밸브와 수면 사이가 너무 가까운 경우
- 펌프에 공동현상이 발생한 경우

② 수격현상이 발생할 수 있으므로 개폐밸브의 **급격한 개폐 금지**

▶ 수격현상: 급변한 유속으로 인해 펌프 및 배관 내부에 충격이 가해지는 현상

③ **배수처리** 관계에 유의

▶ (건물 내)물이 모이는 집수정에서 물을 밖으로 배출시켜주는(배수 역할) 배수펌프의 용량은 소화펌프의 용량
보다 작기 때문에, 시험을 위해 (소화)펌프를 가동시키고 시험을 위해 물의 양이 100%, 150%로 계속 배수가
되면 결국은 고이게 되는 물이 바깥으로 배수되는 양보다 많아져 침수가 될 우려가 있으므로 배수처리 관계에
유의하여 시험을 진행해야 한다.

④ 펌프 및 모터의 **회전축 근처에 있지 말아야** 한다.

▶ 펌프 및 모터의 회전축이 매우 빠르게 회전하기 때문에 옷가지 등이 끼이는 등 위험한 상황이 발생할 수 있으
므로 회전축 근처에 있지 말아야 한다.

⑤ 펌프성능시험 시 **토출측 개폐밸브를 완전**히 **폐쇄**한 후 점검을 진행한다.

▶ 토출측 개폐밸브가 완전히 폐쇄되어 있지 않으면 압력이나 유량 등이 성능시험배관이 아닌 토출측 배관으로
도 흘러가면서 정확한 측정 및 시험이 어려워지므로 토출측 개폐밸브는 완전히 폐쇄한 후 점검에 임해야 한다.

⑥ 제어반과 현장 측과의 **의사전달**을 확실히 해야 하며, 무전 시 **복명복창**을 철저히 한다.

▶ 시험이 진행되는 기계실(설비실) 등은 시끄럽기도 하고, 또 점검자들이 서로 떨어져 있는 경우도 있을 수 있는데
펌프의 작동이나 밸브의 개폐 등의 상황이 철저하게 통제되어야 하므로 이러한 시험이 진행되는 동안 제어반
측과 시험 현장 측간의 소통이 확실히 전달되어야 하며, 무전 등을 이용할 때에도 복명 복창(명령 등을 반복으
로 외침)을 철저히 해야 한다.

물분무등소화설비(가스계소화설비)

■ 이산화탄소 소화설비

장점	단점
• 심부화재(가연물 내부에서 연소)에 적합하다. • 진화 후에 깨끗하고, 피연소물에 피해가 적다. • 전기화재에 적응성이 좋다.	• 질식 및 동상이 우려된다. • 소음이 크다. • 고압설비로 주의·관리가 필요하다.

■ 할론소화설비/할로겐화합물(불활성기체) 소화설비

할론소화설비	할론(불연성가스)소화약제 사용 → 질식·냉각 및 억제소화
할로겐화합물 소화설비	할로겐화합물(불활성기체 계열) 소화약제

■ 약제방출방식

① **전역방출** : 밀폐된 공간에 고정된 분사헤드를 통해 전역(방호구역 전체)에 방출하는 방식

② **국소방출** : 화재가 발생한 부분에만 소화약제를 집중적으로 방출하는 방식

③ 호스릴: 사람이 화점까지 끌고 가서 방출하는 이동식 소화 방식

| 전역방출방식 | 국소방출방식 | 호스릴방식 |

 Tip

• **가스계소화설비**에는 세 가지 **약제방출방식**이 있다는 것!

• 그림을 보고 각각의 약제방출방식을 구분할 수 있도록 공부하시면 좋습니다~!

■ **가스계 소화설비의 주요 구성**

① **저장용기**: 필요한 양만큼의 소화약제를 저장하는 용기.

② **기동용 가스용기**: 솔레노이드밸브의 파괴침에 의해 작동하고 기동용가스가 동관을 통해 방출, 저장용기의 소화약제가 방출되게 한다.

③ **솔레노이드밸브**: 기동용기밸브의 동관을 파괴, 기동용 가스를 방출시키는 역할.

④ **선택밸브**: 2개 이상의 방호구역(방호대상물)의 저장용기를 공용으로 사용하는 경우에 사용하는 밸브.

⑤ **압력스위치**: 방출표시등 점등시키는 역할.

⑥ **방출표시등**: 압력스위치에 의해 점등되어 약제가 방출되는 방호구역 내부로의 진입을 방지하는 목적.

⑦ **방출헤드**: 소화약제가 방출되는 헤드, 전역방출방식의 경우 천장형(넓은 지역에 균일 분포)과 나팔형(국소지점에 방출) 등이 있다.

⑧ **수동조작함**(수동기동장치): 화재 발생 시 수동 조작에 의해 소화약제를 방출할 수 있도록 하는 역할과 오동작 시 방출을 지연시키는 역할의 방출지연스위치가 있다. 그 외 보호장치, 전원표시등 내장.

이론과 개념 설명

설비 및 구조의 이해

복합개념 정리

위믹암 개념정리

실전 기출예상문제

쉽게 들어보는 총정리

1) 작동순서

① 감지기 동작 또는 수동기동
   장치 작동으로

② 제어반 화재신호 수신

③ 지연시간(30초) 후 솔레노
   이드밸브 격발, 기동용기밸브 동판 파괴로 기동용가스 방출되어 이동

④ 기동용가스가 선택밸브 개방 및 저장용기 개방

⑤ 저장용기의 소화약제 방출 및 이동

⑥ 헤드를 통해 소화약제 방출 및 소화

⑦ 소화약제 방출로 발생한 압력에 의해 압력스위치 작동

⑧ 압력스위치의 신호에 의해 방출표시등 점등(화재구역 진입 금지), 화재표시등 점등, 음향경보 작동, 자
   동폐쇄장치 작동 및 환기팬 정지 등

솔레노이드 밸브 작동 후(격발)   솔레노이드 밸브 작동 전

2) 가스계소화설비의 점검

① 점검 전 안전조치

   ㄱ. 기동용기에서 선택밸브의 조작동관 분리, 저장용기의 개방용동관 분리

   ㄴ. 솔레노이드 밸브 연동 '정지' 상태에 두기

   ㄷ. 솔레노이드밸브에 연결된 안전핀 체결 – 솔레노이드 분리 – 안전핀 제거

② 점검 및 확인(솔레노이드밸브 격발시험)

ㄱ. 감지기 A, B를 동작시킨다.

ㄴ. 수동조작함에서 기동스위치 눌러 작동시킨다.

ㄷ. 솔레노이드밸브의 수동조작버튼 눌러 작동시킨다. (즉시 격발)

솔레노이드 격발!

ㄹ. 제어반에서 솔밸브 스위치를 [수동], [기동] 위치에 놓고 작동시켜본다.

→ 동작 확인 사항 : 제어반의 화재표시등 + 경보 발령 확인, 지연장치의 지연시간(30초) 체크, 솔밸브 작동 여부 확인, 자동폐쇄장치 작동 확인, 환기장치 정지 확인(환기장치가 작동하면 가스가 누출될 수 있으므로 환기장치는 정지되어야 함!)

1) 가스계소화설비 점검 후 복구 방법(단계)

① 제어반에서 [복구] 스위치 복구

② 제어반의 솔레노이드밸브 연동 정지

③ 격발되어 있는 솔레노이드밸브를 원상태로 복구

④ 솔레노이드밸브에 안전핀 체결, 기동용기에 결합

⑤ 제어반에서 스위치 연동상태 확인, 솔레노이드밸브의 안전핀 분리

⑥ 조작동관 재결합

(1)번 복구스위치 복구

(3)번 솔레노이드밸브 침 길이 짧은 상태로 복구

경보설비

자동화재탐지설비

감지기에 의해 열, 연기, 불꽃 등을 감지, 자동으로 경보 발생해 화재 조기 발견, 조기통보, 초기소화, 조기 피난이 가능케 하는 설비.

- 구성 : 감지기, 발신기, 음향장치, 수신기, 표시등, 전원, 배선, 시각경보기, 중계기 등

◈ 감지기의 종류(열감지기 / 연기감지기)

열 감지기	차동식	• 주변 온도의 상승률이 갑자기 높아지면 작동(예를 들어 1분 만에 15도 이상 급상승할 때) • 거실, 사무실 • 다이아프램, 리크구멍(차다리!)
	정온식	• 정해진 온도에서 작동 • 주방, 보일러실(기본적으로 온도가 좀 높기 때문에 정해놓은 일정온도를 벗어날 만큼 뜨거워지면 작동) • 바이메탈
연기 감지기	광전식 (스포트형)	• 연기 속 미립자가 산란반사를 일으킬 때 작동 • 계단실, 복도 등

차동식 열감지기   정온식 열감지기   연기감지기

▣ 차동식과 정온식감지기의 구성부

차동식(다이아프램)   정온식(바이메탈)

내화구조	차동식		보상식		정온식		
	1종	2종	1종	2종	특종	1종	2종
4m 미만	90	70	90	70	70	60	20
4 ~ 8m (나누기2)	45	35	45	35	35	30	–

> 📢 **Tip**
>
> 내화구조로 된 소방대상물에 열감지기를 설치하려고 해요. 이 때 설치하려는 열감지기의 종류에 따라, 그리고 감지기를 부착하려는 높이에 따라 열감지기를 얼마큼의 면적마다 하나씩 설치해야 되는지를 나타낸 표라고 생각하면 쉽습니다.

> 🗂 **쉽게 외우는 방법!**
>
> 먼저 열감지기의 종류는 '차/보/정' 그리고 설치면적 기준은 일이일특일이, 구칠구칠칠육이~ 이런식으로 외워두시면 쉽습니다.

예시문제

Q. 다음의 그림처럼 주요구조부가 내화구조로 이루어진 사무실에 정온식 스포트형 열감지기 특종을 설치하려고 한다. 이때 설치해야 하는 최소 수량(개수)을 구하시오. (단, 감지기 부착 높이는 3.8m이며 A, B실의 면적은 같다)

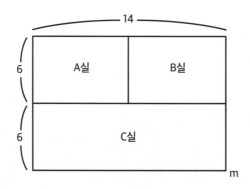

풀이

이때 유념해야 할 점은, 전체 면적을 기준으로 계산하는 것이 아니라 각 실마다 각각 계산해야 한다는 점을 꼭 기억해두셔야 합니다!

먼저 A, B실의 면적이 같다고 했으니 사무실의 가로 길이인 14m를 절반으로 나눈 값 7과 사무실의 세로 길이인 6m를 곱해 6x7 = 42m²라는 값을 알 수 있습니다. 따라서 A실, B실의 면적은 각각 42m²

그다음 C실의 면적은 가로 길이 14m와 세로 길이 6m로 14x6 = 84m²이므로 C실의 면적은 84m²

문제에서 제시한 감지기의 종류는 정온식 스포트형 열감지기 – 특종으로 부착 높이가 4m 미만이므로, 〈감지기 설치면적 기준〉의 표에서 4m 미만 – 정온식 – 특종의 설치면적 기준인 70m²가 적용됩니다. (정온식 스포트형 열감지기 특종을 기준으로, 사무실 면적 70m²마다 최소 하나씩 설치해야 한다.)

그러므로 A, B실의 면적은 70m² 미만이니 각각 하나씩 설치하고, C실의 경우 70m²를 초과하므로 하나로는 부족하고 2개를 설치해야 합니다. 따라서 감지기는 총 4개를 설치하게 됩니다.

※만약 D라는 또 다른 사무실의 면적이 190m²이고 똑같은 정온식 스포트형 열감지기 특종을 설치하려고 한다면, 설치면적 기준 70m²가 적용되어, 최소 3개 이상 설치해야 하겠죠?

→ 정온식 특종 감지기 하나로 70m²의 면적을 커버할 수 있다! 이렇게 생각하면 쉬워요~!

감지기 배선은 [송배전식(송배선식)]

선로 사이의 연결이 정상적인지 확인하는 '도통시험'을 원활히 하기 위해 감지기 배선은 송배전식(송배선식)으로 한다.

송배전식 ✕

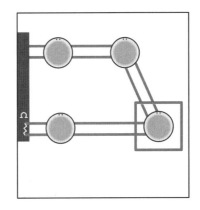

송배전식 ○

◈ 발신기

① 화재를 발견한 '사람'이 직접(수동으로) 누름버튼 누름 → 수신기로 신호를 보낸다.

② **스위치 위치**: 바닥으로부터 0.8m 이상 1.5m 이하의 높이에 위치하도록 설치.

③ 각 층마다 설치, 수평거리가 25m 이하가 되도록 설치.

지구경종

응답표시등

발신기 누름버튼
(**사람이 누름**)

④ 발신기 누름버튼 누르면 → 수신기의 [화재표시등, 지구(위치)표시등, 발신기등에 점등/경보 작동]
→ 발신기의 응답표시등에 점등

◈ 수신기

[P형 : 소규모 / R형 : 대규모]

① 경비실 등 상시 사람이 근무하고 있는 장소에 설치해야 한다.

② **조작스위치 높이** : 바닥으로부터 0.8m 이상 1.5m 이하의 높이에 위치하도록 설치

③ 수신기가 설치된 장소에는 **경계구역 일람도**를 비치해야 한다.

수신기

📁 참고	
복구 스위치	수신기의 동작상태를 정상으로 복구
자동복구 스위치	감지기의 복구에 따라 수신기 동작상태 자동복구(스위치가 시험위치에 놓인 경우)

◈ 음향장치

① **주음향장치** : 수신기 안에 (또는 직근에) 설치

　지구음향장치 : 각 경계구역에 설치

② 각 층마다 설치, 수평거리가 25m 이하가 되도록 설치

③ 1m 떨어진 거리에서 90dB 이상의 음량이 출력될 것 → 측정 시 '음량계' 필요!

■ 음향장치의 경보방식

규모가 큰 건축물에서 화재 발생 시 많은 인파가 한 번에 몰려 피난에 혼란을 일으키는 것을 방지하기 위해 피난 순서를 정해 일정 구간에 경보를 먼저 울려줌으로써 차례로 대피할 수 있도록 하는 경보 방식을 말한다(기본적으로는 '전층 경보'방식으로 건물 내 모든 층에 한 번에 경보를 울리는 방식을 사용).

1. 전층 경보	2번 외 건물은 모든 층에 일제히 경보	
2.발화층 + 직상 4개층 우선 경보	11층 이상 건물 (공동주택은 16층 이상)	• 지상 2층 이상에서 화재 시 : 발화층+직상 4개층 우선 경보 • 지상 1층에서 화재 시 : 발화층(1층)+직상 4개층+모든 지하층 우선 경보 • 지하층 화재 시 : 발화한 지하층+그 직상층+그 외 모든 지하층 우선 경보

◆ 시각경보장치(청각장애인을 위함)

① 청각장애인용 객실, 공용공간, 거실, 복도, 통로 등에 설치

② **공연장, 집회장** : 무대부에 설치(시선이 집중되는 위치)

③ 바닥으로부터 2m 이상 2.5m 이하인 높이에 위치하도록 설치

④ 바닥부터 천장까지의 높이가 2m가 안 될 시 천장으로부터 0.15m 이내에 설치

■ 경계구역

자동화재탐지설비의 하나의 회로(회선)가 효율적으로 화재 등을 감지할 수 있도록 유효 범위를 나눈 것.

> 🗨 쉽게 말해서~ 감지기, 발신기, 수신기 등의 설비들이 작동했을 때 그 범위가 너무 광범위하면 어느 건물의 어느 층에서 불이 난 건지 확인하기도 어렵고, 만약 건물 두 개 이상을 하나의 경계구역으로 설정해버리면 실제로 인력이 투입돼서 화재를 진압할 때에도 대응이 무척 어려워지겠죠? 그래서 자동화재탐지설비의 1회로(회선)가 유효하게 작동할 수 있도록 '경계구역'으로 설정할 수 있는 기준을 두어서 화재 발생 시 효율적으로 대처할 수 있도록 구역의 범위를 설정하는 것을 말합니다.

하나의 경계구역으로 설정 불가

이론과 개념 설명

설비 및 구조의 이해

복합개념 정리

위험암기 개념정리

실전 기출예상문제

쉽게 풀어보는 총정리

① 기본적으로 하나의 경계구역에 2개 이상의 건축물, 2개 이상의 층이 포함되지 않아야 한다.

(단, 2개의 층 면적을 합쳐 500㎡ 이하면 하나의 경계구역으로 설정 가능하다.)

② **하나의 경계구역의 면적** : 600㎡ 이하, 한 변의 길이 50m 이하

③ **출입구에서 내부 전체가 보이는 시설** : 1000㎡ 이하, 한 변의 길이 50m 이하

1000㎡ 이하 / 길이 50m 이하

출입구에서 내부 전체가 보이는 시설

■ **자동화재탐지설비의 점검 및 복구 방법**

1) 감지기 작동 점검

감지기시험기

연기스프레이

SMOKE

① 설치된 감지기에 <u>감지기 시험기</u>를 씌워보거나 <u>연기스프레이</u>를 사용해 감지기를 작동시켜본다.

→ 이때, 감지기의 LED가 점등되면 정상

② **감지기의 LED가 점등되지 않을 경우**(비정상) : <u>전압측정계</u>를 사용하여 전압을 확인한다.

ㄱ. 정격전압의 80% 이상이면 회로는 정상이나, 감지기가 불량이므로 감지기를 교체한다.

ㄴ. 전압 자체가 0V면 회로가 단선됐으므로 회로를 보수한다.

회로 정상
감지기 자체의 불량

회로 불량(단선)

2) 발신기 점검

① 발신기에서 [누름버튼] 누른 뒤

② 수신기에서 [발신기등]에 점등되는지

③ 발신기에서 [응답표시등] 점등되는지 확인

④ 주경종, 지구경종, 비상방송 등 연동설비 작동하는지 확인(경보 울리는지 확인)

⑤ 발신기 [누름버튼]을 다시 빼내서 복구

⑥ 수신기에서 화재신호 복구(리셋), 발신기 응답표시등 및 수신기 각종 표시등 소등

발신기의 '점검' 순서는 위와 같지만, 발신기 누름버튼 눌렀을 때 <u>수신기</u>에서 점등 및 작동되는 것들은
아래와 같다.

- [화재표시등], [지구(위치)표시등], [발신기등]에 점등
- 주경종, 지구경종(음향장치) 경보 울림

📢 **Tip**

사람이 버튼을 직접 눌러서 화재 사실을 알리는 설비(장치)가 발신기! (그림의 왼쪽)

발신기의 신호를 받거나, 감지기가 자동으로 화재를 탐지했을 때 신호를 받는 설비(장치)가 수신기! (그림의 오른쪽) 수신기는 통제실에서 화재 상황을 한눈에 볼 수 있도록 알려주는 설비라고 생각하시면 쉬워요!

'점검'도 결국은 화재가 발생한 상황을 모의시험을 해보는 것이기 때문에 화재가 발생한 상황과 똑같이 보고 불이 났다! → [화재표시등]에 점등되고 / 불이 어느 구역에 났다 → [지구(위치)표시등]에 점등 / 발신기가 울렸으면 [발신기등]에 점등이 될 것이고, 만약 감지기가 알아서 화재를 탐지했다면 [발신기등]에는 점등되지 않을 것입니다. 그리고 음향장치 등의 연동설비가 울려서 피난을 유도할 수 있도록 알려줘야겠죠?

이렇게 차근차근 이해하면서 그림과 함께 보시면 어렵지 않게 외울 수 있답니다~!

3) 수신기 점검[동작시험, 도통시험, 예비전원시험]

📢 **Tip**

동작시험과 도통시험은 수신기의 버튼 방식(타입)에 따라 ① 로터리방식, ② 버튼방식으로 나눌 수 있습니다.

로터리방식은 말 그대로 회로스위치를 한 칸씩 돌려보면서 시험하는 방식이고, 버튼방식은 스위치버튼을 하나씩 눌러보면서 시험하는 방식입니다. 각 수신기의 타입에 따라 시험 순서가 조금씩 차이가 있으니 그림과 함께 보시면 좋습니다~!

① 동작시험 [① 로터리방식/② 버튼방식]

- [화재표시등], [지구(위치)표시등], 기타 표시등, 음향장치 등의 연동설비 작동 여부, 감지기 및 부속 기기와의 회로 접속(연결) 상태 등을 확인하기 위한 시험이다.

- 오동작방지기 있는 경우, [축적] 스위치를 '비축적' 위치에 둔다.

📁 **축적기능**

감지기가 실제 화재가 아닌데 먼지 등의 이물질을 화재로 오인하여 감지했을 때, 시도 때도 없이 경보가 울리지 않도록 방지하기 위해서 '이게 진짜 화재인지 아닌지 좀 두고 지켜보겠다…' 하고 일정 시간 데이터를 축적해두는 기능

→ 설정해둔 축적 시간 동안 의심할만한 열이나 연기(먼지) 등이 계속 감지되면 그때 진짜 화재로 인식하여 감지기가 작동하도록 만든 기능이 축적기능이므로, 점검(시험)을 위해서는 축적기능을 사용하지 않고 바로바로 작동 여부를 확인하기 위해 축적스위치를 '비축적' 위치에 두는 것이죠.

ㄱ. 동작시험 - 로터리방식

동작시험 순서	복구 순서
① [동작시험] 스위치 누름 ② [자동복구] 스위치 누름 ③ [회로시험] 스위치 하나씩 돌려보기	① [회로시험] 스위치를 정상위치에 둠 ② [동작시험] 스위치 누름 ③ [자동복구] 스위치 누름

a. [동작시험] 스위치, [자동복구] 스위치 누르고 [회로시험(회로선택)] 스위치를 한 칸씩 회전시켜 보면서 작동 여부를 확인한다.

b. [화재표시등], [지구(위치)표시등], 기타 표시등에 점등 여부 확인, 음향장치 등의 연동설비 작동 여부, 감지기 및 부속기기와의 회로 접속(연결) 상태 등을 확인하여 기능에 이상이 있는 경우 회로 보수 등 수리를 한다.

c. 이상이 없거나 수리가 끝나서 동작시험을 종료한 뒤에는 [회로시험(회로선택)] 스위치를 정상 위치로 돌려놓고 [동작시험] 스위치, [자동복구] 스위치를 눌러 복구시킨다(리셋).

d. 복구 후 각종 표시등이 모두 소등되었는지 확인한다.

ㄴ. 동작시험 - 버튼방식

이론과 개념 설명

설비 및 구조의 이해

복합개념 정리

위험물 개념정리

실전 기출예상문제

실기 뜯어보는 총정리

동작시험 순서	복구 순서
① [동작(화재)시험] 버튼과 [자동복구] 버튼 누름 ② 각 구역(회로) 버튼 누르기	① [동작(화재)시험] 버튼과 [자동복구] 버튼을 다시 눌러서(튀어나오게 해서) 복구 ② [스위치주의]등이 소등됐는지 확인

a. [동작시험] 스위치, [자동복구] 스위치 누르고 각 경계구역별로 스위치를 하나씩 눌러보면서 작동 여부를 확인한다.

b. [화재표시등], [지구(위치)표시등], 기타 표시등에 점등 여부 확인, 음향장치 등의 연동설비 작동 여부, 감지기 및 부속기기와의 회로 접속(연결) 상태 등을 확인하여 기능에 이상이 있는 경우 회로 보수 등 수리를 한다.

c. 이상이 없거나 수리가 끝나서 동작시험을 종료한 뒤에는 [동작시험] 스위치, [자동복구] 스위치를 눌러 복구시킨다(리셋).

d. 복구 후 각종 표시등이 모두 소등되었는지 확인한다.

🗁 **스위치주의등과 표시등의 소등상태 확인**

[스위치주의등]이란, 수신기에서 스위치가 하나라도 눌려있으면 점등되는 표시등입니다.

예를 들어, 주경종 스위치가 눌려있으면 주경종이 울리지 않도록 잠시 꺼두는 상태이고, 동작시험이나 도통시험 스위치가 눌려있으면 시험(테스트) 중인 상태이므로 수신기 기능을 일부 제한한 상태이기 때문에 어떠한 스위치가 눌려있으면 실제로 화재가 발생했을 때 수신기가 경종을 울리지 않는 등 제기능을 못 할 가능성이 생긴답니다. 이런 상황을 방지하기 위해 [스위치주의등]이 있어 다른 스위치가 하나라도 눌려있으면 아무것도 눌려있지 않도록 '정상상태'로 복구하라는 주의 신호를 보내주는 것입니다.

그러니까 평상시 수신기는 어떠한 스위치도 눌려있지 않도록 관리하는 것이 기본이며, 시험 등을 위해 스위치가 눌려있으면 [스위치주의등]에 점등되고, 시험 완료 후 모두 복구하여 눌려있는 스위치가 없으면 [스위치주의등]이 소등되어야 합니다.

② 도통시험 [① 로터리방식/② 버튼방식]

- **도통시험**(導 인도할·통할 도, 通 통할 통) : 회로 및 회선의 신호가 연결되어 정상적으로 전달되고 있는지 확인하는 시험(회로가 잘 연결되어 전기가 제대로 통하고 있는지!).

- **정상전압** : 4~8V(볼트), 녹색불 점등

구분	로터리방식(다이얼)	버튼방식
도통시험 순서	• [도통시험] 버튼 누르고 • [회로시험(회로선택)] 스위치를 각 경계구역별로 회전해보면서 확인	• [도통시험] 버튼 누르고 • 각 경계구역 버튼 눌러보면서 확인
정상 판별	• 전압계로 측정했을 때 : 4~8V 나오면 정상 0V면 단선된 상태 • [도통시험 확인]등이 별도로 있을 때 : 녹색불이면 정상, 빨간불이면 단선	□ 정상 ■ 단선 도통시험
복구 순서	• 다이얼(회로시험스위치)을 정상위치에 두고 • [도통시험] 스위치 복구	• [도통시험] 스위치 복구

이론과 개념 설명

설비 및 구조의 이해

복합개념정리

위멍요 개념정리

실전 기출예상문제

쉽게 돌아보는 총정리

📂 **스위치의 복구**

수신기의 작동 및 점검과정에서 마지막 단계에는 스위치를 '복구'시키는 것이 매우 중요한데요. 이는 쉽게 말해서 스위치를 한번 누르면 스위치(버튼)가 눌린 상태이고 이렇게 눌린 상태의 스위치(버튼)를 다시 한번 더 눌러 튀어나오게 함으로써 원래의 상태로 되돌리는 상태, 즉 '복구'의 개념으로 생각하시면 이해가 쉽습니다.

스위치를 복구한다는 것은 눌려 있는 버튼을 빼내거나 다시 눌러서 튀어나오게 하여 원상태로 리셋(복구)한다는 것! 어렵지 않겠죠~?

• 스위치가 눌린 상태 → [스위치주의등]에 점등
• 스위치를 복구시킨 상태 → [스위치주의등]이 소등

③ 예비전원시험

ㄱ. 정전 등으로 상용전원을 사용할 수 없을 경우 충전되어 있던 예비전원으로 자동절환돼야 한다.

ㄴ. [예비전원시험] 스위치를 누르고 있는 상태에서

　　a. 전압계 측정 결과 19～29V가 나오거나

　　b. 램프에 녹색불 들어오면 정상

예비전원감시등

수신기 내부

[예비전원시험] 스위치를 누르고 있는 상태에서 [예비전원감시등]이 점등된 경우에는, 수신기 내부에 연결된 연결소켓(충전된 배터리)이 분리되었거나 충전된 예비전원에 이상이 있을 수 있으므로 확인 후 교체 등의 조치가 필요하다.

■ R형 수신기 기록데이터 확인

		운영기록		

시작일자	04/15/2022	끝일자	04/15/2022	조회	출력

■ 전체　□ 화재　□ 가스　□ 축적　□ 감시　□ 이상　□ 고장

일시	수신기	회선설명	동작구분	메세지
2022/04/15 13:00:06	1	2F 지구경종	출력	중계기 출력
2022/04/15 13:00:05	1		수신기	주음향장치 작동
2022/04/15 13:00:05	1	2F 감지기 A	화재	화재발생

① 상단 [운영기록] 버튼 클릭 – 기록 검색하는 창

② 날짜 [시작일자]와 [끝일자]로 선택 검색 가능

③ '전체', '화재', '가스', '감시', '고장' 등 검색조건 선택 가능

④ [조회] 버튼 눌러 검색조건에 따른 기록데이터 확인

⑤ [출력] 버튼으로 프린트 인쇄 및 엑셀파일 저장 가능

　→ [이미지 설명] 2022년 4월 15일 오후 1시경 2층의 감지기A가 화재를 감지했고, 수신기가 신호를
　　받아 주음향장치가 작동했으며 곧 이어 2층 화재구역의 지구경종이 작동한 것을 확인할 수 있다.

비화재보

실제 화재가 아님에도 화재로 오인하여 경보가 울리는 것

　→ 열, 연기, 불꽃 이외의 요인으로 자동화재탐지설비(감지기, 수신기, 발신기, 음향장치 등)가 작동된 경우

■ 비화재보 원인별 대책

① 비적응성 감지기가 설치되었다(주방에 차동식 설치한 경우). → 주방 = '정온식'으로 교체

② 온풍기에 근접 설치된 경우 → 이격설치(온풍기 기류를 피해 감지기 위치를 옮겨 설치한다.)

③ 장마철 습도 증가로 오동작이 잦다. → [복구] 스위치 누르기/감지기 원상태로 복구하기

④ 청소불량 먼지로 오동작했다. → 깨끗하게 먼지 제거

⑤ 건물에 누수(물 샘)로 오동작했다. → 누수부에 방수처리/감지기 교체

⑥ 담배연기로 오동작했다. → 환풍기 설치

⑦ 발신기 누름버튼을 장난으로 눌러서 경보 울렸다. → 입주자 대상으로 소방안전교육

이론과 개념 설명

설비 및 구조의 이해

특함개념 정리

위원의 개념정리

실전 기출예상문제

쉽게 뜯어보는 총정리

■ 비화재보(울렸을 때) 대처 요령[순서]

① 수신기에서 화재표시등, 지구표시등 확인(불이 난 건지, 어디서 난 건지 확인)

② 지구표시등 위치로(해당 구역으로) 가서 실제 화재인지 확인 → (불이 났으면 초기소화 등 대처)

③ **비화재보 상황**: [음향장치] 정지 (버튼 누름) → 실제 화재가 아닌데 경보 울리면 안 되니까 정지

④ 비화재보 원인별 대책(원인 제거)

⑤ 수신기에서 [복구] 버튼 눌러서 수신기 복구

⑥ [음향장치] 버튼 다시 눌러서 복구(튀어나옴)

⑦ [스위치주의등] 소등 확인

■ 비상방송설비

화재 발생 시 스피커를 통해 특정소방대상물 내 인원에게 화재 사실 및 장소 등을 알려 소방활동 및 피난 유도 등을 원활하게 하기 위해 설치하는 설비(자탐에 포함되는 설비 X. 음향장치가 작동했을 때 비상방송 설비가 설치된 곳이라면 방송도 따라 울린다)

① **방송개시 시간**: 화재신호 수신 후 10초 이내에 필요한 음량으로 출력

② 비상방송설비 스피커 설치 기준

　ㄱ. 각 층마다 설치, 수평거리 25m 이하가 되도록 설치

　ㄴ. 조작부 위치: 0.8m 이상 1.5m 이하

　ㄷ. 음성입력: 실내 1W 이상, 실외 또는 일반적인 장소 3W 이상

　ㄹ. 상시 사람이 근무하는 장소 및 점검 편리한 곳, 방화상 유효한 곳에 설치

　ㅁ. 경보방식은 자동화재탐지설비 경보방식 준용

　ㅂ. 배선: 음량조절기 설치 시 3선식 배선, 인위적으로 음량조절기 조작할 수 없는 경우 2선식 가능

③ **소방시설등의 유지·관리**

　ㄱ. 소방시설등: 소방시설과 비상구, 그 외 관련시설로써 방화문, 방화셔터

　　a. 방화문: 화재의 확대 및 연소 방지(화염, 연기 차단) 닫힘 상태가 기본! / 연동된 설비 및 자동폐쇄장치 있는 경우 화재로 발생한 화염(불꽃), 연기, 열 감지로 자동 폐쇄되는 구조.

　　b. 방화셔터: 내화구조의 벽 설치 불가 시 연기 및 열 감지로 자동 폐쇄.

　ㄴ. 방화문 및 방화셔터의 유지·관리

　　a. 방화문

방화문(제어반)	
평상시	**수동 조작 시**
방화문 기동선택　　　　방화문	방화문 기동선택　　　　방화문
• 주(Main) 스위치 : 자동(연동) • 각 층별, 위치별 수동스위치 : 대기(정상위치)	• 주(Main) 스위치 : 수동 • 각 층별, 위치별 수동스위치 : 기동 • 기동확인 표시등 점등, 부저 울림

b. 방화셔터

평상시	
제어반	**연동제어기**
방화문 기동선택　　　방화셔터 A기동　　　방화셔터 B기동	방화셔터 연동제어기
• 주(Main) 스위치 : 자동(연동) • 각 층별, 위치별 수동스위치 : 대기(정상위치)	• 전원만 점등

수동 조작 시	
제어반	**연동제어기**
방화문 기동선택　　　방화셔터 A기동　　　방화셔터 B기동	 방화셔터 연동제어기
• 주(Main) 스위치 : 수동 • 각 층별, 위치별 수동스위치 : 기동 • 기동확인 표시등 점등, 부저 울림	• 화재 시 기동스위치 부분 깨고 기동스위치 누르면 감지기 동작으로 방화셔터가 동작하는 것과 동일하게 작동함(수동 조작으로 방화셔터 작동)

피난구조설비

피난구조설비

화재가 발생했을 때 대피가 여의치 않은 상황에서 건축물(소방대상물) 내부에 있던 인파가 안전한 장소로 피난할 수 있도록 돕는 기구를 피난기구라고 한다.

> 💬 대피가 먼저! 피난기구 사용은 최후의 수단! : 화재 발생 시 계단 등을 이용한 대피가 우선이고 상황이 여의치 않을 때, 최후의 수단으로 사용하는 것이 피난기구이다.

1) 구조대 : 창으로 탈출할 수 있도록 긴 포대를 이용한 피난기구

2) 미끄럼대 : 구조대보다는 튼튼한 철 소재의 미끄럼틀로 장애인시설이나 노약자시설, 병원 등에서 지상으로 신속하게 대피하기에 적합한 피난기구

3) 피난교 : 건물과 건물을 넘어갈 수 있도록 설치하는 다리

4) 피난사다리 : 건축물 개구부에 설치하는 사다리로 올림식, 내림식, 고정식이 있다.

| 피난교 | 피난사다리 | 승강식피난기 |

5) 다수인피난장비 : 2인 이상이 지상 또는 피난층으로 하강할 수 있도록 만든 장치

6) 공기안전매트 : 충격 완화용 장치

7) 피난용 트랩 : 화재 층과 직상 층을 연결하는 계단형태의 피난기구

8) 승강식피난기: 건물 내부에 설치되어 승강기처럼 탑승하여 층과 층을 이동할 수 있도록 만든 피난기구

9) 완강기: 로프, 벨트 등을 몸에 연결하여 안전하게 하강할 수 있도록 만든 피난기구

10) 간이완강기: 교대로 연속사용이 불가능한 것으로 <u>1회성</u>으로 사용할 수 있는 완강기

완강기 구성요소	조속기(속도조절기) / 벨트 / 로프 / 연결금속구
완강기 사용 시 주의사항	• 벨트를 겨드랑이 밑 가슴에 고정하는 방식 　→두 팔을 위로 들면 안 된다(벨트가 빠져서 하강 중 추락할 위험이 있기 때문). • 완강기 사용 전 지지대를 흔들어봐서 안전 여부를 확인한 후 하강해야 한다. • 완강기를 사용해서 하강 시 벽과 머리 등이 충돌하지 않도록 손으로 벽을 가볍게 밀면서 하강한다.

피난구조설비 설치장소 및 기구별 적응성

각 시설 및 설치장소별로 적응성이 있는 피난기구를 나타낸 도표

1) 시설(설치장소)

　① 노유자시설 = 노인

　② (근린생활시설, 의료시설 중) 입원실이 있는 의원 등 = 의원

　③ 4층 이하의 다중이용업소 = 다중이

　④ 그 밖의 것 = 기타

2) 가장 기본이 되는 피난기구 5종 세트: 구조대, 미끄럼대, 피난교, 다수인(피난장비), 승강식(피난기)

3) 1층, 2층, 3층, 4~10층 총 4단계의 높이

구조대/미끄럼대/피난교/다수인/승강식			
구분	**노인**	**의원**	**다중이(2 ~ 4층)**	**기타**
4층 ~ 10층	구교다승	피난트랩 구교다승	구미다승 사다리+완강	구교다승 / 사다리+완강/ +간이완강 / +공기안전매트
3층	구미교다승 (전부)	피난트랩 구미교다승 (전부)		구미교다승(전부) / 사다리+완강/ +간이완강/ +공기안전매트/ 피난트랩
2층				
1층		X	X	X

1) 노유자 시설 4~10층에서 '**구조대**': 구조대의 적응성은 장애인 관련 시설로서 주된 사용자 중 스스로 피난이 불가한 자가 있는 경우 추가로 설치하는 경우에 한함
2) 기타(그 밖의 것) 3~10층에서 **간이완강기**: 숙박시설의 3층 이상에 있는 객실에 한함
3) 기타(그 밖의 것) 3~10층에서 **공기안전매트**: 공동주택에 추가로 설치하는 경우에 한함

이론과 개념 설명

설비 및 구조의 이해

복합개념 정리

워밍업 개념정리

실전 기출예상문제

실기 뜯어보는 총정리

> 📢 **Tip**
>
> [구조대, 미끄럼대, 피난교, 다수인(피난장비), 승강식(피난기)] 5종 세트를 기본으로 암기하되, 피난트랩이 적응성을 갖는 시설 및 높이, 사다리와 완강기가 적응성을 갖는 시설 및 높이를 스티커 붙이듯이 자리를 기억해서 외우면 쉽습니다~!
>
> → 다중이용시설은 4층 이하로 구분되어 있기 때문에 다중 = 2, 3, 4층으로 암기!
>
> → 공동주택에서 공기안전매트가, 3층 이상의 객실(숙박시설)에서는 간이완강기가 적응성이 있다는 점은 별도로 꼭 암기!

📁 **도표를 참고하여 서술형으로 만들어보기**

- 입원실이 있는 의원 등에서 구조대가 적응성을 갖는 높이는 3층 이상부터이다.
- 입원실이 있는 의원 등에서 1층과 2층에는 미끄럼대가 적응성이 없다.
- 노유자시설의 4층 이상의 높이에서는 미끄럼대가 적응성이 없다.
- 피난사다리와 완강기가 적응성이 있는 장소는 다중이용시설의 2, 3, 4층/3층~10층의 기타(그 밖의) 시설이다.

피난기구의 설치수량(층마다 설치)

소방대상물의 용도	면적에 따른 설치 수량 기준
계단실형 아파트	각 세대마다 1개 이상
노유자시설·숙박시설·의료시설	바닥면적 500m²마다 1개 이상
위락·문화집회 및 운동·판매시설로 사용되는 층 또는 복합용도의 층	바닥면적 800m²마다 1개 이상
그 밖의 용도의 층	바닥면적 1,000m²마다 1개 이상

추가 설치해야 하는 피난기구

소방대상물의 용도	추가 설치해야 하는 피난기구 종류	수량
숙박시설(휴양콘도미니엄 제외)	완강기 또는 2 이상의 간이완강기	객실마다 설치
「공동주택관리법」에서 정하는 공동주택	공기안전매트	하나의 관리주체가 관리하는 공동주택 구역마다 1개 이상 설치
4층 이상의 층에 설치된 노유자시설 중 장애인 관련 시설(주된 사용자 중 스스로 피난이 불가한 자가 있는 경우)	구조대	층마다 1개 이상 설치

피난기구 설치기준

1) 설치 위치 : 피난 또는 소화활동상 유효한 개구부가 있는 곳

> **피난기구를 설치하는 개구부의 조건**
>
> - 개구부 크기 : 가로 0.5m 이상 + 세로 1m 이상
> - 바닥에서 개구부 하단까지의 거리 : 1.2m 미만
> - 밀폐된 창문 : 쉽게 파괴할 수 있는 파괴장치를 비치할 것

2) 설치방법

① 피난기구를 설치하는 개구부는 서로 동일직선상이 아닌 위치에 있을 것(단, 피난교·피난용트랩·간이완강기·아파트에 설치하는 피난기구는 제외)

② 피난기구는 특정소방대상물의 기둥·바닥·보 기타 구조상 견고한 부분에 볼트조임·매입·용접 등의 방법으로 견고하게 부착할 것

③ 4층 이상의 층에 피난사다리를 설치하는 경우에는 금속성 고정사다리를 설치하고, 해당 고정사다리는 쉽게 피난할 수 있는 구조의 노대를 설치할 것

④ 완강기는 강하 시 로프가 건축물이나 구조물 등에 접촉하여 손상되는 일이 없도록 할 것

⑤ 완강기 로프의 길이는 부착위치에서부터 지면(피난상 유효한 착지면)까지의 길이로 할 것

⑥ 미끄럼대는 안전한 강하속도를 유지하고, 전락(아래로 굴러 떨어짐)방지를 위한 안전조치를 할 것

⑦ 구조대의 길이는 피난상 지장이 없고 안전한 강하속도를 유지할 수 있는 길이로 할 것

[동일직선상 ×]　　　　[로프 선상 ×]

3) 표지판 설치

피난기구를 설치한 장소에는 발광식 또는 축광식 표지와 사용방법을 표시한 표지(외국어·그림 포함)를 부착할 것

이론과 개념 설명

설비 및 구조의 이해

복합개념정리

위밀 개념정리

실전 기출예상문제

실게 들어보는 총정리

피난기구 설치 제외 조건

1) 다음의 기준에 적합한 층

- 주요구조부가 내화구조
- 실내에 면하는 부분의 마감이 불연재·준불연재·난연재로 되어 있고 방화구획이 적합하게 구획되어 있을 것
- 거실의 각 부분으로부터 직접 복도로 쉽게 통할 수 있을 것
- 복도에 2 이상의 특별피난계단 또는 피난계단이 적합하게 설치되어 있을 것
- 복도의 어느 부분에서도 2 이상의 방향으로 각각 다른 계단에 도달할 수 있어야 할 것

2) 다음의 기준에 적합한 특정소방대상물 중 그 옥상의 직하층 또는 최상층

- 주요구조부가 내화구조
- 옥상 면적 1,500m² 이상
- 옥상으로 쉽게 통할 수 있는 창 또는 출입구 설치
- 옥상이 소방사다리차가 쉽게 통행할 수 있는 도로(폭 6m 이상) 또는 공지에 면하여 설치되어 있거나 옥상으로부터 피난층 또는 지상으로 통하는 둘 이상의 (특별)피난계단이 적합하게 설치되어 있을 것

피난기구 설치 감소 조건

1) 피난기구 1/2 설치 감소 (소수점 이하의 수는 1로 봄)

① **주요구조부** : 내화구조

② 직통계단인 (특별)피난계단이 2 이상 설치되어 있을 것

→ **산정된 피난기구의 1/2(절반) 설치 가능!** 예 원래 5개 설치 : 감소 조건 충족 시, 3개 설치 가능

2) 주요구조부 내화구조 + 다음의 기준에 적합한 건널 복도가 설치되어 있는 층에는 피난기구의 수에서 해당 건널 복도 수의 2배수를 뺀 수로 함

① 내화구조 또는 철골조로 되어 있을 것

② 건널 복도 양단의 출입구에 자동폐쇄장치를 한 60분 또는 60분+방화문이 설치되어 있을 것

③ 피난·통행 또는 운반 전용 용도일 것

→ 피난기구의 수 - (건널복도×2) = 감소 적용하여 설치할 수 있는 피난기구의 수

예 산정된 피난기구 수 : 7개, 조건의 건널복도 수 : 2개인 경우, 7-(2×2) = 감소 적용하여 3개 설치 가능

3) 노대가 설치된 거실의 바닥면적은 피난기구 설치개수 산정 시 바닥면적에서 제외

- 노대를 포함한 소방대상물의 주요구조부가 내화구조일 것
- 노대가 거실의 외기에 면하는 부분에 피난상 유효하게 설치되어 있을 것
- 노대가 소방사다리차가 쉽게 통행할 수 있는 도로 또는 공지에 면하여 설치되어 있거나, 거실부분과 방화구획 되어 있거나, 또는 노대에 지상으로 통하는 계단 그 밖의 피난기구가 설치되어 있을 것

깜짝퀴즈 1

> **<보기>**
>
> - 층수 : 지상 3층 / 각 층 바닥면적 : 1,500m²
> - 주요구조부 : 내화구조
> - 용도 : 의료시설(입원실이 있는 의원)
> - 각 층에서 지상으로 연결되는 직통계단인 피난계단이 2개 설치되어 있음

Q. 위의 조건에 따라 산정된 피난기구의 설치 수량을 구하시오.

① 1개   ② 2개   ③ 3개   ④ 4개

해설 : 의료시설의 피난기구 설치기준은 바닥면적 500m²마다 1개 이상이 적용되는데, 1층은 피난층(지상층)이며 의료시설의 1층에 적응성이 있는 피난기구는 없으므로 1층은 제외하고, 의료시설의 2층 역시 적응성이 있는 피난기구가 없으므로 제외되어, 3층 1,500m²에 바닥면적 기준에 따라 3개의 피난기구를 설치하는 기준이 적용된다.

이 때 주요구조부가 내화구조이고 + 직통계단인 피난계단이 둘 이상 설치되어 있으므로 1/2 감소 조건이 적용되어, 산정된 설치수량 3의 절반인 1.5로 계산할 수 있고, 이 때 소수점 이하는 1로 보기 때문에 감소 적용된 설치 수량은 총 2개로 계산할 수 있다.

A. ②

깜짝퀴즈 2

Q. 위의 의료시설의 3층에 설치하는 피난기구에 포함되지 아니하는 것을 고르시오.

① 피난용트랩   ② 미끄럼대   ③ 구조대   ④ 완강기

해설 : 의료시설 중 입원실이 있는 의원 등의 3층에서 적응성이 있는 피난기구는 구조대, 미끄럼대, 피난교, 다수인피난장비, 승강식피난기 그리고 피난용트랩으로, 완강기는 여기에 포함되지 않는다.

A. ④

인명구조기구

1) 방열복 : 복사열에 접근 가능한 내열피복(은박지처럼 복사열 반사!)

2) 방화복 : 화재 진압 등 소방활동 수행이 가능한 피복으로 헬멧, 보호장갑, 안전화를 포함.

3) 공기호흡기 : 압축 공기가 저장되어 있어 필요시 마스크 통해 호흡, 유독가스로부터 인명 보호

4) 인공소생기 : 유독가스에 질식 및 중독되어 심폐기능 약화된 사람에게 인공호흡으로 소생 역할 하는 구급용 기구

각 특정소방대상물의 인명구조기구 설치기준

특정소방대상물의 용도 및 장소	인명구조기구의 종류	설치 수량 및 설치위치
지하층을 포함하는 층수가 7층 이상인 관광호텔 및 5층 이상의 병원	• 방열복 또는 방화복 • 공기호흡기 • 인공소생기	각 2개 이상 비치 (단, 병원에는 인공소생기 설치 면제 가능)
• 수용인원 100명 이상의 영화관 • 대규모 점포(판매시설) • 지하역사 • 지하가 중 지하상가	공기호흡기	층마다 2개 이상 비치 (공기호흡기 중 일부를 직원이 상주하는 인근 사무실에 비치 가능)
이산화탄소 소화설비를 설치해야 하는 특정소방대상물	공기호흡기	이산화탄소 소화설비가 설치된 장소의 출입구 외부 인근에 1개 이상 비치

- 화재 시 쉽게 반출 사용 가능한 장소에 비치할 것
- 인명구조기구가 설치된 가까운 장소(보기 쉬운 곳)에 "인명구조기구"라는 축광식 표지와 사용법을 표시한 표지를 부착할 것

비상조명등

1) 비상조명등의 밝기는 1럭스(lx) 이상 되어야 한다. → 점검 시 조도계 필요

2) 작동시간은 20분 이상(휴대용 비상조명등도 20분 이상) 작동해야 한다.

3) 지하를 제외하고 11층 이상의 층이거나, 지하층 또는 무창층인 도소매시장, 터미널, 지하역사 및 지하상가 등에서는 60분 이상 작동해야 한다.

비상조명등　　　　　　　　　휴대용비상조명등

휴대용비상조명등

1) **설치 높이**: 바닥으로부터 0.8m 이상 1.5m 이하

2) 어둠 속에서 위치확인 가능할 것, 사용 시 자동 점등될 것, 외함은 난연성능이 있을 것

3) 건전지 사용 방식의 경우 방전방지조치를 할 것, 충전식 배터리의 경우 상시 충전되는 구조로 하고 용량은 20분 이상 유효하게 사용할 수 있을 것.

4) 설치장소별 기준

　① **숙박시설 또는 다중이용업소**: 객실 또는 영업장 안의 구획된 실마다 잘 보이는 곳에 1개 이상 설치(외부에 설치 시, 출입문 손잡이로부터 1m 이내 부분에 설치)

　② **대규모 점포**(지하상가, 지하역사 제외), **영화상영관**: 보행거리 50m 이내마다 3개 이상 설치

　③ **지하상가·지하역사**: 보행거리 25m 이내마다 3개 이상 설치

유도등 & 유도표지

1) 유도등은 기본적으로 2선식 배선을 사용한다. → 상용전원으로 항상 불이 켜져 있어야 한다.

　① 2선식 배선의 유도등은 24시간, 365일 점등상태(불이 켜진 상태)를 유지해야 하는데 그 이유는 2선식 유도등은 켜져 있는 상태에서 배터리를 충전하기 때문에 불을 꺼두면 배터리가 충전되지 않아 정전 시 점등이 되지 않을 수 있기 때문이다.

2) 정전 시 비상전원으로 자동절환되어 20분 이상/지하를 제외하고 11층 이상의 층이거나, 지하층 또는 무창층인 도소매시장, 터미널, 지하역사 및 지하상가 등에서는 60분 이상 작동해야 한다.

이론과 개념 설명

설비 및 구조의 이해

특화개념 정리

위밍업 개념정리

실전 기출예상문제

쉽게 풀어보는 총정리

3) 예외적으로 3선식 배선 유도등을 사용하는 경우

　① 외부광이 충분하여 (원래 밝은 장소라서) 피난구나 피난방향이 뚜렷하게 식별 가능한 경우(장소)

　② 공연장이나 암실처럼 어두워야 하는 장소

　③ 관계인, 종사자 등 사람이 상시 사용하는 장소

4) 3선식 유도등은 평소에 꺼놨다가 필요시 자동으로 점등된다.

　① 자동화재탐지설비(감지기, 발신기)/비상경보설비/자동소화설비 등이 작동했을 때 자동으로 점등

　② 정전이나 전원선이 단선됐을 때 자동으로 점등

　③ 방재업무를 통제하는 곳 또는 전기실의 배전반에서 수동 점등했을 때 점등

📢 **Tip**

유도등은 불빛이 들어오는 방식, 유도표지는 불빛이 들어오지 않는 판넬 방식의 피난유도 표지로써 '유도등'은 2선식과 3선식 배선으로 나닙니다.

2선식 유도등은 항상 점등 상태를 유지하면서 배터리를 충전해야 하고, 3선식 유도등은 평소에는 꺼두었다가 필요시 자동으로 점등된다는 특징이 있기 때문에 특정 장소에서 사용 가능합니다.

이러한 유도등은 정전 등으로 건물에 전기가 보급되지 않더라도 예비전원(배터리)으로 자동으로 절환되어 최소 20분 이상 작동해야 하며, 지하를 제외한 11층 이상의 층 등의 장소에서는 최소 60분 이상 작동해야 합니다.

▌유도등의 점검

1) 2선식 유도등 점검(항시 점등상태 유지!)

　① 평상시 유도등이 점등 상태인지 확인(평상시 소등 상태면 비정상)

　② 2선식은 배터리가 충전되어 있지 않기 때문에 꺼두면 정전 시 점등되지 않음.

2) 3선식 유도등 점검

　① 수신기에서 [수동]으로 점등스위치 ON, 건물 내 점등이 안 된 유도등을 확인

　② 유도등 절환스위치 연동(자동) 상태에서 감지기·발신기·중계기·스프링클러설비 등을 현장에서 작동, 동시에 유도등 점등 여부 확인

3) 예비전원(배터리) **점검**

　① 유도등 외부 점검스위치를 당겨보거나 점검버튼 눌러 점등 상태 확인

1) 유도등 설치기준

① 피난구유도등

ㄱ. (1) 옥내 → 지상으로 가는 출입구

(2) 직통계단·계단실(부속실) 출입구 등에 설치

ㄴ. 바닥으로부터 1.5m 이상의 높이에 위치하도록 설치

② 통로유도등

ㄱ. 복도통로유도등

a. 피난구유도등(1), (2)이 설치된 출입구 맞은편 복도에 입체형 설치 또는 바닥에 설치

b. 보행거리 20m/바닥으로부터 1m 이하의 높이에 위치하도록 설치

ㄴ. 거실통로유도등

보행거리 20m/바닥으로부터 1.5m 이상의 높이에 위치하도록 설치

ㄷ. 계단통로유도등

계단참마다 설치/바닥으로부터 1m 이하의 높이에 위치하도록 설치

유도등				
	피난구유도등	통로유도등 (보행20m)		
		거실통로	복도통로	계단통로
예시				
설치장소 (위치)	출입구 (상부)	주차장, 도서관 등 (상부)	일반 복도 (하부)	일반 계단 (하부)
바닥으로부터 높이	1.5m 이상		1m 이하 (수그리고 피난)	

2) 피난구 및 설치유도등 설치 개선 예시

수직형 추가 설치
또는 입체형 설치

20m

20m

둘 중 하나 추가 설치

유도등, 유도표지 설치장소별 종류

장소	유도등/표지 종류
공연장, 집회장, 관람장, 운동시설	대형피난구유도등
유흥주점(카바레, 나이트클럽 - 춤!)	통로유도등, 객석유도등
판매, 운수, 방송, 장례, 전시, 지하상가	대형피난구유도등, 통로유도등
숙박, 오피스텔, 무창층, 11층 이상 건물	중형피난구유도등, 통로유도등
근린, 노유자, 업무, 발전, 교육, 공장, 기숙사, 다중이, 아파트, 복합	소형피난구유도등, 통로유도등

객석유도등

1) 객석의 바닥이나 통로 및 벽에 설치하는 유도등(영화관 바닥에서 쉽게 볼 수 있는 것)

2) 객석유도등 설치 개수

$$객석유도등 \ 설치개수 = \frac{객석통로 \ 직선길이(m)}{4} - 1$$

이론과 개념 설명

설비 및 구조의 이해

복합개념 정리

위암기 개념정리

실전 기출예상문제

쉽게 풀어보는 총정리

예 객석통로의 직선길이가 20m일 때

- 객석유도등의 설치 개수는 객석통로의 직선길이(20÷4)-1→5-1=총 4개

예 객석에 설치된 객석유도등의 수가 9개일 때

- 객석의 직선길이는 9=(X÷4)-1→10=X÷4→X=40 따라서 객석의 직선길이는 40m

피난유도선

햇빛·전등불 또는 전류를 통해 빛을 발하여 어두운 상태에서도 피난을 유도할 수 있도록 띠(선) 형태로 제작·설치하는 피난유도시설

• 축광식 피난유도선 : 별도의 전원 공급 없이 전등이나 태양등의 빛을 흡수하여 이를 축적시켰다가 빛이 없는 상황에서도 일정시간 발광이 유지되는 유도선

• 광원점등식 피난유도선 : 수신기의 화재신호 수신 및 수동조작에 의해 내장된 광원을 점등시켜 피난방향을 안내하는 기능의 피난유도선

1) 축광식 피난유도선의 설치기준

① 구획된 각 실로부터 주 출입구 또는 비상구까지 설치할 것

② 바닥으로부터 높이 50cm 이하의 위치 또는 바닥면에 설치

③ 피난유도 표시부는 50cm이내 간격으로 연속되도록 설치

④ 부착대에 의하여 견고하게 설치할 것

⑤ 외부의 빛 또는 조명장치에 의해 상시 조명이 제공되거나 비상조명등에 의한 조명이 제공되도록 설치할 것

축광을 위한 조명장치(태양등)

폭: 20mm 이상

50cm 이내

50cm 이하

2) 광원점등식 피난유도선의 설치기준

① 구획된 각 실로부터 주 출입구 또는 비상구까지 설치할 것

② 피난유도 표시부는 바닥으로부터 높이 1m 이하의 위치 또는 바닥면에 설치할 것

③ 피난유도 표시부는 50cm 이내 간격으로 연속되도록 설치하되, 실내장식물 등으로 설치가 곤란할 경우 1m 이내로 설치할 것

④ 수신기로부터 화재신호 수신 및 수동조작에 의하여 광원이 점등되도록 설치할 것

⑤ 비상전원이 상시 충전상태를 유지하도록 설치할 것

⑥ 바닥에 설치되는 피난유도 표시부는 매립하는 방식을 사용할 것

⑦ 피난유도 제어부는 조작 및 관리가 용이하도록 바닥으로부터 0.8m 이상 1.5m 이하의 높이에 설치할 것

소화용수설비/소화활동설비

소화용수설비

넓은 대지를 갖는 대규모 건축물, 대형 고층건물에서 소화용수로 사용할 수 있도록 만든 설비

1) 상수도 소화용수설비

① **배관경**: 호칭지름 75mm 이상의 수도배관에 100mm 이상의 소화전 접속

② **설치 기준**

ㄱ. 소방차 진입이 쉬운 도로변 또는 공지(비어있는 땅)에 설치

ㄴ. 특정소방대상물의 수평투영면의 각 부분으로부터 140m 이하가 되도록 설치

2) 소화수조 및 저수조

① 채수구는 소방차가 2m 이내의 지점까지 접근할 수 있는 위치에 설치하고, 소화수조 또는 저수조가 지표면으로부터 4.5m 이상 깊은 지하에 있는 경우 가압송수장치를 설치한다.

3) 저수량(소화용수량)

① 소방대상물의 1층 및 2층 바닥면적 합계가 15,000m² 이상인 건축물:

(연면적÷7,500m²)×20m³ 이상

② 위에 해당하지 않는 그 밖의 건축물:

(연면적÷12,500m²)×20m³ 이상

→ 이때 소수점 이하는 1로 계산함.

4) 채수구 설치 수

① 소요수량이 20m³ 이상 40m³ 미만일 때 : 채수구 1개

② 소요수량이 40m³ 이상 100m³ 미만일 때 : 2개

③ 소요수량이 100m³ 이상일 때 : 3개

→ 20톤부터 1개 / 40톤부터 2개 / 100톤부터 3개!

5) 흡수관투입구

[흡수관투입구]는 소요수량 80m³를 기준으로 : 80m³부터(이상)는 2개 이상 설치! (80m³ '미만'이면 1개)

소화활동설비

[소화설비]는 직접적으로 소화활동을 하는 설비이고, [소화활동설비]는 그러한 소화활동을 지원하는 배관이나 헤드, 제연(연기 제거), 통신 및 케이블, 연소방지설비 등이라고 생각하면 쉬워요~!

1) 연결송수관설비

넓은 면적의 고층 또는 지하 건축물에 설치, 소방관이 소화 시 사용하는 설비(옥내소화전에서 수조의 역할을 소방차가 함!)

① **구성요소** : 송수구, 방수구, 방수기 구함, 배관

② **종류**

ㄱ. 습식 : 지면으로부터 높이 31m 이상 또는 지상 11층 이상인 특정소방대상물에 설치, 관로 내부에 상시 물이 차있는 상태.

ㄴ. 건식 : 지면으로부터 높이 31m 미만 또는 지상 11층 미만인 특정소방대상물에 설치, 배관 내부 비어있음.

이론과 개념 설명

설비 및 구조의 이해

특징과 개념 정리

위임업 개념정리

실전 기출예상문제

쉽게 들어보는 총정리

2) 연결살수설비

연결살수용 송수구를 통해 소방차의 송수 또는 펌프의 가압수 등을 공급받아 사용. 소방대가 현장에서 송수구를 통해 물을 송수한다. (스프링클러설비에서 수조, 펌프 역할을 소방차가 함!)

① **설치조건**: 판매시설 및 영업시설의 경우 바닥면적 합계가 1,000m² 이상인 곳, 지하층으로서 바닥면적의 합이 150m² 이상인 곳에 설치.

② **구성요소**: 송수구(건물 벽 또는 구조물에 설치하는 관으로 소화용수 보급), 배관(가지배관은 토너먼트방식 X, 한쪽에 헤드 8개 이하), 살수헤드(연결살수설비 전용헤드 또는 스프링클러헤드 설치)

영업/판매시설
바닥 총합 1,000㎡

지하층 바닥 150㎡

☆ 3) 제연설비

화재 시 유독성 연기에 의한 질식 사망이 차지하는 비율이 대부분으로 연기의 부속실 침입 방지 및 질식 방지를 통해 피난자의 안전 도모 및 소화활동을 보조하는 소화활동설비.

① **설치목적**: 연기로 인한 질식 방지 및 피난자의 안전 도모, 소화활동을 위한 안전공간 확보, 연기 배출로 화재실의 연기 농도 낮춤 및 청결층 유지(거실제연설비[1]), 부속실을 가압해 연기유입 제한(부속실 급기가압제연설비[2])

② **제연설비의 구분**

구분	거실제연설비	부속실(급기가압)제연설비
목적	소화활동, 인명안전	
	수평피난	수직피난
적용 공간	화재실(거실)	피난로(부속실, 계단실, 비상용 승강기의 승강장)
제연 방식	급·배기 방식	급기가압방식

ㄱ. 제연구역 선정

   a. 계단실 단독 제연

   b. 부속실 단독 제연

   c. 계단실＋부속실 동시 제연

   d. 비상용승강기 승강장 단독 제연

ㄴ. 급기가압제연설비

   가압(압력을 가함)하고자 하는 공간에 공기를 가압해서 다른 공간보다 기압을 높게, '차압'을 형성하는 것을 의미함. 옥외로부터 신선한 공기를 공급, 계단실 또는 부속실에 차압 형성해 화재실에서 발생한 연기가 제연구역 내부로 침투하지 못하도록 방지.

   a. 최소 차압 : 40Pa 이상(SPR설비 설치된 경우 12.5Pa 이상) → 적어도 이 정도 '이상'의 힘!

   b. 출입문 개방력 : 110N 이하 → 지나치게 무거우면 노약자 등이 열기 어려우므로 개방력은 110N '이하'

   c. **방연풍속**(연기를 밀어내 못 들어오게 하는 강제력)

제연구역		방연풍속
계단실 단독 제연 / 또는 계단실 + 부속실 동시 제연		0.5m/s 이상
부속실 단독 제연 / 또는 비상용승강기 승강장 단독 제연	부속실 또는 승강장이 면하는 옥내가 [거실]	0.7m/s 이상
	부속실 또는 승강장이 면하는 옥내가 방화구조인 복도(내화시간 30분 이상인 구조 포함)	0.5m/s 이상

③ 제연구역 및 옥내 출입문 상태

제연구역 및 옥내의 출입문은 평상시 자동폐쇄장치에 따라 <u>닫힌 상태 유지</u>해야 하고, 자동폐쇄장치는 제연구역의 기압에도 출입문을 폐쇄할 수 있을 만큼 <u>충분한 폐쇄력</u> 있어야 함(창문을 포함해 출입문을 개방 상태로 유지관리해야 하는 경우에는 감지기 작동과 연동해 즉시 닫히는 방식이어야 함)

④ 제연설비의 구분별 작동순서

거실 제연설비	부속실제연설비
1. 화재 발생 2. 감지기 작동 또는 수동기동장치 작동 3. 수신기 - 화재 감지 4. 제연설비 작동 　① 화재경보 발생 　② 제연커튼 중 이동식 커튼 설치 시 감지기가 작동하면 커튼작동모터 작동으로 제연커튼이 내려옴. (고정식 제연커튼은 고정되어 있으므로 감지기 작동과 무관함) 　③ 배기·급기댐퍼 개방 　④ 배기팬 작동으로 연기 빨아들여 외부로 배출, 급기팬 작동으로 외부의 신선한 공기 유입	1. 화재 발생 2. 감지기 작동 또는 수동기동장치 작동 3. 화재경보 발생 4. 급기댐퍼 개방 5. 댐퍼가 완전히 개방된 후 송풍기 작동 6. 송풍기 바람이 계단실 및 부속실로 송풍 7. 플랩댐퍼(과압방지장치 - 부속실의 설정 압력범위 초과 시 압력 배출) 작동

⑤ 제연설비의 점검

ㄱ. 거실제연설비 점검 : 감지기 작동 또는 수동기동장치 스위치 작동

　a. 화재경보 발생 여부

　b. 제연커튼이 설치된 장소는 제연커튼이 내려오는지(작동하는지) 확인

　c. 배기·급기댐퍼 개방 여부

　d. 배기팬, 급기팬 작동 및 배풍, 송풍 정상 작동 여부를 확인한다.

ㄴ. 부속실제연설비의 점검 : 감지기 작동 또는 수동기동장치 스위치 작동

　a. 화재경보 발생 및 댐퍼 개방 확인

　b. 송풍기 작동으로 계단실 및 부속실로 바람이 들어오는지 확인

　c. 차압된 장소(계단실, 부속실 등)의 문을 닫고 차압 측정, 40Pa 이상(SPR 설치 시 12.5Pa 이상) 되는지 확인

　d. 출입문을 개방하고 방연풍속 측정(0.5m/s 또는 0.7m/s 이상)

　e. 과압이 발생된 경우 과압배출장치(플랩댐퍼) 작동하는지 확인

　f. 확인 후 수신기 복구

4) 비상콘센트설비

① 화재 시에도 전력을 공급할 수 있는 '비상전원'설비로 조명장치나 파괴기구 등을 접속해 사용하는 설비

② 설치 위치

　ㄱ. 바닥으로부터 0.8m 이상 1.5m 이하

　ㄴ. 계단의 출입구(또는 바닥면적 1,000m² 이상인 층은 계단부속실의 출입구 포함)로부터 5m 이내

　ㄷ. 수평거리 50m 이하마다 설치

③ 보호함 설치하고 함에는 쉽게 개폐되는 문과 상부에 적색 표시등 설치＋함 표면에 [비상콘센트]라고 표기

5) 무선통신보조설비

① 지하층의 화재 시 지상과 지하 간 무선통신을 용이하게 하는 설비

② **종류**: 누설동축케이블 방식(동축케이블＋누설동축케이블 조합), 안테나 방식(동축케이블＋안테나 조합), 누설동축케이블 및 안테나 방식(누설동축케이블 방식＋안테나 방식 조합)

6) 연소방지설비

① 전력, 통신용 전선 등이 있는 지하구에 화재가 발생했을 때, 소방펌프차로 지상의 송수구를 통해 송수해 수막(워터커튼)을 형성하고 연소가 확대되는 것을 방지한다.(불 끄는 소화 X)

② 이때 배관을 통해 개방형 헤드로 방수되며, 헤드 간 거리는 연소방지설비 전용일 시 수평거리 2m 이하, 스프링클러헤드 사용 시 수평거리 1.5m 이하로 한다.

③ 지하구의 케이블 및 전선 등에는 [연소방지용 도료]를 도포해야 하나, 케이블 및 전선 등이 규정의 내화배선으로 설치된 경우(또는 내화성능 이상인 경우)에는 도포하지 않는다.

연소방지설비

소방시설의 종류 및 기준

소방시설의 종류

- 소방시설: 대통령령으로 정하는 소화설비, 경보설비, 피난구조설비, 소화용수설비, 소화활동설비

소방시설 종류	하위 설비 (시설, 장치, 설비 등)	포함되는 것	핵심키워드
소화설비	소화기구	• 소화기 • 간이소화용구 • 자동확산소화기	• 소화기 종류 • 소화기 설치기준
	자동소화장치	• 주거용 자동소화장치 • 상업용 자동소화장치 • 캐비닛형 자동소화장치 • 가스자동소화장치 • 분말자동소화장치 • 고체에어로졸자동소화장치	• 가스누설차단밸브 • 〈점검〉: 가스누설탐지부, 차단밸브, 감지부, 예비전원, 제어반, 약제 저장용기
	옥내소화전설비 (호스릴 옥내소화전설비 포함)		• 0.17~0.7MPa • 130L/min • 가압송수장치 4가지 • 구성 및 밸브, 피토게이지 • 정지점, 기동점, Diff
	옥외소화전설비		• 0.25~0.7MPa • 350L/min
	스프링클러설비등	• 스프링클러설비 • 간이스프링클러설비 • 화재조기진압용SPR설비	• 헤드: 폐쇄/개방형 • 습식, 건식, 준비작동식, 일제살수식 • 0.1~1.2Mpa • 80L/min

이론과 개념 설명

설비 및 구조의 이해

복합개념 정리

위험물 개념정리

실전 기출예상문제

실기단원 마무리 총정리

소방시설 종류	하위 설비 (시설, 장치, 설비 등)	포함되는 것	핵심키워드
소화설비	물분무등소화설비	• 물분무소화설비 • 미분무소화설비 • 포소화설비 • 이산화탄소소화설비 ⎤ 가스계 • 할론소화설비 ⎦ • 할로겐화합물 및 불활성기체소화설비 • 분말소화설비 • 강화액소화설비 • 고체에어로졸소화설비	• 전역·국소방출, 호스릴방식 • 저장용기, 기동용가스, 솔레노이드밸브(격발), 선택밸브, 압력스위치, 방출표시등, SVP, 방출헤드
경보설비	• 자동화재탐지설비(감지기, 발신기, 수신기, 음향장치 등) • 화재알림설비 • 시각경보기 • 비상경보설비 : 비상벨설비, 자동식사이렌설비 • 비상방송설비 • 단독경보형감지기 • 통합감시시설 • 가스누설경보기, 누전경보기		• 감지기 종류 • 발신기, 수신기 작동 및 각종 버튼 및 표시등 • 경계구역 600m²(합이 500 or 흰히 1천) • 수신기 시험 • 비화재보 • 비상방송 10초 내 (실내 1W, 실외 3W)
피난구조 설비	피난기구	구미교다승 + 피난사다리, 완강기, 공기안전매트 등	• 장소별 적응성 표 • 방화복은 헬멧, 장갑, 안전화 포함 • 2선식/3선식 유도등 • 유도등(피난구, 거실/계단, 복도) 설치기준 • 비상조명 1럭스
	인명구조기구	방열복, 방화복, 공기호흡기, 인공소생기	
	유도등	피난구유도등, 통로유도등, 객석유도등, 유도표지 등	
	비상조명등 및 휴대용 비상조명등		
소화용수 설비	• 상수도 소화용수설비 • 소화수조, 저수조 및 그 밖의 소화용수설비		• 수도배관 75mm +소화전 100mm • 채수구 설치수 • 소요 수량 80m³ 이상은 투입구 2개↑
소화활동 설비	제연설비		• 연결송수관(습/건식) • 연결살수 설치기준 • 제연 : 최소차압 40Pa(SPR 12.5Pa 이상), 문 개방력 110N 이하 • 거실/부속실 제연 및 방연풍속
	연결송수관설비		
	연결살수설비		
	비상콘센트설비		
	무선통신보조설비		
	연소방지설비		

소방시설 설치 적용기준(일부)

구분	소방시설	적용기준(하위설비 및 장치 등)	설치대상
소화설비	소화기구	소화기, 간이소화용구, 자동확산소화기	• 건축물 연면적 33m² 이상 • 그 외 지정문화재, 터널, 지하구 : 전부
	자동소화장치	주거용 자동소화장치	• 아파트 및 오피스텔 : 전층
	스프링클러설비	• 문화·집회·종교(목조 제외)·운동(물놀이 제외)시설 : 수용인원 100인 이상 전층	
	옥내소화전	• 건축물 연면적 3,000m² 이상 전층 • 무창층, 지하층 또는 4층 이상인 것 중 : 바닥면적 600m² 이상 전층	
	옥외소화전	• 국보 또는 보물 지정된 목조건축물 전부 • 지상 1, 2층 바닥면적 합계 9,000m² 이상	
경보설비	자탐설비	• 자동화재탐지설비(감지기, 발신기, 수신기, 음향장치 등) • 화재알림설비 • 시각경보기 • 비상경보설비 : 비상벨설비, 자동식사이렌설비 • 비상방송설비 • 단독경보형감지기 • 통합감시시설 • 가스누설경보기, 누전경보기	
피난구조 설비	인명구조기구	• 지하층 포함 7층 이상 관광호텔 : 방열복 또는 방화복(+헬멧, 장갑, 안전화), 인공소생기 및 공기호흡기 • 지하층 포함 5층 이상 병원 : 방열복 또는 방화복(+헬멧, 장갑, 안전화), 공기호흡기 └'인공소생기' 이미 있으니 제외!	
	휴대용 비상조명등	• 숙박시설 : 전부 • 수용인원 100명 이상의 영화관, 대규모 점포(판매시설), 지하가 중 지하상가, 지하역사(철도 및 도시철도) : 전부	
소화활동 설비	제연설비	• 문화·집회·종교·운동시설 : 무대부 바닥면적 200m² 이상 • 영화관 수용인원 100인 이상	
		• 지하층이나 무창층에 설치된 근린생활·판매·숙박·위락·의료시설 등의 용도로 바닥면적의 합이 : 1,000m² 이상 • 터널을 제외한 지하가로 연면적이 : 1,000m² 이상	

1) 숙박시설이 있는 특정소방대상물

① 침대 있는 숙박시설	② 침대 없는 숙박시설
종사자 수 + 침대 수	종사자 수 + (숙박시설의 바닥면적÷3m²)
→ 2인용 침대는 개당 2로 쳐서 계산(x2)	→ 단, 이때 복도, 계단, 화장실 등의 바닥면적은 포함하지 않음! 나눠서 떨어지지 않는 1 미만의 소수는 반올림 처리

<table>
<tr><td>

• 종사자 수 : 1명
• 2인용 침대가 있는 객실 수 7개
→ 수용인원 : 종사자 수 1명 + (7실x2인용) = 15명

</td><td>

• 종사자 수 : 1명
• 객실 바닥면적 : 5.2m²
• 화장실 바닥면적 : 5m²
• 사무실 바닥면적 : 5m²
• 복도 바닥면적 : 10m²
→ '숙박시설의 바닥면적' 산정에서 화장실과 복도, 계단은 제외! 그 외는 합산하므로 사무실의 바닥면적 5m²만 합산한다. 따라서, 종사자 수 1명 + (객실 바닥면적 5.2x6 + 사무실 면적 5)÷3 = 13.06이므로 반올림, 수용인원 13명

</td></tr>
</table>

2) 그 외 특정소방대상물

① 강의실, 교무실, 상담실, 실습실, 휴게실 용도로 쓰이는 특정소방대상물 : 해당 용도 바닥면적의 합계÷1.9m²

② 강당, 문화 및 집회시설, 운동시설, 종교시설 : 해당 용도 바닥면적 합계÷4.6m²

> 📢 **암기 Tip**
>
> 학교는 19살까지 다니니까 나누기 1.9 / 운동시설, 강당은 사육한다~! 나누기 4.6

1) 지하가 중 '터널'에 적용되는 소방시설 적용기준 및 설치대상

소방시설		적용기준	설치대상
소화설비	옥내소화전설비	지하가 중 터널로서 '터널'	1,000m 이상
		행안부령으로 정하는 터널	전부
경보설비	**비상경보설비**	지하가 중 터널로서 길이	**500m** 이상
	자탐설비	지하가 중 터널로서 길이	1,000m 이상
피난구조설비	**비상조명등**	지하가 중 터널로서 길이	**500m** 이상
소화활동설비	연결송수관	지하가 중 터널로서 길이	1,000m 이상
	비상콘센트		**500m** 이상
	무선**통신** 보조설비		

1) 제연설비를 설치하는 특정소방대상물

소방시설		적용기준	설치대상
소화활동설비	제연설비	**영화상영관**으로 수용인원	**100인** 이상
		지하가(터널 제외)로 연면적	1,000m² 이상
		지하층이나 무창층에 설치된 근생·판매·운수·의료·노유자·숙박·위락·창고시설로서 바닥면적 합계	

Ⅲ

이론과 개념 설명Ⅱ
:복합개념 정리

종합방재실의 운용

종합방재실 개요

'방재'란, 화재 및 재난 등으로부터 안전하게 보호하거나 막는 것을 의미함. 최근 건축기술의 발달 및 효율적인 토지 사용을 위해 초고층, 지하 연계 복합건축물의 건축 비율이 높아지고 있고 그에 따라 화재 시 피해 규모도 확대되므로 이러한 화재, 재난 및 테러 등의 위험으로부터 손실 최소화하기 위해 방재 관련 시스템을 통합, 상시 최적의 상태 유지하기 위해 종합방재실(방재센터) 필요.

통합감시시스템

기존의 감시시스템과 통합 감시시스템의 비교

1) 기존 감시시스템은 '장소적' 통합 개념으로 구성

   ① 장소별 정보 수집 및 감시가 요구되고

   ② 비용, 장소, 인력도 많이 필요했음

2) 통합 감시시스템은 '시스템적' 통합 방식으로 구성

   ① 언제, 어디서든 정보의 수집 및 감시가 용이하므로

   ② 비용, 장소, 인력 문제 해결할 수 있음(저비용, 고효율)

종합방재실의 역할과 기능

① 설비의 제어 및 작동상황 집중 감시, 정확한 정보 제공

② 방재상 관리운영의 일원화(하나로 통합) → 발생부터 수습까지 한방에!/소방활동의 거점 역할

③ 재난 및 피해 최소화

> 📁 **참고**
>
> 그래서 대부분 컴퓨터 그래픽 시스템도 반영되어 있어서 화재 발생하면 해당 층의 계통도가 자동으로 디스플레이(화면으로 보여줌)되고 발신기, 수신기부터 각종 펌프, 밸브, 댐퍼, 방화셔터, Fan(제연) 등의 작동 상태가 색깔별로 표시도 해주고, 설비 작동 현황이나 해당 구역 및 날짜, 시간 등을 기록하고 출력도 해줍니다. 그 외에 자동 호출이나 설비의 우선순위를 부여해 자동 변환도 해주고, 시뮬레이션 모드를 통해 임의로 작동 시 연동되는 설비 정보 파악 등 다방면에서 '입체적'으로 감시하고 정보의 저장 등 시스템 통합 기능을 수행합니다.

종합방재실의 구축효과

대응도 빠른데 안전하고, 화재 시 피해도 줄이고 유지관리 비용도 덜 든다!

1) 화재 시 신속 대응

① '입체적' 감시 및 제어

② 중앙 화재감시로 신속한 대응

③ 화재 시 담당자에게 빠른 전달 가능

④ 가스누출사고에 신속 대응

2) 시스템 안전성 향상

① 비화재보 억제

② 고장 및 장애 신속처리

③ 시스템 신뢰성 확보

3) 화재피해 최소화

① 신속 화재탐지

② 신속 피난유도

③ 인명을 최우선으로 보호

④ 재산피해 최소화

4) 유지관리 비용 절감

　① 유지보수 비용 절감

　② 운영인력 비용 절감

　③ 작동상황 기록관리로 편의성↑

시스템의 구성

1) CCTV 설비: 영상을 통해 감시

2) 자동화재탐지 설비: 열, 연기, 불꽃 등 감지로 조기발견, 조기통보, 조기피난, 초기소화 등

3) 방송설비: 연주실 설비 및 중계 연락설비 등 방송 송신용 무선설비

4) 승강기설비: 동력을 이용해 사람 및 화물 옮기는 데 사용(에스컬레이터, 엘리베이터, 댐웨이터 등)

5) 가스감시설비: 가스 공급을 위한 설비 및 원격제어·감시(가스홀더, 도관, 밸브, 가스미터 등)

6) 보안설비: 보안업무 수행을 위한 복합적인 기계 장치(건축물에 갖추는 시설). 출입통제, 차량통제, 침입감시, 보안검색, 순찰관리 등

종합방재실의 설치

1) 초고층 건축물 등의 관리주체는 종합방재실 구축 및 종합재난관리체제 운영해야 함

2) 종합관리체제에 포함되는 사항

　① **재난대응체제**

　　• 재난상황 감지 및 전파체제
　　• 방재의사결정 지원 및 유형별 대응체제
　　• 피난유도 및 상호응원체제

　② **재난·테러 및 안전 정보관리체제**

　　• 취약지역 안전점검 및 순찰정보 관리
　　• 유해·위험물질 반출, 반입 관리
　　• 소방 시설·설비 및 방화관리 정보
　　• 방범·보안 및 테러 대비 시설 관리

이론과 개념 설명

설비 및 구조의 이해

복합개념 정리

위험물 개념정리

실전 기출예상문제

실기 들어보는 총정리

✩ 3) 설치기준

① **개수**: 1개 (단, 100층 이상의 초고층 건축물은 종합방재실이 기능을 상실할 경우를 대비해 종합방재실을 추가로 설치하거나 관계지역 내 다른 종합방재실에 보조 종합재난관리체제 구축하여 중단되지 않도록 해야 함)

② **구조 및 면적**

ㄱ. 다른 부분과 방화구획으로 설치할 것.

ㄴ. 붙박이창 – 두께 7mm 이상의 망입유리로 된 4m² 미만의 붙박이창 설치 가능(불에 강하려면 두꺼워야하니까 유리는 7mm '이상', 방화구역에 자리를 많이 차지하면 안 되니까 4m² '미만'!).

ㄷ. 인력의 대기 및 휴식을 위한 부속실 설치할 것(종합방재실과 방화구획된 부속실)

ㄹ. 면적은 20m² 이상일 것.

ㅁ. 출입문에 출입 제한 및 통제 장치 갖출 것.

③ **초고층 건축물의 관리주체**

- **종합방재실**에 (재난 및 안전관리에 필요한) **인력**: 3명 이상 상주해야 함

- 종합방재실의 기능이 항상 정상 작동하도록 수시로 점검, 결과 보관해야 함

▌ 종합방재실의 운영

1) 365일 무중단 운영, 월 1회 정기 유지보수 실시

2) **2-1) 정기 유지보수 절차**: 계획 세우고 부품 챙겨! 이동해서 정비하고 고장난 건 수리해서 보고서 작성!

📂 **정기 유지보수**

계획 수립 → 부품 준비 → 현장 이동 → 정비 실행 → 고장 수리 → 보고서 작성

2-2) 정기 유지보수 주내용: 종합방재실·감지기·수신기(중계반) 기능 점검, 각종 회로점검, 데이터 백업, 전원 측정, 예비품 상태 점검, 장치 청소, 보고서 작성

3) **장애 발생 시 유지보수 절차**: 내용이 뭔지 듣고 검토해! 방법 세우고 부품이랑 기기 챙겨서 이동! 정비하다 보니까 원인 파악되고 재발 방지 대책 세워! 보고서 작성해서 보고 끝!

📂 **장애발생 시 유지보수**

장애 내용 전수 → 검토 → 조치방법 수립 → 부품 및 기기 준비 → 현장 이동 → 정비 실행 → 장애원인 파악 → 재발 방지 대책 수립 → 보고서 작성 → 보고

4) 화재 시 운영절차

작동기능점검표 및 소방계획서의 적용

작동기능점검표

1) 점검 전 준비사항

① 협의 및 협조 받을 건물 관계인 등의 연락처 사전 확보

② 점검 목적과 필요성에 대해 관계인에게 사전 안내

③ 음향장치 및 각 실별 방문점검 미리 공지

2) 작동기능점검표의 작성 예시

■ 현황표 작성

(작동기능점검표 예시)

소방시설등 작동기능점검표

• 점검대상 : 점검대상물 상호명 또는 건축물명/(소재지 : 주소)

• 소방시설등 점검결과

구분	설비		점검결과	구분	설비	점검결과
소화 설비	[ ] 소화기구	[ ] 소화기		피난 기구	[ ] 미끄럼대	
		[ ] 간이소화용구			[ ] 구조대	
	[ ] 자동소화설비				[ ] 피난교	
	[ ] 옥내소화전설비				[ ] 다수인피난장비	
	[ ] 옥외소화전설비				[ ] 승강식피난기	
	[ ] 스프링클러설비				[ ] 완강기	
	[ ] 물분무소화설비				[ ] 간이완강기	
	[ ] 이산화탄소소화설비				[ ] 피난사다리	
	[ ] 할론소화설비				[ ] 공기안전매트	
	[ ] 할로겐화합물 소화설비			인명 구조 기구	[ ] 방열복/방화복	
	[ ] 분말소화설비				[ ] 인공소생기	
경보 설비	[ ] 단독경보형감지기				[ ] 공기호흡기	
	[ ] 자동화재탐지설비				[ ] 피난구유도등	
	[ ] 비상경보설비	[ ] 비상벨설비		유도등	[ ] 복도통로유도등	
		[ ] 싸이렌			[ ] 계단통로유도등	
기타	[ ] 방화문				[ ] 거실통로유도등	
	[ ] 방화셔터				[ ] 객석유도등	

• 점검기간 : 년 월 일부터 년 월 일까지(점검 실시 날짜)

• 점검자 : 점검을 실시한 사람

① 점검대상물에 실제로 설치된 설비에 V 표시를 한다.

구분		설비	점검결과
예			
소화 설비	[V] 소화기구	[V] 소화기	
		[ ] 간이소화용구	
	[ ] 자동소화설비		
	[V] 옥내소화전설비		
	[V] 옥외소화전설비		
	[V] 스프링클러설비		

② '점검결과'에 [양호 : O, 불량 : X, 해당없음 : /]으로 표시한다.

구분		설비	점검결과
예			
소화 설비	[V] 소화기구	[V] 소화기	X
		[ ] 간이소화용구	
	[ ] 자동소화설비		
	[V] 옥내소화전설비		O
	[V] 옥외소화전설비		O
	[V] 스프링클러설비		O

③ **소방시설등 세부현황 작성**:층별 시설 현황, 수조량, 설치 장소 등을 기재

→ 점검결과 불량이 있을 시 [소방시설등 불량 세부사항]을 작성

예 점검결과 소화기 불량

구분		설비	점검결과
소화 설비	[V] 소화기구	[V] 소화기	X
		[ ] 간이소화용구	

(소방시설등 불량 세부사항 작성 예시)

소방시설등 불량 세부사항

구분	점검항목	점검내용
소화기구	소화기 점검	• 외관 변경 여부 • 부식 여부 • 안전핀 고정 여부

점검결과(양호 O, 불량 X, 해당없음 /)		
① 결과	**② 불량내용**	**③ 조치**
외관 변경 여부	O	/
부식 여부	O	/
안전핀 고정 여부	X	안전핀 교체 필요

📁 **Tip**

외관 변경 여부 / 부식 여부에 O 동그라미를 친 것은 불량이라는 게 아니라 정상이라는 것!

불량내용에 O 표시를 한 것은 정상이고, 불량인 항목에 X 표시를 하는 게 맞습니다. 불량내용 O는 정상이므로 조치를 해야 하는 내용에 해당사항이 없으니 / 표시를 하고 불량내용에 X는 불량이므로 조치가 필요한 세부 내용을 기재하면 됩니다.

1) 소방계획서 구성(일부)

① 소방안전관리대상물의 일반현황

② 소방 및 방화시설 등 현황

③ 자체점검계획 등

④ 피난계획(피난약자의 피난계획 포함)

⑤ 소방교육 및 훈련 계획

⑥ 자위소방조직 구성 및 임무 부여(피난보조 임무 포함)

⑦ 소화 및 연소방지 관련 사항

2) 소방계획서의 작성 예시

구분		건축물 일반현황
명칭		최강빌딩
도로명 주소		서울특별시 노원구 123로 99
연락처		☐ 관리주체 A관리　☐ 책임자 김말이　☐ 연락처 010-000-0000
규모/구조		☐ 건축면적 1,200㎡　☐ 연면적 5,200㎡
		☐ 층수 지상 12층 / 지하 1층　☐ 높이 48m
		☐ 구조 철근콘크리트조　☐ 지붕 슬라브
		☐ 용도 주거시설, 업무시설, 근린생활시설　☐ 사용승인 2010.05.01
계단		☐ 구분　☐ 구역　☐ 비고
		특별피난계단　서편 1구역　부속실제연 특별피난계단　동편 1구역　부속실제연
승강기		☐ 승용 8대　☐ 비상용 3대
시설현황		☑ 근린생활시설 1층~6층　☑ 거주시설 10층~12층 ☐ 노유자시설(해당없음)　☑ 업무시설(사무실) 7층~9층
인원현황		☐ 거주인원 23명　☐ 근무인원 200명 ☐ 고령자 1명　☐ 영유아 1명 ☐ 장애인(이동/시각/청각/언어) 1명(이동장애)

관리현황	선임현황	소방안전관리자		소방안전관리 보조자	
		성명	선임일자	성명	선임일자
		김선임	2022.03.01	최보조	2022.03.01
		☎ (유선) 02-000-0000　(휴대전화) 010-1111-0000			

구분		건축물 일반현황			
관리현황	업무대행	□ 대행업체 : <u>영차소방</u> □ 연락처 : <u>02-111-1199</u> □ 면허번호 : <u>11-00000</u> □ 대행기간 : 22년 3월 1일~23년 3월 1일			
	화재보험	**가입기간**	**보험사명**	**가입대상**	**가입금액**
		22.03.31~23.03.30	짱구화재보험	최강빌딩	100,000,000

구분	피난절차 및 방법									
피난인원	☑ 재해약자 현황(해당사항에 ∨ 표시)									
	☑노인	☑영유아	□어린이	□임산부	장애유형					
					☑이동	□시각	□청각	□언어	□인지	
	1	1			1					

	재해약자	피난동선	피난방법
피난보조	김노인	1구역 특별피난계단 이동	보호자 인도
	최유아	1구역 특별피난계단 이동	보호자 인도
	나길동	2구역 특별피난계단 이동	보조자(최대리) 인도

💬 소방계획서에는 피난계획에 관한 사항도 포함!

① 위 소방계획서를 참고하여 알 수 있는 사항

ㄱ. 최강빌딩은 1급소방안전관리대상물이다 : 아파트 제외하고 11층 이상인 특정소방대상물

ㄴ. ㄴ, 1급대상물은 선임연기 신청 불가

ㄷ. 최강빌딩은 1급대상물이지만 11층 이상, 연면적 15,000m² 미만이므로 업무대행(유지관리) 가능하다.

ㄹ. 최강빌딩은 내화구조 : 철근콘크리트조

ㅁ. 만약 대지면적이 2,000m²라면
  - 최강빌딩의 용적률은 : 5,200÷2,000x100=260%
  - 최강빌딩의 건폐율은 : 1,200÷2,000x100=60%

ㅂ. 최강빌딩은 [발화층 + 직상 4개 층 우선경보] 방식을 적용 : ∵11층 이상의 건물

ㅅ. 최강빌딩은 11층 이상의 복합건축물이므로, 만약 권원이 분리되어 있고 소방본부장 또는 소방서장의 판단 하에 권원이 많아 효율적인 소방안전관리가 이루어지지 않는다고 판단되는 경우 관리권원을 조정하여 총괄소방안전관리자 선임 및 공동소방안전관리 협의회를 구성할 수 있다.

업무수행 기록의 작성·유지

먼저 CHECK ! **소방안전관리자의 업무**

1) 소방계획서 작성 · 시행

2) 자위소방대 및 초기대응체계의 구성 · 운영 · 교육

3) 피난방화시설, 방화구획의 유지 · 관리

4) 소방시설 및 소방관련 시설의 관리

5) 소방훈련 · 교육

6) 화기취급의 감독

7) 화재발생 시 초기대응

8) (3), (4), (6)호 업무수행에 관한 기록유지

9) 그 밖에 소방안전관리에 필요한 업무

업무수행 기록의 작성 · 유지

• 소방안전관리자는 소방안전관리 업무 수행에 관한 기록을 **월 1회 이상 작성·관리**해야 하며

• 소방안전관리 업무 수행 중 보수·정비가 필요한 사항을 발견한 경우 : 지체 없이 **관계인에게 알리고**, 기록해야 한다.

• 소방안전관리자는 업무 수행에 관한 기록을 **작성한 날부터 2년간 보관**

작성요령

① 소방안전관리대상물의 소방안전관리자는 소방안전관리업무를 **수행한 날을 포함하여 월 1회 이상** 작성

② 당해연도 소방계획서 및 소방시설등 자체점검(최초·작동·종합) 점검표**에 따른 점검 항목**을 참고하여 작성

③ 소화설비 - 제어반 · 가압송수장치(펌프), 경보설비 - 수신기를 중점적으로 확인하여 작성

▶ 소방시설에서 제일 중요한! 불 끌 때 써야 하는 펌프랑 제어반(컨트롤!) & 모든 설비의 대빵인 수신기!

④ 소방안전관리대상물의 특성에 따라 기타사항에 추가항목 작성

(화재예방법 시행규칙 별지 제 12호 서식 참고)

소방안전관리자 업무 수행 기록표

※ [   ]에는 해당되는 곳에 ∨표 한다.

수행일자	업무를 수행한 날짜			수행자	소방안전관리자 (서명)	
소방안전 관리대상물	상호	올라빌딩(건축물 명칭)		등급	[ ]특급 [ ]1급 [∨]2급 [ ]3급	
	소재지	서울특별시 반포대로 00 (도로명 주소)				
	지하층	지상층	연면적(m²)	바닥면적(m²)		동수
	2층	8층	5,600	700		1
항목	확인내용			확인결과	조치사항	
소방시설				[∨] 양호 [ ] 불량		
피난방화시설				[∨] 양호 [ ] 불량		
화기취급감독	• 화기시설 주변 적정 소화기 설치 유무 • 불꽃 및 스파크 발생 작업에 대한 감독 • 가연물 이동 및 비산방지 조치 여부			[ ] 양호 [∨] 불량	작업구역 내 소형소화기 1개 추가 설치	
기타사항				[∨] 양호 [ ] 불량		
불량사항 개선보고	보고일시	보고방법		보고받은 사람		
	2023.08.01.	[ ] 대면 [∨] 서면 [ ] 정보통신		서대표		
	조치방법	[ ] 이전 [ ]제거 [ ] 수리·교체 [∨] 기타				

- 수행일자는 업무 수행 날짜 / 수행자는 소방안전관리자 기재
- 층수, 연면적, 바닥면적, 동수 기재 및 소방안전관리대상물의 등급(특·1·2·3급) 표시
  ▶ 이때 바닥면적은 권원별로 관리하는 구역의 바닥면적 합계 또는 건축물 1층의 바닥면적으로 함.
- 항목별 확인내용 : 소방시설, 피난방화시설, 화기취급감독, 기타사항으로 구성
① 소방시설 : 소화·경보·피난구조·소화용수·소화활동설비(소방시설)의 상태 확인 및 결과 체크, 불량 시 조치·작성
② 피난방화시설 : 방화문, 자동방화셔터, 비상구, 피난통로 상태 확인 및 결과 체크, 불량 시 조치·작성
③ 화기취급감독 : 전기·가스·위험물·화기작업·가연물 및 전열기구 등 상태 확인 및 결과 체크, 불량 시 조치·작성
④ 기타사항 : 부적합한 공간구획·연소 확대 위험요소 상태 확인 및 결과 체크, 불량 시 조치·작성
- 항목별 확인 후 [불량사항 개선보고] 및 [조치방법]등을 작성

IV

OX 및 빈칸 채우기로 기본 개념 완벽 정리하기!
워밍업 개념정리

대단원 마무리 원샷! 필수예제

01 다음 중 무창층에서 개구부가 갖추어야 하는 요건에 대한 설명으로 옳은 것을 모두 고르시오.

> ⓐ 내·외부에서 쉽게 부수거나 열 수 있을 것
> ⓑ 크기는 지름 40cm 이상의 원이 통과할 수 있을 것
> ⓒ 해당 층의 바닥면으로부터 개구부 밑부분까지의 높이가 1.2m를 초과할 것
> ⓓ 도로 또는 차량이 진입할 수 있는 빈터를 향할 것

① ⓐ, ⓑ   ② ⓑ, ⓒ
③ ⓐ, ⓓ   ④ ⓐ, ⓑ, ⓓ

> **해** 무창층에서 개구부는 창살이나 장애물이 설치되지 않아야 하며, 내·외부에서 쉽게 부수거나 열 수 있어야 하고, 도로 또는 차량이 진입 가능한 빈터를 향해야 한다. 또한 개구부의 크기는 지름 '50cm 이상'의 원이 통과할 수 있어야 하고, 바닥으로부터 개구부 밑부분까지는 높이 '1.2m 이내'여야 하므로, ⓑ와 ⓒ의 설명은 옳지 않다. 따라서 옳은 것만을 모두 고른 것은 ⓐ, ⓓ로 ③번.
>
> **답** ③

02 소방안전관리대상물을 제외한 특정소방대상물에서 관계인의 업무에 해당하는 것만을 모두 고르시오.

> ⓐ 피난시설, 방화구획 및 방화시설의 유지·관리
> ⓑ 화기취급의 감독
> ⓒ 소방훈련 및 교육
> ⓓ 화재발생 시 초기대응
> ⓔ 소방계획서의 작성 및 시행

① ⓑ, ⓓ   ② ⓐ, ⓑ, ⓒ
③ ⓐ, ⓑ, ⓓ   ④ ⓑ, ⓒ, ⓔ

> **해** (소방안전관리대상물 제외) 특정소방대상물에서 관계인은 (1) 피난시설, 방화구획(시설)의 유지·관리 (2) 소방(관련)시설의 관리 (3) 화기취급 감독 (4) 화재 초기대응 (5) 그 밖에 소방안전관리에 필요한 업무를 수행해야 한다. 보기의 소방훈련 및 교육이나 소방계획서 작성, 또는 자위소방대 및 초기대응체계의 구성·운영·교육 등의 업무는 소방안전관리대상물의 '소방안전관리자'의 업무에 해당하므로, 이를 제외하고 (소방안전관리대상물 제외) 관계인의 업무에 해당하는 것은 ⓐ, ⓑ, ⓓ로 ③번.
>
> **답** ③

03 소방안전관리자 및 소방안전관리보조자 선임신고 등에 대한 설명으로 옳지 아니한 것을 고르시오.

① 소방안전관리자 또는 소방안전관리보조자를 선임한 경우에는 대통령령으로 정하는 바에 따라 선임한 날부터 14일 이내에 소방본부장 또는 소방서장에게 신고하여야 한다.
② 소방안전관리대상물의 출입자가 쉽게 알 수 있도록 소방안전관리자의 성명과 그 밖에 행정안전부령으로 정하는 사항을 게시하여야 한다.
③ 2급, 3급 및 소방안전관리보조자를 선임해야 하는 소방안전관리대상물의 관계인은 강습교육이나 자격시험이 선임기간 내에 있지 않아 선임할 수 없는 경우 선임연기 신청이 가능하다.
④ 소방안전관리자의 선임연기 기간 중 소방안전관리업무는 소방안전관리대상물의 관계인이 수행해야 한다.

해 소방안전관리(보조)자를 선임한 경우에는 '행정안전부령'으로 정하는 바에 따라 선임한 날부터 14일 내에 소방본부장 또는 소방서장에게 신고하므로, 대통령령으로 서술한 부분이 옳지 않다.

📢 **중요 포인트!**
2급, 3급 및 보조자 선임 대상물의 관계인은 선임 기간 내에 강습교육이나 자격시험 일정의 부재로 선임할 수 없는 경우 선임연기 신청이 가능한데, 이러한 선임연기 기간 중 소방안전관리업무는 관계인이 수행하게 된다.

답 ①

04 강제처분 등에 따라 소방본부장, 소방서장 또는 소방대장은 사람을 구출하거나 불이 번지는 것을 막기 위하여 필요할 때에는 화재가 발생하거나 불이 번질 우려가 있는 소방대상물 및 토지를 일시적으로 사용하거나 그 사용의 제한 또는 소방활동에 필요한 처분을 할 수 있는데, 이에 따른 처분을 방해한 자 또는 정당한 사유 없이 그 처분에 따르지 아니한 자에게 부과되는 벌칙을 고르시오.

① 5년 이하의 징역 또는 5천만원 이하의 벌금
② 3년 이하의 징역 또는 3천만원 이하의 벌금
③ 1년 이하의 징역 또는 1천만원 이하의 벌금
④ 300만원 이하의 벌금

해 강제처분 등에 따른 벌금 부과 기준(요약)은 다음과 같다.

① 소방본부장, 소방서장 또는 소방대장은 사람을 구출하거나 불이 번지는 것을 막기 위해 필요할 때 : (화재 발생·번질 우려 있는) 소방대상물 및 토지를 일시적으로 사용하거나, 사용의 제한 또는 필요한 처분	▶ 강제처분 방해 또는 정당한 사유 없이 그 처분에 따르지 않음 : 3년 이하 또는 3천만원 이하의 벌금
② (사람 구출·불이 번지는 것을 막기 위해) 긴급하다고 인정할 때 : ① 외의 소방대상물과 토지에 대해 ①에 따른 처분	▶ ②, ③에 따른 처분 방해 또는 정당한 사유 없이 그 처분에 따르지 않음 : 300만원 이하의 벌금
③ (소방활동 위해) 긴급하게 출동할 때 : 소방차 통행·소방활동 방해되는 주정차 차량 및 물건 제거/이동	

답 ②

05   다음 중 5년 이하의 징역 또는 5천만원 이하의 벌금이 부과되는 행위를 한 사람에 해당하는 경우를 고르시오.

① 정당한 사유 없이 물의 사용이나 수도의 개폐장치의 사용 또는 조작을 하지 못하게 하거나 방해한 자
② 정당한 사유 없이 소방용수시설 또는 비상소화장치를 사용하거나 소방용수시설 또는 비상소화장치의 효용을 해치거나 그 정당한 사용을 방해한 자
③ 소방시설에 폐쇄·차단 등의 행위를 하여 사람을 상해에 이르게 한 자
④ 화재안전조사 결과에 따른 조치명령을 정당한 사유 없이 위반한 자

> 🖩 각 보기마다 부과되는 벌금은 다음과 같다.
> ① : 100만원 이하의 벌금, ② : 5년 이하의 징역 또는 5천만원 이하의 벌금, ③ : 7년 이하의 징역 또는 7천만원 이하의 벌금(폐쇄·차단 행위의 가중처벌) , ④ : 3년 이하의 징역 또는 3천만원 이하 벌금. 따라서 정답은 ②번.
>
> 🖹 ②

06   다음 중 피난계획에 포함되어야 할 항목으로 보기 어려운 것을 고르시오.

① 화재경보의 수단 및 방식
② 층별, 구역별 피난대상 인원의 연령별·성별 현황
③ 피난약자 및 피난약자를 동반한 사람의 피난동선과 방법
④ 소화기 및 옥내소화전설비의 위치와 사용방법

> 🖩 피난계획에 포함되어야 하는 항목은 다음과 같다. (1) 화재경보 수단·방식 (2) 층별,구역별 피난대상 인원의 연령별·성별 현황 (3) 피난약자(장애인,노인,임산부,영유아 및 어린이 등)의 현황 (4) 피난약자 및 피난약자를 동반한 사람의 피난동선·방법 (5) 각 거실에서 옥외(옥상 또는 피난안전구역)로 이르는 피난경로 (6) 그 외 피난에 영향을 줄 수 있는 피난시설, 방화구획 등 제반 사항. 따라서 이러한 피난계획에 (화재초기 대응을 위한) 소화기 및 옥내소화전의 위치 및 사용방법은 포함해야 하는 사항으로 보기 어렵다.
>
> 🖹 ④

07   화재 등의 통지에 따라 화재로 오인할 만한 우려가 있는 연막소독을 하려는 자가 시·도조례로 정하는 바에 따라 관할 소방본부장이나 소방서장에게 신고하여야 하는 지역 또는 장소에 해당하는 것을 모두 고르시오.

ⓐ 목조건물이 있는 장소	ⓑ 석유화학제품을 생산하는 공장이 있는 지역
ⓒ 시장지역	ⓓ 노후·불량건축물이 밀집한 지역
ⓔ 산업단지	

① ⓐ, ⓑ, ⓒ   ② ⓑ, ⓒ
③ ⓑ, ⓓ, ⓔ   ④ ⓒ, ⓔ

해 '화재 등의 통지'에 따라 (화재로 오인할 만한) 불을 피우거나 연막소독을 하려는 자가 (소방차가 출동하는 일이 없도록) 미리 신고해야 하는 지역 또는 장소는 다음과 같다.

> (1) 시장지역
> (2) 석유화학제품 생산 공장이 있는 지역
> (3) [✓밀집] 공장·창고 / 목조건물 / 위험물 저장·처리 시설이 밀집한 지역
> (4) 그 밖의 시·도조례로 정하는 지역 또는 장소

따라서 목조건물이 있는 장소가 아닌, 목조건물이 '밀집한 지역'이 통지 장소에 해당하며, ⓓ와 ⓔ는 통지 장소가 아닌, '화재예방강화지구'에 포함되는 장소이므로 해당사항이 없다. 따라서 문제의 통지 지역 또는 장소에 해당하는 것은 ⓑ, ⓒ로 ②번.

> 📢 **참고 POINT!**
> 이러한 화재 등의 통지 장소(지역)에서 미리 신고를 하지 않아 소방차를 출동하게 한 자는 20만원 이하의 과태료가 부과된다.

답 ②

---

08 다음에 제시된 보기 중에서 화재안전조사를 실시할 수 있는 경우에 해당하는 것을 모두 고르시오.

> ⓐ 재난예측 정보, 기상예보 등을 분석한 결과 소방대상물에 화재 발생 위험이 크다고 판단되는 경우
> ⓑ 소방안전관리대상물에 대한 화재 신고가 접수된 경우
> ⓒ 소방대상물의 소방훈련 및 교육의 이행이 불성실하다고 판단되는 경우
> ⓓ 국가적 행사 등 주요 행사가 개최되는 장소 및 그 주변의 관계 지역에 대하여 소방안전관리 실태 조사가 필요한 경우

① ⓐ, ⓒ   ② ⓑ, ⓓ
③ ⓐ, ⓓ   ④ ⓑ, ⓒ

해 화재안전조사를 실시할 수 있는 경우(요약)는 다음과 같다.

> • 자체점검 또는 화재예방안전진단이 불성실·불완전
> • 법령에서 화재안전조사 하도록 규정(화재예방강화지구 등)
> • 국가적 행사 등 주요 행사 개최 장소 및 주변 지역에 대한 실태조사 필요
> • 화재 자주 발생, 또는 발생 우려 뚜렷한 곳에 대한 조사 필요
> • 재난예측·기상예보 분석 결과 화재 발생 위험 큰 경우
> • 그 외 화재 및 긴급 상황 발생 시 인명·재산 피해 우려가 큰 경우

따라서 제시된 보기 중에서 화재안전조사를 실시할 수 있는 경우는 ⓐ, ⓓ로 ③번.

답 ③

이론과 개념 설명

설비 및 구조의 이해

복합개념 정리

위밈별 개념정리

실전 기출예상문제

쉽게 풀어보는 총정리

09 다음 제시된 소방안전관리자 A의 조건을 참고하여, A의 최초 실무교육 실시 시기로 가장 적절한 날짜를 고르시오.

> • 성명 : A
> • 소방안전관리 강습교육 수료일 : 2023. 04. 17
> • 1급 소방안전관리자 자격증 취득 : 2023. 05. 08
> • 1급 소방안전관리대상물의 소방안전관리자로 선임 : 2024. 05. 02

① 2024년 10월 28일   ② 2025년 4월 15일
③ 2025년 5월 7일   ④ 2026년 4월 20일

해 강습교육 또는 실무교육을 받은 후 1년 이내에 소방안전관리자로 선임된 경우에는 해당 강습(실무)교육을 받은 날에 실무교육을 이수한 것으로 인정되어 교육 수료일로부터 2년마다(2년 후 같은 날의 전까지) 실무교육을 받으면 되지만, A의 경우에는 강습교육을 받고 1년 이상 지나서 선임이 되었으므로 [선임된 날]을 기준으로 '6개월 이내'에 최초 실무교육을 이수해야 한다. 따라서 선임된 날인 2024년 5월 2일로부터 6개월 내에 실무교육을 받아야 하므로, 최초의 실무교육 시기로 가장 적적한 날짜는 ①번.

> 🗣 **참고**
> 실무교육 실시 시기와 자격증을 취득한 날(시험 합격일)은 전혀 무관한 함정 조건!

답 ①

10 아파트를 제외하고 지상층의 층수가 15층이고 연면적이 8,500m²인 특정소방대상물에 대한 설명으로 옳지 아니한 것을 고르시오.

① 방염성능기준 이상의 실내장식물 등을 설치해야 하는 특정소방대상물이다.
② 관리업자로 하여금 대통령령으로 정하는 소방안전관리업무를 대행하게 할 수 있으며, 이 경우 관계인은 업무를 대행하는 관리업자를 감독할 수 있는 사람을 지정하여 소방안전관리자로 선임할 수 있다.
③ 위험물산업기사 자격이 있는 사람을 소방안전관리자로 선임할 수 있다.
④ 관계인은 소방훈련 및 교육을 한 날부터 30일 이내에 소방훈련 및 교육 결과를 소방본부장 또는 소방서장에게 제출하여야 한다.

해 (아파트 제외) 지상층의 층수가 11층 이상인 특정소방대상물은 1급소방안전관리대상물에 해당하며, 이때 선임자격은 (1) 소방설비(산업)기사 (2) 소방공무원 7년 이상 (3) 1급 소방안전관리자 시험 합격자 (중 어느 하나에 해당, 1급 이상 소방안전관리자 자격증 발급) 요건이 요구된다. ③번의 위험물산업기사 또는 위험물기능장(사) 자격이 있는 사람은 2급대상물의 선임요건이므로, 위험물산업기사 자격자를 선임 가능하다고 서술한 ③번의 설명이 옳지 않다.

> 🗣 **참고 POINT!**
> • 방염성능기준 이상의 실내장식물 등을 설치해야 하는 특정소방대상물에는 (아파트 제외) 층수가 '11층 이상인 것'도 포함된다.
> • 업무대행 가능 소방안전관리대상물 : 2급·3급대상물 또는 1급 중 예외적으로 (아파트 제외) 층수가 11층 이상이고 연면적은 1만 5천제곱미터 미만인 대상물도 포함.
> • 소방안전관리업무의 전담이 필요한 특·1급의 관계인은 소방훈련 및 교육을 한 날부터 30일 내에 결과를 소방본·서장에게 제출.

답 ③

11 위험물안전관리법에 따른 각 용어의 정의로 밑줄 친 부분에 해당하는 설명이 옳지 아니한 것을 고르시오.

①	위험물이란 인화성 또는 발화성 등의 성질을 가지는 것으로서 <u>대통령령</u>으로 정하는 물품을 말한다.
②	지정수량이란 위험물의 종류별로 위험성을 고려하여 <u>대통령령</u>이 정하는 수량으로서, 제조소등의 설치허가 등에서 기준이 되는 수량을 말한다.
③	<u>지정수량 이상의 위험물</u>은 제조소등에서 저장·취급하여야 한다.
④	<u>지정수량 이하</u>인 위험물의 저장·취급 기준은 시·도의 조례를 따른다.

🔑 지정수량 '미만'의 위험물에 대해서는 시·도의 조례를 따르므로, 지정수량 이하로 서술한 ④의 설명이 옳지 않다.

📢 **TIP!**
(1) 위험물의 정의 & 지정수량의 정의 : 대통령령으로 정함.
(2) 제조소등에서 저장·취급 : 지정수량 이상의 위험물
(3) 시·도조례 기준 : 지정수량 <u>미만</u>의 위험물

답 ④

12 자체점검 결과의 조치 등에 따라 관리업자등이 점검을 실시한 경우 관계인이 점검이 끝난 날부터 15일 이내에 소방본부장 또는 소방서장에게 소방시설등 자체점검 실시결과보고서 및 소방시설등의 자체점검 결과 이행계획서와 함께 첨부해야 하는 서류를 고르시오.

① 이행계획 건별 전·후 증명자료
② 소방시설공사 계약서
③ 소방시설등 자체점검 기록표
④ 점검인력 배치확인서

🔑 관계인은 점검이 끝난 날부터 15일 이내에 소방시설등 자체점검 실시<u>결과</u> 보고서에 + 소방시설등의 자체점검 결과 <u>이행계획서</u>, 그리고 관리업자가 점검한 경우에는 [점검인력 배치확인서]도 첨부하여 소방본부장 또는 소방서장에게 서면(또는 전산망)을 통해 보고해야 한다. 따라서 관리업자가 점검한 경우, 관계인의 결과 보고 시 첨부 서류에 해당하는 것은 ④번.

📢 **한 걸음 더!**
자체점검 결과의 조치 단계별 서류(요약)
① 관리업자등이 점검한 경우 : 점검 끝난 날부터 10일 내에 '결과보고서' + '점검표' 관계인에게 제출

② **점검결과 보고** (관계인 → 본·서장)	③ **이행 기간 통보** (본·서장 → 관계인)	③ **이행계획 완료 보고** (관계인 → 본·서장)	④ **결과보고 마친 관계인**
▶ 15일 내 : 결과보고서 + 이행계획서 • (관리업자 점검 시 : + 점검인력 배치확인서)	▶ 수리·정비 : 10일 ▶ 철거·교체 : 20일	▶ 10일 내 : 이행완료 보고서 + 건별 전·후 자료 + 소방시설공사 계약서	▶ 10일 내 : 자체점검 '기록표' 작성 → 30일 이상 게시

답 ④

13 다음의 그림을 참고하여, 건축물의 주요구조부에 해당하지 아니하는 것을 모두 고르시오.

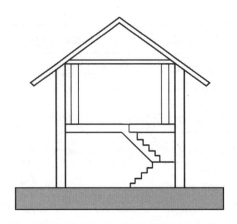

| ⓐ 지붕틀 | ⓑ 사잇기둥 | ⓒ 바닥 | ⓓ 주계단 | ⓔ 기초 |

① ⓐ, ⓒ

② ⓑ, ⓔ

③ ⓐ, ⓒ, ⓓ

④ ⓑ, ⓒ, ⓔ

> 🗝 건축물의 주요구조부에는 내력벽·기둥·바닥·보·지붕틀·주계단이 포함된다. 그 외, 사잇기둥·작은 보·최하층 바닥·차양·옥
> 외계단·기초 등은 주요구조부에서 제외되므로, 주요구조부에 해당하지 않는 것은 ⓑ, ⓔ.
>
> 🗂 ②

14 다음 제시된 소방안전관리대상물의 조건을 참고하여 해당 대상물에 대한 설명으로 옳은 것을 고르시오.

대상물 명칭	마이 빌리지
용도	아파트(공동주택)
규모 / 구조	• 지상 49층 / 지하 2층 • 높이 : 180m • 연면적 : 120,000m² • 2,000세대 • 철근콘크리트조
사용승인	2022. 08. 15

① 소방시설등의 자체점검 중 작동점검 제외 대상이다.

② 소방시설관리사 및 소방기술사를 주된 인력으로 2024년 8월에 종합점검을 실시한다.

③ 소방안전관리보조자를 최소 7명 이상을 선임해야 한다.

④ 대통령령으로 정하는 소방안전관리업무의 대행 가능 소방안전관리대상물 조건에 포함된다.

해 [아파트]의 경우에는 지하를 제외한 층수가 50층 이상이거나 높이가 200m 이상이면 특급대상물에 해당하는데, 문제에서 제시된 아파트는 특급대상물의 조건에는 해당사항이 없고, (지하 제외) 층수가 30층 이상 또는 높이가 120m 이상인 아파트로서 '1급소방안전관리대상물'에 해당한다. (Tip! 연면적 10만 이상일 때 특급이 되는 것은, '아파트를 제외'한 특정소방대상물!)

> 📢 **오답풀이!**
> ① 작동점검 제외 대상은 '특급'소방안전관리대상물, 위험물제조소등, 소방안전관리자를 선임하지 않는 대상이므로 1급대상물인 마이 빌리지는 작동점검 제외 대상이 아니다.
> ③ 300세대 이상의 아파트는 보조자 선임 대상으로, 2,000 ÷ 300 = 6.6으로 계산할 수 있다. 이러한 보조자 최소 선임 인원 계산 시, 소수점 이하는 버리므로 최소 선임 인원수는 6명이다.
> ④ 대통령령으로 정하는 (업무대행 가능) 소방안전관리대상물의 1급 조건에서 아파트는 제외되므로 옳지 않은 설명이다.

마이 빌리지의 사용승인일이 속하는 달인 8월에 종합점검을, 이후 6개월이 되는 2월에 작동점검을 실시하며, 이때 점검자의 주된 인력은 소방시설관리사 및 소방기술사로 옳은 설명은 ②번.

답 ②

15 다음 제시된 연료가스의 종류별 특성에 대한 설명으로 옳지 아니한 것을 고르시오.

구분	(가)	(나)
주성분 및 폭발범위	• 프로판(C_3H_8) : 2.1 ~ 9.5% • 부탄(C_4H_{10}) : 1.8 ~ 8.4%	• 메탄(CH_4) : 5 ~ 15%

① (가)는 LPG, (나)는 LNG에 해당한다.
② (가)는 가정용,공업용, 자동차 연료용으로 쓰이고, (나)는 도시가스로 쓰인다.
③ 가스누설경보기의 설치 시, (가) 탐지기의 상단은 천장면의 하방 30cm 이내의 위치에 설치한다.
④ (나) 가스누설경보기의 설치 시, 가스 연소기로부터 수평거리 8m 이내의 위치에 설치한다.

해 (가)는 LPG, (나)는 LNG로 LPG가스는 증기비중이 1보다 큰 가스이므로 가스누설경보기 설치 시 탐지기의 상단은 '바닥면'의 '상방' 30cm 이내 위치에 설치해야 한다. 따라서 옳지 않은 설명은 ③번.

> 📢 **참고! LPG vs LNG**
>
> | 구분 | LPG | LNG |
> |---|---|---|
> | 주성분 | 부탄(C_4H_{10}), 프로판(C_3H_8) | 메탄(CH_4) : 5 ~ 15% |
> | 비중 | 1.5 ~ 2 | 0.6 |
> | 경보기 위치 | • 수평거리 4m 이내
• 탐지기 상단이 바닥면의 상방 30cm 이내 | • 수평거리 8m 이내
• 탐지기 하단이 천장면의 하방 30cm 이내 |

답 ③

16 다음 중 방화구획의 구획 기준에 대한 설명으로 옳지 아니한 것을 고르시오.

① 주요구조부가 내화구조 또는 불연재료로 된 건축물로서 연면적이 1,000m²를 넘는 것은 방화구획 설치 대상이다.

② 스프링클러설비를 설치한 경우 8층은 바닥면적 3,000m² 이내마다 구획할 수 있다.

③ 스프링클러설비를 설치하고, 벽 및 반자의 실내마감을 불연재료로 한 경우 15층은 바닥면적 1,500m² 이내마다 구획할 수 있다.

④ 자동식 소화설비를 설치하지 않고, 벽 및 반자의 실내마감이 불연재료가 아닌 13층은 바닥면적 300m² 이내마다 구획할 수 있다.

> **해** 방화구획 시, 면적별 구획 기준은 다음과 같다.
>
> | 구분 | | 기본 기준 | 스프링클러(자동식 소화설비) 설치 시 : 기본 기준 X 3배 |
> |---|---|---|---|
> | (1) 10층 이하 | | 바닥면적 1,000m² | 바닥면적 3,000m² |
> | (2) 11층 이상 | 불연재 X | 바닥면적 200m² | 바닥면적 600m² |
> | | 불연재 O | 바닥면적 500m² | 바닥면적 1,500m² |
>
> 따라서 ④번의 경우에는 바닥면적 200m² 이내마다 구획 기준이 적용되므로, 300m²로 서술한 부분이 옳지 않다.
>
> **답** ④

17 제시된 그림을 참고하여 자동심장충격기(AED)의 사용방법에 대한 설명으로 옳지 아니한 것을 고르시오.

① AED는 정상적인 호흡이 없는 심정지 환자에게만 사용해야 하며, 사용 시 가장 먼저 전원 버튼을 누른다.

② AED의 사용 시 패드는 ㉯위치에 하나를 부착한다.

③ 심장리듬 분석을 위해 "분석 중..."이라는 음성 지시가 나오면 진행 중이었던 심폐소생술을 멈춘다.

④ 제세동이 필요한 경우에만 심장충격 버튼이 깜빡이며, 버튼을 누르기 전 다른 사람들이 환자와 접촉하지 않도록 확인한다.

이론과 개념 설명

설비 및 구조의 이해

복합개념 정리

위험물 개념정리

실전 기출예상문제

실기 뜯어보는 총정리

해 AED의 패드는 두 개로, 각 패드의 부착 위치는 그림 상 ㉠, ㉣에 해당하므로 옳지 않은 설명은 ②번.

> 📢 **TIP!**
> 패드 1 : 오른쪽 빗장뼈 아래 / 패드 2 : 왼쪽 젖꼭지 아래 중간겨드랑선에 부착.

> 📢 **참고!**
> 심장리듬 분석을 위해 "분석 중…"이라는 음성 지시가 나오면 환자에게서 손을 떼고 심폐소생술을 잠시 멈추어야 하며, 이후 제세동이 필요한 경우에는 AED가 자체적으로 충전을 시작하는데 이때 가능하면 가슴압박을 다시 시행하는 것이 바람직하다. (제세동이 필요 없는 경우에는 즉시 심폐소생술 다시 시작)

 ②

18 다음 중 물리적 작용에 의한 소화방식으로 보기 어려운 것을 고르시오.

① 연소가 진행 중인 계의 열 에너지를 빼앗아 인화점 이하로 온도를 낮추는 방식
② 화원으로부터 가연물을 격리 및 제거하는 방식
③ 분말소화약제 또는 하론류를 사용하여 라디칼을 제거하는 방식
④ 연소의 요소 중 산소의 공급을 제어 및 차단하는 방식

해 ①번은 냉각소화, ②번은 제거소화, ④번은 질식소화로 이들 세 가지 방식은 모두 '물리적' 소화방식에 해당하지만, ③번의 억제소화는 '화학적' 소화방식에 해당하므로 정답은 ③.

 ③

19 실내화재의 현상 중 다음의 설명에 부합하는 용어에 대한 설명으로 가장 적절한 것을 고르시오.

> • 소화활동 등을 위해 화재실의 문을 개방하는 경우, 외부의 공기가 유입되어 실내에 축적된 가연성 가스가 폭발적으로 연소하며 폭풍을 동반한 화염이 실외로 분출되는 현상을 이른다.
> • 폭발력을 억제하기 위해 화재실 문을 개방하기 전에 천장 부분을 개방, 고온의 가스를 방출하여 환기시키는 방법을 사용할 수 있다.
> • 연기폭발(Smoke explosion)이라고도 한다.

① 농연의 분출 및 파이어볼(Fire ball) 형성, 건물 벽체 도괴 등의 현상이 나타난다.
② 롤오버(Roll over) 또는 플레임오버(Flame over)라고도 한다.
③ 내화건물의 경우 보통 출화 후 5~10분 후에 발생한다.
④ 두껍고 진한 연기가 아래로 쌓이는 징후를 보이며, 전실화재 또는 순발연소로도 표현한다.

해 제시된 설명은 실내화재의 현상 중, '백드래프트(Back draft)'에 해당하며, 이러한 백드래프트의 발생 시 농연의 분출, 파이어볼 형성, 도괴 현상 등이 나타나는 것이 특징이므로 옳은 설명은 ①번.

> 📢 **오답노트!**
> ② 롤오버(플레임오버)는 화염이 천장면을 따라 파도처럼 빠른 속도로 확산되는 현상을 말하므로 백드래프트에 대한 설명으로 보기 어렵다. ③,④번은 실내 전체가 일순간에 폭발적으로 화염에 휩싸이는 플래시오버(Flash over)에 대한 설명이므로 적합하지 않다.

 ①

20 화기취급작업 시 관리감독 절차에 대한 설명으로 옳은 것을 고르시오.

① 화재감시자는 작업현장의 준비상태 확인 및 화기작업허가서에 서명·발급한다.
② 화재감시자는 식사시간 및 휴식시간을 제외한 모든 작업 중에는 현장 감시를 계속 진행한다.
③ 작업완료 시 화재감시자는 작업구역 내에 30분 이상 더 상주하면서 감시를 진행해야 한다.
④ 화기작업 허가서는 현장 내 작업자들의 확인 완료 후, 별도로 보관하지 않는다.

> 해
>
> 📣 **오답노트!**
> ① 작업현장의 준비상태 등을 확인하고 허가서를 발급하는 것은 화재안전 '감독자'의 업무이므로 옳지 않은 설명이다. ② 화재감시자는 식사시간 및 휴식시간에도 현장 감시를 계속해야 하므로 식사·휴식시간을 제외한다는 설명은 옳지 않다. ④ 화기작업 허가서는 작업구역 내에 게시해야 하고, 전체 작업 완료 및 최종점검 확인 후 확인 날인한 허가서를 기록으로 보관해야 한다. 따라서 화기취급 시 관리감독 절차로 옳은 설명은 ③번.
>
> 답 ③

대단원 마무리 원샷! 필수예제

01 특별피난계단에서 부속실 제연설비의 점검 시 확인되어야 하는 사항으로 옳지 아니한 설명을 고르시오.

① 화재경보 발생 및 댐퍼의 개방을 확인한다.
② 옥내에 스프링클러설비가 설치된 경우 부속실 내의 차압은 12.5Pa 이하로 측정되어야 한다.
③ 출입문을 개방하고 방연풍속을 측정하여 0.5㎧ 또는 0.7㎧ 이상 측정되어야 한다.
④ 부속실 내 과압 발생 시 과압배출장치의 작동을 확인한다.

> **해** 부속실 내의 적정 차압은 40Pa(파스칼) 이상이어야 하는데, 만약 옥내에 스프링클러설비가 설치된 경우라면 12.5Pa '이상' 측정되어야 하므로, 이하로 서술한 ②번의 설명이 옳지 않다.
>
> > 📢 **TIP!**
> > 방연풍속 측정 시 출입문은 개방! → 장소에 따라 0.5㎧ 또는 0.7㎧ 이상 측정되어야 한다.
>
> **답** ②

02 감지기의 동작으로 가스계 소화설비가 작동한 경우의 동작 순서를 고르시오.

① 감지기 작동 → 제어반 → 솔레노이드 작동 및 기동용기 개방 → 선택밸브 및 저장용기 개방 → 약제 방사
② 감지기 작동 → 선택밸브 및 저장용기 개방 → 제어반 → 솔레노이드 작동 및 기동용기 개방 → 약제 방사
③ 감지기 작동 → 솔레노이드 작동 및 기동용기 개방 → 제어반 → 선택밸브 및 저장용기 개방 → 약제 방사
④ 감지기 작동 → 선택밸브 및 저장용기 개방 → 솔레노이드 작동 및 기동용기 개방 → 제어반 → 약제 방사

> **해** 가스계 소화설비의 동작 순서는 다음과 같다.
> (1) 감지기 작동(또는 수동조작함 기동) → (2) 제어반 전달, 지연시간 후 솔밸브 작동 → (3) 기동용기 개방(기동용 가스 이동) → (4) 선택밸브 및 저장용기 개방 → (5) 저장용기의 소화약제 헤드로 방출(약제 방사)
> 따라서 가스계 소화설비의 동작 순서로 옳은 것은 ①.
>
> **답** ①

03 특정소방대상물에 설치해야 할 소방시설 적용기준에 따라 자동화재탐지설비의 설치대상으로 옳지 아니한 것을 고르시오.

구분	적용 기준사항	설치대상
①	공동주택 중 아파트 등	모든 층
②	층수가 6층 이상인 건축물	모든 층
③	지하가 중 터널로서 길이	500m 이상
④	업무시설, 판매시설, 운동시설	연면적 1,000m² 이상 모든 층

🔳 특정소방대상물에 설치해야 할 소방시설 적용기준에 따라 [자탐설비]를 설치하는 지하가 중 '터널'은 길이 1,000m 이상일 때 설치대상에 해당하므로, 설치대상 적용기준으로 옳지 않은 것은 ③번.

📄 ③

04 다음 중 간이소화용구에 포함되는 것만을 모두 고르시오.

ⓐ 소화기	ⓑ 휴대용 비상조명등
ⓒ 마른 모래	ⓓ 팽창질석 또는 팽창진주암
ⓔ 옥내소화전설비	

① ⓐ, ⓑ 　　　　　　　　② ⓒ, ⓓ
③ ⓐ, ⓔ 　　　　　　　　④ ⓐ, ⓑ, ⓒ

🔳 '간이소화용구'는 소화설비 중 [소화기구]에 속하는 것으로, 소화기와 자동확산소화기를 제외하고, 능력단위가 1 미만인 다음의 것들이 간이소화용구에 해당한다.
　㉮ 에어로졸식 소화용구, ㉯ 투척용 소화용구, ㉰ 소공간용 소화용구, ㉱ 소화약제 외의 것을 이용한 소화용구(마른모래, 팽창질석 또는 팽창진주암). 따라서 문제에서 제시된 보기 중, '간이소화용구'에 포함되는 것은 ⓒ, ⓓ로 ②번.
📣 **TIP! 용구야, 어디에 있니~?**

📣 **오답노트!**
ⓐ '소화기'는 [소화기구]에는 들어가지만, '간이소화용구'가 아니고, ⓔ '옥내소화전설비'는 독자적으로 소화설비 중 일부인 [옥내소화전설비]를 담당하고 있으므로 소화기구에도 들어가지 않는다. ⓑ '휴대용 비상조명등'은 소방시설 중에서 피난구조설비의 일부이므로 해당사항이 없다.

📄 ②

05 다음 제시된 보기(㉮ ~㉯)를 참고하여, 습식 스프링클러설비의 화재발생 시 작동순서를 순서대로 나열하시오.

> 1. 화재발생
> ㉮ 2차측 배관 내 압력 저하
> ㉯ 배관 내 압력 저하로 기동용수압개폐장치 압력스위치 작동 및 펌프 기동
> ㉰ 알람밸브 압력스위치 작동
> ㉱ 헤드 개방 및 방수
> ㉲ 1차측 압력에 의해 알람밸브의 클래퍼 개방
> ㉳ 사이렌 경보, 화재표시등 점등, 밸브개방표시등 점등

① ㉮ - ㉯ - ㉰ - ㉱ - ㉲ - ㉳
② ㉮ - ㉰ - ㉲ - ㉯ - ㉳ - ㉱
③ ㉱ - ㉳ - ㉮ - ㉲ - ㉰ - ㉯
④ ㉱ - ㉮ - ㉲ - ㉳ - ㉰ - ㉯

> **해** 습식 스프링클러설비의 화재발생 시 작동순서는 다음과 같다.
> 1. 화재 발생 → 2. (폐쇄형)헤드 : 일정 온도에서 파괴되면서 개방되고 방수 → 3. '2차측' 배관 내부 압력 저하 → 4. '1차측' 압력 치고 올라오면서 알람밸브 클래퍼 개방 → 5. (일부 빠져나간 물이)알람밸브의 압력스위치 작동시켜서 → 사이렌 경보, 화재표시등 및 밸브개방표시등 점등 → 6. (계속되는 방수로 배관 내 압력이 낮아지면) 기동용수압개폐장치의 압력스위치가 작동하여 펌프가 자동 기동된다. 따라서 정답은 ④번.
>
> **답** ④

06 다음 제시된 보기(㉮ ~㉲)를 참고하여, 준비작동식 스프링클러설비의 화재발생 시 작동순서를 순서대로 나열하시오.

> 1. 화재발생
> ㉮ 2차측으로 급수
> ㉯ 감지기 A and B 작동 또는 수동기동장치(SVP) 작동
> ㉰ 교차회로 방식의 A or B 감지기 작동(경종·사이렌, 화재표시등 점등)
> ㉱ 프리액션밸브 작동 : 전자밸브(솔레노이드밸브) 작동, 중간챔버 감압, 밸브 개방, 압력스위치 작동으로 경보 및 밸브개방표시등 점등
> ㉲ 헤드 개방, 방수
> 8. 배관 내 압력이 저하되어 기동용수압개폐장치의 압력스위치 작동 및 펌프 기동

① ㉮ - ㉯ - ㉰ - ㉱ - ㉲
② ㉮ - ㉰ - ㉯ - ㉱ - ㉲
③ ㉰ - ㉯ - ㉱ - ㉮ - ㉲
④ ㉯ - ㉰ - ㉱ - ㉲ - ㉮

> **해** 습준비작동식 스프링클러설비의 화재발생 시 작동순서는 다음과 같다.
> 1. 화재 발생 → 2. 교차회로 방식의 A or B 감지기 작동(일단 대피 위해 경종·사이렌, 화재표시등 점등) → 3. (계속 화재가 감지되어) 감지기 A and B 모두 작동 또는 수동기동장치(SVP) 작동 → 4. 프리액션밸브 작동 : 전자(솔)밸브 작동, 중간챔버 감압, 밸브 개방, 압력스위치 작동으로 경보 및 밸브개방표시등 점등 → 5. 2차측으로 급수(잠시 대기) → 6. 헤드가 파괴되어 개방되면 (급수되어 있던 물) 방수 → 7. (계속되는 방수로 배관 내 압력이 낮아지면) 기동용수압개폐장치의 압력스위치가 작동하여 펌프가 자동 기동된다. 따라서 정답은 ③번.
>
> **답** ③

07 다음의 압력스위치 그림을 참고하여 해당 펌프의 정지점과 기동점으로 옳은 값을 고르시오.

① 정지점 : 0.8MPa, 기동점 : 0.3MPa
② 정지점 : 0.8MPa, 기동점 : 0.5MPa
③ 정지점 : 0.5MPa, 기동점 : 0.3MPa
④ 정지점 : 0.3MPa, 기동점 : 0.8MPa

> **해** 압력스위치 그림에서 Range(오른쪽)가 정지점을 나타내므로 정지점은 0.8MPa. 그리고 Diff(왼쪽)는 '정지점 – 기동점'을 한 값이므로 정지점(0.8)에서 기동점을 뺀 Diff 값이 0.5MPa임을 알 수 있다. 따라서 기동점은 0.3MPa임을 추론할 수 있으므로 정답은 ①번.
>
> **답** ①

08 다음 중 3층 이상의 노유자시설에서 적응성이 있는 피난기구에 해당하지 않는 것을 모두 고르시오.

ⓐ 미끄럼대	ⓑ 구조대	ⓒ 피난용트랩	ⓓ 완강기	ⓔ 승강식피난기	ⓕ 피난교

① ⓐ, ⓑ, ⓒ, ⓓ
② ⓐ, ⓑ, ⓔ, ⓕ
③ ⓑ, ⓒ, ⓕ
④ ⓒ, ⓓ

> **해** 노유자시설의 3층에서 적응성이 있는 피난기구는 구조대, 미끄럼대, 피난교, 다수인피난장비, 승강식피난기가 있고, 4~10층에 적응성이 있는 피난기구는 구조대, 피난교, 다수인피난장비, 승강식피난기이므로 제시된 보기 중에서 3층 이상의 노유자시설에서 적응성이 있는 피난기구에 해당하지 않는 것은 피난용트랩과 완강기.
>
> **답** ④

09 제시된 각 설치장소에서 적응성이 있는 피난기구로 옳지 아니한 것을 고르시오.

① 입원실이 있는 조산원의 3층 : 피난용트랩, 완강기
② 노유자시설의 1층 : 미끄럼대, 다수인피난장비
③ 다중이용업소의 2층 : 피난사다리, 완강기
④ 다중이용업소의 3층 : 미끄럼대, 승강식피난기

🖿 문제에서 제시된 설치장소 및 층에서 적응성이 있는 피난기구는 다음과 같다.

(의료)조산원 3층	노유자 1층	다중이용 2층	다중이용 3층
구조대 미끄럼대 피난교 다수인피난장비 승강식피난기 피난용트랩	구조대 미끄럼대 피난교 다수인피난장비 승강식피난기	구조대 미끄럼대 다수인피난장비 승강식피난기 피난사다리 완강기	

따라서 ①번 조산원의 3층에서 완강기는 적응성이 없으므로, 제시된 것 중 옳지 않은 것은 ①번.

🖹 ①

---

10 양정이 100m이고 명판상 토출량이 300L/min인 펌프의 펌프성능시험 결과표를 참고하여, 표에서 각 펌프성능시험의 결과 값(㉮ ~ ㉭)이 옳지 아니한 것을 고르시오.

펌프성능시험 결과표(실측치)			
구분	체절운전	정격운전	최대운전
토출량(L/min)	㉮ 0	300L/min	㉯ 450L/min
토출압(MPa)	㉰ 1.5MPa	1MPa	㉭ 0.7MPa

① ㉮   ② ㉯
③ ㉰   ④ ㉭

🖿 제시된 양정(100m)과 토출량을 기준으로 정격(100%)운전 시 토출량 300L/min일 때, 압력은 1MPa 이상이어야 하고, 이를 기준으로 토출량 0의 상태인 체절운전 시의 압력과, 유량이 정격의 150%인 최대운전 시의 적정 압력은 아래 표와 같다.

펌프성능시험 결과표(실측치)			
구분	체절운전	정격운전	최대운전
토출량(L/min)	0	300L/min	유량 150%(x1.5)
토출압(MPa)	140% 이하(x1.4 이하)	1MPa(이상)	65% 이상(x0.65)

(1) 이에 따라 ㉮는 체절운전 시 토출량 0의 상태이므로 옳은 값이고, ㉯ 최대운전은 유량이 정격토출량의 150%가 되었을 때로 정격인 300L/min x1.5 = 450L/min으로 옳게 표기되었다.
(2) 그러나 체절운전으로 토출량 0인 상태에서 체절압력은 정격압력의 140% 이하여야 하므로, 정격압력이었던 1MPa의 1.4배인 1.4MPa 이하여야 하는데, 문제에서는 체절압력 ㉰의 값이 1.5MPa이므로 이는 체절압력의 적정 범위를 초과하는 값이다. 따라서 옳지 않은 값은 ㉰로 ③번.
(4) 150% 유량상태인 최대운전 시 압력은, 정격압력의 65% 이상이면 정상이므로, 정격압력 1MPa의 x0.65를 한 0.65MPa 이상으로 측정되면 적합하다. 따라서 최대운전 시 압력 ㉭는 0.65MPa 이상으로 측정되었으므로 적정하다.

🖹 ③

11 다음 중 자동화재탐지설비를 구성하는 발신기의 스위치 높이가 설치기준에 적합한 것을 고르시오.

① 바닥으로부터 0.5m 높이에 위치　　　② 바닥으로부터 0.7m 높이에 위치
③ 바닥으로부터 1.2m 높이에 위치　　　④ 바닥으로부터 2m 높이에 위치

> 🔑 발신기의 설치기준은 다음과 같다. (1) 층마다 설치하되, 하나의 발신기까지의 수평거리가 25m 이하일 것. (2) 스위치는 바닥으로부터 <u>0.8m 이상 1.5m 이하</u>의 높이에 설치할 것. 따라서 스위치의 높이가 0.8m 이상 1.5m 이하 범위 내에 있는 것은 ③번.
>
> 답 ③

12 제시된 각 소화설비의 적정 압력범위로 옳지 아니한 것을 고르시오.

① 스프링클러설비 : 0.1MPa 이상 1.2MPa 이하
② 옥외소화전설비 : 0.25MPa 이상 0.7MPa 이하
③ 분말소화기 : 0.1MPa ~ 0.98MPa
④ 옥내소화전설비 : 0.17MPa 이상 0.7MPa 이하

> 🔑 각 소화설비의 적정 압력범위는 다음과 같다.
> (1) 스프링클러설비 방수압력 : 0.1MPa 이상 1.2MPa 이하
> (2) 옥외소화전설비 방수압력 : 0.25MPa 이상 0.7MPa 이하
> (3) (축압식) 소화기 지시압력계 정상범위 : 0.7 ~ 0.98MPa
> (4) 옥내소화전설비 방수압력 : 0.17MPa 이상 0.7MPa 이하
> 따라서 소화기의 지시압력계 정상 압력범위는 '0.7' ~ 0.98MPa이므로 옳지 않은 것은 ③번.
>
> 답 ③

13 소요수량이 80m³일 때 채수구 설치수로 옳은 것을 고르시오.

① 1개　　　　　　　　　　　② 2개
③ 3개　　　　　　　　　　　④ 5개

> 🔑 소화용수설비에 설치하는 채수구의 설치 기준은 다음과 같다.
>
> | 소요수량 | 20m³ 이상 40m³ 미만 | 40m³ 이상 100m³ 미만 | 100m³ 이상 |
> |---|---|---|---|
> | 채수구 수 | 1개 | 2개 | 3개 |
>
> 따라서 소요수량이 80m³일 때 채수구의 설치수로 옳은 것은 2개로 ②번.
>
> 답 ②

14 다음 제시된 버튼방식 P형 수신기 그림을 참고하여 해당 수신기의 상태로 가장 적절한 설명을 고르시오.

① 수신기에 화재신호를 수동으로 입력하여 표시등의 점등 및 음향장치의 정상 동작여부를 확인하고 있다.

② 도통시험 결과 3층 회로가 단선 상태인 것으로 확인된다.

③ 예비전원시험 결과 전압지시의 상태는 양호하다.

④ 현재 수신기의 음향장치는 평상시(정상) 상태로 유지되고 있다.

해 도통시험 스위치 + 3층(경계구역) 버튼이 눌린 상태에서 도통시험 표시등이 '단선' 상태이므로, 도통시험 결과 3층에 해당하는 경계구역의 회로가 단선 상태임을 알 수 있다. 따라서 옳은 설명은 ②번.

📢 **오답노트!**
① 화재신호를 수동으로 입력하여 표시등 점등 및 음향장치의 정상 동작여부를 확인하는 것은 [동작시험]에 해당하는 설명인데, 그림에서 '동작(화재)시험' 스위치 및 자동복구 스위치가 눌려 있지 않고, 도통시험 스위치가 눌림 상태인 것으로 보아, 동작시험이 아닌 도통시험 중임을 알 수 있다. ③ 예비전원시험은 예비전원시험 스위치를 누르고 있는 동안의 전압지시 상태를 확인하는데, 그림에서 예비전원시험 스위치가 눌린 상태가 아니므로 제시된 그림만으로는 예비전원시험 결과를 유추하기 어렵다. ④ 그림의 상태는 주경종 및 지구경종 스위치가 눌린 상태로, 경종을 정지한 상태이다. 평상시에는 이러한 경종이 정지되지 않은 상태여야 하므로 적절하지 않은 설명이다. (+ 또한 스위치주의등도 소등된 상태여야 한다.)

답 ②

15 초고층 건축물에 설치하는 종합방재실의 설치 위치, 구조 및 면적에 대한 기준으로 옳지 아니한 설명을 고르시오.

① 비상용 승강장, 피난전용 승강장 및 특별피난계단으로 이동하기 쉬운 곳에 설치한다.

② 다른 부분과는 방화구획으로 설치하되, 다른 제어실 등의 감시를 위하여 두께 7mm 이상의 망입유리로 된 4m² 미만의 붙박이창을 설치할 수 있다.

③ 출입 제한 및 통제 장치를 갖춘 출입문을 설치한다.

④ 면적은 20m² 이하로 하고, 인력의 대기 및 휴식을 위한 종합방재실과 방화구획된 부속실을 설치한다.

> 해 종합방재실의 구조 및 면적 기준에 따라, 면적은 20m² '이상'이어야 하므로 이하로 서술한 부분이 옳지 않다.
>
> 📢 **CHECK! 종합방재실 설치기준 요약**
>
> | 설치 개수 | **1개** (단, 100층 이상은 기능 상실에 대비하여 종합방재실을 추가 설치하거나, 관계지역 내 다른 종합방재실에 보조체제 구축) |
> |---|---|
> | 설치위치 | • 원칙 : 1층 또는 피난층
  └ 단, ① 특별피난계단 설치 + 출입구로부터 5m 이내에 종합방재실 설치 시 : 2층 또는 지하 1층에 설치 가능 ② 공동주택의 경우 : **관리사무소 내에 설치 가능**
• 비상용·피난전용 승강장 및 특별피난계단으로 이동이 쉬운 곳
• 방재활동의 거점 역할이 되는 곳
• 소방대가 쉽게 도달할 수 있고 화재 및 침수 피해 우려가 적은 곳 |
> | 구조·면적 | • 다른 부분과 방화구획으로 설치
  └ 감시를 위해 두께 7mm 이상의 망입유리로된 4m² 미만의 **붙박이창** 설치 가능
• 면적 : 20m² 이상
• 출입문 : 출입제한 및 통제 장치
• 인력대기·휴식을 위한 (종합방재실과 방화구획된) 부속실 설치 |
>
> 답 ④

---

1 ~ 25번

중요한 핵심 기준 또는 개념이 헷갈리지 않도록 빈 칸에 들어갈 말로 적절한 것을 적거나 고르며 복습해보세요.

01 관리업자등이 자체점검을 실시한 경우, 점검이 끝난 날부터 10일 이내에 [소방시설등 자체점검 실시결과 보고서]에 [소방시설등 점검표]를 첨부하여 (   )에게 제출한다.

02 소방기본법은 국민의 생명, 신체, 재산을 보호하고 공공의 (   )과 질서 유지 및 복리증진에 이바지함을 목적으로 한다.

03 소방대상물의 소유자, 관리자, 점유자를 (   )이라고 한다.

04 곧바로 지상으로 가는 출입구가 있는 층을 (   )이라고 한다.

05 특급소방안전관리대상물의 조건은 아파트를 제외하고, 지하를 (   )하고 30층 이상 또는 높이 120m 이상인 특정소방대상물 등이 포함된다.

06 옥내 → 복도 → 부속실 → 계단실 → 피난층의 구조를 갖는 피난시설을 (   )이라고 한다.

07 무창층에서 개구부의 크기는 지름 50cm (   )의 원이 통과할 수 있어야 하고, 개구부의 하단이 해당 층의 바닥으로부터 1.2m (   )의 높이에 위치해야 한다.

08 소방활동구역은 (   )에 의해 화재, 재난, 재해 등이 발생한 현장에서 출입을 제한할 수 있는 구역으로 (   )의 출입 허가를 받은 자는 출입할 수 있다.

09 소방계획서 작성 시 작성원칙에 따라 작성-검토-승인의 (   ) 단계를 거쳐야 한다.

10 활성화에너지가 (   )수록 가연성 물질이 되기 유리하다.

11 가연성 물질과 산소 분자가 점화에너지를 만나 불안정한 과도기적 물질로 나뉘면서 활성화되는데 이렇게 활성화되는 상태를 (   )이라고 한다.

12 점화에너지를 제거해도 5초 이상 연소상태가 유지되는 온도를 (   )점이라고 한다.

13 C급화재는 (   )화재, D급화재는 (   )화재라고 한다.

14 발화에서 출화를 거쳐 수직구조물을 타고 화염이 천장으로 확산되고 축적되어 있던 가연성 가스에 의해 일순간 실내 전체가 폭발적으로 화염에 휩싸이는 현상을 (   )라고 한다. 통상 내화건물의 경우 출화 후 5~10분 후 발생한다.

15 위험물이란 (   ) 또는 (   )의 성질을 갖는 것으로 대통령령으로 정하는 물품을 의미한다.

16 자연발화성 금수성물질은 제(   )류 위험물을 의미한다.

17 지하층이란 건축물의 바닥이 지표면 아래에 있는 층으로, 그 바닥으로부터 지표면까지의 평균 높이가 해당 층 높이의 1/2 (   )인 것을 의미한다.

18 할론1301 소화기와 가압식분말소화기에는 지시압력계가 (   ).

19 소형소화기는 (   )거리를 기준으로 20m, 대형소화기는 (   )거리를 기준으로 30m 이내 설치기준이 적용된다.

20 옥내소화전은 특정소방대상물의 각 부분으로부터 하나의 옥내소화전 방수구까지의 (   )거리가 25m 이하가 되어야 한다.

21 온도가 일정상승률 이상이 될 때 작동하는 감지기의 종류는 (   )식 스포트형 열감지기이다.

22 인명구조기구 중 압축 공기가 저장되어 있어 필요 시 마스크를 통해 호흡하는 기구는 (   )이다.

23 3선식 유도등의 점검 시 수신기에서 (자동 / 수동)으로 점등스위치를 ON 상태로 두고, 건물 내 점등되지 않은 유도등을 확인한다.

24 소요수량이 80m³ (이하 / 미만)이면 흡수관 투입구를 1개 설치한다.

25 부속실제연설비의 목적은 소화활동 및 인명안전, 그리고 (수직 / 수평)적 피난 확보이다.

문제를 읽고 O 또는 X를 체크해보세요.

26 종합점검 중 최초점검은 건축물의 사용승인을 받은 날 또는 소방시설 완공검사증명서(일반용)를 받은 날로부터 30일 이내에 실시한다.

27 가연성 가스를 1,000톤 미만으로 취급 및 저장하는 시설은 1급소방안전관리대상물이다.

28 아파트를 제외하고 연면적 10,000m²이며 지상의 층수가 12층인 특정소방대상물은 소방시설관리업에 등록한 자를 통해 대통령령으로 지정한 일부 업무에 대한 대행을 맡길 수 있다.

29 위험물산업기사 자격을 가진 자는 1급소방안전관리자로 바로 선임이 가능하다.

30 PDCA Cycle을 따르는 소방계획의 주요원리는 통합적 안전관리에 해당한다.

이론과 개념 설명

설비 및 구조의 이해

특별개념 정리

위밍업 개념정리

실전 기출예상문제

쉽게 풀어보는 총정리

31 자위소방활동 중 피난유도에는 화재 확산 방지 및 비상반출 행위도 포함된다.

O | ×

32 청각장애인의 피난보조 시 표정이나 제스쳐, 메모 등을 활용하여 의사소통하는 것이 효과적이다.

O | ×

33 중유의 지정수량 기준은 알코올류의 지정수량 기준의 5배이다.

O | ×

34 조정기 분해 오조작에 의한 가스화재는 사용자의 가스화재 원인에 해당한다.

O | ×

35 불을 진압하고도 골격이 남아있는 것으로 화재 시 일정 시간 동안 형태 및 강도가 크게 변하지 않는 구조를 방화구조라고 한다.

O | ×

36 건축물의 높이 산정 시 옥상부분이 있는 경우, 옥상부분의 수평투영면적의 합계가 해당 건축물의 건축면적의 1/8 이상이면 그 높이까지 전부 건축물의 높이에 산입한다.

O | ×

37 방화구획의 배관, 덕트, 케이블트레이 등이 방화구획을 관통하면서 생긴 틈새는 일반 실리콘이나 폼 등으로 메운다.

O | ×

38 방수압력측정계 사용 시 직사형 관창을 이용해 봉상주수 상태에서 직각으로 측정한다.

O | ×

39 Diff는 기동점에서 정지점을 뺀 값과 같다.

O | ×

40 스프링클러설비의 교차배관에 설치되는 헤드의 개수는 8개 이하여야 한다.

O | ×

41 체절운전 시 토출량이 0인 상태에서 펌프를 기동했을 때 체절압력이 정격토출압력의 140% 이상이면 정상이다.

O | ×

42 수신기 동작시험 시 오동작방지기가 있는 수신기의 경우, 축적스위치를 비축적 위치에 두고 시험한다.

O | ×

43 장애인시설이나 노약자시설, 병원 등에서 지상으로 신속하게 대피하기에 적합한 피난기구는 구조대이다.

O | ✕

44 종합방재실의 설치 기준 면적은 20m² 이상이다.

O | ✕

45 일제살수식 스프링클러설비는 감지기를 별도로 시공해야 한다는 단점이 있다.

O | ✕

46 예비전원시험 스위치를 누르고 있는 상태에서 전압계 측정 결과 19~29V 값이 측정되면 교류전원은 정상이다.

O | ✕

47 천장의 높이가 2m 이하인 경우 시각경보장치는 바닥으로부터 1.5m 이내 위치에 설치한다.

O | ✕

48 제연구역의 출입문 개방력은 110N 이하여야 한다.

O | ✕

49 분말소화설비는 소방시설 중에서 소화기구에 포함된다.

O | ✕

50 자동화재탐지설비 점검 시 음량계가 필요하다.

O | ✕

이론과 개념 설명

설비 및 구조의 이해

특합개념 정리

위밍업 개념정리

실전 기출예상문제

실기 뜯어보는 총정리

01

답 관계인

해 관리업자등이 자체점검을 실시한 경우에는 [소방시설등 자체점검 실시결과 보고서]에 [소방시설등 점검표]를 첨부하여 점검이 끝난 날부터 10일 내로 관계인에게 제출해야 한다.

02

답 안녕

해 소방기본법은 공공의 '안녕'과 질서유지가 포인트이다.

소방기본법	화재예방법	소방시설법
공공의 안녕 및 질서유지·복리증진	화재로부터 국민의 생명·신체·재산 보호 → 공공의 안전 / 복리증진	국민의 생명·신체·재산 보호 → 공공의 안전 / 복리증진

03

답 관계인

해 소방대상물의 소유자, 관리자, 점유자를 '관계인'이라고 한다.

💬 문제에서는 소.관.점을 묶어 관리인 또는 소방안전관리자라는 식으로 바꿔서 출제될 수 있으니 헷갈리지 않도록 '관계인'이라고 한다는 점을 기억하기

04

답 피난층

해 곧바로 지상으로 가는 출입구가 있어 직접적으로 피난이 가능한 층을 '피난층'이라고 한다.

💬 소방안전관리자 내용에서 무창층, 지하층 등 이름이 비슷한 다른 개념들도 있기 때문에 헷갈리지 않도록 주의!

05

답 포함

해 유일하게 지하를 '포함'하는 조건이 특급대상물에서 특정소방대상물(아파트X)의 층수 조건이다. 지하층을 '포함'해서 30층 이상이거나 높이가 120m 이상인 특정소방대상물은 특급에 해당한다.

06

답 특별피난계단

해 피난시설에는 직통계단, 피난계단과 같은 계단이 포함되고, 이때 '특별피난계단'은 옥내에서 부속실을 거쳐 계단실, 피난층으로 이어진다.

07

답 이상, 이내

해 무창층에서 개구부의 크기는 지름 50cm '이상'의 원이 통과할 수 있어야 하고, 개구부 하단의 높이는 바닥으로부터 1.2m '이내(이하)'여야 한다.

💬 이상과 이하의 조건을 정확히 아는 것이 중요!

08

답 소방대장

해 소방활동구역에서 출입을 제한하거나 허가할 수 있는 주체는 '소방대장'이다.

09

답 구조화

해 소방계획서 작성 시, 작성-검토-승인의 '구조화' 단계를 거쳐야 한다. 다른 이름으로 바꿔나왔을 때 헷갈리지 않도록 정확하게 '구조화 단계'를 암기하는 것도 포인트.

10

답 작을

해 활성화에너지가 작아야 가연물이 되기 유리하다. 추가로 열전도도도 작을수록 가연물이 되기에 유리하다.

11

답 라디칼

해 가연성물질+산소+점화에너지가 불안정한 과도기적 물질로 나뉘어 활성화되는 것(활성화된 상태)을 '라디칼'이라고 한다.

💬 라디칼은 불안정하고 여기저기 시비 붙이고 다니는 애!

12

답 연소점

해 '연소점'은 점화에너지를 제거하고도 5초 이상 연소 상태가 유지되는 온도로, 인화점보다 보통 5~10도 정도 높다.

13

답 전기, 금속

해 C급화재는 '전기'화재로 통전 중인 전기 기기에서 비롯된 화재를 의미하며, D급화재는 '금속'화재로 마그네슘 등의 가연성 금속류가 가연물이 되는 화재를 의미한다.

14

답 플래시오버

해 축적되어 있던 가연성 가스에 화염이 옮겨 붙으면서 일순간 실내가 폭발적으로 화염에 휩싸이는 현상을 플래시오버라고 한다. 이러한 플래시오버의 징후는 두텁고 뜨겁고 진한 연기가 아래로 쌓이고 바닥에서부터 천장까지 열이 집적되어 고온상태인 것이 특징이다.

15

답 인화성, 발화성

해 위험물은 인화성 또는 발화성을 갖는 것으로 대통령령으로 정하는 물품을 의미한다.

💬 가연성, 휘발성 등 다른 말과 헷갈리지 않도록 주의! 위험물은 인화성 또는 발화성을 갖는 물품!

16

답 제3류위험물

해 제3류위험물은 자연발화성 금수성물질로 물과 반응하거나 자연발화에 의해 발열 및 가연성 가스를 발생시킬 수 있으므로 용기 파손이나 누출에 주의해야 한다.

이론과 개념 설명

설비 및 구조의 이해

복습과 개념정리

위험물 개념정리

실전 기출예상문제

쉽게 풀어보는 총정리

17

답 이상

해 지하층이란 건축물의 바닥이 지표면 아래에 있는 층으로, 그 바닥으로부터 지표면까지의 평균 높이가 해당 층 높이의 1/2 '이상'인 것을 의미한다.

> 💬 지하층이라고 해서 기준인 높이가 이하일 것 같지만 '이상'이 맞다. 쉽게 말해서 지하에 있는 층 중에서, 그 층의 바닥부터 지표면까지가 그 층의 전체 높이(층고)의 절반보다 높으면 지하층으로 본다는 의미이므로 '이상'임을 체크!

18

답 없다

해 할론1301 소화기와 가압식분말소화기는 지시압력계가 없다. 그 중에서도 할론1301 소화기는 지시압력계는 없지만 소화능력이 가장 뛰어나고 독성과 냄새가 적은 것이 특징이다.

19

답 보행

해 소형소화기와 대형소화기의 설치기준은 '보행' 거리를 기준으로 특정소방대상물의 각 부분으로부터 1개의 소화기까지 각각 20m, 30m 이내가 되도록 설치해야 한다.

20

답 수평

해 옥내소화전은 25m 이하, 옥외소화전은 40m 이하로 큰 틀에서의 설치기준은 '수평거리'가 적용된다.

21

답 차동

해 차동식 스포트형 감지기는 주위 온도가 일정한 상승률 이상이 될 때 작동한다.

> 💬 '일정', '온도'라는 말로 헷갈릴 수 있는데 차동식의 경우 핵심키워드는 '상승률'임을 기억하면 유리하다.

22

답 공기호흡기

해 인명구조기구 중 유독가스로부터 인명을 보호할 목적을 가지며 압축 공기가 저장되어 있어 필요 시 마스크를 통해 호흡하는 기구는 공기호흡기이다.

> 💬 인공호흡기, 인공소생기 같은 다른 말과 헷갈리지 않도록 주의!

23

답 수동

해 3선식 유도등 점검 시 '수신기'에서 설정을 [수동]으로 높고 점등스위치를 ON, 그때 건물 내에 점등되지 않은 유도등이 있는지 확인하는 방식을 사용할 수 있다. 3선식 유도등은 기본적으로 평상시 꺼져있다가 연동되어 있는 설비가 작동하거나 또는 점검 등을 위해 [수동]으로 점등했을 때 점등될 수 있다. 따라서 수신기에서 [수동]으로 점등시켜놓은 상태에서 건물을 돌아다니며 켜지지 않아서 불량인 유도등이 있는지 확인할 수 있다.

24

답 미만

해 소요수량이 80m³ '이상'일 때 흡수관투입구를 2개 '이상' 설치한다. 그러므로 2개 이상 설치하는 기준에 80m³도 포함되는 것이다. 따라서 그보다 작은 경우는 80m³가 포함되지 않는, '미만'일 때 1개를 설치할 수 있다.

💬 이하와 미만을 헷갈리지 않도록 주의!

25

답 수직

해 부속실제연설비는 수직피난의 확보가 목적이다.

💬 이와 반대로 거실제연설비가 수평피난을 목적으로 하므로 비교해서 헷갈리지 않도록 주의!

26

답 X

해 최초점검은 건축물의 사용승인을 받은 날 또는 소방시설 완공검사증명서(일반용)를 받은 날로부터 '60일' 이내에 실시하므로 X.

27

답 X

해 1급소방안전관리대상물은 가연성 가스를 1,000톤 '이상' 취급·저장하는 시설이 해당하고, 100톤 이상~1,000톤 '미만' 취급·저장하는 시설은 2급 소방안전관리대상물에 해당하므로 옳지 않다.

28

답 O

해 특급 및 1급대상물은 업무대행이 불가하지만, 1급 중에서 11층 이상이고 연면적이 15,000m² 미만인 특정소방대상물은 업무대행이 가능하다.

💬 + 업무대행 가능한 일부 업무는 (소방시설/피난·방화시설)유지관리 업무

29

답 X

해 위험물산업기사 자격을 가진 것만으로 1급 소방안전관리자로 선임될 수 없으므로 X.
만약 위험물기능장이나 위험물산업기사 또는 위험물기능사 자격을 가진 사람으로서 2급 소방안전관리자 자격증을 발급받았거나 또는 특급/1급 대상물의 소방안전관리자 자격증을 발급받은 사람이라면 2급 소방안전관리대상물에 선임될 수는 있다.

30

답 X

해 Plan(계획), Do(운영), Check(모니터링), Act(개선) Cycle은 지속적 발전모델에 해당하므로 옳지 않다.

31

답 X

해 화재 확산 방지 및 비상반출 행위는 자위소방활동 중 '방호안전'에 해당하므로 옳지 않다.

💬 피난유도는 재해약자의 피난보조가 해당한다.

이론과 개념 설명

설비 및 구조의 이해

복합개념 정리

위험물 개념정리

실전 기출예상문제

쉽게 뜯어보는 총정리

32

답 ○

해 청각장애인의 경우 소리를 듣는 데 어려움이 있으므로 언어나 소리를 이용한 소통보다는 표정, 제스쳐, 메모, 조명 등을 활용하는 것이 효과적이다.

33

답 ○

해 알코올류의 지정수량 기준은 400L이고 중유는 2,000L이므로 중유의 지정수량 기준이 알코올류의 5배이다.

34

답 ○

해 가스 조정기 분해 오조작에 의한 가스화재는 사용자 측면에서 발생할 수 있는 원인이다.

> 📂 **암기 TIP!**
> "전문가(공급자)도 아닌데 괜히 조정기를 건드려서!"

35

답 X

해 불을 진압하고도 골격이 남아있는 것으로 화재 시 일정 시간 동안 형태 및 강도가 크게 변하지 않는 구조는 '내화구조'이다. 방화구조는 화재확산을 막을 수 있는 성능을 가진 것으로 내화구조보다는 강도가 약하다.

36

답 X

해 건축물의 높이 산정 시 옥상부분의 수평투영면적의 합계가 해당 건축물의 건축면적의 1/8을 '초과'하면 그 높이까지 전부 건축물의 높이에 산입한다. 반대로 말해서, 옥상부분의 수평투영면적의 합계가 해당 건축물의 건축면적의 1/8 '이하'일 때, 즉 건축면적의 8분의 1인 면적까지 포함해서 그보다 작으면 12m를 넘는 부분만 산입하므로 옥상부분의 높이를 전부 산입하는 기준은 건축면적의 8분의 1을 '초과'하는 경우이다.

37

답 X

해 방화구획의 배관, 덕트, 케이블트레이 등이 방화구획을 관통하면서 생기는 틈새는 일반 실리콘 등이 아닌 '내화충진재' (또는 내화충전재, 방화충진재 라고도 함)를 사용해 메워야 한다.

38

답 ○

해 피토게이지(방수압력측정계)를 사용해 방수 압력을 측정할 때에는 직사형 관창을 이용하고 물이 막대 모양으로 방수되는 봉상주수 상태에서 물과 측정계가 직각이 되도록 하여 측정한다.

39

답 X

해 Diff는 '정지점'에서 '기동점'을 뺀 값이다. 기동되는 압력보다 정지되는 압력이 높을 수밖에 없으므로 더 큰 값인 정지점에서 더 작은 값인 기동점을 뺀 것이 Diff이다.

40

답 X

해 교차배관은 헤드가 설치되는 배관이 아닌, 가지배관에 급수하는 배관이다. 헤드가 설치되는 배관인 '가지배관'의 한쪽에 설치되는 헤드의 개수는 8개 이하여야 한다.

41

답 X

해 체절운전 시 토출량이 0인 상태에서 펌프를 기동했을 때 체절압력이 정격토출압력의 140% '이하'여야 하고, 체절압력 미만에서 릴리프밸브가 작동되어야 정상이다.

💬 체절운전은 물이 없이 펌프가 공회전하고 있을 때 배관이나 펌프가 압력에 의해 고장나지 않도록 140% 이하로 제한해주고, 릴리프밸브가 체절압력 미만에서 작동해 과압을 방출해주는지를 확인하는 시험!

42

답 ○

해 축적스위치는 반응(작동)하기까지 일정시간 지연되기 때문에 시험 및 점검을 위해서는 '비축적' 위치에 두고 바로 바로 반응을 확인할 수 있도록 한다.

43

답 X

해 장애인시설이나 노약자시설, 병원 등에서 지상으로 신속하게 대피하기에 적합한 피난기구는 '미끄럼대'이다. 구조대는 천막의 형태이기 때문에 장애인 및 노약자, 환자가 이용하기에는 위험부담이 높다. 그래서 구조대와 비슷한 원리이지만 그보다 튼튼한 철 소재로 만들어진 미끄럼대를 사용하는 것이 적합하다.

44

답 ○

해 종합방재실의 면적은 20m² 이상이어야 한다. 그 외에도 인력의 대기 및 휴식을 위한 부속실을 설치해야 하고, 출입문에 출입 제한 및 통제 장치를 갖추어야 한다. 붙박이창 설치 시 두께 7mm 이상의 망입유리로 된 4m² 미만의 붙박이창을 설치할 수 있다.

45

답 ○

해 개방형인 일제살수식 스프링클러설비는 폐쇄형인 준비작동식과 마찬가지로 감지기를 별도로 시공해야 한다는 단점이 있다.

💬 + 대량 살수로 인한 수손피해 등의 단점도 체크!

46

답 X

해 교류전원은 상용전원이다. 예비전원은 이러한 상용전원이 화재 및 재난 등으로 차단되었을 때 (비상 시에) 자동으로 절환되어 사용할 수 있어야 한다. 따라서 예비전원시험의 목적은 예비전원시험 스위치를 누르고 있는 상태로 교류전원을 일시적으로 차단하고 예비전원이 정상 작동하는지 여부를 확인하는 것인데 이때 전압계 측정 결과 19~29V의 값이 측정된다면 '예비전원'이 정상임을 확인할 수 있는 것이지, 교류전원(상용전원)이 정상인지를 판단하는 것과는 무관하므로 옳지 않다.

47

답 X

해 시각경보장치의 설치 기준은 바닥으로부터 2m 이상 2.5m 이하의 위치에 설치해야 하지만, 만약 천장의 높이가 2m 이하인 경우에는 '천장'으로부터 0.15m(15cm) 이내에 설치한다.

이론과 개념 설명

설비 및 구조의 이해

특혐개념정리

위엄암 개념정리

실전 기출예상문제

실계 뜯어보는 총정리

48

답 ○

해 제연구역의 출입문 개방력은 110N 이하여야 한다. 제연구역의 출입문은 잘 열리지 않아야 그만큼 연기의 확산을 막을 수 있으므로 110N '이하'여야 하는 것이 옳다.

49

답 X

해 분말소화설비는 소방시설 중 물분무등소화설비에 포함된다. 소화기구에 포함되는 것은 소화기, 자동확산소화기, 간이소화용구이다.

50

답 ○

해 자동화재탐지설비에는 음향장치가 포함되므로 점검을 위해 음량계가 필요하다. 음향장치 점검 시 1m 떨어진 곳에서도 90dB 이상 출력되어야 한다.

복습용 기초문제 풀이

01 소방신호 중에서 화재예방상 필요하다고 인정되는 때 또는 화재 위험경보 시 발령하는 사이렌 신호방법으로 옳은 것을 고르시오.

① 1분간 1회
② 10초 간격을 두고 1분씩 3회
③ 5초 간격을 두고 5초씩 3회
④ 5초 간격을 두고 30초씩 3회

02 국민의 안전의식 고취 및 안전문화의 정착, 그리고 화재에 대한 경각심을 불러일으키기 위해 제정된 날로 매년 '이 날'에는 기념행사 등을 진행하고 있다. '이 날'의 명칭과 날짜를 고르시오.

① 소방의 날 : 1월 19일
② 소방의 날 : 11월 9일
③ 안전의 날 : 1월 19일
④ 안전의 날 : 11월 9일

03 다중이용업소법에 명시된 바에 따라 안전시설등을 설치하지 않은 경우에 부과되는 과태료를 고르시오.

① 100만 원   ② 200만 원
③ 300만 원   ④ 500만 원

04 초고층 건축물등에서 실시하는 교육 및 훈련 등에 대한 설명으로 옳지 아니한 것을 고르시오.

① 초고층 건축물등의 관리주체는 관계인 및 상시 근무자·거주자에 대해 매년 1회 이상 교육 및 훈련을 실시해야 한다.
② 초고층 건축물등의 관리주체는 다음 연도의 교육 및 훈련 계획을 수립하여 매년 12월 31일까지 소방본부장 및 소방서장에게 제출한다.
③ 초고층 건축물등의 관리주체는 교육 및 훈련 실시 결과를 작성하여 교육·훈련을 한 날부터 10일 내에 시·군·구 본부장에게 제출한다.
④ 초고층 건축물등의 관리주체는 교육 및 훈련 실시 결과를 1년간 보관한다.

05 국가단위의 국가안전관리 기본계획의 작성 및 책임자를 고르시오.

① 대통령   ② 국무총리
③ 중앙행정기관의 장   ④ 소방청장

06 위험물의 설치 및 변경 허가 또는 신고 대상에 포함되지 아니하는 경우를 고르시오.

① 주택의 난방시설을 위한 저장소를 설치하는 경우
② 위험물 제조소의 위치·구조 또는 설비를 변경하는 경우
③ 위험물의 품명을 변경하는 경우
④ 위험물의 수량 또는 지정수량의 배수를 변경하고자 하는 경우

07 방염성능검사 합격표시가 그림과 같은 방염물품은 무엇인지 고르시오. (단, 단위는 mm이며 바탕색채는 흰 바탕, 검인 및 글자색은 남색이다.)

① 카페트, 소파·의자, 섬유판
② 합판, 목재, 합성수지판, 목재 블라인드
③ 세탁 가능한 섬유류
④ 세탁 불가한 섬유류

08 건축물의 구조 및 재료에 대한 설명으로 옳지 아니한 것을 고르시오.

① 화염의 확산을 막을 수 있는 성능을 가진 것으로 철망 모르타르 바르기 등은 내화구조에 해당한다.
② 인접 건축물에서 발생한 화재에 의한 연소를 방지하고 건물 내 화재 확산을 방지하는 목적을 가지는 것은 방화구조의 설명에 해당한다.
③ 불에 타지 않는 성능을 가진 재료로 콘크리트, 석재, 벽돌 등은 불연재료에 해당한다.
④ 난연재료는 불에 잘 타지 않는 성질을 가진 재료를 말한다.

09 다음의 설명을 참고하여 빈칸에 들어갈 말을 순서대로 고르시오.

기존 건축물의 전부 또는 일부(지붕틀, 내력벽, 기둥, 보 중 (A) 이상 포함되는 경우)를 철거하고, 그 대지 안에서 이전과 동일한 규모의 범위 내에서 건축물을 다시 축조하는 것을 (B)라고 한다.

① (A) : 3개, (B) : 대수선
② (A) : 3개, (B) : 개축
③ (A) : 5개, (B) : 재축
④ (A) : 5개, (B) : 개축

10 그림과 같은 건축물의 용적률과 건폐율로 옳은 것을 고르시오.

① 용적률 : 85%, 건폐율 : 90%
② 용적률 : 180%, 건폐율 : 88.5%
③ 용적률 : 200%, 건폐율 : 87.5%
④ 용적률 : 210%, 건폐율 : 86%

11 다음 제시된 자료를 참고하여 해당 건축물의 높이를 산정하시오.

- 지표면으로부터 건축물 상단까지의 높이 : 60m
- 옥상부분의 높이 : 20m

① 60m   ② 68m
③ 78m   ④ 80m

이론과 개념 설명

설비 및 구조의 이해

복합개념 정리

위험물 개념정리

실전 기출예상문제

실기 튼어보는 총정리

12 자동방화셔터의 설치기준에 대한 설명으로 옳은 것을 고르시오.

① 셔터는 전동방식으로만 개폐할 수 있어야 한다.
② 피난이 가능한 60분+방화문 또는 60분방화문으로부터 3m 이내에 별도로 설치해야 한다.
③ 불꽃 또는 연기 감지 시 완전폐쇄가 이루어져야 한다.
④ 열 감지 시 일부 폐쇄가 이루어지는 구조여야 한다.

13 다음 제시된 자료를 참고하여 해당 건물의 면적별 방화구획에 대한 설명으로 옳지 아니한 것을 고르시오. (단, 해당 건축물에는 스프링클러설비가 설치되어 있으며 내장재는 불연재이다.)

11층 바닥면적 : 4,500m²
10층 바닥면적 : 4,500m²
9층 바닥면적 : 4,000m²

① 9층은 2개의 방화구획으로 나눌 수 있다.
② 10층은 최소 2개 이상의 방화구획으로 나눌 수 있다.
③ 11층은 500m² 이내로 방화구획한다.
④ 11층의 방화구획은 3개로 할 수 있다.

14 방화구획에 대한 설명으로 옳은 것을 모두 고르시오.

> ㉠ 주요구조부가 내화구조 또는 난연재료로 된 건축물로 연면적이 1,000m²를 넘는 것은 방화구획해야 한다.
> ㉡ 외벽과 바닥 사이에 틈이 생긴 경우 일반 실리콘으로 틈새를 메워야 한다.
> ㉢ 방화구획을 관통하는 덕트에는 방화댐퍼가 설치되어 있는지 확인한다.
> ㉣ 방화구획의 구조는 60분+방화문 또는 60분방화문으로 하며 닫힌 상태를 유지해야 한다.

① ㉠, ㉡   ② ㉢, ㉣
③ ㉠, ㉣   ④ ㉠, ㉢, ㉣

15 다음 제시된 동선을 참고하여 계단 (A)와 (B)의 명칭으로 옳은 것을 각각 고르시오.

(A)	옥내 → 계단실 → 피난층
(B)	옥내 → 노대 또는 부속실 → 계단실 → 피난층

번호/구분	(A)	(B)
①	직통계단	특별피난계단
②	특별피난계단	피난계단
③	옥외피난계단	직통계단
④	피난계단	특별피난계단

16 건축물의 외벽(외벽이 없는 경우에는 외곽 부분의 기둥)의 중심선으로 둘러싸인 부분의 수평투영면적을 기준으로 산정하는 용어에 해당하는 개념을 고르시오.

① 건축면적   ③ 대지면적
③ 연면적   ④ 바닥면적

17 특별피난계단이 갖추어야 하는 구조에 대한 설명으로 옳은 것을 모두 고르시오.

> ㉠ 계단실 및 부속실의 실내에 접하는 부분의 마감은 난연재료로 할 것
> ㉡ 계단실, 노대 및 부속실은 창문 등을 제외하고는 내화구조의 벽으로 각각 구획할 것
> ㉢ 출입구의 유효너비는 1.2m 이상일 것
> ㉣ 계단실에는 상용전원에 의한 조명설비를 설치할 것
> ㉤ 건축물 내부에서 노대 및 부속실로 통하는 출입구는 60분 또는 60분+방화문을 설치할 것

① ㉡, ㉢   ② ㉡, ㉤
③ ㉠, ㉡, ㉤   ④ ㉠, ㉡, ㉣

18 다음 중 소방관 진입창의 설치기준으로 옳은 설명을 고르시오.

① 실내 바닥면으로부터 창의 아랫부분까지의 높이는 1.2m 이내로 할 것
② 2층 이상 20층 이하인 층에 각각 1개소 이상 설치할 것
③ 창문의 가운데에 지름 20cm 이상의 역삼각형을 야간에도 알아볼 수 있도록 빛 반사 등의 붉은색으로 표시할 것
④ 창문의 한쪽 모서리에 타격지점을 지름 3cm 이하의 원형으로 표시할 것

19 다음 중 자동심장충격기(AED)의 패드 부착 위치로 옳은 그림을 고르시오.

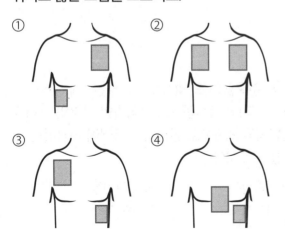

20 다음의 설명에 부합하는 화기취급작업의 형태를 고르시오.

> • 금속이나 유리 따위를 서로 이어 붙이는 등 접합하고자 하는 둘 이상의 접합 부분에 방해물질을 제거하고 결합시키는 과정을 의미한다.
> • 주로 열을 이용하여 용융시켜 두 물체를 접합하는 방식을 사용한다.

① 땜(Soldering, Brazing)
② 연마(Grinding)
③ 용단(Cutting)
④ 용접(Welding)

21 가스용접(용단)에 대한 설명으로 옳지 아니한 것을 고르시오.

① 산소-아세틸렌은 용이한 화염조절 및 높은 화염 온도로 일반적으로 사용된다.
② 산소와 가연성 가스와의 반응으로 생기는 가스 연소열을 열원으로 사용하는 방식이다.
③ 화염은 팁 끝 쪽에는 휘백색 백심이, 백심 주위로는 푸른 속불꽃과 투명한 청색의 겉불꽃 형태를 띤다.
④ 청백색의 강한 빛과 열을 내며 가장 높은 부분의 최고온도는 약 6,000℃에 이른다.

22 용접 및 용단 작업 시 발생하는 비산 불티의 특성으로 옳은 것을 고르시오.

① 고온으로 작업과 동시에 주의를 요하지만 수 분 후에는 급격히 온도가 내려간다.
② 적열 시 불티의 온도는 약 1,600℃ 정도로 비산 불티에 의한 화재 및 폭발 가능성이 매우 높다.
③ 실내 무풍 시 불티의 비산거리는 약 8m이며 발화원이 될 수 있는 불티의 직경은 약 0.3~3mm이다.
④ 비산거리에 영향을 미칠 수 있는 조건에 철판두께는 해당사항이 없다.

23 화기취급작업 안전관리규정 중 산업안전보건기준에 관한 규칙으로 정하는 사항에 대한 설명이 바르지 아니한 것을 고르시오.

① 화재 또는 폭발 위험이 있는 장소에서 화재 위험이 있는 물질을 취급하는 경우 화기 사용을 금지한다.

② 통풍·환기가 충분하지 않은 장소에서 화재위험작업을 하는 경우 통풍·환기를 위한 산소 사용이 불가하다.

③ 위험물이 아닌 인화성 유류 등 폭발이나 화재의 원인이 될 우려가 있는 물질을 취급하는 장소에는 예상되는 폭발 및 화재를 예방하기에 적합한 피난구조설비를 설치해야 한다.

④ 작업자가 화재위험작업 시 불꽃·불티의 비산방지 등 안전조치 이행 후 작업을 실시하도록 해야 한다.

24 화재감시자 배치 및 업무 등에 대한 설명으로 옳은 것을 모두 고르시오.

㉮ 사업주는 배치된 화재감시자에게 업무 수행에 필요한 확성기, 휴대용 조명기구, 대피용 마스크 등 대피용 방연장비를 지급해야 한다.
㉯ 같은 장소에서 상시·반복적으로 작업할 때 경보설비가 설치되어 있다면 화재감시자 지정 및 배치가 면제된다.
㉰ 화재감시자는 화재 발생 시 사업장 내 근로자의 대피유도와 가연성 물질이 있는지 여부 확인, 그리고 가스 검지 및 경보장치의 작동 여부를 확인하는 업무를 수행해야 한다.
㉱ 작업반경 11m 이내에 건물구조 자체나 내부에 가연성 물질이 있는 장소에는 화재감시자를 배치해야 한다.

① ㉮, ㉯, ㉰   ② ㉯, ㉱
③ ㉰, ㉱   ④ ㉮, ㉰, ㉱

25 다음 중 용접·용단 작업으로 발생할 수 있는 재해 중 주요 원인이 역화로 인한 폭발일 때 이를 방지하기 위해 취할 수 있는 대책에 해당하는 것을 모두 고르시오.

㉮ 불꽃받이 및 방염시트 사용
㉯ 산소의 위험성 교육
㉰ 정비된 토치 및 호스 사용
㉱ 역화방지기 설치
㉲ 가스 누설이 없는 토치 및 호스 사용

① ㉮, ㉯, ㉱   ② ㉰, ㉱
③ ㉰, ㉱, ㉲   ④ ㉱, ㉲

26 다음의 자료를 참고하여 화기취급작업의 일반적인 절차 중 안전조치 단계에서 수행하는 (가)의 업무내용에 들어갈 사항에 해당하지 아니하는 것을 고르시오.

단계	업무내용
1. 사전허가	• 작업요청 • 승인·검토 및 허가서 발급
2. 안전조치	(가)
3. 작업 및 감독	• 화기취급감독 • 현장 상주 및 화재 감시 • 작업종료 확인

① 화재감시자 입회
② 화재안전교육
③ 소방시설 작동 확인
④ 용접·용단장비, 보호구 점검

27 화기취급작업 완료 시 화재감시자는 해당 작업구역 내에 일정 시간 이상 더 상주하면서 발화 및 착화 발생 여부를 감시해야 하며 이때 작업구역의 직상·직하층에 대해서도 점검을 병행해야 한다. 이 과정에서 화재감시자가 머무르도록 하는 최소한의 시간은 얼마인지 고르시오.

① 30분 이상　　　　② 1시간 이상
③ 2시간 이상　　　　④ 3시간 이상

28 다음 중 산업안전보건기준에 관한 규칙에 따라 화재 감시 업무 수행을 위해 사업주가 화재감시자에게 지급해야 하는 장비로 보기 어려운 것을 고르시오.

① 확성기　　　　　② 안전화 및 안전벨트
③ 손전등　　　　　④ 화재대피용 마스크

29 주펌프 및 충압펌프의 기동점과 정지점 중 가장 낮은 값은 무엇인지 고르시오.

① 주펌프 정지점　　　③ 충압펌프 정지점
③ 주펌프 기동점　　　④ 충압펌프 기동점

30 다음 제시된 조건에 따라 주펌프의 정지점과 기동점을 계산하시오. (단, 설치된 소화설비는 옥내소화전설비로 한다)

> • 자연낙차압 : 0.3MPa
> • Diff : 0.7

① Range : 1MPa,　기동점 : 0.3MPa
② Range : 1MPa,　기동점 : 0.5MPa
③ Range : 1.2MPa,　기동점 : 0.5MPa
④ Range : 1.2MPa,　기동점 : 0.7MPa

31 주요구조부가 내화구조로 이루어져 있고 면적이 500m²인 업무시설에 정온식 스포트형 감지기 2종을 설치하려고 할 때 필요한 최소 설치 수량을 계산하시오. (단, 부착높이는 4m 미만이다)

① 25개　　　　　② 9개
③ 8개　　　　　④ 6개

32 소요수량이 80m³일 때 채수구 설치 최소 수량을 구하시오.

① 1개　　　　　② 2개
③ 3개　　　　　④ 4개

33 다음의 설명에 해당하는 소방교육 및 훈련의 실시원칙으로 옳은 것을 고르시오.

> • 한 번에 한 가지씩 습득 가능한 분량으로 교육·훈련을 진행한다.
> • 쉬운 것에서부터 어려운 것 순으로 교육을 실시한다.
> • 기능적 이해에 비중을 둔다.
> • 학습자에게 감동이 있는 교육을 실시한다.

① 학습자 중심의 원칙　　② 동기부여의 원칙
③ 목적의 원칙　　　　　④ 경험의 원칙

34 소방계획의 수립절차를 각 단계별로 순서에 맞게 나열한 것을 고르시오.

① 위험환경 분석 → 사전기획 → 설계 및 개발 → 시행 및 유지관리
② 위험환경 분석 → 설계 및 개발 → 사전기획 → 시행 및 유지관리
③ 사전기획 → 위험환경 분석 → 설계 및 개발 → 시행 및 유지관리
④ 사전기획 → 설계 및 개발 → 위험환경 분석 → 시행 및 유지관리

이론과 개념 설명

설비 및 구조의 이해

복습개념 정리

위임약 개념정리

실전 기출예상문제

실계 뜯어보는 총정리

35 지하층을 제외한 층수가 11층 이상의 층, 지하층 또는 무창층으로서 도매시장·소매시장·여객자동차터미널·지하역사 또는 지하상가에서 비상조명등이 몇 분 이상 유효하게 작동할 수 있는 용량이어야 하는지 고르시오.

① 20분   ② 30분
③ 40분   ④ 60분

36 다음 제시된 특정소방대상물에 설치해야 하는 소방시설의 적용기준 표를 참고하여 빈칸 (가), (나)에 들어갈 설치대상 길이 및 면적을 고르시오.

소방시설		적용기준	설치대상
경보설비	자동화재탐지설비	지하가 중 터널로서 길이	(가)
소화활동설비	제연설비	지하가(터널 제외)로 연면적	(나)

① (가) : 500m 이상, (나) : 500m² 이상
② (가) : 1,000m 이상, (나) : 500m² 이상
③ (가) : 1,000m 이상, (나) : 1,000m² 이상
④ (가) : 전부, (나) : 1,000m² 이상

37 펌프성능시험 시 주의사항으로 옳지 아니한 설명을 고르시오.

① 토출측 개폐밸브를 완전히 개방한 후 점검을 진행한다.
② 후드밸브와 수면 사이가 너무 가까우면 기포가 통과할 수 있으므로 유량계에 기포가 통과하지 않도록 주의한다.
③ 수격현상이 발생할 수 있기 때문에 개폐밸브를 급격하게 개폐하지 않아야 한다.
④ 펌프 및 모터의 회전축 근처에 있지 않도록 한다.

38 다음은 화재의 예방 및 안전관리에 관한 법률 시행규칙 별지 제 12호 서식으로 고시하는 업무수행 기록표의 일부이다. 표의 내용을 참고하여 옳지 아니한 설명을 고르시오. (단, 아파트가 아닌 특정소방대상물로 간주한다.)

수행일자	2023. 08. 16			수행자(서명)	(가)
소방안전관리대상물	상호	행복빌딩		등급	(나)
	소재지	서울특별시 중구 세종대로 00			
	지하층	지상층	연면적(m²)	바닥면적(m²)	동수
	2	8	15,720	1,980	1
항목	확인내용			확인결과	조치
피난·방화시설	(다)			[ ] 양호 [V] 불량	복도에 적재된 장애물 제거
불량사항개선보고	조치방법(라)	[ ] 이전 [ ] 제거 [ ] 수리·교체 [ ] 기타			

① (가)에는 소방안전관리자의 서명을 기재한다.
② (나)는 1급소방안전관리대상물로 표시한다.
③ (다)는 피난경로 상 장애물 적치 여부에 대한 항목일 것이다.
④ (라) 조치방법은 이전에 V표시 한다.

39 업무수행 기록의 작성·유지를 위한 작성요령 및 주요내용 등에 대한 설명으로 옳지 아니한 것을 고르시오.

① 소방안전관리자는 소방안전관리업무를 수행한 날을 포함하여 월 1회 이상 작성해야 한다.
② 소화설비의 제어반 및 가압송수장치, 경보설비의 발신기를 중점적으로 확인하여 작성한다.
③ 소방안전관리자는 업무수행에 관한 기록을 작성한 날부터 2년간 보관해야 한다.
④ 당해연도 소방계획서 및 소방시설등 자체점검 점검표에 따른 점검 항목을 참고하여 작성한다.

40 화재위험작업 관리감독 절차 중 다음 〈보기〉의 단계에서 해당 업무를 수행하는 대상(주체)으로 빈칸에 들어갈 사람을 고르시오.

〈보기〉
• ☐☐☐☐ 는 예상되는 화기작업의 위치를 확정하고, 화기작업의 시작 전 작업현장의 화재안전조치 상태 및 예방책을 확인한다.
• 주요확인사항 : 소화기 및 방화수 배치, 불꽃방지포 설치, 작업현장 주변 가연물 및 위험물 이격 상태, 전기를 이용한 화기작업 시 전기인입 상태 등

① 화재감시자
② 화기 작업자
③ 화재안전 감독자(감독관)
④ 사업주

41 다음의 유도등 그림을 참고하여 표의 빈칸에 대한 설명으로 옳은 것을 고르시오.

유도등	(가)	(나)
예시	←	←
설치 장소	(다)	주차장, 도서관 등 상부 설치
설치 높이	(라)	(마)

① (가)는 거실통로유도등, (나)는 복도통로유도등이다.
② (다)는 일반 계단 하부에 해당한다.
③ (라)는 바닥으로부터 높이 1m 이상에 해당한다.
④ (마)는 바닥으로부터 높이 1.5m 이상에 해당한다.

42 다음의 설명에 부합하는 소화방법으로 옳은 것을 고르시오.

연소의 4요소 중 연속적인 산화반응을 약화시켜 연소가 계속되려는 것을 불가하게 하여 소화하는 방식으로 화학적 작용에 의한 소화방법을 말한다.

① 제거소화
② 억제소화
③ 질식소화
④ 냉각소화

43 증축·개축 또는 재축에 해당하지 아니하는 것으로 다음 중 대수선의 범위에 해당하지 아니하는 경우를 고르시오.

① 기둥 5개를 수선하는 경우
② 보를 해체하는 경우
③ 다가구주택의 가구 간 경계벽을 수선하는 경우
④ 옥외계단을 증설하는 경우

44 연결살수설비에 대한 설명으로 옳지 아니한 것을 고르시오.

① 판매시설 및 영업시설의 경우 바닥면적의 합계가 1,000m² 이상, 지하층으로서 바닥면적의 합계가 150m² 이상인 곳에 설치하는 소화활동설비이다.

② 소화설비에 소화용수를 보급하기 위해 건물의 벽 또는 구조물에 설치하는 관인 송수구가 필요하다.

③ 가지배관의 배열은 토너먼트 방식이 아니어야 하고, 한쪽 가지배관에 설치되는 헤드 개수는 9개 이하로 한다.

④ 살수헤드는 연결살수설비 전용헤드 또는 스프링클러헤드로 설치 가능하다.

45 다음은 비화재보로 확인된 상황에서의 대처 요령을 불규칙하게 나열한 것이다. 비화재보 시 행동 요령을 순서에 맞게 나열하시오.

㉮ 음향장치 정지
㉯ 수신기에서 화재표시등, 지구표시등 확인
㉰ 비화재보 원인별 대책(원인 제거)
㉱ 지구표시등 위치로 이동 후 화재여부 확인
㉲ 수신기에서 복구 버튼 눌러 수신기 복구
㉳ 음향장치 복구 및 스위치주의등 소등 확인

① ㉮ - ㉯ - ㉰ - ㉱ - ㉳ - ㉲
② ㉯ - ㉮ - ㉱ - ㉰ - ㉲ - ㉳
③ ㉯ - ㉱ - ㉮ - ㉰ - ㉲ - ㉳
④ ㉱ - ㉯ - ㉮ - ㉰ - ㉲ - ㉳

정답

01	④	02	②	03	③	04	②	05	②
06	①	07	①	08	①	09	②	10	③
11	②	12	②	13	③	14	②	15	④
16	①	17	②	18	③	19	③	20	④
21	④	22	②	23	③	24	④	25	②
26	①	27	①	28	②	29	③	30	③
31	①	32	②	33	①	34	③	35	④
36	③	37	①	38	④	39	②	40	③
41	④	42	②	43	④	44	③	45	③

01

답 ④

해 화재예방상 필요하다고 인정되는 때 또는 화재위험경보 시 발령하는 소방신호는 [경계신호]로, 사이렌의 경우에는 5초 간격을 두고 30초씩 3회 사이렌을 발령한다. 참고로 '타종'법의 경우에는 1타와 연 2타를 반복하는 방식이 경계신호에 해당한다. 따라서 정답은 ④.

참고 **소방신호 종류별 신호방법**

신호종별명칭	신호발령 상황	신호방법	
		타종	사이렌
경계신호	화재예방상 필요하다고 인정되는 때, 또는 화재위험경보 시	1타+연2타 반복	[5초 간격] 30초씩 3회
발화신호	화재가 발생한 때	난타	[5초 간격] 5초씩 3회
해제신호	소화활동이 필요 없다고 인정되는 때	상당한 간격을 두고 1타씩 반복	1분간 1회
훈련신호	훈련상 필요하다고 인정되는 때	연 3타 반복	[10초 간격] 1분씩 3회

02

답 ②

해 국민의 안전의식 고취 및 안전문화의 정착, 화재에 대한 경각심을 불러일으키기 위해 제정된 날은 <소방의 날>로 매년 11월 9일로 정하고 있다. 따라서 정답은 ②.

03

답 ③

해 안전시설등을 설치하지 않은 경우는 300만 원의 과태료가 부과된다. / 참고로, 이와 비교하여 안전시설등을 '기준에 따라' 설치·유지하지 않은 경우는 100만 원, 안전시설등을 고장상태로 방치한 경우에는 200만 원의 과태료가 부과될 수 있다.

04

답 ②

해 초고층 건축물등에서 실시하는 교육·훈련 시 관리주체는 다음 연도의 교육·훈련 계획을 수립하여 매년 12월 15일까지 시·군·구 본부장에게 제출해야 하므로, ②번에서 서술한 제출 날짜와 대상에 대한 설명이 바르지 않다. 따라서 옳지 않은 설명은 ②.

TIP 초고층 건축물의 서류 제출 등은 시·군·구 본부장에게! 그리고 실시 결과 보관 기한은 1년!

05

답 ②

해 국가단위의 국가안전관리계획을 작성하고 책임지는 주체는 '국무총리'이다. / 소방안전관리자 1급 과정에서 다루는 각 주체의 주요 업무는 ① 대통령 : 특별재난지역 선포, ③ 중앙행정기관의 장 : 부처단위의 국가안전관리 기본계획 작성·책임, ④ 소방청장 : 실무교육 미이수자에 대한 권한 정지 등이 있다.

참고1 **안전관리계획 작성 책임자**

안전관리계획의 구분	작성 및 책임자
국가안전관리 기본계획 (국가 단위)	국무총리
국가안전관리 기본계획 (부처 단위)	중앙행정기관의 장
시·도 안전관리계획	시·도지사
시·군·구 안전관리계획	시장·군수·구청장

참고2 **(재난 및 안전관리 기본법) 주체별 주요 업무 도표**

대통령	국무총리	행안부 장관	재난 책임 기관의 장
특별 재난 지역 선포 ('복구' 단계)	국가 안전 기본 계획 작성 (국가 단위)	• 재난 예방·대비의 '기준/표준' 제정 • 재난사태 선포/해제	• 재난 '방지' 조치 • 위험정보 생기 면 공유
		재난 주관기관의 장	
		위기경보(파-노-주-빨) 발령/ 해제	

06

답 ①

해 (공동주택의 중앙난방시설 제외) 주택의 난방시설을 위한 저장소·취급소와 농·축·수산용으로 필요한 난방시설·건조시설을 위한 지정수량 20배 이하의 저장소는 설치허가 제외대상이므로, 문제에서 묻고 있는 위험물의 설치 및 변경 허가 대상에 포함되지 않는다. 따라서 정답은 ①. / [참고] ② 제소소등의 위치·구조 또는 설비를 변경하는 경우에는 시·도지사의 허가 필요. ③,④번과 같이 위험물의 품명, 수량 또는 지정수량의 배수 변경 시 변경하고자 하는 날의 1일 전까지 시·도지사에 신고 필요.

07

답 ①

해 그림의 방염성능검사 합격표시는 카페트, 소파·의자, 섬유판과 같은 방염물품에 부착하는 표시에 해당한다. 규격은 가로 30mm, 세로 20mm에 바탕색채는 흰 바탕, 검인 및 글자색은 남색으로 이루어져 있다. 그 외 물품은 다음과 같다.

📁 **CHECK! 물품별 방염성능검사 합격표시**

합성수지 벽지류	은색 바탕 + 검정 글씨	15mm×15mm
합판, 목재, 합성수지판, 목재 블라인드	금색 바탕 + 검정 글씨	
세탁 가능한 섬유류	은색 바탕 + 검정 글씨	25mm×15mm
세탁 불가한 섬유류	투명 바탕 +검정 글씨	

08

답 ①

해 화염의 확산을 막을 수 있는 성능을 가진 것으로 철망 모르타르 바르기, 회반죽 바르기 등은 '방화구조'에 해당하므로 내화구조라고 서술한 ①의 설명은 옳지 않다.

'내화구조'는 화재에 견디는 성능을 가진 철근콘크리트조, 연와조 등과 같이 화재 시 일정 시간 동안 형태 및 강도가 크게 변하지 않는 구조를 말한다.

📁 CHECK!

'불연재료'는 불에 타지 않는 성능을 가진 재료, '준불연재료'는 불연재료에 준하는 성질을 가진 재료, '난연재료'는 불에 잘 타지 않는 성질을 가진 재료를 의미한다.

이론과 개념 설명

설비 및 구조의 이해

복합개념 정리

위험물 개념정리

실전 기출예상문제

쉽게 뜯어보는 총정리

09

답 ②

해 문제의 설명이 성립되려면 (B)는 '개축'에 대한 설명으로, 기존 건축물의 전부 또는 일부(지붕틀, 내력벽, 기둥, 보 중 '3개 이상' 포함되는 경우)를 철거하고, 그 대지 안에서 이전과 동일한 규모의 범위 내에서 건축물을 다시 축조하는 것을 개축이라고 하므로 (A)는 '3개'가 들어가는 것이 옳다. 따라서 정답은 ②.

10

답 ③

해 (1) 용적률 : (연면적/대지면적)X100 = 연면적은 1,400 + 900 + 900으로 3,200m²
따라서 (3,200 ÷ 1,600)X100 = **200%**

> 💬 참고로 이번 문제에서는 제시된 조건 중에 없는 내용이지만, 용적률 계산을 위한 연면적 산정 시 지하층의 면적이나 또는 지상층 중에서는 부속용도인 주차장으로 사용되는 면적, 피난안전구역의 면적, 경사 지붕 아래에 설치하는 대피공간의 면적은 산입되지 않는다는 점 체크!^ ^

(2) 건폐율 : (건축면적/대지면적) × 100 = 건축면적은 1층 바닥면적으로 보고,
(1,400 ÷ 1,600) × 100 = **87.5%**
따라서 정답은 ③.

11

답 ②

해 건축물의 높이 산정 시 '대지면적'은 고려하는 조건이 아니므로 무시한다. 해당 건축물의 높이 산정 과정은 다음과 같다.
(1) 우선 지표면부터 건축물 상단까지의 (기본적인) 높이는 60m.
(2) 그 다음 옥상부분이 있으므로 옥상부분의 수평투영면적의 합계를 '건축면적'과 비교해 보아야 하는데, 건축면적은 2,400m²이고 이 건축면적의 8분의 1 값(옥상부분과 비교할 기준 값)은 300m²가 된다.
(3) 그렇다면 옥상부분 수평투영면적의 합계인 280m²는 건축면적의 8분의 1인 300m² '이하'인 경우에 해당하므로, 옥상부분의 높이가 12m를 넘는 부분만 건축물의 높이에 산입한다.
(4) 따라서 건축물의 기본 높이인 60m에 + 옥상부분의 높이 20m 중 12m를 넘는 부분인 8m만 산입하여 건축물의 높이는 총 68m가 된다.

12

답 ②

해 [옳지 않은 이유]
① 셔터는 전동 또는 수동으로 개폐할 수 있어야 하므로 전동방식으로만 개폐될 수 있어야 한다는 설명은 옳다고 보기 어렵다. ③, ④ **불꽃·연기** 감지 시 : **일부**폐쇄 / **열** 감지 시 : **완전**폐쇄가 이루어지는 구조여야 하므로 반대로 서술한 ③, ④번의 설명은 옳지 않다. 따라서 옳은 설명은 ②.

13

답 ③

해 (1) 면적별 구획 시 10층 이하의 층은 바닥면적 1,000m² 이내마다 구획하는데, 이때 스프링클러설비(또는 자동식 소화설비)를 설치했다면 기준 면적의 X3배를 한 3,000m² 이내마다 구획할 수 있게 된다. 따라서 9층과 10층은 2개의 방화구획으로 구획할 수 있으므로 ①번과 ②번의 설명은 옳다.

(2) 11층 이상의 층은 내장재가 불연재일 경우 500m² 이내마다 구획하는데, 역시나 이때도 스프링클러설비가 설치되어 있으므로 X3배를 한 1,500m²마다 구획하여 11층은 3개로 방화구획할 수 있다. 따라서 ④의 설명도 옳은 설명이다.

(3) 스프링클러설비(또는 자동식 소화설비)를 설치한 경우에는 기준 면적의 곱하기 3배를 한 (완화된) 기준이 적용되므로, 이를 적용하지 않은 기준인 500m² 이내마다 구획한다고 서술한 ③의 설명이 바르지 않다.

14

답 ②

해 [옳지 않은 이유]
㉠ 방화구획을 해야 하는 조건은 주요구조부가 **내화구조 또는 '불연재료'로 된 건축물로 연면적이 1,000m²를 넘는 것**이므로 난연재료라고 서술한 부분이 옳지 않다.
㉡ 외벽과 바닥 사이에 틈이 생기거나, 급수관·배전관 등이 관통하여 틈이 생긴 경우에는 '내화'충전성능이 인정된 것으로 메워야 하므로 내화성능이 없는 일반 실리콘으로 메우는 것은 옳지 않은 설명이다.
따라서 이를 제외하고 옳은 설명은 ㉢, ㉣로 ②.

15

답 ④

해 동선 (A)는 피난계단, 동선 (B)는 특별피난계단에 해당한다. 특별피난계단이 일반 (옥내)피난계단과 비교하여 가장 두드러지는 특징 및 차이점은 '노대 또는 부속실'을 거쳐 계단실을 통해 피난층으로 대피 동선이 구성되어 있다는 점이다. 따라서 정답은 ④.

16

답 ①

해 문제에서 묻고 있는 개념은 '건축면적'에 해당한다. 바닥면적과 혼동하지 않아야 하는 것이, '건축면적'은 건물 자체의 외벽(외곽 기둥)의 중심선으로 둘러싸이는 수평투영면을 기준으로 산정한다. 따라서 정답은 ①.

비교 ② 대지면적 : (건축물을 지을 수 있도록 허가된) 대지의 수평투영면. ③ 연면적 : 하나의 건축물의 각 층 바닥면적을 합한 면적(바닥면적의 합계). ④ 바닥면적 : 건축물의 각 층 또는 그 일부로서 벽, 기둥 또는 기타 이와 유사한 구획의 중심선으로 둘러싸인 부분의 수평투영면적. (보통 바닥면적은 '그 층의' 바닥면적이라고 해석하면 이해가 쉽다)

17

답 ②

해 [옳지 않은 이유]
㉠ 특별피난계단에서 계단실 및 부속실의 실내에 접하는 부분의 마감은 '불연재료'로 해야 하므로 난연재료라고 서술한 부분이 옳지 않다. (불연재 > 준불연재 > 난연재). ㉢ 출입구의 유효너비는 0.9m 이상이므로 1.2m라고 서술한 부분이 옳지 않다. ㉣ 계단실에는 '예비전원'에 의한 조명설비를 설치해야 한다. 비상시 상용(일반)전원의 공급이 끊기더라도 예비전원으로 조명이 작동해야 하므로 예비전원에 의해 작동하는 조명설비를 설치해야 한다. 따라서 이를 제외한 ㉡과 ㉤의 설명이 옳으므로 정답은 ②.

18

답 ③

해 [옳지 않은 이유]

소방관진입창의 설치 높이는 실내 바닥면으로부터 창의 아랫부분까지의 높이가 '80cm 이내'여야 하므로 1.2m로 서술한 부분이 옳지 않다. 또한 소방관진입창이 유효한 층수는 2층 이상 '11층 이하'인 층이므로 20층 이하라고 서술한 ②의 설명도 옳지 않다. 마지막으로 창문의 한쪽 모서리에 표시하는 타격지점은 지름 3cm '이상'의 원형으로 표시해야 하므로 이하라고 서술한 ④의 설명도 옳지 않다. 따라서 옳은 설명은 ③.

참고 소방관진입창

19

답 ③

해 자동심장충격기(AED)에는 두 개의 패드가 있는데, 이 패드의 부착위치는 각각 다음과 같다.

- 패드 1 : 오른쪽 빗장뼈 아래
- 패드 2 : 왼쪽 젖꼭지 아래의 중간겨드랑선

따라서 이와 같이 부착한 그림은 ③번

TIP ①번 그림과 헷갈리지 않아야 하고, 패드 부착위치는 자주 출제되는 유형이므로 그림으로도 문장으로도 알고 있는 것이 중요!

20

답 ④

해 문제에서 말하는 열을 이용해 녹여서 두 물체(금속 등)를 접합하여 붙이는 작업은 화기취급작업 중에서 ④번 '용접(Welding)'에 해당한다.

📁 CHECK! 용접과 용단의 비교

용접(Welding)	용단(Cutting)
• 열을 이용 → 용융시켜(녹여서 액체화 됨) 두 물체를 접합·결합	• 고체 금속을 절단하는 것 • 열을 가해 산화반응을 일으켜 녹여서 절단

21

답 ④

해 ④번의 설명은 아크(Arc)용접의 열적 특성에 해당하므로 '가스'용접(용단)의 설명으로 보기 어렵다. 따라서 옳지 않은 설명은 ④.

📁 CHECK! 아크(Arc)용접 vs 가스용접(용단)

아크(Arc)	가스
• 2개의 금속을 접촉, 전류를 흘려보내 아크(Arc) 발생 → 고열 → 용융·용착 • 기화되며 전류 흐름 유지 • 아크(Arc) : 청백색 빛+열, 최고온도 6,000℃(일반적 온도 3,500~5,000℃).	• 산소+가연성 가스 → 가스 연소열 • 주로 산소-아세틸렌 • 백심(휘백색) - 속불꽃(푸른색) - 겉불꽃(투명한 청색) 형태의 화염

22

답 ②

해 [옳지 않은 이유]

용접 및 용단 작업으로 발생하는 비산 불티는 고온으로 작업과 동시에 **수 시간 이후까지 화재 가능성**이 있으므로 작업이 종료된 이후로도 관찰 및 감시가 필요하다. 따라서 ①의 설명은 옳지 않다.

또한 발화원이 될 수 있는 **불티의 크기는 직경 약 0.3~3mm**인 것이 맞지만, 실내 무풍 시 불티의 **비산거리는 약 '11m'** 정도이므로 ③의 설명도 옳지 않다.

이러한 비산 불티의 비산거리는 **작업높이, 철판두께, 풍속, 풍향 등에 따라 달라질 수 있으므로** 철판두께가 영향을 미치지 않는다고 서술한 ④의 설명도 옳지 않다. 따라서 옳은 설명은 ②.

23

답 ③

해 건축물, 화학설비나 위험물 건조설비가 있는 장소, 그 밖에 위험물이 아닌 인화성 유류 등 폭발이나 화재의 원인이 될 우려가 있는 물질을 취급하는 장소에는 **소화설비를 설치해야 하며**, 이러한 소화설비는 건축물 등의 규모 넓이 및 취급하는 물질의 종류에 따라 예상되는 폭발·화재를 **예방하기에 적합**해야 한다. 따라서 피난구조설비를 설치해야 한다고 서술한 부분이 산업안전보건기준에 관한 규칙으로 정하는 사항과 다르므로 바르지 않은 설명은 ③.

24

답 ④

해 [옳지 않은 이유]

화재감시자 배치 장소
(1) 작업반경 11m 이내에 건물구조 자체나 내부(개구부 등으로 개방된 부분을 포함)에 가연성물질이 있는 장소 (2) 작업반경 11m 이내의 바닥 하부에 가연성물질이 11m 이상 떨어져 있지만 불꽃에 의해 쉽게 발화될 우려가 있는 장소 (3) 가연성물질이 금속으로 된 칸막이·벽·천장 또는 지붕의 반대쪽 면에 인접해 있어 열전도나 열복사에 의해 발화될 우려가 있는 장소

위와 같은 장소에서는 화재감시자를 지정하여 배치해야 하는데 다만, 같은 장소에서 상시·반복적으로 작업할 때 **경보용 설비·기구, 소화설비 또는 소화기**가 갖추어진 경우에는 화재감시자를 지정 및 배치하지 않을 수 있다. ④에서는 경보설비만을 언급하고 있으므로 옳지 않은 설명인 ④를 제외하고 나머지 ㉮, ㉯, ㉱가 옳은 설명에 해당한다.

이론과 개념 설명

설비 및 구조의 이해

복합개념 정리

위험성 개념정리

실전 기출예상문제

쉽게 들여다보는 총정리

25

답 ②

해 용접·용단 작업으로 발생할 수 있는 재해 중 주요 원인이 **역화**로 인한 **폭발**일 때 이를 방지하기 위해 취할 수 있는 대책은 (1) **정비된 토치·호스 사용하기** (2) **역화방지기 설치**하기이다. 역화란 실린더와 같은 내부에서 연료를 연소시켜 에너지를 만들어내는 내연기관에서 불꽃이 거꾸로 역행하는 것을 말하는데, 이러한 역화의 원인은 여러 가지가 있지만 연료의 분출 속도가 (연소 속도보다) 늦어지거나 또는 연료가 부족(희박)할 때에도 역화 현상이 발생할 수 있기 때문에 잘 관리되고 정비된 토치 및 호스를 사용하고, 역화방지기를 설치하는 것이 예방대책이 될 수 있다. 따라서 정답은 ㉕, ㉑로 ②.

㉮ **불꽃받이 및 방염시트** 사용 = <u>비산 불꽃</u>으로 인한 화재를 예방하기 위한 대책에 해당하고,

㉯ **산소의 위험성** 교육 = 환기나 압력 시험용으로 공기 대신 <u>산소를 사용</u>하여 화상을 입는 일이 없도록 하는 예방대책에 해당한다.

㉰ **가스 누설이 없는** 토치 및 호스 사용 = 토치나 호스에서 발생한 <u>누설로 인한 폭발</u>을 예방하기 위한 대책으로, 문제에서 묻고 있는 역화 현상의 예방 대책으로 보기에는 어렵다.

따라서 ㉮, ㉯, ㉰를 제외하고 ㉕, ㉑가 역화 현상의 예방 대책에 해당한다.

> 🗀 CHECK! 대책에 '토치·호스'가 들어가는 용접·용단 주요 재해발생 비교
>
> | 주요원인 | 토치·호스 누설로 인한 폭발 | 토치·호스에서 산소 누설로 인한 화상 | 역화 |
> |---|---|---|---|
> | 대책 | 가스 누설 없는 토치·호스 사용 | 산소 누설 없는 토치·호스 사용 | 정비된 토치·호스 사용 |

26

답 ①

해 '화재감시자 입회'는 화기취급 작업의 일반적인 절차상, 표의 3단계에 해당하는 [작업 및 감독] 단계에 포함된다. 사전허가 및 안전조치 단계 이후로 실질적인 작업 및 감독이 이루어질 때 '화재감시자'가 입회하여 화기취급 시 감독 및 현장에 상주하며 화재 여부에 대한 감시를 하게 되고 이후 작업 종료까지 확인이 이루어진다. 따라서 (가)의 안전조치 단계에 포함되는 업무로 보기 어려운 것은 ① 화재감시자 입회. 그 외 ②번부터 ④번까지의 업무내용이 안전조치 단계인 (가)에 포함되는 업무에 해당한다.

27

답 ①

해 화기취급작업 '완료'시 화재감시자는 해당 작업 구역 내에 30분 이상 상주하면서 감시해야 하며, 이때는 직상층 및 직하층에 대해서도 점검을 병행해야 한다. 이렇게 점검이 확인되면 허가서의 확인란에 서명하고 화재안전 감독자(감독관)에게 작업 '종료'통보를 해야 한다. 따라서 화기취급작업 완료 시 화재감시자가 머무르도록 하는 시간은 30분 이상으로 답은 ①.

> 💬 비교:감독관에게 작업 '종료'통보 후 3시간 이후까지는 순찰점검 및 추가적인 현장관리 필요!

28

답 ②

해 사업주는 배치된 화재감시자에게 업무 수행을 위해 확성기, 휴대용 조명기구(손전등), 화재 대피용 마스크 등 대피용 방연장비를 지급해야 한다. 이에 ①, ③, ④번은 지급 장비에 해당되지만 규정에 안전화 및 안전벨트는 포함되지 않으므로 (의무적인) 지급 장비로 보기 어려운 것은 ②.

29

답 ③

해 범위상 가장 낮은 지점은 주펌프의 기동점이 가장 낮은 값이 된다. 일반적으로 세팅 값이 높은 순서대로 나열하면 주펌프 정지점 > 충압펌프 정지점 > 충압펌프 기동점 > 주펌프 기동점 순서가 된다. 압력이 떨어지면 펌프가 기동하게 되고 이렇게 펌프가 기동하여 압력이 일정 값 이상 차오르면(높아지면) 펌프가 정지하는 원리이기 때문에 정지점보다 기동점 값이 낮은데, 충압펌프가 주펌프보다 먼저 작동해야 하므로 주펌프의 기동점이 더 낮게 위치한다. 따라서 가장 낮은 지점은 주펌프의 기동점으로 ③.

참고 압력스위치 정지점 및 기동점 범위

30

답 ③

해 (1) 자연낙차압이 제시된 경우, 주펌프의 기동점을 먼저 찾을 수 있다. 주펌프의 기동점은 [자연낙차압 + K]로, 이때 K는 옥내소화전일 경우 0.2MPa(스프링클러설비일 경우는 0.15MPa)을 더한 값으로 계산하므로 자연낙차압 0.3 + K값 0.2 = 0.5MPa을 주펌프의 기동점으로 계산할 수 있다. (2) 그 다음, Diff는 [정지점 - 기동점]을 한 값인데 이 값이 0.7이므로 다시 말하면 [0.7 = 정지점 - 0.5]가 되었음을 알 수 있다. 따라서 정지점은 0.7에 0.5를 더한 1.2MPa임을 알 수 있다. 따라서 정답은 ③.

31

답 ①

해 주요구조부가 내화구조인 특정소방대상물에서 부착높이가 4m 미만일 때 정온식 스포트형 감지기 2종의 설치 유효면적은 20m²이다. 따라서 500m² ÷ 20m² = 25이므로 최소 설치 수량은 25개로 ①.

32

답 ②

해 채수구의 설치 수량은 다음과 같다. (1) 소요수량이 20m³ 이상 40m³ 미만일 때 : 1개. (2) 소요수량이 40m³ 이상 100m³ 미만일 때 : 2개. (3) 소요수량이 100m³ 이상 : 3개. 문제의 경우 (2)에 해당하므로 채수구 설치 최소 수량은 2개.

☐ CHECK!
채수구가 아닌, 흡수관 투입구의 경우에는 80m³ 미만이면 1개, 80m³ 이상이면 2개를 설치한다. 그래서 제시된 소요수량이 딱 80m³라면 '채수구'도, '흡수관 투입구'도 2개 설치!^ ^

33

답 ①

해 문제에서 제시된 설명은 소방교육 및 훈련의 실시원칙 중 '학습자 중심의 원칙'에 해당한다. '한 번에 한 가지씩', '쉬운 것부터' 교육 및 훈련을 진행하는 것은 교육을 받는 학습자의 눈높이에 맞춘 교육·훈련을 실시해야 한다는 것에 의의가 있으므로 <학습자 중심의 원칙>에 해당한다. 따라서 정답은 ①.

34

답 ③

해 소방계획의 수립절차는 [1단계] 사전기획 - [2단계] 위험환경 분석 - [3단계] 설계 및 개발 - [4단계] 시행 및 유지관리의 네 단계로 구성된다. 따라서 정답은 ③.

[참고] 소방계획의 수립절차

1단계	2단계	3단계	4단계
사전기획	위험환경 분석	설계/개발	시행/유지관리
관계자들 의견 수렴, 요구사항 검토하면서 준비하고 계획을 수립하는 단계	위험요인(환경) 파악하고 분석, 평가해서 대책까지 수립	전체적인 소방계획의 목표 및 전략을 세워 실행계획을 수립	검토를 거쳐 시행하고 유지관리하는 단계

35

답 ④

해 비상조명등의 밝기는 1lx 이상으로, 기본적으로 예비전원과 비상전원에 의해 20분 이상 유효하게 작동할 수 있는 용량이어야 한다. 단, [지하층을 제외한 층수가 11층 이상의 층, 지하층 또는 무창층으로서 도매시장·소매시장·여객자동차터미널·지하역사 또는 지하상가]에서는 그 용량이 60분 이상 유효하게 작동할 수 있는 용량이어야 하므로 정답은 ④.

36

답 ③

해 특정소방대상물에 설치해야 하는 소방시설의 적용기준 표에 따르면 지하가 중 터널로서 길이가 1,000m 이상이면 경보설비 중 자동화재탐지설비를 설치해야 하는 대상이 된다. 또한 특정소방대상물이 (터널을 제외한) 지하가로 연면적이 1,000m² 이상이면 소화활동설비 중 제연설비를 설치하는 대상이 된다.

따라서 (가)에 들어갈 설치대상 단위는 1,000m 이상 / (나)에 들어갈 설치대상 단위는 1,000m² 이상으로 답은 ③.

37

답 ①

해 펌프성능시험 시 토출측 개폐밸브가 폐쇄되어 있지 않으면 정확한 측정 및 시험이 어려워지므로 토출측 개폐밸브는 완전히 '폐쇄'한 후 점검을 진행해야 한다. 따라서 개폐 여부를 반대로 서술한 ①의 설명이 옳지 않다.

38

답 ④

해 문제의 표는 화재예방법 시행규칙 별지 서식으로 고시하는 소방안전관리자 업무 수행 기록표에 해당하며 (가)수행자에는 소방안전관리자의 서명이 들어가므로 ①은 옳은 설명이다.

또 행복빌딩은 연면적이 만오천 제곱미터 이상인 특정소방대상물로 1급소방안전관리대상물에 해당하기 때문에 (나)등급 란에 1급으로 표시한다는 ②의 설명도 옳다.

피난·방화시설 확인 결과 불량으로 그에 대한 조치로 복도에 적재된 장애물을 제거한 것으로 보아 (다)확인내용은 피난경로 상에 놓인 장애물 등의 적치 여부일 것임을 추측할 수 있으므로 ③의 설명도 옳은 설명인데, 조치방법이 '제거'에 해당하므로 이전에 표시한다고 서술한 ④의 설명은 옳지 않다. 따라서 답은 ④.

39

답 ②

해 업무수행 기록의 작성·유지를 위한 작성요령은 소화설비의 제어반 및 가압송수장치(펌프 등), 경보설비의 '수신기'를 중점적으로 확인하여 작성해야 한다는 내용을 포함한다. 따라서 ②번의 설명 중 경보설비의 발신기를 중점으로 확인하여 작성한다는 설명이 옳지 않다.

📁 CHECK! 업무수행 기록의 작성·유지

주요내용	• **소방안전관리자**는 업무수행 기록 월 1회 이상 작성·관리 • 보수·정비 필요한 사항은 관계인에게 즉시 보고·기록 • 소방안전관리자는 작성 날부터 2년간 기록 보관
작성요령	• 업무수행일 포함 월 1회 이상 작성 • 소방시설등 자체점검표 - 점검항목 참고하여 작성 • 대상물 특성에 따라 기타(추가항목) 작성 • 소화설비 - 제어반·가압송수장치 경보설비 - 수신기 중점 확인·작성

40

답 ③

해 화재위험작업 관리감독 절차 중 〈보기〉의 내용은 첫 단계로, 화기작업의 위치를 확정하고 작업 시작 전 현장의 안전조치 및 예방책을 확인하는 것은 화재안전 감독자(감독관)가 해야 하는 업무에 해당한다.

이러한 작업현장의 준비상태가 확인되고 화재감시자가 현장에 배치되면 감독자(감독관)는 서명 후 화기작업 허가서를 발급하고 → 허가서는 작업구역 내에 게시하여 작업자 및 관리자 등이 내용을 확인할 수 있도록 한다. 이후 화기작업이 이루어지는 중에 화재감시자는 작업 중＋휴식 및 식사시간에도 감시활동을 진행하고 비상시 초동대처를 위한 대응준비를 갖추어야 한다.

따라서 〈보기〉 단계의 대상(주체)은 ③ 화재안전 감독자(감독관).

41

답 ④

해 [옳지 않은 이유]

예시 그림으로 보아 (가)는 '복도'통로유도등, (나)는 '거실'통로유도등으로 둘을 반대로 서술한 ①의 설명은 옳지 않다. 또한 복도통로유도등을 설치하는 (다)설치장소는 일반 '복도'하부에 해당하므로 계단이라고 서술한 ②의 설명도 옳지 않다. (참고로 설치장소가 일반 계단 하부인 것은 계단통로유도등이다.)

복도통로유도등(가)의 경우 바닥으로부터 높이 1m 이하의 위치에, 그리고 거실통로유도등(나)의 경우에는 바닥으로부터 높이 1.5m 이상의 위치에 설치하므로, 1m 이상의 높이라고 서술한 ③의 설명은 옳지 않다. 따라서 옳은 설명은 ④.

42

답 ②

해 연속적인 산화반응은 다시 말해서 '연쇄반응'에 해당하는데 이러한 연쇄반응을 약화시켜 소화하는 **'화학적'** 작용의 소화방법은 억제소화에 해당한다. 참고로, 억제소화를 제외한 제거·냉각·질식소화는 모두 물리적 작용에 의한 소화방법이므로, 화학적 작용에 의한 소화방법은 억제소화만 해당한다는 점을 같이 체크하는 것도 꿀팁!^^

43

답 ④

해 (1) 기둥을 증설 또는 해체하거나 3개 이상 수선 또는 변경하는 경우 대수선의 범위에 포함되므로 ①은 대수선의 범위에 포함된다.

(2) 보를 증설 또는 해체하거나 3개 이상 수선 또는 변경하는 것도 대수선에 해당하므로 ②의 경우도 옳다.

(3) 다가구주택의 가구 간 경계벽 또는 다세대주택의 세대 간 경계벽을 증설 또는 해체하거나 수선 또는 변경하는 것도 대수선에 해당하므로 ③의 경우도 해당한다.

(4) 그러나 대수선의 범위에 '옥외계단'의 증설·해체 또는 수선·변경은 포함되지 않으므로 ④번은 대수선으로 볼 수 없다. 따라서 답은 ④.

> 💬 옥외계단이 아닌 '주계단·피난계단 또는 특별피난계단'을 증설/해체하거나 수선/변경하는 것이 대수선에 해당한다.

44

답 ③

해 가지배관의 배열이 토너먼트 방식이 아니어야 하는 것은 맞지만, 이 때 한쪽 가지배관에 설치되는 헤드 개수는 '8개' 이하여야 하므로 9로 서술한 ③의 설명이 옳지 않다.

🆗 참고로, 이러한 가지배관의 설치 기준은 스프링클러설비의 배관 설명과도 동일하므로 자세한 사항은 <스프링클러설비>편을 참고.

45

답 ③

해 비화재보란, 실제 화재가 아닌데 화재 경보 등이 울린 상황을 의미한다. 이러한 비화재보 상황의 대처 요령 순서는 다음과 같다. (1) 수신기에서 화재표시등, 지구표시등을 확인하여 (2) 지구표시등의 해당 구역(위치)으로 이동, 실제 화재여부를 확인한다. (3) 비화재보 시, 혼선 방지를 위해 음향장치를 우선 정지하고 (4) 비화재보가 발생한 원인별 대책을 통해 원인을 제거한다. (5) 이후 수신기에서 복구 버튼을 눌러 수신기를 복구하고 (6) 음향장치 버튼을 다시 눌러 원상태로 복구한 후 (7) 스위치주의등이 모두 소등된 것(비활성화 상태인 버튼이 없는지)을 확인한다. 따라서 이러한 과정을 순서대로 나열한 것은 ③.

V

실전 기출예상문제

실제 시험장에서는 마킹과 검토할 시간이 필요하기 때문에
50분 내에 문제를 다 풀 수 있도록 연습해보세요.

실전 기출예상문제 1회차

01 한국소방안전원의 업무로 보기 어려운 것을 고르시오.

① 행정기관의 소방에 관한 위탁업무 수행
② 소방 및 안전관리 기술의 홍보 및 간행물 발간
③ 위험물 취급 및 저장 시설의 건축 승인
④ 소방기술에 관한 연구, 조사 및 국제협력

02 다음 중 양벌규정이 부과될 수 있는 행위가 아닌 것을 고르시오.

① 소방활동구역에 출입한 자에게 부과되는 벌칙
② 총괄소방안전관리자를 선임하지 않은 자에게 부과되는 벌칙
③ 피난명령을 위반한 자에게 부과되는 벌칙
④ 소방대가 도착하기 전 조치를 하지 아니한 관계인에게 부과되는 벌칙

03 소방안전관리자를 선임하지 아니하는 특정소방대상물의 관계인의 업무에 해당하는 것을 모두 고르시오.

ㄱ. 화기취급의 감독
ㄴ. 피난시설, 방화구획 및 방화시설의 유지·관리
ㄷ. 소방시설 그 밖의 소방관련시설의 유지·관리
ㄹ. 소방계획서 작성

① ㄴ, ㄷ
② ㄱ, ㄴ, ㄷ
③ ㄱ, ㄴ, ㄷ, ㄹ
④ 해당없음

04~05

보기

• 장소(시설명) : K터널
• 길이 : 5km
• 설치된 소방시설 : 소화기, 옥내소화전설비, 경보설비, 자동화재탐지설비, 비상조명등, 제연설비
• 완공일 : 2009. 02. 05
• 사용승인일 : 2010. 03. 01

04 K터널의 점검에 대한 설명으로 옳은 것을 고르시오.

① 2023년 2월에 작동점검만 시행했을 것이다.
② 2023년 3월에 종합점검만 시행했을 것이다.
③ 2023년 2월에 작동점검을, 8월에 종합점검을 한다.
④ 2023년 3월에 종합점검을, 9월에 작동점검을 한다.

05 K터널의 점검 시 필요하지 아니한 장비를 고르시오.(단, 〈보기〉에 제시된 내용 외 조건은 고려하지 않는다.)

① 방수압력측정계
② 조도계
③ 무선기
④ 폐쇄력측정기

06 다음 설명에 공통적으로 해당하는 벌금으로 가장 타당한 것을 고르시오.

> • 피난명령을 위반한 자
> • 정당한 사유없이 긴급조치를 방해한 자
> • 정당한 사유없이 소방대의 생활안전활동을 방해한 자

① 1천만 원 이하의 벌금
② 300만 원 이하의 벌금
③ 200만 원 이하의 벌금
④ 100만 원 이하의 벌금

07 지상으로부터 높이가 150m이고 총 1,000세대인 아파트에 대한 설명으로 옳은 것을 고르시오.

① 2급소방안전관리자를 선임할 수 있다.
② 소방안전관리보조자는 3명 이상 선임해야 한다.
③ 위험물기능장 자격이 있고 2급 소방안전관리자 자격증을 발급받은 사람을 바로 선임할 수 있다.
④ 소방안전관리자 선임을 위한 시험이 없을 경우 선임연기 신청이 가능하다.

08 다음 중 대통령령으로 정하는 소방안전관리대상물의 관계인이 소방시설관리업에 등록한 자로 하여금 대통령령으로 정하는 업무의 대행을 할 수 없는 것을 고르시오.

① 지상층의 높이가 11층이고 연면적이 15,000m²인 특정소방대상물
② 지상층의 높이가 6층이고 자동화재탐지설비를 설치하는 특정소방대상물
③ 옥내소화전설비, 스프링클러설비, 물분무등소화설비를 설치한 특정소방대상물
④ 지상층의 높이가 15층이고 연면적이 10,000m²인 특정소방대상물

09 화재예방안전진단을 받지 아니한 경우 부과되는 벌칙에 해당하는 것을 고르시오.

① 3년 이하의 징역 또는 3천만원 이하의 벌금
② 1년 이하의 징역 또는 1천만원 이하의 벌금
③ 300만원 이하의 벌금
④ 300만원 이하의 과태료

10 방염에 대한 설명으로 옳은 것을 모두 고르시오.

> ㄱ. 의료시설에서 공간구획을 위한 칸막이는 방염대상물품 사용이 의무적이다.
> ㄴ. 두께 2mm 미만의 종이벽지류는 방염대상물품에서 제외된다.
> ㄷ. 숙박시설에서 침구류, 소파 및 의자는 방염대상물품 사용이 의무적이다.
> ㄹ. 단란주점업 영업장에서 섬유류를 원료로 한 의자는 방염대상물품 사용이 의무적이다.

① ㄱ, ㄴ
② ㄱ, ㄴ, ㄷ
③ ㄱ, ㄴ, ㄹ
④ ㄱ, ㄴ, ㄷ, ㄹ

11 건축관계법령으로 지정하는 사안으로 보기 어려운 것을 고르시오.

① 내화구조
② 제연
③ 지하층
④ 피난

12 그림을 보고 해당 건물의 방화구획에 대한 설명으로 옳지 않은 것을 고르시오.(단, 해당 건물에는 스프링클러설비가 설치되어 있고 주요구조부는 내화구조이다.)

```
┌─────────────────────────────┐
│   11층 바닥면적 3,000㎡      │
├─────────────────────────────┤
│        (중간생략)           │
├─────────────────────────────┤
│   1층 바닥면적 3,000㎡       │
└─────────────────────────────┘
```

① 바닥 및 벽은 내화구조이고 문은 60분 또는 60분+방화문의 구조여야 한다.
② 방화구획을 관통하는 틈새는 내화충진재로 메워야 한다.
③ 1층의 방화구획은 1개이다.
④ 11층의 방화구획은 2개이다.

13 대수선에 해당하지 않은 것을 고르시오.

① 옥외계단을 증설하는 것
② 건축물의 외벽에 사용하는 마감재료를 증설하는 것
③ 기둥을 3개 이상 변경하는 것
④ 내력벽을 증설하는 것

14 다음 중 산소공급원으로 쓰일 수 없는 것을 고르시오.

① 공기   ② 인화성 액체
③ 제1류 위험물   ④ 제6류 위험물

15 다음 중 백드래프트(Back draft) 현상과 관련이 있는 것을 모두 고르시오.

ㄱ. 축적되었던 가연성 가스에 의해 실내 전체가 폭발적으로 화염에 휩싸이는 현상이다.
ㄴ. 파이어볼을 형성한다.
ㄷ. 농연 분출, 건물 벽체 도괴 현상을 동반한다.
ㄹ. 연기폭발(Smoke explosin)이라고도 한다.
ㅁ. 화재 실 개방 전, 천장 부근을 개방해 폭발력을 억제할 수 있다.

① ㄱ, ㄴ, ㄷ, ㄹ   ② ㄴ, ㄷ, ㄹ, ㅁ
③ ㄱ, ㄴ, ㄷ, ㅁ   ④ ㄱ, ㄴ, ㄷ, ㄹ, ㅁ

16 다음 중 자연발화의 원인별 그 종류가 올바르게 짝지어진 것을 모두 고르시오.

A. 분해열 : 셀룰로이드, 니트로셀룰로오스
B. 산화열 : 석탄
C. 발효열 : 목탄
D. 흡착열 : 활성탄
E. 중합열 : 과산화수소, 산화에틸렌

① A, B, D   ② A, B, E
③ A, C, D   ④ A, B, D, E

17 연소에 대한 설명으로 옳지 않은 것을 고르시오.

① 열분해 시 가연성 증기를 발생하는 고체는 일반적으로 분해연소한다.
② 무염연소에 억제소화는 효과가 없다.
③ 외부 점화원에 의해 착화되는 최저온도를 발화점이라고 한다.
④ 점화원을 제거해도 5초 이상 연소상태가 유지되는 온도를 연소점이라고 한다.

18 물리적 작용에 의한 소화작용에 해당하지 아니하는 것을 고르시오.

① 탄광에 암분을 살포한다.
② 연소 중인 고체나 액체가 들어있는 용기를 밀폐한다.
③ 할론 및 할로겐 화합물 소화약제를 사용한다.
④ 가연성 혼합기에 불활성 물질을 첨가한다.

19 실내 화재의 양상에 대한 설명으로 옳은 것을 고르시오.

① 초기에는 개구부를 통해 검은 연기가 나온다.
② 성장기에 들어서 인접 건물로 연소가 확대된다.
③ 최성기에는 연기량이 증가하고 화염 분출이 잦아든다.
④ 감쇠기에 이르러 검은 연기가 백색으로 변한다.

20 전기화재의 원인에 대한 설명이 적절하지 아니한 것을 고르시오.

① 전선의 합선이 일어났다.
② 누전이 발생했다.
③ 전선에 절연이 생겼다.
④ 과전류가 발생했다.

21 다음 중 LNG에 대한 설명으로 옳은 것을 모두 고르시오.

A. 주성분은 CH_4이다.
B. 주성분은 C_3H_8이다.
C. 가스누설경보기는 연소기로부터 수평거리 4m 이내에 설치한다.
D. 가스누설경보기는 연소기로부터 수평거리 8m 이내에 설치한다.
E. 폭발범위는 5~15%이다.
F. 폭발범위는 2.1~9.5%이다.

① A, C, E   ② A, D, E
③ B, C, F   ④ B, D, F

22 위험물의 종류별 특성에 대한 설명으로 빈칸에 들어갈 말로 옳은 것을 순서대로 고르시오.

• 제1류위험물은 산화성 (㉠)로(으로) 가열, 충격, 마찰 등에 의해 분해되고 산소를 방출한다.
• 제5류위험물은 가연성으로 산소를 함유하여 (㉡)한다.

	㉠	㉡
①	고체	자기연소
②	고체	저온착화
③	액체	자기연소
④	액체	저온착화

23 제4류위험물의 성질로 옳은 것을 모두 고르시오.

ㄱ. 인화가 쉽고 착화온도가 높은 것은 위험하다.
ㄴ. 증기는 대부분 공기보다 가볍다.
ㄷ. 공기와 혼합 시 연소 및 폭발을 일으킬 수 있다.
ㄹ. 대부분 물에 녹지 않으며 물보다 가볍다.

① ㄱ, ㄴ, ㄹ   ② ㄴ, ㄹ
③ ㄴ, ㄷ, ㄹ   ④ ㄷ, ㄹ

24 통합감시시스템에 대한 설명으로 적절하지 아니한 것을 고르시오.

① 비용 절감 효과를 볼 수 있다.
② 언제, 어디서든 감시가 용이하다.
③ 인력 문제를 해결할 수 있다.
④ 장소적 통합 개념으로 구성된다.

25 종합방재실의 설치 기준에 대한 설명으로 옳은 것을 고르시오.

① 기본적으로 1층 또는 지하 1층에 설치한다.
② 공동주택의 경우 관리사무소 내에 설치할 수 없다.
③ 20m² 이상의 면적이어야 하고 다른 부분과 방화구획으로 설치한다.
④ 종합방재실 내 부속실 설치 시 별도로 구획하지 않는다.

26 화상에 대한 설명 및 응급처치 방법으로 옳은 것을 고르시오.

① 화상환자의 피부조직에 옷가지 등이 붙었을 때는 조심스럽게 옷가지를 잘라낸다.
② 모세혈관이 손상되는 화상은 발적 및 수포, 진물을 동반한다.
③ 피하지방과 근육층이 손상되는 화상은 극심한 통증을 느낀다.
④ 부종과 홍반 등을 동반하는 화상은 치료 시 흉터가 남는다.

27 응급처치의 일반원칙으로 옳지 않은 것을 모두 고르시오.

> A. 위급한 상황에서 환자의 안전을 최우선으로 생각한다.
> B. 사전에 환자 또는 보호자의 이해와 동의를 구한다.
> C. 응급처치 후 주변인을 지목하여 구조를 요청한다.
> D. 불확실한 처치는 하지 않는다.

① A, C
② B, D
③ A, C, D
④ B, C, D

28 목격자 심폐소생술에 대한 설명으로 옳은 것을 고르시오.

① 환자의 가슴을 가볍게 두드리며 괜찮은지 질문하고 반응을 확인한다.
② 맥박 및 호흡의 정상 여부는 20초 내로 판별한다.
③ 환자의 가슴뼈 중앙을 분당 100~120회 속도로 강하게 압박한다.
④ 인공호흡에 자신이 없으면 가슴압박만 시행한다.

29 다음 도면을 참고하여 만두빌딩(업무시설)에 1단위 소화기 설치 시 필요한 최소 개수를 구하시오.(단, 주요구조부는 내화구조이고 실내면은 불연재이다./도면상 단위는 m이다.)

① 4개
② 5개
③ 6개
④ 7개

30 다음 중 고체, 액체, 기체의 연소 형태에 대한 설명으로 옳지 아니한 것을 고르시오.

① 적열상태인 고체 표면에 산소가 도달하여 산화반응을 일으켜 화염을 발생하는 연소 형태를 표면연소라고 한다.
② 글리세린이나 중유와 같이 분자량이 큰 액체 물질은 증발연소가 아닌 분해연소 과정을 거친다.
③ 양초는 고체의 증발연소에 해당한다.
④ 확산연소, 예혼합연소는 기체의 연소 형태에 해당한다.

31 다음은 시루빌딩의 옥내소화전 설치 현황을 나타낸 그림이다. 시루빌딩에 필요한 수원의 최소 저수량을 고르시오.

① 2.6m³
② 5.2m³
③ 7.8m³
④ 10m³

32 다음 제시된 압력스위치 그림을 참고하여, 해당 주펌프의 정지점과 기동점 세팅 값을 고르시오.

① 정지점 : 0.3MPa, 기동점 : 0.4MPa
② 정지점 : 0.3MPa, 기동점 : 0.7MPa
③ 정지점 : 0.7MPa, 기동점 : 0.4MPa
④ 정지점 : 0.7MPa, 기동점 : 0.3MPa

33 옥내소화전의 사용방법에 대한 설명으로 적절한 것을 고르시오.

① 가장 먼저 호스가 꼬이지 않도록 전개한다.
② "밸브개방"을 외치며 시계반대방향으로 밸브를 돌려 개방한다.
③ 방수 시 양손 모두 호스를 잡고 최대한 몸에 밀착시킨다.
④ 동력제어반에서 펌프정지 후 밸브를 폐쇄한다.

34 감시제어반의 스위치가 〈보기〉와 같은 상태로 동력제어반에서 주펌프를 수동으로 기동할 때 각 부분의 스위치 상태로 가장 적절한 것을 고르시오.

	㉠	㉡	㉢	㉣
①	자동	소등	누름/점등	소등
②	자동	누름/점등	소등	점등
③	수동	소등	누름/점등	소등
④	수동	누름/점등	소등	점등

이론과 개념 설명

설비 및 구조의 이해

복합개념 정리

위험암 개념정리

실전 기출예상문제

실게 들어보는 총정리

35 펌프성능시험에 대한 설명 중 빈칸에 들어갈 말로 적절한 것을 차례대로 고르시오.

- 체절운전은 토출량이 0인 상태에서 체절압력이 정격토출압력의 (ⓐ)이고 릴리프밸브가 작동해야 한다.
- 최대운전은 유량계의 유량이 정격토출량의 150%일 때 압력계의 압력이 정격토출압력의 (ⓑ)이어야 한다.

① ⓐ : 140% 이상, ⓑ : 65% 이하
② ⓐ : 140% 이하, ⓑ : 65% 이상
③ ⓐ : 150% 이상, ⓑ : 65% 이하
④ ⓐ : 150% 이하, ⓑ : 65% 이상

36 점검을 위해 2층의 발신기를 작동시켰을 때 연동된 설비의 작동 상태로 옳지 아니한 것을 고르시오.(단, 경종 및 사이렌을 포함한 모든 설비는 정상 작동 중이다.)

① 1층 수신기 화재신호 수신, 화재표시등 점등, 발신기등 점등
② 1층 주경종 발생, 2층 지구경종 발생
③ 1층 수신기 감지기A, B 지구표시등 소등
④ 1층 수신기 스위치주의등 점등

37 다음 그림을 보고 해당 건물을 몇 개의 경계구역으로 설정할 수 있는지 고르시오.(단, 한 변의 길이는 모두 50m 이하이고 1층은 출입구에서 내부 전체 확인이 가능한 구조이다.)

4층 면적 200㎡
3층 면적 300㎡
2층 면적 700㎡
1층 면적 700㎡

① 4개   ② 5개
③ 6개   ④ 7개

38 다음과 같은 건물에서 화재 시 발생하는 경종에 대한 설명으로 가장 적절한 것을 고르시오.

| 4층 바닥면적 1,000m² |
| 3층 바닥면적 1,000m² |
| 2층 바닥면적 1,000m² |
| 1층 바닥면적 1,000m² |

① 전층에 일제히 경종이 발생한다.
② 불난 층에만 경종이 우선 발생한다.
③ 불난 층과 그 바로 직상 층에 경종이 우선 발생한다.
④ 불난 층과 그 위로 4개 층에 경종이 우선 발생한다.

39 로터리방식 수신기의 동작시험 순서 중 빈칸에 공통으로 들어갈 스위치로 가장 적절한 것을 고르시오.

① [동작시험] 스위치를 누른다.
② [   ] 스위치를 누른다.
③ 회로스위치를 하나씩 돌리며 시험한다.
④ 시험 종료 후 회로스위치를 정상위치에 놓는다.
⑤ [동작시험] 스위치와 [   ] 스위치를 복구한다.
⑥ 각 경계구역의 표시등 및 화재표시등이 소등된 것을 확인한다.

① 복구   ② 자동복구
③ 축적   ④ 예비전원시험

40 다음 R형 수신기의 기록데이터에 대한 설명으로 옳은 것을 고르시오.

운영기록				
시작일자 03/02/2022 끝일자 03/02/2022			조회	출력
■ 전체 □ 화재 □ 가스 □ 축적 □ 감시 □ 이상 □ 고장				

수신기	회선설명	동작구분	메세지
1	전기실 (A)소화설비	감시	CO_2 방출
1	전기실 감지기 B	화재	화재발생
1		수신기	주음향장치 작동
1	전기실 감지기 A	화재	화재발생

① 화재 발생으로 주펌프가 기동되었다.
② 전기실 점검으로 수신기가 화재신호를 수신했다.
③ (A)는 가스계에 해당한다.
④ 주음향장치가 고장 상태이다.

41 다음의 각 시설 및 설치장소별로 적응성이 있는 피난기구에 대한 설명이 적절한 것을 고르시오.

① 노유자시설의 5층 이상에서 미끄럼대가 적응성이 있다.
② 숙박시설의 3층 이상의 객실에는 공기안전매트를 설치해야 한다.
③ 다중이용시설의 1층에서 구조대는 적응성이 없다.
④ 의료시설 중 입원실이 있는 의원 등의 3층 이상 10층 이하에서 완강기가 적응성이 있다.

42 휴대용비상조명등의 설치 등에 대한 설명으로 옳지 아니한 것을 고르시오.

① 지하상가 및 지하역사를 제외한 대규모점포나 영화상영관에는 보행거리 50m 이내마다 3개 이상 설치한다.
② 충전식 배터리를 사용하는 경우 상시 충전되는 구조여야 하고 20분 이상 유효하게 사용할 수 있는 용량으로 한다.
③ 설치높이는 바닥으로부터 0.8m 이상 1.2m 이하의 높이로 한다.
④ 지하상가 및 지하역사에는 보행거리 25m 이내마다 3개 이상 설치한다.

43 제연설비의 작동에 대한 설명이 옳지 않은 것을 고르시오.

① 이동식 제연커튼은 감지기 작동으로 내려오고 고정식은 감지기 작동과 무관하다.
② 스프링클러설비가 설치된 경우 급기가압제연설비의 최소 차압은 12.5Pa 이상으로 한다.
③ 부속실 단독 제연 시 부속실이 면하는 옥내가 거실이면 방연풍속은 0.7m/s 이상이다.
④ 부속실 제연설비 작동 시 급기댐퍼가 완전히 닫힌 후에 송풍기가 작동한다.

44 오피스텔, 무창층 또는 층수가 11층 이상인 특정소방대상물에 설치하는 유도등 및 유도표지의 종류로 옳은 것을 고르시오.

① 대형피난구유도등, 객석유도등
② 중형피난구유도등, 객석유도등
③ 중형피난구유도등, 통로유도등
④ 소형피난구유도등, 통로유도등

45 3선식 유도등이 자동 점등되는 경우로 적합하지 않은 것을 고르시오.

① 자동화재탐지설비의 발신기가 작동한 경우
② 비상경보설비의 발신기가 작동한 경우
③ 상용전원의 정전 또는 전원선이 단선된 경우
④ 옥내소화전설비가 작동된 경우

46 정온식 열감지기에 대한 설명으로 옳은 것을 고르시오.

① 보일러실이나 주방 등의 장소에 설치한다.
② 주위온도가 일정 상승률 이상일 때 작동한다.
③ 다이아프램의 압박으로 작동한다.
④ 내화구조에서 부착높이가 4m 미만일 때 특종의 설치면적은 60m²이다.

이론과 개념 설명

설비 및 구조의 이해

복합개념 정리

핵심 개념정리

실전 기출예상문제

실제 뜯어보는 총정리

47 상수도소화용수설비에 대한 설명으로 옳지 않은 것을 고르시오.

① 소방대가 현장에 도착해 송수구를 통해 물을 송수하여 화재 진압에 사용하는 설비이다.
② 소방자동차의 진입이 쉬운 도로변이나 공지에 설치한다.
③ 호칭지름 75mm 이상의 수도배관에 100mm 이상의 소화전을 접속한다.
④ 특정소방대상물의 수평투영면의 각 부분으로부터 140m 이하가 되도록 설치한다.

48 소방계획의 수립절차 중 다음 내용에 해당하는 절차를 고르시오.

> 전체적인 소방계획의 목표 및 전략을 세워 세부 실행계획을 수립한다.

① 사전기획
② 위험환경분석
③ 설계 및 개발
④ 시행 및 유지관리

49 소방계획의 수립 및 작성 시 고려하는 주요 원리, 원칙에 대한 설명으로 옳은 것을 고르시오.

① 소방계획의 내용에는 소방안전관리대상물에 설치한 소방시설, 방화시설, 전기시설, 수도시설 등이 포함된다.
② 관계인 전원이 참여하여 가장 합리적인 결과를 도출할 수 있도록 계획우선의 원칙을 따라야 한다.
③ 통합적 안전관리 원리에 따라 모든 형태의 위험을 포괄하는 전주기적 단계의 위험성 평가 과정을 거친다.
④ 소방계획서를 작성한 뒤 검토 및 승인까지 구조화단계를 거쳐야 한다.

50 자위소방활동에 대한 각 설명이 적절하지 아니한 것을 고르시오.

① 비상연락 - 화재상황 전파, 119 신고
② 초기소화 - 화재확산방지, 위험물 시설에 대한 제어 및 비상반출
③ 응급구조 - 응급조치 및 응급의료소 설치, 지원
④ 피난유도 - 재실자 및 방문자의 피난유도, 재해약자 피난보조

정답 및 해설 1회차

정답

01	③	02	①	03	②	04	④	05	③
06	④	07	②	08	①	09	②	10	③
11	②	12	④	13	①	14	②	15	②
16	①	17	③	18	③	19	④	20	③
21	②	22	①	23	④	24	④	25	③
26	②	27	①	28	④	29	②	30	①
31	②	32	③	33	②	34	④	35	②
36	④	37	①	38	①	39	②	40	③
41	③	42	③	43	④	44	③	45	④
46	①	47	①	48	③	49	④	50	②

01

답 ③

해 위험물 취급 및 저장 시설의 건축 승인은 한국소방안전원의 업무에 해당하지 않는다. 위험물 취급 및 저장, 또는 지정수량(탱크) 등 위험물에 관한 사항이 소방 영역에서 기준이 되는 경우가 많은데 그러한 기준과 한국소방안전원의 업무가 헷갈리지 않도록 주의가 필요하다. 한국소방안전원의 업무에 위험물의 시설 허가나 승인, 건축 등은 포함되지 않는다.

02

답 ①

해 ① 소방활동구역에 출입한 자에게 부과되는 벌칙은 200만 원 이하의 '과태료'에 해당하므로 양벌규정이 부과되지 않는다. 양벌규정이란, 해당 행위를 한 사람 외에도 법인 또는 또 다른 개인에게 같이 책임을 물어 양쪽으로 벌을 가할 수 있는 것을 의미하고 이때 해당하는 행위는 '벌금형' 내에서 양벌규정이 가능하다.

②번은 300만 원 이하의 벌금, ③번과 ④번은 100만 원 이하의 벌금형에 해당한다.

03

답 ②

해 소방안전관리 대상물을 제외한 특정소방대상물의 관계인의 업무는 피난(방화)시설 및 소방시설의 유지·관리 업무와 그 밖에 소방안전관리에 필요한 업무이다. 이때 '소방안전관리 대상물을 제외한 특정소방대상물'이라는 말을 바꿔 말하면, '소방안전관리자를 선임하지 않는 특정소방대상물'로도 출제될 수 있으므로 참고! 소방계획서를 작성하는 것은 소방안전관리자의 업무이므로 소방안전관리자를 선임하지 않는, 선임 대상이 아닌 특정소방대상물의 '관계인'이 하는 업무에 소방계획서 작성은 포함되지 않는다.

04

답 ④

해 〈보기〉에서 제시된 곳은 제연설비가 설치된 터널로 작동기능점검과 종합정밀점검 모두 시행해야 하는 대상물이다. 따라서 작동기능점검만 시행한다거나, 종합정밀점검만 시행한다고 말한 ①, ②번은 옳지 않다. 이때 '사용승인일'을 기준으로 사용승인일이 포함된 달의 말일까지 종합정밀점검을 주기적으로 시행할 것이므로 3월에 종합정밀점검을, 그리고 그때부터 6개월 뒤에 작동기능점검을 주기적으로 실시하므로 9월에는 작동기능점검을 할 것이다. 따라서 옳은 것은 ④.

05

답 ③

해 K터널에 설치된 소방시설을 참고했을 때, 점검 시 ① 방수압력측정계는 공통으로 필요한 장비이기도 하고, 옥내소화전설비가 설치되어 있으므로 필요한 장비이다. (공통 장비에는 방수압력측정계, 절연저항계, 전류전압측정계가 있다.)
② 조도계는 비상조명등의 점검, ④ 폐쇄력측정기는 제연설비의 점검에 필요한 장비이다. (제연설비의 점검 장비는 차압계, 폐쇄력측정기, 풍속풍압계가 있다.)
무선기는 무선통신보조설비의 점검 시 필요한 장비이나, 제시된 내용에서 설치된 설비가 아니므로 필요한 장비로 보기 어렵다. 따라서 필요하지 않은 점검 장비는 무선기.

06

답 ④

해 피난명령, 긴급조치 위반 및 방해는 100만 원 이하의 벌금형에 해당하고, 여기에는 정당한 사유 없이 소방대의 생활안전활동을 방해한 자도 해당된다. [관련 설명 : 교재 내 '소방관계법령' - '벌칙' 부분의 〈체크포인트〉 확인]

> 📂 **참고 TIP!**
> 소방안전관리자 과정에서 200만 원 이하의 벌금 항목은 없으므로 ③번은 바로 제외시킬 수 있다.

07

답 ②

해 조건의 아파트는 1급소방안전관리대상물이다. 따라서 ①번과 ③번은 2급대상물에 대한 설명이므로 옳지 않고, ④번 역시 1급 및 특급은 선임연기 신청이 불가하므로 옳지 않은 설명이다.
1,000세대의 경우 소방안전관리보조자를 3명 이상 선임하는 것이 옳다. (1,000÷300＝3.33으로 3명 이상)

08

답 ①

해 문제는 업무대행이 불가능한 대상물의 조건을 묻고 있다. 업무대행이 가능한 대상물은 2,3급과 1급 중에서는 예외적으로 11층 이상이고 연면적이 15,000m² '미만'인 특정소방대상물이 해당한다. ①번은 1급대상물로 층수가 11층 이상이지만, 연면적이 15,000m² '미만'이어야 하는 조건에 성립하지 않으므로 업무대행이 불가하다.
②번은 3급, ③번은 2급, ④번은 업무대행이 가능한 예외조건이 성립하는 1급으로 업무대행이 가능하다.

09

답 ②

해 ② 화재예방안전진단을 받지 않은 경우는 1년 이하의 징역 또는 1천만원 이하의 벌금에 해당한다. / [CHECK!] 이와 비교하여, 화재예방안전진단 결과 내려진 보수·보강 등의 조치명령을 위반한 경우에는 3년 징역 또는 3천만원 벌금. 화재예방안전진단 결과를 미제출한 경우에는 300만원 이하의 과태료에 해당하는 것도 함께 체크!

10

답 ③

해 숙박시설에서 침구류, 소파 및 의자는 방염대상 물품 사용을 '권장'하므로 의무적이라고 서술한 부분이 옳지 않다. 그 외에는 모두 옳은 설명이므로 옳은 것은 ㄱ, ㄴ, ㄹ이다.

11

답 ②

해 방화구획 중에서 연기의 확산은 '제연'을 시행하도록 '소방관계법'에 위임하고 있으므로 제연은 해당하지 않는다.

12

답 ④

해 11층 이상의 층은 바닥면적 200m²마다 구획하는데 자동식 소화설비인 스프링클러설비가 설치된 경우 면적의 3배까지 기준이 완화된다. 따라서 600m²를 기준으로 11층의 방화구획은 3,000÷600＝5개가 된다.

이때 만약 문제에서 내장재가 불연재라는 조건을 붙였다면, 11층 이상의 구획 기준은 500m²로 늘어나고, 스프링클러설비가 설치되어 있으니 그 3배인 1,500m²마다 구획하여 총 2개라는 계산이 나왔겠지만, 해당 문제에서는 내장재가 불연재라는 언급이 없었으므로 이 조건에 부합하지 않는 것으로 본다. 11층 이상의 방화구획에서는 '내장재가 불연재'인 조건을 반드시 확인하는 것이 유리!

참고로 10층 이하의 층은 바닥면적 1,000m²마다 구획+자동식소화설비로 3배 기준이 적용되어 총 3,000m²마다 구획하게 되므로 1층은 방화구획이 1개가 맞다.

13

답 ①

해 '옥외계단'은 대수선의 영역으로 정하는 사항이 아니므로 대수선에 해당하지 않는다.

옥외계단이 아닌, 주계단 또는 (특별)피난계단의 증설 또는 해체, 수선 또는 변경이 대수선에 해당한다.

14

답 ②

해 공기에는 산소가 21vol% 포함되어 있어 산소공급원이 될 수 있고, 제1류위험물과 제6류위험물은 산소를 발생시켜 다른 물질의 연소를 쉽게 만들 수 있어 산소공급원이 될 수 있다. 따라서 산소공급원이 될 수 없는 것은 인화성 액체(제4류위험물)이다.

15

답 ②

해 ㄱ. 축적되었던 가연성 가스에 의해 실내 전체가 폭발적으로 화염에 휩싸이는 현상은 '플래시오버(Flash Over)'에 대한 설명이므로 옳지 않다. 그 외에는 모두 백드래프트 현상에 대한 설명이다.

백드래프트 현상 역시 축적되었던 가연성 가스에 의해 폭발적인 연소가 일어나기는 하지만 플래시오버와 다른 점은, 화재실의 문을 개방하면서 신선한 공기가 유입되고 축적되어있던 가연성 가스와 함께 폭발적으로 연소하면서 화염 폭풍을 일으켜 '실외'로 분출되는 현상을 백드래프트라고 한다는 점을 주의!

이론과 개념 설명

설비 및 구조의 이해

복합개념 정리

위험물 개념정리

실전 기출예상문제

쉽게 뜯어보는 총정리

16

답 ①

해 분해열 - 셀룰로이드, 니트로셀룰로오스 / 산화열 - 석탄, 건성유 / 흡착열 - 목탄, 활성탄으로 A, B, D가 옳다. 발효열에는 퇴비가 해당되고, 중합열에는 '시안화수소', 산화에틸렌이 해당하므로 C와 E는 옳지 않다.

17

답 ③

해 발화점은 외부의 점화원 없이, 열의 축적에 의해 스스로 발화할 수 있는 온도를 의미하므로 잘못된 설명이다.

18

답 ③

해 할론 및 할로겐 화합물 소화약제를 사용하는 것은 라디칼을 흡수해 제거하는 방식으로 '화학적 작용'에 해당한다.

그 외는 모두 물리적 작용에 의한 소화에 해당하는데, ① 탄광에 암분 살포는 연소에너지 한계, ② 용기 밀폐와 ④ 가연성 혼합기에 불활성 물질 첨가는 농도한계에 의한 소화이다.

19

답 ④

해 ① 초기에는 개구부를 통해 '하얀' 연기가 나오므로 잘못된 설명이다.

② 성장기에는 근접한 동으로 연소가 확대될 수 있으나, 인접 건물로까지 확대될 수 있는 단계는 '최성기'이므로 잘못된 설명이다.

③ 최성기에는 연기량이 '감소'하고 화염분출이 강해지므로 잘못된 설명이다. 옳은 설명은 ④.

20

답 ③

해 '절연'은 전류 및 전기가 통하지 않게 되는 상태를 의미한다. 즉, 절연이란 전기가 통하지 않도록 해주는 일종의 안전장치라고 볼 수 있는데, 전기화재의 원인은 이러한 절연이 잘 되지 않아 '절연불량' 상태일 때 일어날 수 있다. 따라서 절연불량이 아닌, 절연이 잘 되고 있는 상태는 전기화재의 원인이 될 수 없으므로 ③이 옳지 않다.

참고로 '단선'도 비슷한 맥락으로 전기가 통하지 않는 상태이므로 전기화재의 원인이 될 수 없다.

21

답 ②

해 LNG의 주성분은 메탄으로 화학식으로는 CH_4로 나타낼 수 있다. (A), 이때 폭발범위는 5~15%이고 (E), 증기비중이 1보다 작기 때문에 멀리까지 이동할 수 있어 가스누설경보기는 연소기로부터 수평거리 8m 이내에 설치해야 하므로 (D)가 맞다.

그 외 나머지는 LPG와 LPG의 주성분 중 하나인 프로판에 대한 설명이므로 옳지 않다.

22

답 ①

해 제1류위험물은 산화성 '고체'로 가열, 충격, 마찰 등에 의해 분해, 산소를 방출한다. 그래서 (㉠)은 고체, 제5류위험물은 자기반응성 물질로 산소를 함유하여 자기연소가 가능하다.

따라서 (㉡)은 '자기연소'가 적절하다.

> 📁 헷갈릴 수 있는 다른 개념!
> 제6류위험물은 산화성 '액체'이다. 1류는 고체, 6류는 액체! 또한 저온착화하기 쉬운 가연성 고체로 유독가스를 발생하는 것은 제2류위험물의 특징이다.

23

답 ④

해 ㄱ. 인화하기 쉬운 것은 맞지만, 착화온도가 '낮은 것'은 그만큼 불이 붙기 쉬우므로 위험하다. 따라서 옳지 않은 설명이다.

ㄴ. 제4류위험물(인화성 액체)의 증기는 대부분 공기보다 '무겁'기 때문에 옳지 않은 설명이다.

따라서 옳은 것은 ㄷ과 ㄹ.

24

답 ④

해 통합감시시스템은 기존의 '장소적 통합' 개념에서 벗어나 '시스템적 통합' 방식으로 구성되는 것이 특징이다. 그에 따라 언제, 어디서든 정보의 수집과 감시가 용이하므로 비용, 장소, 인력에 따른 문제를 해결할 수 있어 효율성이 커진다는 장점이 있다. 따라서 ④의 장소적 통합 개념은 기존의 감시시스템에 대한 설명이므로 옳지 않다.

25

답 ③

해 ① 기본적으로 1층 또는 피난층에 설치하나, 초고층 건축물에 특별피난계단이 설치되어 있고 특별피난계단의 출입구로부터 5m 내에 종합방재실을 설치하는 경우에 '예외적으로' 2층 또는 지하 1층에 설치할 수 있다. 해당 지문에서 예외조건을 설명하지 않았으므로 지하 1층에 설치한다는 설명이 잘못되었다.

② 공동주택의 경우 관리사무소 내에 설치할 수 '있으므로' 잘못된 설명이다.

④ 인력의 대기 등을 위한 부속실을 설치해야 하는데, 종합방재실과 방화구획된 부속실을 설치하여야 하므로 잘못된 설명이다.

따라서 옳은 것은 ③.

26

답 ②

해 ① 화상환자의 피부조직에 옷가지 등이 붙었을 때는 잘라내지 말고 수건 등으로 닦거나 접촉하는 일이 없도록 주의해야 하므로 옳지 않은 설명이다.

③ 피하지방과 근육층이 손상되는 화상은 전층화상으로 통증이 없는 것이 특징이다.

④ 부종과 홍반 등을 동반하는 화상은 표피화상으로 흉터없이 치료가 가능하다.

따라서 옳은 것은 ②.

27

답 ①

해 A. 위급한 상황일지라도 환자보다는 구조자(본인)의 안전을 최우선으로 생각해야 하므로 옳지 않다.

C. 구조 요청은 응급처치와 '동시에' 이루어져야 하므로 옳지 않다.

따라서 옳지 않은 것을 모두 고르면 A와 C.

28

답 ④

해 ① 환자의 반응을 확인할 때에는 '어깨'를 가볍게 두드리며 괜찮은지 질문한다.

② 맥박 및 호흡의 정상 여부 판별은 '10초' 내로 이루어져야 한다.

③ 환자의 가슴뼈 '아래쪽 절반' 위치를 강하게 압박해야 하므로 ①~③의 설명은 옳지 않다.

인공호흡에 자신이 없거나 거부감이 있으면 가슴압박만 시행하는 것이 옳으므로 옳은 설명은 ④.

29

답 ②

해 만두빌딩은 업무시설이므로 100m²의 기준 면적이 적용되는데, 내화구조+불연재이므로 기준 면적의 2배까지 완화된 기준이 적용되므로 200m²마다 능력단위 1 이상의 소화기를 1대 이상 배치한다.

이때 창고(25m²)를 제외하고는 각 실이 목적을 가진 거실로 면적이 33m² 이상이므로 개발팀, 회의실, 회계팀, 마케팅팀에 소화기를 각 1개씩 배치한다. (200m²를 넘는 실이 없으므로 1개씩 배치).

그리고 복도의 경우, [소형소화기]의 보행거리 설치 기준에 따라 복도 가운데 1개를 비치하면 특정소방대상물의 각 부분으로부터 보행거리 20m 이내 설치 기준에 충족하므로 복도에 설치하는 최소한의 개수는 1개로 계산할 수 있다.

따라서 최소한의 설치 개수는 총 5개.

30

답 ①

해 표면연소는 열분해를 통해 가연성 증기를 발생하지 않는 고체가 연소하면서 적열상태인 고체 표면에 산소가 도달하여 산화반응을 일으키고, 이 때 '화염을 내지 않고' 연소하는 양상을 띠는 것을 표면연소라고 한다. 이 표면연소는 다른 말로는 '무염연소' 또는 '작열연소'라고도 하며 화염을 내지 않는 것이 큰 특징이다. 따라서 화염을 발생한다고 서술한 ①의 설명이 옳지 않다.

31

답 ②

해 시루빌딩은 29층 이하이므로 가장 많이 설치된 층의 개수 N은 2개까지로 계산한다. 또, 옥내소화전의 방수량인 130L/min으로 20분의 시간을 적용해 N곱하기 2.6m³(130L/min×20분)으로 계산한다. 따라서 5층에 3개가 설치되어 있긴 하지만, N의 최대개수는 2개를 기준으로 2×2.6m³ = 5.2m³ 이상 필요함을 알 수 있다.

32

답 ③

해 압력스위치의 그림 상 오른쪽 Range는 '정지점'을, 왼쪽의 Diff는 (정지점 - 기동점) 값을 나타내므로, 우선 정지점(Range)은 0.7MPa.

그리고 Diff 값(0.3) = (정지점 0.7 - 기동점)이므로, 기동점은 0.4MPa임을 알 수 있다. 따라서 정답은 ③번.

33

답 ②

해 ① 호스가 꼬이지 않도록 전개해야 하는 것은 맞지만, 옥내소화전 사용 시 가장 먼저 하는 일은 발신기를 누르고 함을 여는 것이므로 옳지 않다.

③ 방수 시 한 손은 관창의 윗부분(선단)을 잡고 다른 손은 결합부를 잡은 상태에서 몸에 밀착시켜야 하므로 양손 모두 호스를 잡는다는 설명이 잘못되었다.

④ 방수가 끝난 후에는 밸브폐쇄를 외치며 밸브를 시계방향으로 돌려 폐쇄하고, 이후 동력제어반에서 펌프를 정지해야 하므로 옳지 않은 설명이다. 따라서 옳은 것은 ②.

34

답 ④

해 감시제어반의 상태가 자동인 상태이므로 동력제어반의 회로스위치를 [수동]에 두고 펌프 [기동] 버튼을 누르면 주펌프를 수동으로 기동할 수 있다. 따라서 ㉠은 수동, ㉡은 누름 상태이고 램프 기능이 있는 경우 점등된다. 그렇다면 펌프가 현재 기동 중일테니 정지버튼은 '소등'되어 꺼질 것이고, 펌프가 기동 중임을 알리는 펌프기동등은 '점등'되므로 ㉢은 소등, ㉣은 점등 상태이다. 따라서 옳은 것은 ④.

35

답 ②

해 체절운전은 토출량이 0인 상태에서 펌프를 기동
했을 때 펌프의 공회전으로 무리가 가지 않도록
정격토출압력의 140% '이하'로 제한되고 체절압
력 미만에서 릴리프밸브가 작동해야 한다. 최대
운전은 유량계의 유량이 정격토출량의 150%로
많은 양이 방수되더라도 토출압력은 정격토출압
력의 65% '이상'의 힘으로 뿜어줘야 한다고 이해
하면 쉽다. 따라서 ⓐ는 140% 이하, ⓑ는 65% 이
상으로 ②가 옳다.

36

답 ④

해 2층의 발신기 누름버튼을 눌러 화재신호를 보내
면 1층의 수신기는 화재신호를 수신하고 화재표
시등 점등, 발신기등 점등, 발신기가 위치한 곳의
지구표시등이 점등된다. 또 수신기 내부나 직근
에 위치한 주경종이 발생하고 해당 발신기가 있
는 구역의 지구경종이 발생한다. 이때 발신기 작
동으로 수신기에 화재신호를 보낸 것이므로, 감
지기 작동으로 점등되는 감지기 A,B 지구표시등
은 작동하지 않은 '소등' 상태인 것이 맞다. 따라
서 ①, ②, ③은 모두 옳은 설명이다.
④의 스위치주의등은 점검을 위해 경종 및 사이
렌, 또는 어떠한 버튼 등이 정지(비활성화) 상태
로 눌린 상태일 때 점등되는 것인데 현재 경종 및
사이렌을 포함한 모든 설비가 정상 작동 중이므
로 발신기 점검으로 스위치주의등에 점등될 일
이 없다. 따라서 옳지 않은 설명은 ④.

37

답 ①

해 모두 한 변의 길이가 50m 이하이므로 해당 조건
은 무시하고 계산해도 무방하다.
(1) 기본적으로 1개의 층을 하나의 경계구역으로
설정하고 면적은 600m² 이하여야 하므로
600m²를 초과하는 2층은 2개 구역으로 나눈
다.
(2) 이때 2개 층을 묶어서 면적이 500m² 이하면
하나의 경계구역으로 설정 가능하므로, 3층
과 4층을 1개의 경계구역으로 설정한다.
(3) 출입구에서 내부 전체가 보이는 것은 1,000m²
이하를 하나의 경계구역으로 설정 가능하므로
1층은 1개의 경계구역으로 설정한다. 따라서
1층 1개, 2층 2개, 3+4층을 묶어 1개로 설정해
경계구역은 총 4개로 설정할 수 있다.

38

답 ①

해 11층 이상의 건물(공동주택의 경우 16층 이상)
일 때에는 아래 표와 같이 발화층별 우선 경보 방
식이 적용되지만, 이러한 11층 이상의 건물 규모
에 미치지 않는 10층 이하의 건물에서는 모든 층
에 일제히 경보가 발하는 전층경보 방식이 적용
된다. 따라서 문제에서 제시된 건물은 4층 규모
이므로 전층경보 방식이 적용되어 정답은 ①.

1. 전층경보	2번 외 건물은 모든 층에 일제히 경보	
2. 발화층+ 직상 4개 층 우선 경보	11층 이상 (공동주택 은 16층 이상)	• [지상 2층 이상 화재] 발화층+직상 4개층 • [지상 1층 화재] 발화 층(1층)+직상 4개층 + 모든 지하층 • [지하층 화재] 발화한 지하층+그 직상층+ 그 외 모든 지하층

이론과 개념 설명

설비 및 구조의 이해

특화개념 정리

위험물 개념정리

실전 기출예상문제

쉽게 들여다보는 총정리

39

답 ②

해 수신기 동작시험 시 로터리방식과 버튼방식 모두 [동작시험] 버튼(스위치)과 [자동복구] 버튼(스위치)을 누르고 회로를 돌려보거나 경계구역별 버튼을 눌러 시험한다. 시험이 종료된 후 복구 시에도 [동작시험] 버튼과 [자동복구] 버튼을 복구한 뒤 각종 표시등이 소등된 것을 확인한다.

40

답 ③

해 ① '전기실'에 화재가 발생했고 그에 따라 적응성이 있는 이산화탄소 소화약제가 방출된 것을 확인할 수 있다.(CO_2 방출) 따라서 펌프의 기동과는 무관하므로 옳지 않은 설명이다.

② 감지기 A, B가 연달아 작동했고 그에 따라 소화약제까지 전기실에 방출된 것으로 보아 점검이 아닌 실제 화재상황임을 알 수 있으므로 옳지 않은 설명이다.

④ 감지기 A의 작동 직후 수신기의 주음향장치가 정상적으로 작동했으므로 고장 상태가 아님을 알 수 있다.

따라서 옳은 설명은 ③.

💬 CO_2는 이산화탄소이기도 하고, 전기실 화재 상황인 것으로 미루어보아 작동한 소화설비가 가스계소화설비임을 알 수 있다.

41

답 ③

해 ① 노유자시설의 1층~3층에서 미끄럼대가 적응성이 있지만, 4층 이상에서는 적응성이 없으므로 옳지 않은 설명이다.

② 숙박시설의 3층 이상의 객실에는 간이완강기를 설치해야 하므로 옳지 않은 설명이다.

④ 의료시설 중 입원실이 있는 의원 등에서 완강기는 적응성이 없으므로 옳지 않은 설명이다. 옳은 것은 ③.

			구조대/미끄럼대/피난교/다수인/승강식	
구분	노인	의원	다중이 (2~4층)	기타
4층 ~ 10층	구교 다승	피난 트랩 구교 다승		구교다승 사다리+완강 +간이 완강 +공기 안전매트
3층	구미 교다승 (전부)	피난 트랩 구미 교다승 (전부)	구미다승 사다리 +완강	구미 교다승 (전부) 사다리+완강 +간이 완강 +공기 안전매트 피난트랩
2층	×		×	×
1층				

1) 노유자 시설 4~10층에서 '구조대' : 구조대의 적응성은 장애인 관련 시설로서 주된 사용자 중 스스로 피난이 불가한 자가 있는 경우 추가로 설치하는 경우에 한함
2) 기타(그 밖의 것) 3~10층에서 간이완강기 : 숙박시설의 3층 이상에 있는 객실에 한함
3) 기타(그 밖의 것) 3~10층에서 공기안전매트 : 공동주택에 추가로 설치하는 경우에 한함

42

답 ③

해 휴대용비상조명등의 설치 높이는 바닥으로부터 0.8m 이상 1.5m 이하이므로 1.2m라고 서술한 부분이 옳지 않다. 따라서 답은 ③.

43

답 ④

해 부속실 제연설비 작동과정은 화재 발생으로 감지기가 작동(또는 수동기동장치 작동)하고 화재경보가 발생된다. 이후 급기댐퍼가 개방되는데 댐퍼가 완전히 '개방'된 후에 송풍기가 작동하고 송풍기의 바람이 계단실 및 부속실로 송풍된다. 이후 부속실의 설정압력범위를 초과하는 경우 플랩댐퍼의 작동으로 압력을 배출, 적정 범위를 유지한다. 따라서 댐퍼가 닫힌 후 송풍기가 작동한다는 설명이 잘못되었다.

44

답 ③

해 오피스텔, 무창층 또는 층수가 11층 이상인 특정 소방대상물에 설치하는 유도등 및 유도표지의 종류는 중형피난구유도등, 통로유도등이다.

유도등, 유도표지 설치장소별 종류

장소	유도등/표지 종류
공연장, 집회장, 관람장, 운동시설 / 유흥주점 (카바레, 나이트클럽 – 춤!)	대형피난구유도등, 통로유도등, 객석유도등
판매, 운수, 방송, 장례, 전시, 지하상가	대형피난구유도등, 통로유도등
숙박, 오피스텔, 무창층, 11층 이상 건물	중형피난구유도등, 통로유도등
근린, 노유자, 업무, 발전, 교육, 공장, 기숙사, 다중이, 아파트, 복합	소형피난구유도등, 통로유도등

45

답 ④

해 3선식 유도등의 경우 평상시에는 꺼져있다가 필요시 자동으로 (또는 점검 등을 위해 수동으로 점등했을 때) 점등된다. 이처럼 자동으로 점등되는 경우는 자동화재탐지설비의 감지기 또는 발신기가 작동한 경우, 비상경보설비의 발신기가 작동한 경우, 상용전원의 정전 또는 전원선이 단선된 경우, 방재업무를 통제하는 곳(전기실 배전반)에서 수동으로 점등시킨 경우, 자동소화설비가 작동한 경우이다. 스프링클러설비와 같은 자동식소화설비가 작동하면 3선식 유도등이 점등되지만, 옥내소화전의 경우 자동소화설비가 아니므로 해당하지 않는다.

46

답 ①

해 정온식 열감지기는 주위온도가 일정 온도 이상이 되었을 때 작동하므로 기본적으로 열이 자주 오르고 내리는 보일러실이나 주방 등에 설치하기에 적합하다. 따라서 옳은 설명은 ①번이고, ②번과 ③번은 차동식에 대한 설명이므로 옳지 않다. ④ 내화구조에서 부착높이 4m 미만일 때 정온식 감지기 특종의 설치면적은 70m²이므로 잘못된 설명이다.

47

답 ①

해 ① 소방대가 현장에 도착해 송수구를 통해 물을 송수하여 화재 진압에 사용하는 설비는 '연결살수설비'에 대한 설명이므로 옳지 않다. (상수도)소화용수설비는 대규모 건축물이나 대형 고층건물 등에 설치해 화재 시 소방대가 소화용수로 사용할 수 있도록 만든 설비를 의미한다.

48

답 ③

해 3단계 설계 및 개발 단계에서 전체적인 소방계획의 목표 및 전략을 세워 세부 실행계획을 수립한다.

소방계획의 수립절차

1단계 사전기획	관계자들 의견 수렴, 요구사항 검토하면서 준비하고 계획을 수립하는 단계
2단계 위험환경분석	위험요인(환경) 파악하고 분석·평가해서 대책까지 수립
3단계 설계/개발	전체적인 소방계획의 목표 및 전략을 세워 실행계획을 수립
4단계 시행/유지관리	검토를 거쳐 시행하고 유지관리하는 단계

49

답 ④

해 ① 소방계획의 주요내용에 '수도시설'은 포함되지 않으므로 옳지 않은 설명이다.

② 관계인 전원이 참여하여 가장 합리적인 결과를 도출할 수 있도록 도모해야 하는 것은 맞지만 계획우선이 아닌 '실행우선'의 원칙을 따라야 한다.

③ 모든 형태의 위험을 포괄하는 전주기적 단계의 위험성 평가 과정은 '종합적' 안전관리에 해당하므로 옳지 않다.

50

답 ②

해 이 문제는 비상연락, 초기소화, 응급구조, 방호안전, 피난유도에 해당하는 자위소방활동과 각 단계에 해당하는 내용을 확인하는 문제이다. 이때 화재확산방지, 위험물 시설에 대한 제어 및 비상반출에 해당하는 행위는 초기소화가 아닌, [방호안전]에 해당하는 내용이므로 ②가 옳지 않다.

비상연락	화재 상황 전파, 119 신고 및 통보연락 업무
초기소화	초기소화설비 이용한 조기 화재진압
응급구조	응급조치 및 응급의료소 설치·지원
방호안전	화재확산방지, 위험물시설 제어 및 비상 반출
피난유도	재실자·방문자의 피난유도 및 화재안전취약자 피난보조

실전 기출예상문제 2회차

01 소방관계법령에서 설명하는 내용으로 옳지 않은 것은?

① 소방기본법은 국민의 신체, 생명 등을 보호하고 공공의 안녕, 질서유지 및 복리증진에 이바지한다.

② 화재의 예방 및 안전관리에 관한 법률은 소방용품 성능관리에 필요한 사항을 규정한다.

③ 소방안전관리제도는 민간 소방의 최일선에 있는 관리자를 통해 재난에 효과적으로 대응하기 위한 제도이다.

④ 소방시설 설치 및 관리에 관한 법률은 공공의 안전과 복리증진에 이바지함을 목적으로 한다.

02 소방 용어에 대한 설명이 옳지 않은 것을 고르시오.

① 항해 중인 선박 또는 비행 중인 항공기는 소방대상물에 해당하지 않는다.

② 제연설비는 소방시설 중 소화용수설비에 해당한다.

③ 소방대상물의 소유자, 관리자, 점유자를 관계인이라고 한다.

④ 한 건물 안에서 피난층은 두 개 이상일 수 있다.

03 다음 중 화재로 오인할 만한 우려가 있는 불을 피우거나 연막소독 시, 시·도 조례로 정하는 바에 따라 관할 소방본부장 또는 소방서장에게 미리 신고해야 하는 장소에 해당하지 않는 것을 고르시오.

① 석유화학제품 생산 공장이 있는 지역

② 목조건물이 밀집한 지역

③ 시장 지역

④ 소방출동로가 없는 지역

04 무창층에 대한 설명으로 옳은 것을 고르시오.

① 개구부의 크기는 지름 50cm 이하의 원이 통과할 수 있어야 한다.

② 지하층 중에서 개구부의 면적의 총합이 해당 층 바닥면적의 1/30 이하인 층을 말한다.

③ 개구부의 하단이 해당 층의 바닥으로부터 1.2m 이내의 높이에 위치해야 한다.

④ 개구부는 도로 또는 차량이 진입할 수 있는 빈터를 향해야 하며 도로 폭은 일반도로의 경우 6m 이상이어야 한다.

05 한국소방안전원의 업무에 해당하는 것은?

① 위험물안전관리에 관한 허가 및 승인

② 방염대상물품의 성능시험

③ 소방시설의 설립 및 소방안전관리 기술 향상

④ 회원에 대한 기술 지원 및 국제 협력

06 화재예방안전진단에 대한 설명으로 옳은 것을 고르시오.

① 우수 또는 양호등급의 다음 진단은 안전등급을 통보받은 날부터 6년이 경과한 날이 속하는 해에 실시한다.

② 보통등급은 대상물의 일부에 대해 보수·보강의 조치명령이 필요한 상태이다.

③ 미흡등급은 대상물의 사용 중단을 권고할 필요가 있다.

④ 불량등급은 대상물의 화재 안전을 위해 조치명령의 즉각적인 이행이 필요하다.

07~08

지문을 참고하여 질문에 답하시오.

07 M상사의 작동점검일을 고르시오.

- 소방안전관리대상물의 명칭 : M상사
- 층수 및 연면적 : 13층 / 7,200m²
- 소방시설 현황 : 이산화탄소소화설비, 제연설비, 옥내소화전, 자동화재탐지설비, 스프링클러설비
- 사용승인일 : 2003년 5월 7일

① 2023년 5월   ② 2023년 9월
③ 2023년 11월   ④ 작동점검 해당 없음

08 M상사의 점검 시 필요한 장비로 보기 어려운 것을 고르시오.

① 무선기   ② 전류전압측정계
③ 음량계   ④ 절연저항계

09 다음 중 양벌규정이 부과되지 않는 행위를 고르시오.

① 소방차 출동에 지장을 주는 행위
② 소방안전관리자를 선임하지 않는 행위
③ 관계인이 소방대가 도착하기 전까지 조치를 하지 않은 행위
④ 정당한 사유 없이 긴급조치를 방해하는 행위

10 다음의 경우에 해당하는 소방안전관리자의 다음 실무교육 실시 기한을 고르시오.

- A사업장의 소방안전관리자로 선임되어 2022년 3월 2일에 실무교육 이수
- 이후 A사업장에서 퇴사하여 2023년 2월 9일에 B사업장으로 이직 및 선임

① 2023년 8월 8일까지
② 2024년 2월 8일까지
③ 2024년 3월 1일까지
④ 2025년 2월 8일까지

11 소방활동구역에 출입이 가능한 사람을 고르시오.

① 일반 가스관련 업무 종사자
② 보험 심사원
③ 소방활동구역에 이웃한 외부 소방대상물의 관계인
④ 취재인력

12 강제처분에 대한 설명으로 옳은 것을 고르시오.

① 강제처분의 명령권자는 소방청장이다.
② 소방대상물 또는 토지의 강제처분을 방해하는 경우 1년 이하의 징역 또는 1천만 원 이하의 벌금에 해당한다.
③ 견인차량 및 인력에 대해 소방대장의 지원요청을 받은 관련 기관의 장은 정당한 사유가 없다면 협조해야 한다.
④ 소방본부장 또는 소방서장은 강제처분을 위해 견인차량 및 인력 등을 지원한 자에게 비용을 지급할 수 있다.

13 다음 중 방염에 대한 설명으로 옳지 않은 것을 고르시오.

① 방염성능기준 이상의 실내장식물 설치 장소에 수영장은 포함되지 않는다.
② 섬유류를 원료로 한 소파 및 의자는 단란주점, 유흥주점, 노래연습장에 한하여 방염대상물품에 해당한다.
③ 두께 2mm 미만의 종이벽지는 방염대상물품에서 제외된다.
④ 숙박시설, 노유자시설, 종교시설에서는 방염처리된 침구류 및 소파, 의자의 사용을 권장한다.

14 공사장에서 화재안전 감독관이 수행하는 업무로 보기 어려운 것을 고르시오.

① 화기작업의 위치를 확정하고 화기작업 시작 전 작업현장의 화재안전조치 상태 및 예방책을 확인한다.
② 서명 및 화기작업 허가서를 발급한다.
③ 작업 중과 휴식 및 식사 시간에 현장 감시 및 초동대처를 위한 대응준비를 갖춘다.
④ 전체 작업 완료 시 해당 구역에 대한 최종점검 및 서명 후 허가서를 기록으로 보관한다.

15 개축에 대한 정의로 빈칸 (A), (B)에 들어갈 말로 옳은 것을 차례대로 고르시오.

기존 건축물의 전부 또는 일부(지붕틀, 내력벽, 기둥, 보 중 (A)개 이상 포함되는 경우)를 (B)하고, 그 대지 안에서 이전과 동일한 규모의 범위 내에서 건축물을 다시 축조하는 것

	(A)	(B)
①	2개	수선
②	2개	철거
③	3개	수선
④	3개	철거

16 다음 조건을 참고하여 해당 건축물의 총 높이를 산정하시오.

- 지표면으로부터 해당 건축물의 상단까지의 높이 : 12m
- 건축물의 옥상부분의 수평투영면적의 합계 : 210m²
- 건축물의 옥상부분의 높이 : 15m
- 건축물의 연면적 : 2,400m²
- 건축물의 건축면적 : 1,600m²

① 12m
② 15m
③ 24m
④ 27m

17 연소에 대한 설명으로 가장 적절하지 않은 것을 고르시오.

① 물질의 격렬한 산화반응으로 열과 빛을 동반하는 현상을 연소라고 한다.
② 철(Fe)이 공기 중에서 녹스는 현상은 연소 현상이 아니다.
③ 점화에너지는 반응의 반복 진행으로 연소현상이 지속되게 하는 요소이다.
④ 연소의 4요소에는 연쇄반응이 포함된다.

18 가연성물질의 구비조건으로 옳은 것을 고르시오.

① 비표면적이 작다.
② 연소열이 크다.
③ 활성화에너지가 크다.
④ 열전도율이 크다.

19 암모니아의 연소범위 내에 있는 값(vol%)을 고르시오.

① 27
② 29
③ 31
④ 33

이론과 개념 설명

설비 및 구조의 이해

복합개념 정리

위험물 개념정리

실전 기출예상문제

쉽게 풀어보는 총정리

20 위험물의 정의는 (ㄱ) 또는 (ㄴ) 등의 성질을 갖는 것으로 대통령령으로 정하는 물품을 의미한다. 이때 (ㄱ)과 (ㄴ)에 들어갈 말로 가장 적절한 것을 고르시오.

① 가연성, 산화성　　② 인화성, 가연성
③ 인화성, 발화성　　④ 발화성, 금수성

21 제2류 위험물에 대한 설명으로 옳지 않은 것을 고르시오.

① 가연성 고체이다.
② 자연발화에 의해 발열을 일으키거나 물과 반응한다.
③ 저온착화하기 쉽다.
④ 연소 시 유독가스를 발생한다.

22 제4류 위험물에 대한 성질로 옳지 않은 것을 고르시오.

① 물과 접촉 시 발열을 일으킨다.
② 증기는 대부분 공기보다 무겁다.
③ 착화온도가 낮은 것은 위험하다.
④ 대부분 물에 녹지 않고 물보다 가볍다.

23 LPG 가스에 대한 특징이 아닌 것을 모두 고르시오.

> ⓐ 주성분은 CH_4이다.
> ⓑ 탐지기의 상단이 바닥으로부터 상방 30cm 이내에 위치하도록 설치한다.
> ⓒ 누출 시 천장에 체류한다.
> ⓓ 연소기 또는 관통부로부터 수평거리 4m 이내 위치에 설치한다.

① ⓐ, ⓑ　　　　② ⓐ, ⓒ
③ ⓐ, ⓒ, ⓓ　　④ ⓐ, ⓑ, ⓒ, ⓓ

24 종합방재실의 설치 및 운영 기준에 대한 설명으로 옳지 않은 것을 고르시오.

① 면적은 20m² 이상으로 한다.
② 비상용 승강장 및 특별피난계단으로 이동하기 쉬운 곳에 설치해야 한다.
③ 공동주택의 경우에는 관리사무소 내에 설치할 수 있다.
④ 초고층 건축물등의 관리주체는 재난 및 안전관리에 필요한 인력을 2명 이상 상주하도록 한다.

25 종합방재실의 설치기준으로 옳지 않은 것을 고르시오.

① 붙박이창은 두께 7mm 이하의 망입유리로 된 4m² 미만의 것으로 설치할 수 있다.
② 인력의 대기 및 휴식을 위한 부속실을 설치하되 종합방재실과 방화구획된 부속실로 한다.
③ 면적은 20m² 이상으로 하되 소방대가 쉽게 도달할 수 있고 화재 및 침수 등으로 인한 피해 우려가 적은 곳에 설치한다.
④ 초고층 건축물에 특별피난계단이 있고, 특별피난계단 출입구로부터 5m 이내에 종합방재실을 설치하는 경우 2층 또는 지하 1층에 설치할 수 있다.

26 소화기에 대한 설명으로 옳은 것을 고르시오.

① ABC급 분말소화기의 주성분은 제1인산암모늄으로 백색을 띤다.
② 축압식 분말소화기는 현재는 생산하지 않는다.
③ 이산화탄소 소화기의 소화효과는 냉각효과 및 질식효과이다.
④ 할론1301 소화기의 지시압력계 정상범위는 0.7MPa 이상 0.98MPa 이하이다.

27 집회장, 문화재, 장례시설 및 의료시설의 소화기 설치 기준으로 옳은 것을 고르시오.

① 해당 용도의 바닥면적 30m²마다 능력단위 1단위 이상

② 해당 용도의 바닥면적 50m²마다 능력단위 1단위 이상

③ 해당 용도의 바닥면적 100m²마다 능력단위 1단위 이상

④ 해당 용도의 바닥면적 200m²마다 능력단위 1단위 이상

28 옥내소화전의 관경 (A)와 옥내소화전의 방수압력 측정 시 노즐 선단에 피토게이지를 근접시키는 거리인 노즐 구경의 D/2 값 (B)는 얼마인지 고르시오.

① (A) : 19mm, (B) : 9.5

② (A) : 19mm, (B) : 9

③ (A) : 13mm, (B) : 6.5

④ (A) : 13mm, (B) : 6

29 옥내소화전설비의 구조부 중 수원의 위치가 펌프보다 낮을 경우에만 설치하며, 배관에 물이 없어 펌프가 공회전하는 것을 방지하기 위해 보충수를 공급하는 역할을 하는 것은 무엇인지 고르시오.

① 후드밸브
② 물올림장치
③ 순환배관상의 릴리프밸브
④ 개폐밸브

30 옥외소화전이 33개 설치된 때 소화전함 설치 최소 개수를 고르시오.

① 5개 이상　　② 7개 이상
③ 9개 이상　　④ 11개 이상

31 소화기의 사용 및 점검에 대한 설명으로 옳은 것을 모두 고르시오.

> ㉠ 이산화탄소 소화기 약제의 손실량이 7% 초과 시 불량으로 판단한다.
> ㉡ 축압식 분말소화기는 사고 발생 방지를 위해 발견 시 즉시 폐기하거나 사용상의 주의가 요구된다.
> ㉢ 소화기 사용을 위해 화점으로 이동 시 통상 2~3m 거리를 두고 근접한다.
> ㉣ 소화기 사용 시 손잡이를 잡고 안전핀을 제거한다.
> ㉤ 소화기 방사 시 화점에 조준하여 한 손은 노즐을, 다른 손은 손잡이를 잡고 방사한다.

① ㉠, ㉡　　　　② ㉡, ㉣
③ ㉢, ㉤　　　　④ ㉢, ㉣, ㉤

32 다음 중 충압펌프만 수동으로 기동하기 위해서 동력제어반 또는 감시제어반의 스위치 및 버튼을 조작하는 방법으로 가장 타당한 설명을 고르시오.

① 동력제어반의 충압펌프 스위치를 수동 위치에 두고 기동 버튼을 누른다.

② 동력제어반의 주펌프 스위치를 자동 위치에 두고 기동 버튼을 누른다.

③ 감시제어반의 충압펌프 스위치를 자동 위치에 두고 기동 버튼을 누른다.

④ 감시제어반의 주펌프 스위치를 수동 위치에 두고 기동 버튼을 누른다.

33 다음 〈보기〉는 준비작동식 스프링클러설비의 작동순서를 나타낸 것이다. 〈보기〉를 참고하여 빈칸 (A)와 (B)에 들어갈 말을 차례대로 고르시오.

보기
---

1) 화재 발생
2) 교차회로 방식의 감지기 A or B 작동하여 경종 또는 사이렌 경보, 화재표시등 점등
3) 이후 ___(A)___ 작동하거나 또는 수동기동장치 (SVP) 작동
4) 준비작동식 유수검지장치인 ___(B)___ 작동
5) 솔레노이드밸브 작동, 중간챔버 감압, 밸브 개방
6) 압력스위치 작동으로 사이렌 경보, 밸브개방표시등 점등
7) 2차측으로 물 급수되어 헤드 개방 및 방수, 배관 내 압력 저하로 기동용수압개폐장치 작동 및 펌프 기동

	(A)	(B)
①	감지기 A or B	알람밸브
②	감지기 A or B	프리액션밸브
③	감지기 A and B	알람밸브
④	감지기 A and B	프리액션밸브

34 폐쇄형 스프링클러헤드를 설치하는 장소의 최고 주위 온도가 40℃일 때 설치해야 하는 표시온도로 가장 적절한 것을 고르시오.(단, 부착 높이는 4m 미만이다.)

① 79℃ 미만
② 79℃ 이상 121℃ 미만
③ 121℃ 이상 162℃ 미만
④ 162℃ 이상

35 다음 중 스프링클러설비의 종류별 장·단점에 대한 설명으로 옳은 것을 고르시오.

① 준비작동식 스프링클러설비의 장점은 오동작으로 인한 수손피해가 없다는 것이다.
② 일제살수식 스프링클러설비는 화재 초기에 화재를 촉진시킬 우려가 있다는 단점이 있다.
③ 건식 스프링클러설비는 구조가 간단하고 저렴하다는 장점이 있다.
④ 습식 스프링클러설비는 대량살수로 신속한 소화가 가능하다는 장점이 있지만, 감지기를 별도로 설치해야 한다.

36 폐쇄형 스프링클러헤드가 설치되어 있는 지하역사에서의 저수량 (A)와, 옥내소화전이 가장 많이 설치된 층의 개수가 3개이고 층수가 30층인 건물에서 필요한 수원의 저수량 (B)를 더한 (A)+(B) 값을 고르시오.

① 39.8   ② 47.6
③ 55.8   ④ 63.6

37 스프링클러설비의 배관에 대한 설명으로 옳은 것을 고르시오.

① 교차배관에서 분기되는 지점을 기점으로 한쪽 가지배관에 설치되는 헤드 개수는 5개 이하여야 한다.
② 가지배관의 구조는 토너먼트 방식으로 한다.
③ 교차배관은 가지배관과 수평하거나 밑으로 설치해야 한다.
④ 스프링클러헤드가 설치되는 배관은 교차배관이다.

38 펌프성능시험에 대한 설명 중 빈칸 (ㄱ)과 (ㄴ)에 들어갈 말로 옳은 것을 순서대로 고르시오.

① 체절운전 : 체절압력이 정격토출압력의 (ㄱ)인 지, 체절압력 미만에서 릴리프밸브가 작동하는 지 확인한다.
② 정격부하운전 : 유량이 100%일 때 정격압력 이상 인지 확인한다.
③ 최대운전 : 유량이 정격토출량의 150%가 되었을 때 압력계의 압력이 정격토출압력의 (ㄴ)인지 확인한다.

	(ㄱ)	(ㄴ)
①	140% 이상	65% 이상
②	140% 이상	65% 이하
③	140% 이하	65% 이상
④	140% 이하	65% 이하

39 이산화탄소 소화설비에 대한 설명으로 옳지 않은 것을 고르시오.

① 심부화재에 적합하다.
② 전기화재에 적응성이 있다.
③ 소음이 적고 소화 효과가 뛰어나다.
④ 질식 및 동상의 우려가 있다.

40 가스계소화설비의 주요 구성에 포함되지 않는 것을 고르시오.

① 압력챔버
② 저장용기
③ 솔레노이드밸브
④ 선택밸브

41 다음의 조건을 참고하여 주펌프의 기동점과 Diff로 가장 적절한 값을 고르시오.

• 정지점 : 0.8MPa
• 당해 건축물의 자연낙차압 : 20m
• 소방시설 : 옥내소화전설비

① 기동점 : 0.2, Diff : 0.2
② 기동점 : 0.4, Diff : 0.2
③ 기동점 : 0.4, Diff : 0.4
④ 기동점 : 0.6, Diff : 0.4

42 다음 중 준비작동식 스프링클러설비의 점 검 시 감지기 A or B 작동으로 확인하는 사항에 해당하지 않는 것을 모두 고르시오.

㉠ 지구표시등 점등
㉡ 밸브개방표시등 점등
㉢ 펌프 자동기동
㉣ 화재표시등 점등
㉤ 사이렌 경보 또는 경종 작동

① ㉠, ㉣
② ㉡, ㉢
③ ㉠, ㉣, ㉤
④ ㉡, ㉢, ㉤

43 감지기의 종류별 설명이 옳지 않은 것을 고르시오.

① 주방이나 보일러실에는 차동식 열감지기가 적응 성이 있다.
② 차동식 열감지기의 주요 구성부는 다이아프램, 리크구멍 등이 있다.
③ 정온식 열감지기는 바이메탈이 휘어져 접점이 붙어 작동한다.
④ 정온식 열감지기는 주위 온도가 일정온도 이상 이 되었을 때 작동한다.

44 감지기의 배선 방식에 대한 설명 중 빈칸 (ㄱ)과 (ㄴ)에 들어갈 말로 옳은 것을 고르시오.

선로 사이의 연결이 정상적인지 확인하기 위한 (ㄱ)의 원활한 진행을 위해 감지기의 배선은 (ㄴ) 으로 한다.

	(ㄱ)	(ㄴ)
①	동작시험	교차회로방식
②	도통시험	교차회로방식
③	동작시험	송배선식
④	도통시험	송배선식

이론과 개념 설명

설비 및 구조의 이해

특합개념 정리

위밀업 개념정리

실전 기출예상문제

실기 딸아보는 총정리

45 수신기의 설치기준에 대한 설명으로 옳지 않은 것을 고르시오.

① 수신기가 설치된 장소에는 경계구역 일람도를 비치한다.

② 수신기의 조작스위치 높이는 1.2m 이하로 한다.

③ 수위실과 같이 상시 사람이 근무하는 장소에 설치한다.

④ 각 층마다 설치해야 한다는 규정은 수신기의 설치기준에는 해당하지 않는다.

46 다음 도면을 참고하여 최소 몇 개의 경계구역으로 설정해야 하는지 고르시오.(단, 해당 시설은 주된 출입구에서 내부 전체가 보이는 시설이다.)

① 1개   ② 2개

③ 3개   ④ 4개

47 다음 중 응급처치의 목적으로 옳지 않은 것을 고르시오.

① 위급한 상황에 놓인 환자에게 즉각적이고 영구적인 치료를 제공한다.

② 임시적인 처치를 통해 2차 합병증을 예방할 수 있다.

③ 환자의 고통 및 불안을 경감하는 목적이 있다.

④ 환자의 생명을 구하고 유지한다.

48 응급처치 중 기도확보 시 기본사항으로 가장 적절하지 않은 설명을 고르시오.

① 이물질이 눈에 보이더라도 손으로 빼내지 않는다.

② 이물질이 있을 시 하임리히법 등을 통해 기침을 유도한다.

③ 이물질이 제거되었다면 머리는 옆으로 돌리고, 턱을 아래로 내려 기도를 개방한다.

④ 환자가 구토하려 하면 머리를 옆으로 돌린다.

49 응급처치의 일반원칙으로 옳은 설명을 고르시오.

① 환자의 안전과 생명 유지를 최우선으로 한다.

② 위급상황이라면 환자 본인이나 보호자의 묵시적 동의 상태로 보고 즉각 처치를 시작한다.

③ 응급처치와 동시에 119구조·구급대 등에 응급 구조를 요청한다.

④ 불확실하더라도 환자가 뇌사 상태에 빠지지 않도록 가능한 모든 처치를 시도한다.

50 다음 중 출혈의 증상으로 보기 어려운 것을 고르시오.

① 혈압이 저하되고 구토가 발생한다.

② 피부가 창백하고 차고 축축해진다.

③ 갈증을 호소하고 동공이 축소된다.

④ 호흡과 맥박이 빠르고 약하고 불규칙해진다.

정답 및 해설 2회차

정답

01	②	02	②	03	④	04	③	05	④
06	④	07	③	08	①	09	①	10	③
11	④	12	③	13	④	14	③	15	④
16	④	17	③	18	②	19	①	20	③
21	②	22	①	23	②	24	④	25	①
26	③	27	②	28	③	29	②	30	④
31	③	32	①	33	④	34	②	35	①
36	④	37	③	38	③	39	③	40	①
41	③	42	②	43	①	44	④	45	②
46	③	47	①	48	③	49	③	50	③

01

답 ②

해 화재의 예방 및 안전관리에 관한 법률은 화재의 예방과 안전관리에 필요한 사항을 규정함으로써 화재로부터 국민의 생명, 신체, 재산을 보호하고 공공의 안전과 복리증진에 이바지함을 목적으로 하므로 '소방용품 성능관리에 필요한 사항을 규정'한다는 설명은 옳지 않다.
소방시설등의 설치·관리와 소방용품 성능관리 규정은 '소방시설법'에 대한 설명이다.

02

답 ②

해 제연설비는 소화'활동'설비에 포함되므로 소화용수설비라는 설명은 옳지 않다. 소화용수설비에는 상수도소화용수설비, 소화수조, 저수조 등이 포함된다.

03

답 ④

해 문제에서 묻고 있는 화재 등의 통지 장소에는 ① 시장지역, ② 석유화학제품 생산 공장이 있는 지역, ③ 공장·창고/목조건물/위험물 저장·처리시설이 '밀집한' 지역, ④ 그 밖에 시·도조례로 정하는 지역 및 장소가 포함되는데, [소방출동로가 없는 지역]은 이러한 미리 통지하는 장소에 포함되지 않는다.
참고로 [소방출동로가 없는 지역]은 '화재예방강화지구'에 포함되는 지역이다.

04

답 ③

해 옳지 않은 이유
① 개구부의 크기는 지름 50cm '이상'의 원이 통과할 수 있어야 한다.
② 무창층은 '지상층' 중에서 개구부의 면적의 총합이 해당 층 바닥면적의 1/30 이하인 층을 말한다.
④ 무창층의 개구부는 도로 또는 차량이 진입 가능한 빈터를 향해야 하는데, 이 때 도로 폭에 대한 기준은 일반도로 : 4m, 막다른 도로 : 2m이다. 따라서 일반도로의 폭을 6m 이상으로 서술한 ④의 설명은 옳지 않다.
따라서 옳은 설명은 ③.

05

답 ④

해 ①, ②번은 한국소방안전원의 업무에 해당사항이 없고, ③번에서 소방안전관리 기술 향상을 위하여 소방기술과 안전관리 교육 및 연구·조사는 한국소방안전원의 설립 목적 및 업무에 해당하나, [소방시설을 설립]하는 등의 업무는 해당하지 않으므로 ③번도 옳지 않은 설명이다. 따라서 옳은 설명은 ④.

06

답 ④

해 [옳지 않은 이유]

① '우수'등급의 진단 주기는 6년이 맞지만, '양호' 등급의 진단주기는 5년이므로 옳지 않다.

② 대상물의 '일부'에 대해 보수·보강의 조치명령이 필요한 상태는 '양호'등급에 대한 설명이다. '보통'등급은 대상물에 대한 '다수의' 조치명령이 필요한 상태이므로 옳지 않은 설명이다.

③ 대상물의 사용 '중단'을 권고할 필요가 있는 상태는 '불량'등급에 대한 설명이므로 옳지 않다. '미흡'등급은 대상물의 사용 '제한'을 권고할 필요가 있는 상태이다.

따라서 옳은 설명은 ④.

07

답 ③

해 M상사는 물분무등소화설비(이산화탄소소화설비)가 설치된 연면적 5,000㎡ 이상의 특정소방대상물이기도 하고, 스프링클러설비도 설치되어 있으므로 종합점검까지 시행하는 대상이다.

(작동점검 제외 대상은 소방안전관리자를 선임하지 않는 대상, 특급소방안전관리대상물, 위험물제조소등인데 M상사는 이 중 어느 것에도 해당하지 않으므로 ④번은 해당사항이 아예 없다.)

그리고 M상사의 사용승인일이 2003년 5월이었으므로, 매년 5월마다 종합점검을 먼저 시행하고, 그로부터 6개월 뒤인 매년 11월마다 작동점검을 시행하므로 작동점검일로 옳은 것은 ③ 2023년 11월.

08

답 ①

해 무선기는 무선통신보조설비의 점검 장비인데, M상사에는 무선통신보조설비가 명시되어 있지 않으므로 ① 무선기는 점검 장비로 보기 어렵다. 그 외 전류전압측정계와 절연저항계는 공통 장비로써 필요하고, 음량계는 자동화재탐지설비 중 음향장치의 점검 시 필요하다.

09

답 ①

해 ① 소방차 출동에 지장을 주는 행위는 200만 원 이하의 '과태료'에 해당하는 행위인데 [양벌규정]은 '벌금'형에 해당하는 행위에 부과되는 벌칙이므로 과태료에 해당하는 ①번의 행위에는 양벌규정이 부과되지 않는다.

② 300만 원 이하의 벌금, ③ 100만 원 이하의 벌금, ④ 100만 원 이하의 벌금.

10

답 ③

해 A사업장에 소방안전관리자로 선임되어 '실무'교육을 이수해야 하는 의무가 발생했고, 그로 인해 A사업장에서 실무교육을 이수했는데 퇴사 후 다른 사업장에 이직(선임)한 경우 실무교육 실시는 다음과 같다.

(1) A사업장에서 실무교육 이수한지 1년 이내에 B사업장에 선임 : 실무교육을 받은지 1년이 지나지 않았으므로, (최종)실무교육을 이수한 날부터 2년 후가 되기 하루 전까지 다음 실무교육을 이수한다.

(2) A사업장에서 실무교육 이수한지 1년이 지나서 B사업장에 선임 : 실무교육을 받고 1년이 지났으므로, 이 때는 해당 사업장에 선임된 날로부터 6개월 내에 실무교육을 실시한다.

문제의 경우에는 (1)에 해당하므로 실무교육을 이수한 2022년 3월 2일로부터 2년 후가 되기 하루 전인 2024년 3월 1일까지 다음 실무교육을 실시한다. 따라서 정답은 ③.

💬 **[참고]** 만약 실무교육을 이수한지 1년이 지나서 다른 사업장에 선임되었다면 이 때는 선임된 날부터 6개월 내에 실무교육을 실시하도록 한다.

11

답 ④

해 소방활동구역에는 전기·가스·수도·교통/통신 종사자로써 '소방활동에 필요한' 사람이 출입가능하기 때문에 ① 일반 가스관련 업무 종사자는 출입할 수 없다. ② 보험 심사원은 아예 해당사항이 없고, 소방활동구역 안에 있는 소방대상물의 관계인이 출입 가능하므로 ③ 소방활동구역에 이웃한 '외부'소방대상물의 관계인도 해당사항이 없다. 따라서 소방활동구역 출입 가능자는 ④ 취재인력.

12

답 ③

해 [옳지 않은 이유]
① 강제처분 등의 명령권자는 소방청장으로 국한되는 것이 아니라 소방본부장 및 소방서장 또는 소방대장이므로 옳은 설명이라고 보기 어렵다.
② 소방대상물 또는 토지의 강제처분을 방해하는 경우 '3년 이하의 징역 또는 3천만 원 이하의 벌금'에 해당하므로 옳지 않은 설명이다.
④ 소방활동에 방해가 되는 차량의 이동을 위해 견인차량 및 인력을 지원한 자에게 시·도조례로 정하는 바에 따라 비용을 지급하는 주체는 '시·도지사'이므로 옳지 않은 설명이다.
따라서 옳은 설명은 ③.

13

답 ④

해 방염처리 된 침구류 및 소파, 의자의 사용을 '권장'하는 장소에는 다중이용업소, 의료시설, 노유자시설, 숙박시설, 장례식장이 포함된다. '종교시설'은 방염처리 된 물품의 사용을 '권장'하는 장소에 포함되지 않기 때문에 옳지 않은 설명이다.

14

답 ③

해 ③의 설명은 감독관(감독자)의 업무가 아닌, 화재안전감시자의 업무에 해당한다. 화기작업 중 화재감시자는 작업 중에는 물론이고, 휴식 및 식사 시간 등에도 현장에 대한 감시 활동을 수행해야 하며 초동대처가 가능하도록 대응준비를 갖추어야 한다. 참고로 작업 완료 시에도 화재감시자는 해당 구역 내에 30분 이상 더 상주하면서 발화 및 착화 여부를 감시해야 한다.
그 외 허가서 발급 및 최종점검(확인), 화기작업의 위치 확정 및 예방책 확인 등이 감독관의 업무에 해당한다.

15

답 ④

해 개축의 정의는 건축물의 전부 또는 일부를 철거하고 그 대지 안에서 이전과 동일한 규모의 범위 내에서 건축물을 다시 축조하는 것을 의미한다.
따라서 (B)에 들어갈 말은 '철거'. 또한 이때 말하는 '일부'철거란 지붕틀, 내력벽, 기둥, 보 중에서 '3개' 이상을 포함하는 경우를 말하므로 (A)에 들어갈 말은 '3개'.
따라서 옳은 것을 차례대로 고른 것은 ④.

16

답 ④

해 건축물의 높이 산정 시, 옥상부분의 수평투영면적의 합계가 해당 건축물의 '건축면적'의 1/8을 넘으면 옥상부분의 높이 전부를 건축물의 높이에 산입하여 더한다. 즉, 제시된 조건에서 건축물의 [연면적]은 논외이므로 제외하고, 옥상부분의 수평투영면적의 총합인 210m²가 건축물의 [건축면적]인 1,600m²의 1/8인 200m² 기준을 초과해서 넘으므로 옥상부분의 높이인 15m를 건축물의 높이에 모두 산입한다.

따라서 지표면부터 건축물 상단까지의 높이 12m에 옥상부분의 높이 15m를 전부 더한 총 27m가 해당 건축물의 높이가 된다.

💬 유튜브 챕스랜드: '건축관계법령' 강의 참고

17

답 ③

해 점화에너지는 가연물과 산소가 결합하여 가연성 혼합기를 형성했을 때, 연소가 시작되기 위해(불이 붙기 위해) 공급되어야 하는 에너지원을 말한다. 이렇게 불이 붙어서 그 불(연소현상)이 지속되게 하는 반복 진행은 연소의 4요소인 '연쇄반응'에 의해서 일어나므로 점화에너지가 연소현상이 지속되게 하는 요소라고 보기는 어렵다. 즉, 점화에너지에 의해서 불이 붙고, 이후 연쇄반응에 의해서 연소현상이 지속되므로, 연소현상이 지속되게 하는 요소는 점화에너지가 아니라 '연쇄반응'이라고 고치는 것이 옳다.

따라서 가장 적절하지 않은 설명은 ③.

18

답 ②

해 가연성물질의 구비조건
1. 활성화에너지는 작아야 한다.
2. 열전도율(열전도도)가 작아야 열의 축적이 쉽다.
3. 산소·염소 등 조연성가스와 친화력이 강하다.
4. 비표면적이 크다.
5. 연소열이 크다.
6. 건조도가 높다.
따라서 가연성물질의 구비조건으로 옳은 설명은 ② 연소열이 크다.

19

답 ①

해 암모니아의 연소범위 값(vol%)은 15~28vol%이므로 이 범위 내에 해당하는 값은 27이다. 그 외에는 암모니아의 연소범위를 벗어나는 값이므로 해당하지 않는다.

20

답 ③

해 위험물의 정의는 인화성 또는 발화성 등의 성질을 갖는 것으로 대통령령으로 정하는 물품을 의미하므로 가장 적절한 것은 ③ 인화성, 발화성이 가장 적절하다.

21

답 ②

해 ② 자연발화에 의해 발열을 일으키거나 물과 반응하는 것은 '제3류' 위험물인 자연발화성 및 금수성 물질에 대한 설명이므로 제2류 위험물에 대한 설명으로는 옳지 않다.

22

답 ①

해 제4류 위험물은 물에 녹지 않는 인화성 액체류를 말하는데, '물과 접촉 시 발열을 일으킨다'는 설명은 제4류 위험물의 성질에는 속하지 않는다. 제3류 위험물(자연발화성 및 금수성 물질)이 물과 반응할 수 있고, 제6류 위험물(산화성 액체) 중 일부가 물과 접촉하면 발열을 일으킬 수 있으나 문제의 제4류 위험물의 성질에는 해당하지 않으므로 옳지 않은 것은 ①.

23

답 ②

해 주성분이 CH_4(메탄)인 것은 LNG이며, 누출 시 천장 쪽에 체류하는 것도 증기비중이 1보다 작은 LNG 가스의 특징이므로 ⓐ와 ⓒ는 LPG 가스에 대한 특징이 아니다. 참고로 LPG의 주성분은 부탄(C_4H_{10})과 프로판(C_3H_8)이며, LPG는 비중이 1보다 커서 무겁기 때문에 누출 시 바닥 쪽에 체류한다. 따라서 LPG 가스의 특징이 '아닌 것'만을 모두 고른 것은 ② ⓐ, ⓒ.

24

답 ④

해 초고층 건축물등의 관리주체는, 종합방재실에 재난 및 안전관리를 위해 필요한 인력을 '3명' 이상 상주하도록 해야 하므로 2명 이상이라고 서술한 부분이 옳지 않다.

💬 267페이지 참고

25

답 ①

해 붙박이창은 두께 7mm '이상'의 망입유리로 된 4m² 미만의 붙박이창을 설치할 수 있다. 불에 강하도록 유리의 두께가 7mm '이상'이어야 하므로, '이하'라고 서술한 부분이 잘못되었다.
따라서 옳지 않은 설명은 ①.

26

답 ③

해 [옳지 않은 이유]

① ABC급 분말소화기의 주성분은 제1인산암모늄이 맞지만, 색깔은 '담홍색'이므로 옳지 않다. (BC급 분말소화기의 주성분인 탄산수소나트륨이 백색을 띤다.)

② 현재 생산하지 않으며 발견 즉시 폐기하는 것이 원칙인 분말소화기는 축압식이 아닌 '가압식'분말소화기이다.

④ 할론 1301 소화기는 지시압력계가 아예 '없기 때문에' 옳지 않은 설명이다. 다만 소화능력이 가장 뛰어나고 독성이 적으며 냄새가 없다는 장점이 있다. (지시압력계가 부착된 소화기의 압력 정상범위는 0.7MPa 이상 0.98MPa 이하가 맞다.) 따라서 옳은 설명은 ③.

27

답 ②

해 공연장, 관람장, 집회장, 문화재, 장례시설 및 의료시설의 소화기 설치 기준은 해당 용도의 바닥면적 [50m²]마다 능력단위 1단위 이상의 소화기구를 설치하는 것이다.

28

답 ③

(1) 옥내소화전의 관경(또는 노즐의 구경)은 13mm이다. (참고로 19mm는 옥외소화전의 관경). 그래서 (A)는 13mm.

(2) 옥내소화전의 방수압력 측정 시 노즐 선단에 피토게이지(방수압력 측정계)를 근접시켜 방수압력을 측정하는데 이 때 노즐구경(D)의 절반인 D/2만큼 거리를 두고 근접시킨다. 그래서 문제의 (B)값은 노즐구경(D) 13mm의 절반 값인 6.5가 된다. 따라서 정답은 ③.

29

답 ②

해 옥내소화전설비의 배관 등의 구조부 중 수원의 위치가 펌프보다 낮을 경우에만 설치하여, 후드밸브의 고장으로 펌프 흡입 측 배관 등에 물이 없을 경우 펌프가 공회전하는 것을 방지하기 위해 보충수를 공급하는 역할을 하는 것은 '물올림장치'이다.

30

답 ④

해 옥외소화전이 31개 이상 설치된 때에는 옥외소화전 3개마다 1개 이상의 소화전함을 설치하므로 옥외소화전이 33개 설치되었다면 최소 11개 이상의 소화전함을 설치한다.

31

답 ③

해 [옳지 않은 이유]

ⓐ 이산화탄소 소화기 약제의 손실량이 [5%] 초과 시 불량으로 판단하므로 7%라고 서술한 부분이 잘못되었다.

ⓒ 사고 발생 방지를 위해 발견 시 즉시 폐기하거나 사용상의 주의가 요구되는 것은 [가압식] 분말소화기이다.

ⓔ 소화기 사용 시 손잡이를 잡으면 안전핀이 뽑히지 않기 때문에 소화기를 바닥에 두고, [몸체]를 잡고 안전핀을 제거해야 한다.

따라서 ⓐ, ⓒ, ⓔ을 제외한 ⓑ과 ⓓ만 옳다.

32

답 ①

해 문제에서는 동력제어반 또는 감시제어반에서 [충압펌프]만 [수동] 기동하는 방법을 묻고 있다. 따라서, 감시제어반에서 충압펌프 스위치를 [수동] 위치에 두고 기동버튼을 누르거나, 또는 동력제어반에서 충압펌프 스위치를 [수동] 위치에 두고 기동 버튼을 누르는 방법이 가장 타당하다. 이에 부합하는 설명은 ①.

②번과 ④번은 '주펌프'에 대해 이야기하고 있으므로 문제의 조건에 해당하지 않고, ③번은 충압펌프를 [자동] 위치에 둔다고 했으므로 수동 기동에 해당하지 않는다.

33

답 ④

해 준비작동식 스프링클러설비는 먼저 감지기 A or B(A 또는 B) 둘 중 하나가 먼저 감지하면 경종 또는 사이렌 및 화재표시등 점등으로 우선 대피시키고, 이후 화재신호가 계속 감지되어 감지기 A and B(둘 다) 모두 화재신호를 감지하거나 수동기동장치인 SVP의 동작으로 준비작동식 유수검지장치인 '프리액션밸브'가 작동하여 솔밸브가 작동하고, 중간챔버가 감압하며 밸브가 개방된다. 따라서 (A)에는 감지기 A and B가 들어가고, (B)에는 프리액션밸브가 들어가는 것이 맞다.

34

답 ②

해 주위온도에 따른 표시온도 분류는 다음과 같다.

설치장소 최고 주위온도	표시온도
39℃ 미만	79℃ 미만
39℃ 이상 64℃ 미만	79℃ 이상 121℃ 미만

따라서 설치하는 장소의 최고 주위가 40℃라면 표시온도는 79℃ 이상 121℃ 미만이 적절하므로 정답은 ②.

💬 부착 높이가 4m 이상인 공장 및 창고(랙크식 창고 포함)는 설치장소의 평상시 최고 주위온도에 관계없이 표시온도 121℃ 이상의 것으로 할 수 있으나, 문제에서는 4m 미만으로 정하고 있으므로 이 예외사항은 해당하지 않는다.

35

답 ①

해 [옳지 않은 이유]

② 화재 초기에 화재를 촉진시킬 우려가 있다는 단점이 있는 것은 [건식] 스프링클러설비의 특징이다.

③ 구조가 간단하고 저렴하다는 장점이 있는 것은 [습식] 스프링클러설비의 특징이다.

④ 습식도 신속한 소화가 가능한 것은 맞지만, 대량살수가 가능하며 '감지기'를 별도로 설치하는 것은 [일제살수식] 스프링클러의 특징이다.

따라서 옳은 설명은 ①.

36

답 ④

해 - (A) : 지하역사의 경우 스프링클러설비의 헤드 기준개수는 '30개'이므로, 저수량은 30 × 1.6m³ = 48m³로 계산할 수 있다. (참고로 이때 1.6m³는 스프링클러의 방수량 80L/min에 곱하기 20분을 한 값).

- (B) : 30층~49층 건물에서 옥내소화전 수원의 저수량은, 설치개수 N × 5.2m³로 계산하므로 3 × 5.2m³ = 15.6m³. (이때 5.2m³는 옥내소화전 방수량 130L/min에 곱하기 40분(30층~49층)을 한 값).

따라서 (A)+(B) = 48 + 15.6 = 63.6으로 정답은 ④.

37

답 ③

해 [옳지 않은 이유]

① 교차배관에서 분기되는 지점을 기점으로 한쪽 가지배관에 설치되는 헤드 개수는 [8개 이하]여야 하므로 5개 이하라고 서술한 부분이 잘못되었다.

② 가지배관은 토너먼트 방식이면 안 된다.

④ 스프링클러헤드가 설치되는 배관은 [가지배관]이다.

따라서 옳은 설명은 ③.

38

답 ③

해 [체절운전]은 펌프토출 측 밸브와 성능시험배관의 유량조절밸브를 잠근 상태에서 펌프를 기동했을 때 체절압력이 정격토출압력의 140% '이하'로 제한이 걸리고 이러한 체절압력 미만에서 릴리프밸브가 작동하는지를 확인하는 시험이다. 따라서 (ㄱ)은 140% 이하.

[최대운전]은 세 가지 시험 중 유량조절밸브를 가장 많이 개방하여 유량계의 유량이 150%에 도달했을 때 압력계에서 압력이 '65% 이상'이 되는지 확인하는 시험이므로 (ㄴ)은 65% 이상.

39

답 ③

해 이산화탄소 소화설비의 장점은 심부화재에 적합하고 진화 후에 깨끗하며, 피연소물에 피해가 적다는 점이다. 또한 전기화재에 적응성이 있어 물을 뿌리면 감전 위험이 있는 전기화재에서는 이러한 이산화탄소 소화설비를 사용하는 것이 효과적이다. 반면, 질식 및 동상의 우려가 있고 고압설비로 주의 및 관리가 필요하다는 단점이 있는데, 그 외에도 소음이 '큰 것'이 단점이다. 따라서 소음이 적다고 서술한 ③번이 옳지 않다.

이론과 개념 설명

설비 및 구조의 이해

핵심개념 정리

위험물 개념정리

실전 기출예상문제

실계 톺아보는 총정리

40

🔲 ①

🔳 가스계소화설비의 주요 구성은 저장용기, 기동용 가스용기, 솔레노이드밸브, 선택밸브, 압력스위치, 방출표시등, 방출헤드, 수동조작함 등이다.
① '압력챔버'는 1급 과정에서는 주로 소화설비 중 '옥내소화전'의 펌프 기동에서 기동용수압개폐장치(압력챔버)로 등장하는 부분으로, [가스계소화설비]에는 포함되지 않는다.

41

🔲 ③

🔳 (1) 주펌프의 기동점은 자연낙차압 +K로, 이때 K는 옥내소화전설비일 때 0.2를 더한다. 따라서 기동점은 자연낙차압을 환산한 0.2MPa + 0.2(K)로 0.4MPa이 된다.
(2) Diff는 [정지점 - 기동점]의 차이 값이므로, 0.8 - 0.4 = Diff = 0.4.
따라서 기동점과 Diff 값은 모두 0.4로 정답은 ③번.

42

🔲 ②

🔳 준비작동식 스프링클러설비의 점검 확인사항은 크게 두 가지 경우로 나눌 수 있다. 첫째는, 감지기 A or B (둘 중에 하나가) 작동한 경우와, 둘째로 감지기 A and B (둘 다) 작동한 경우이다. 문제에서는 첫 번째 경우를 묻고 있는데, 감지기가 둘 중에 하나만 작동한 경우에는 방수까지 이루어지지는 않기 때문에 펌프가 작동하지 않으므로 ⓒ 펌프 자동기동과, ⓛ 밸브개방표시등 점등은 이루어지지 않는다. 따라서 확인사항에 해당하지 않는 것은 ⓛ, ⓒ.

43

🔲 ①

🔳 주방이나 보일러실은 기본적으로 비교적 온도가 높은 장소이고 온도 변화가 자주 일어나는 곳이기 때문에 정해진 일정 온도 이상이 되었을 때 작동하는 방식의 정온식 열감지기를 설치하므로, 옳지 않은 설명은 ①.

💬 차동식 열감지기는 거실이나 사무실에서 적응성이 있다.

44

🔲 ④

🔳 감지기의 배선은 송배선식으로 한다.

📁 참고
기존 표기는 송배'전'식이었으나, 2023년도 개정으로 송배'선'식으로 표기가 변경되었다.

이러한 송배선식(송배전식)은 선로 간 연결 상태의 정상여부를 확인하는 '도통시험'을 위함이다. 따라서 (ㄱ)에는 도통시험이 들어가고, (ㄴ)에 들어갈 옳은 표기는 송배선식이다.

45

🔲 ②

🔳 수신기의 조작스위치 높이는 0.8m 이상 1.5m 이하로 한다. 따라서 1.2m 이하라고 서술한 ②번의 설명이 옳지 않다.

📁 참고
수신기는 반드시 각 층마다 전부 설치해야 한다는 규정은 없고, 사람이 상시 근무하는 곳에 설치하기 때문에 각 층마다 설치하는 조건은 설치기준에 해당하지 않는다고 서술한 ④번의 설명은 옳은 설명이다.

46

답 ③

해 경계구역 설정 시 주된 출입구에서 내부 전체가 보이는 것에 있어서는 [한 변의 길이가 50m의 범위 내에서 1,000m² 이하로 하나의 경계구역을 설정]할 수 있는데, 해당 도면은 총 면적이 3,000m²이고, 가로 길이가 50m를 초과한다.

따라서 세로 길이 40m를 기준으로 가로 길이가 25m일 때 면적이 1,000m²가 되므로 한 변의 길이 50m 범위 내에서 1,000m² 이하 조건에 맞게 경계구역을 나누면 최소 3개 이상의 경계구역으로 설정할 수 있다.

따라서 최소한의 개수는 3개.

47

답 ①

해 응급처치의 목적은 의사의 '치료'가 시행되기 전, 부상이나 질병으로 위급한 상황에 놓인 환자에게 즉각적이고 임시적인 처치를 제공함으로써 생명을 구하고 유지하며, 환자의 고통과 불안을 경감, 추후 의사의 치료 시 빠른 회복을 돕고 2차적인 합병증을 예방하는 목적이 있다. 이때, 응급처치만으로는 영구적인 '치료'는 불가하며, 추가적으로 미래에 발생할지도 모르는 어떠한 '질병'을 예방하는 것 역시도 응급처치의 목적에는 해당하지 않는다. 따라서 영구적인 치료를 제공한다는 ①의 설명은 옳지 않다.

48

답 ③

해 이물질이 제거되어 환자의 기도를 개방할 때에는 머리는 뒤로, 턱은 위로 들어 올려 기도를 개방하는 것이 옳다. 따라서 가장 적절하지 않은 설명은 ③.

49

답 ③

해 [옳지 않은 이유]

① [구조자]의 안전을 최우선으로 해야 하며, ② 사전에 당사자 또는 보호자의 동의를 얻는 것이 원칙이므로 옳다고 보기 어렵다. 또한, 만약 구조자의 처치가 불확실하다면 (불확실한 처치는) 하지 않아야 하므로 ④번의 설명도 옳지 않다.

응급처치와 동시에 구조 요청이 이루어져야 하므로 옳은 설명은 ③.

50

답 ③

해 출혈 시 갈증을 호소하는 것은 맞지만, 동공이 '확대'되는 것이 일반적인 증상이므로 동공이 축소된다는 설명은 옳은 설명으로 보기 어렵다.

따라서 옳지 않은 것은 ③.

MEMO

VI

쉽게 뜯어보는 총정리

쉽게 뜯어보는 총정리

Chapter 01

소방관계법령

■ 소방기본법&설치유지법

구분	소방기본법	화재의 예방 및 안전관리에 관한 법률	소방시설 설치 및 관리에 관한 법률
의의	화재를 예방·경계하거나 진압하고 화재, 재난·재해, 그 밖의 위급한 상황에서의 구조·구급 활동 등을 통하여 국민의 생명·신체 및 재산을 보호함으로써	화재의 예방과 안전관리에 필요한 사항을 규정함으로써	특정소방대상물 등에 설치해야 하는 소방시설등의 설치·관리와 소방용품 성능관리에 필요한 사항을 규정함으로써
주목적	공공의 안녕 및 질서 유지와 복리 증진에 이바지함	화재로부터 국민의 생명·신체, 재산을 보호하고 공공의 안전과 복리 증진에 이바지함	국민의 생명·신체, 재산을 보호하고 공공의 안전과 복리증진에 이바지함을 목적으로 한다.
공통 목적	국민의 생명·신체, 재산을 보호 및 복리증진에 이바지		

■ 용어

1) 관계인은 소.관.점 (소유자, 관리자, 점유자)

2) 소방대 : 소방공무원, 의무소방원, 의용소방대원

3) 피난층 : 곧바로 지상 가는 출입구 있는 층 (2개 이상일 수 있음)

4) 무창층

　① 지'상'층 중, 개구부 면적 총합이 해당 층 바닥면적의 1/30 이하

　② 개구부 크기는 지름 50cm 이상의 원이 내접(통과)할 수 있어야 함

　③ 개구부 하단이 바닥으로부터 1.2m 이내

　④ 빈터를 향하고, 창살 및 장애물 없고, 쉽게 부술 수 있어야 함

■ **화재예방강화지구와 화재등의 통지 장소**

화재예방강화지구	화재 등의 통지(연막소독 등 미리 신고)
① 시장지역 ② 석유화학제품 생산공장이 있는 지역 ③ 공장·창고 / 목조건물 / 위험물 저장·처리시설 /노후·불량건축물이 '밀집한' 지역 ④ 산업단지, 물류단지 ⑤ 소방시설·소방용수시설 또는 소방출동로가 없는 지역 ⑥ 그 밖에 소방관서장이 화재예방강화지구로 지정할 필요가 있다고 인정하는 지역	① 시장지역 ② 석유화학제품 생산공장이 있는 지역 ③ 공장·창고 / 목조건물 / 위험물 저장·처리시설이 '밀집한' 지역 ④ 그 밖에 시·도조례로 정하는 지역 및 장소(신고 안해서 소방차 출동하면 20만 원 과태료)

■ **소방활동구역 설정/출입 가능자**(이외 제한)

1) 소방대장이 구역 설정, 출입제한 가능

2) 소관점/의료계/수사 및 보도(취재)/전기, 가스, 수도, 교통, 통신/허가받은 자(+보험설계사는 출입 못함! 제한 됨!)

■ **방염**

1) **목적**(필요성):연소확대 방지 및 지연, 피난시간 확보, 인명·재산 피해 최소화

- 섬유류·합성수지류 등을 원료로 한 소파 및 의자 방염품 의무 사용:단란주점, 유흥주점, 노래방뿐이다.

- 다중이용업소, 의료·노유자시설, 숙박시설, 장례식장:침구류, 소파·의자 → 방염품 사용 권장

- 건축물 내부 천장이나 벽에 부착(설치)하는 가구류 → 방염품 사용 권장

☆☆ ■ **벌칙**(벌금 및 과태료) – **진짜 핵심키워드만!**

구분		소방기본법	예방 및 안전관리법	소방시설법
벌금	5년 / 5천 이하	• 위력·폭행(협박)으로 화재진압 및 인명구조(구급활동) 방해 • 고의로 소방대 출입 방해, 소방차 출동 방해 • 장비파손 • 인명구출 및 화재진압(번지지 않게 하는 일)을 방해 • 정당한 사유없이 소방용수시설 또는 비상소화장치 사용하거나 효용을 해치거나 사용 방해		소방시설 폐쇄·차단 행위자 - 상해:7년 / 7천 - 사망:10년 / 1억

구분		소방기본법	예방 및 안전관리법	소방시설법
벌금	3년/3천 이하	소방대상물 또는 토지의 강제처분 방해(사유없이 그 처분에 따르지 않음)	• 화재안전조사 결과에 따른 조치명령 위반 • 화재예방안전진단 결과 보수·보강 등의 조치명령 위반	소방시설이 기준에 따라 설치·관리가 안 됐을 때 관계인에게 필요한(요구되는) 조치명령을 위반, 유지·관리를 위한 조치명령 위반, 자체점검 결과에 따른 이행계획을 완료하지 않아 조치의 이행 명령을 했지만 이를 위반한 자
	1년/1천 이하		소방안전관리자 자격증을 타인에게 빌려주거나 빌리거나 이를 알선한 자, 화재예방안전진단을 받지 않음	점검 미실시 (점검 1년마다 해야 되니까 1년/1천)
	300 이하		• 화재안전조사를 거부·방해, 기피 • 화재예방 조치명령을 따르지 않거나 방해 • (총괄)소방안전관리(보조)자 미선임 • 법령을 위반한 것을 발견하고도 조치를 요구하지 않은 소방안전관리자 ↔ 소방안전관리자에게 불이익 준 관계인	자체점검 결과 소화펌프 고장 등 중대한 위반사항이 발견된 경우 필요한 조치를 하지 않은 관계인 또는 중대위반사항을 관계인에게 알리지 않은 관리업자 등
	100 이하	• 생활안전활동 방해 • 소방대 도착 전까지 인명 구출 및 화재진압 등 조치하지 않은 관계인 • 피난명령 위반, 긴급조치 방해 • 물·수도 개폐장치의 사용 또는 조작 방해		

구분		소방기본법	예방 및 안전관리법	소방시설법
과태료	500 이하	화재·구조·구급이 필요한 상황을 거짓으로 알림		
	300 이하		• 화재예방조치를 위반한 화기취급자 • 소방안전관리자를 겸한 자 (겸직) • 건설현장 소방안전관리 업무 이행하지 않음 <table><tr><td>1차</td><td>2차</td><td>3차</td></tr><tr><td>100</td><td>200</td><td>300</td></tr></table> • 소방안전관리업무 안한 관계인 또는 소방안전관리자 • 피난정보 미제공, 소방훈련 및 교육 하지 않음 • 화재예방안전진단 결과 미제출(1개월 미만 100 / 3개월 미만 200 / 3개월 이상 또는 미제출 300)	• 소방시설을 화재안전기준에 따라 설치·관리하지 않음 • 공사현장에 임시소방시설을 설치·관리하지 않음 • 관계인에게 점검 결과를 제출하지 않은 관리업자 등 • 피난·방화시설(구획)을 폐쇄·훼손·변경함 • 점검기록표 기록X 또는 쉽게 볼 수 있는 장소에 게시하지 않은 관계인 <table><tr><td>1차</td><td>2차</td><td>3차</td></tr><tr><td>100</td><td>200</td><td>300</td></tr></table> • 점검결과를 보고하지 않거나 거짓으로 보고한 관계인 • 자체점검 이행계획을 기간 내에 완료하지 않거나 이행계획 완료 결과 미보고 또는 거짓보고한 관계인 (1) 지연 10일 미만 : 50 (2) 1개월 미만 : 100 (3) 1개월 이상 / 미보고 : 200 (4) 거짓 보고 : 300
	200 이하	소방차 출동에 '지장'을 줌, 소방활동구역에 출입, 안전원 사칭	선임 '신고'를 하지 않음 (1개월 미만 50 / 3개월 미만 100 / 3개월 이상 또는 미신고 200) 또는 소방안전관리자 성명 등을 게시하지 않음	
	100 이하	소방차 전용구역에 주차하거나 전용구역으로의 진입을 가로막는 등 방해함	실무교육 받지 않은 소방안전관리(보조)자 : 50만원	

구분		소방기본법	예방 및 안전관리법	소방시설법
과태료	20 이하	다음의 장소에서 화재로 오인할 수 있는 불을 피우거나 연막소독을 하기 전 미리 신고를 하지 않아서 소방차가 출동하게 함 〈화재 등의 통지〉: • 시장지역 • 석유화학제품 생산공장이 있는 지역 • 공장·창고 / 목조건물 / 위험물 저장·처리시설이 '밀집한' 지역 • 그 밖에 시·도조례로 정하는 지역 및 장소		

■ 특정소방대상물/소방안전관리자 선임 및 응시자격 기준

등급	소방대상물 기준	관리자로 바로 선임!	시험 응시자격만 줌
특급	• (지하 제외) 50층 이상 또는 높이 200m 이상 [아파트] • (지하 포함) 30층 이상 또는 높이 120m 이상 특상물(아파트 X) • 연면적 10만m² 이상 특상물(아파트 X)	• 소방기술사/소방시설관리사 • 소방설비기사 + 1급에서 관리자 5년 이상 근무 경력 • 소방설비산업기사 + 1급에서 관리자 7년 이상 • 소방공무원 경력 20년 이상 • 특급소방안전관리자 시험 합격자 어느 하나에 해당하면서 특급소방안전관리자 자격증을 발급받은 사람	가. 소방공무원 경력 10년 이상 나. 1급대상물 안전관리자 근무 경력 5년 이상 다. 1급 안전관리자 선임자격 있고, 특/1급 보조자 7년 이상 라. 대학에서 관련 교과목 이수+ 안전관리자 경력 3년 이상
1급	• (지하 제외) 30층 이상 또는 높이 120m 이상의 [아파트] • (지상층) 11층 이상의 특상물(아파트X) • 연면적 15,000m² 이상의 특상물(아파트 및 연립주택X) • 1천톤 이상의 가연성 가스를 취급/저장하는 시설	• 소방설비(산업)기사 • 소방공무원 경력 7년 이상 • 1급소방안전관리자 시험 합격자 어느 하나에 해당하면서 특급 또는 1급 소방안전관리자 자격증을 발급받은 사람	가. 소방안전학과 졸업 및 전공 졸업 + 2/3급 안전관리자 2년 이상 나. 소방안전 교과목 이수(또는 졸업) + 2/3급 관리자 경력 3년 이상 다. 2급대상물 '관리자' 5년 이상 또는 특/1급 '보조자' 5년 이상 또는 2급 '보조자' 7년 이상 라. 산업안전(산업)기사 자격 + 2/3급 안전관리자 2년 이상

등급	소방대상물 기준	관리자로 바로 선임!	시험 응시자격만 줌
2급	• 옥내소화전/스프링클러/물분무 등 설치 • 가연성 가스 100t~1천톤 '미만' 저장/취급 하는 시설 • 지하구, 공동주택, 국보지정 목조건물	• 위험물(기능장/산업기사/기능사) • 소방공무원 경력 3년 이상 • 2급소방안전관리자 시험 합격자 • 기업활동 규제완화로 선임된 자 어느 하나에 해당하면서 특·1·2급 소방안전관리자 자격증을 발급받은 자	가. 소방안전관리학과 졸업(전공자) 나. 의용소방대원 또는 경찰공무원 또는 소방안전 '보조자' 3년↑ 다. 3급대상물 안전관리자 2년↑ 라. 건축사, 산업안전(산업)기사, 건축(산업)기사, 전기(산업)기사, 전기공사(산업)기사 자격 보유자
3급	• 간이스프링클러/자동화재탐지설비 설치	• 소방공무원 경력 1년 이상 • 3급소방안전관리자 시험 합격자 • 기업활동 규제완화로 선임된 자 어느 하나에 해당하면서 특·1·2·3급 소방안전관리자 자격증을 발급받은 자	의용소방대원 또는 경찰공무원 근무 경력 2년↑
보조자	- 300세대 이상의 아파트 - (아파트X) 연면적 만오천 이상 특상물 - 기숙사, 의료시설, 노유자시설, 수련시설, 숙박시설은 기본 1명 선임(단, 숙박시설 바닥면적 합이 천오백 미만이고 관계인 24시간 상주 시 제외)	- 특·1·2·3급 소방안전관리자 자격이 있거나, 강습교육을 수료한 자 - 소방안전관리대상물에서 관련 업무 2년 이상 근무 경력자	

■ 소방안전관리자 선임 기준일

신축, 증축(개·재축/대수선/용도변경)	사용승인일
증축 or 용도변경으로 소방대상물 된 경우	사용승인일 또는 건축물관리대장 기재일

• 양수 : 권리취득일
• 해임 시 : 해임한 날
• 업무대행 계약 종료 : 업무대행 끝난 날
• 선임은 30일 내, 신고는 14일 내(소방본·서장에게)

■ 권원 분리된 특정소방대상물의 소방안전관리

권원이 분리된 것 중 소방본·서장이 지정한 특정소방대상물 = 총괄 소방안전관리

소방본·서장이 지정할 수 있는 권원이 분리된 특정소방대상물의 기준
1. (지하층 제외한) 층수 11층 이상 또는 연면적 3만 제곱미터 이상의 복합건축물 2. 지하가 (지하 인공구조물 안에 설치된 상점·사무실, 그 밖에 이러한 시설이 연속해서 지하도에 접하여 설치된 것과 그 지하도를 합한 것 **예** 지하상가 등) 3. 판매시설 중 도·소매시장 및 전통시장

■ 소방안전관리 업무대행

1) 소방시설 유지관리, 피난·방화시설 유지관리 업무대행 가능

2) 2, 3급 또는 연면적 15,000m² 미만+11층 이상인 1급

■ 자체점검

1) 작동점검 : 인위적 조작으로 소방시설등이 정상 작동하는지 여부를 〈소방시설등 작동점검표〉에 따라 점검

2) 종합점검 : (작동점검 포함) 설비별 주요 구성 부품의 구조기준이 화재안전기준과 「건축법」등 법령 기준에 적합한지 여부를 〈소방시설등 종합점검표〉에 따라 점검하는 것으로, 최초점검/그 밖의 종합점검으로 구분

　① **최초점검** : 해당 특정소방대상물의 소방시설등이 신설된 경우

　② **그 밖의 종합점검** : 최초점검을 제외한 종합점검

구분	점검 대상	점검자 자격(주된 인력)
작동 점검	① 간이스프링클러설비 또는 자탐설비에 해당하는특정소방대상물(3급 소방안전관리대상물)	(1) 관리업에 등록된 기술인력 중 소방시설관리사 (2) 소방안전관리자로 선임된 소방시설관리사 및 소방기술사 (3) 특급점검자(「소방시설공사업법」 따름) (4) 관계인
작동 점검	② 위 (① 항목)에 해당하지 않는 특정소방대상물	(1) 관리업에 등록된 기술인력 중 소방시설관리사 (2) 소방안전관리자로 선임된 소방시설관리사 및 소방기술사
	③ 작동점검 제외 대상 　- 소방안전관리자를 선임하지 않는 대상 　- 특급소방안전관리대상물 　- 위험물제조소등	

이론과 개념 설명

설비 및 구조의 이해

복합개념정리

위험물 개념정리

실전 기출예상문제

쉽게 뜯어보는 총정리

구분	점검 대상	점검자 자격(주된 인력)
종합점검	① 소방시설등이 신설된 특정소방대상물 ② 스프링클러설비가 설치된 특정소방대상물 ③ 물분무등소화설비(호스릴 방식만 설치한 곳은 제외)가 설치된 연면적 5천m² 이상인 특정소방대상물 [단, 위험물제조소 등 제외] ④ 단란주점영업, 유흥주점영업, 노래연습장업, 영화상영관, 비디오물감상실업, 복합영상물제공업, 산후조리업, 고시원업, 안마시술소의 다중이용업 영업장이 설치된 특정소방대상물로 연면적 2천m² 이상인 것 (「다중이용업소 특별법 시행령」 따름) ⑤ 제연설비가 설치된 터널 ⑥ 공공기관 중 연면적(터널, 지하구의 경우 그 길이와 평균 폭을 곱하여 계산한 값)이 1천m² 이상인 것으로 옥내소화전설비 또는 자탐설비가 설치된 것 (단, 소방대가 근무하는 공공기관은 제외)	(1) 관리업에 등록된 기술인력 중 소방시설관리사 (2) 소방안전관리자로 선임된 소방시설관리사 및 소방기술사

3) 점검 횟수 및 시기

구분	점검 횟수 및 시기 등
작동점검	작동점검은 연 1회 이상 실시하는데, • 작동점검만 하면 되는 대상물 : 특정소방대상물의 사용승인일이 속하는 달의 말일까지 실시 • 종합점검까지 해야 하는 큰 대상물 : 큰 규모의 '종합점검'을 먼저 실시하고, 종합점검을 받은 달부터 6개월이 되는 달에 작동점검 실시
종합점검	① 소방시설등이 신설된 특정소방대상물 : 건축물을 사용할 수 있게 된 날부터 60일 내 ② 위 ①항 제외한 특정소방대상물 : 건축물의 사용승인일이 속하는 달에 연 1회 이상 실시 [단, 특급은 반기에 1회 이상] → 이때, 소방본부장 또는 소방서장은, 소방청장이 '소방안전관리가 우수하다'고 인정한 대상물에 대해서는 3년의 범위에서 소방청장이 고시하거나 정한 기간 동안 종합점검을 면제해줄 수 있다. 단, 면제 기간 중 화재가 발생한 경우는 제외함. ③ 학교 : 해당 건축물의 사용승인일이 1~6월 사이인 경우에는 6월 30일까지 실시할 수 있다.
종합점검	④ 건축물 사용승인일 이후 「다중이용업소 특별법 시행령」에 따라 종합점검 대상에 해당하게 된 때(다중이용업의 영업장이 설치된 특정소방대상물로서 연면적 2천m² 이상인 것에 해당하게 된 때)에는 그 다음 해부터 실시한다. ⑤ 하나의 대지경계선 안에 2개 이상의 자체점검 대상 건축물 등이 있는 경우에는 그 건축물 중 사용승인일이 가장 빠른 연도의 건축물의 사용승인일을 기준으로 점검할 수 있다.

• 작동점검 및 종합점검은 건축물 사용승인 후 그 다음해부터 실시한다.

• 공공기관의 장은 소방시설등의 유지·관리 상태를 맨눈이나 신체감각을 이용해 점검하는 '외관점검'을 월 1회 이상 실시한 후, 그 점검 결과를 2년간 자체보관해야 한다. (단, 작동·종합점검을 실시한 달에는 외관점검 면제 가능!)

→ 외관점검의 점검자 : 관계인, 소방안전관리자 또는 소방시설관리업자

① 자체점검 결과의 조치 등

ㄱ. 관리업자등이 자체점검을 실시한 경우 : 점검이 끝난 날부터 10일 이내에 [소방시설등 자체점검 실시결과 보고서]에 [소방시설등 점검표]를 첨부하여 관계인에게 제출한다.

ㄴ. 관계인 : 점검이 끝난 날부터 15일 이내에 [소방시설등 자체점검 실시결과 보고서]에 소방시설등의 자체점검결과 [이행계획서]를 첨부하여 서면 또는 전산망을 통해 소방본부장·소방서장에게 보고하고, 보고 후 그 점검결과를 점검이 끝난 날부터 2년간 자체 보관한다. (단! 관리업자가 점검한 경우에는 +점검인력 〈배치확인서〉도 첨부!)

ㄷ. 〈이행계획서〉를 보고받은 소방본부장 또는 소방서장은 이행계획의 완료 기간을 다음과 같이 정하여 관계인에게 통보해야 하는데, 다만 소방시설등에 대한 수리·교체·정비의 규모 또는 절차가 복잡하여 기간 내에 이행을 완료하기 어려운 경우에는 그 기간을 다르게 정할 수 있다.
  - 소방시설등을 구성하고 있는 기계·기구를 수리하거나 정비하는 경우 : 보고일로부터 10일 이내
  - 소방시설등의 전부 또는 일부를 철거하고 새로 교체하는 경우 : 보고일로부터 20일 이내

ㄹ. 이행계획을 완료한 관계인은 이행을 완료한 날로부터 10일 이내에 소방시설등의 자체 점검결과 〈이행완료 보고서〉에 〈이행계획 건별 전·후사진 증명자료〉와 〈소방시설공사 계약서〉를 첨부하여 소방본부장 또는 소방서장에게 보고해야 한다.

ㅁ. 자체점검결과 <u>보고를 마친 관계인</u>은 <u>보고한 날로부터 10일 이내</u>에 소방시설등 자체점검 〈기록표〉를 작성하여 특정소방대상물의 출입자들이 쉽게 볼 수 있는 장소에 30일 이상 게시해야 한다.

■ 건축허가등의 동의

• 5통보/4연장/7취소

① 연면적 400m²	학교 100m² / 노유자·수련 200m² / 정신의료기관·장애인재활시설 300m²
② 지하층 또는 무창층이 있는 건축물	바닥면적 150m²(공연장은 100m²) 이상인 층이 있는 것
③ 차고·주차장 또는 주차용도 시설	– 차고·주차장용 바닥면적 200m² 이상 층 – 승강기(기계장치) 주차시설 20대 이상 주차
④ 층수 6층 이상 건축물	
⑤ 항공기격납고, 항공관제탑, 관망탑, 방송용 송수신탑	
⑥ (입원실이 있는) 의원, 조산원, 산후조리원 / 위험물 저장·처리시설 / 발전시설 중 풍력발전소, 전기저장시설, 지하구	
⑦ (①에 해당하지 않는) 노유자시설 중 노인주거복지시설, 노인의료복지시설, 학대피해노인 전용쉼터, 아동복지시설(아동상담소, 아동전용시설 및 지역아동센터 제외), 장애인 거주시설, 정신질환자 관련 시설, 노숙인재활시설 및 요양시설 등	
⑧ 요양병원(단, 의료재활시설 제외)	
⑨ 공장 또는 창고시설로, 750배 이상의 특수가연물을 저장·취급하는 시설	

■ 금지행위

화재 등 비상상황 발생 시 안전 확보를 위해 소방대상물의 관계인으로 하여금 피난시설과 방화구획 및 방화시설을 유지·관리하도록 「화재예방, 소방시설 설치·유지 및 안전관리에 관한 법률」로 규정하고 있다.

• **피난시설** : 계단(직동계단, 피난계단 등), 복도, (비상구를 포함한)출입구, 그 밖의 옥상광장, 피난안전구역, 피난용 승강기 및 승강장 등의 피난 시설

• **방화시설** : 방화구획(방화문, 방화셔터, 내화구조의 바닥 및 벽), 방화벽 및 내화성능을 갖춘 내부마감재 등

1) 〈피난·방화시설 관련 금지행위〉에 해당하는 내용은 다음과 같다.

　① **폐쇄(잠금 포함)행위** : 계단, 복도 등에 방범철책(창) 설치로 피난할 수 없게 하는 행위, 비상구에 (고정식)잠금장치 설치로 쉽게 열 수 없게 하거나, 쇠창살·용접·석고보드·합판·조적 등으로 비상(탈출)구 개방이 불가하게 하는 행위 – 건축법령에 의거한 피난/방화시설을 쓸 수 없게 폐쇄하는 행위

　② **훼손행위** : 방화문 철거(제거), 방화문에 도어스톱(고임장치) 설치 또는 자동폐쇄장치 제거로 그 기능을 저해하는 행위, 배연설비 작동에 지장주는 행위, 구조적인 시설에 물리력을 가해 훼손한 경우

　③ **설치(적치)행위** : 계단·복도(통로)·출입구에 물건 적재 및 장애물 방치, 계단(복도)에 방범철책(쇠창살) 설치(단, 고정식 잠금장치 설치는 폐쇄행위), 방화셔터 주위에 물건·장애물 방치(설치)로 기능에 지장주는 행위

④ **변경행위** : 방화구획 및 내부마감재 임의 변경, 방화문을 목재(유리문)로 변경, 임의구획으로 무창층 발생, 방화구획에 개구부 설치

⑤ **용도장애 또는 소방활동 지장 초래 행위** :

ㄱ. ①~④에서 적시한 행위로 피난·방화시설 및 방화구획의 용도에 장애를 유발하는 행위

ㄴ. 화재 시 소방호스 전개 시 걸림·꼬임 현상으로 소방활동에 지장을 초래한다고 판단되는 행위

ㄷ. ①~④에서 적시하지 않았더라도 피난·방화시설(구획)의 용도에 장애를 주거나 소방활동에 지장을 준다고 판단되는 행위

■ **실무교육**

1) 강습(실무) 수료 후 1년 이내 선임 - 강습수료일 기준으로 2년 후 하루 전까지
2) 강습(실무) 수료한지 1년 지나서 선임 - 선임된 날을 기준으로 6개월 내

건축관계법령

■ **건축(용어)**

1) **주요구조부** : 기둥, 지붕틀, 보, 내력벽, 바닥, 주계단
2) **건축물** : 지붕+기둥, 지붕+기둥+벽/부수되는 시설물(대문, 담장)/지하 or 고가 공작물에 사무소, 공연장, 점포, 차고 등
3) **건축설비** : 국토교통부령-전기, 전화, 초고속 정보통신, 지능형 홈네트워크, 배연, 냉난방, 소화 배연, 오물처리, 굴뚝
4) **피난** : 대피공간, 발코니, 복도, 직통계단, (특별)피난계단의 구조 및 치수 규정
5) **대수선**

증설, 해체	수선, 변경	
• 내력벽 • 기둥 • 지붕틀 • 보 • 외벽 마감재료	**3개 이상**	**30m² 이상**
	• 기둥 • 지붕틀 • 보	• 내력벽 • 외벽 마감재
	• 방화벽(구획) 벽, 바닥 • 주계단, (특별)피난계단 • 다가구(세대)주택 경계벽	

6) 내화구조 : (철근콘크리트, 연와조) 화재 후 재사용 가능

   vs 방화구조 : (철망모르타르, 회반죽) 화염의 확산 막는 성능

7) 용적률과 건폐율

용적률	건폐율
대지면적에 모든 층 다 쌓아서 업어!(연면적) $\dfrac{연면적}{대지면적} \times 100 = 용적률$	대지면적에 차지하고 있는 덩어리(건축면적) $\dfrac{건축면적}{대지면적} \times 100 = 건폐율$

8) 높이 산정 : 지표면 ~ 건축물 상단

   ① 전부 산입 - 옥상부분 면적 총합이 건축면적 1/8 초과

   ② 12m 넘는 부분만 산입 - 옥상부분 면적 총합이 건축면적 1/8 이하

9) 층수 산정 : 옥상부분 면적 총합이 건축면적 1/8 이하면 제외! 기본 한 층에 4m

10) 방화구획

- 방화구획 바닥, 벽 : 내화구조 + 갑종방화문
- 갑종(비차 1시간 + 차 30) : 60분 + 방화문
- 갑종(비차 1시간) : 60분 방화문
- 을종(비차 30) : 30분 방화문

▣ 가연물질 구비조건

1) 활성화E 작아 / 열전도도 작아

2) 산소 친화력 커 / 연소열 커 / 비표면적 커 / 건조도 높아

▣ 불연물질

1) 불활성기체 : 헬네곤크크, 라돈

2) 완전산화물 : 물, 이산화탄소

3) 흡열반응 : 질소, 질소산화물

▣ 점화에너지

1) 화염 : 작은 화염도 가연성 혼합기체 확실하게 인화! (화염온도)가 (발화온도)보다 높기 때문

2) 열면 : 가열체 면적 영향 큼, 담뱃불 면적 작아 발화 X

3) 자연발화 5총사

원인	종류	외우는 팁 (유튜브 영상 참고)
분해열	셀룰로이드, 니트로셀룰로오스	그거 분해 안하면 다 셀로(살로), 니 셀로오(너 살로~) 간다!
산화열	석탄, 건성유	석탄 캐러 산까지 와서 건성으로 하면 화가 안나겠시유?
발효열	퇴비	그 집 김치는 장독에 넣고 땅에 묻어서 발효시키는데 좋은 퇴비를 써서 그런지 맛이 그렇게 좋대!
흡착열	목탄, 활성탄	너가 나한테 그렇게 바짝 달라붙으면(흡착) 심장 운동이 활성화돼서 자꾸 목이 탄다니까!
중합열	시안화수소, 산화에틸렌	그 녀석이 너한테 그렇게 중합열 (중하면) 시안화수소, 산화에틸렌?!

▣ 연쇄반응 = 라디칼, 화염연소

- 억제소화 - 라디칼 흡착

▣ 연소범위

■ 연소형태

1) 고체

① **분해연소** : 열분해 → 증기 (목재, 석탄, 종이)

② **증발연소** : '융해' → 증발, 증기(양초)

③ **표면연소=작열, 무염연소** : 고체 표면에서 산소와 직접 반응, 화염X (연쇄반응X, 억제소화 적응성X)

　→ 숯, 코크스, 금속(마그네슘), 목재의 말기연소

④ **자기연소** : 산소 함유해서 가연성증기, 산소 동시 발생(외부에서 산소공급 필요X, 폭발적 연소)

　→ 자기반응성물질(제5류위험물), 폭발성물질

2) 액체

① 증발연소, 아니면 분해연소(글리세린, 중유)

3) 기체

① **확산연소** : 분출된 가연성 기체가 확산되면서 공기와 혼합

② **예혼합연소** : 공기랑 가연성 기체 미리 섞어놓음, 화염 청백색에 온도 높음(완전연소에 가까움 엘리트)

■ 인화점, 연소점, 발화점

· '황린' 발화점 35도 - 짱 위험
· 파라핀계 탄화수소(알칸족, 포화탄)
→ 탄소수 작을 때 - 인화점 ↓
　 탄소수 많을 때 - 발화점 ↓

■ 화재이론

분류	A급 일반화재	B급 유류화재	C급 전기화재	D급 금속화재	K급 주방화재
정의	• 일상에서 가장 많이 존재하는 가연물에서 비롯된 화재(종이, 나무, 솜, 고무,'폴리~'류 등) • 화재 발생 건수 월등히 높음(보통화재)	유류에서 비롯된 화재(인화성 액체, 가연성 액체, 알코올, 인화성 가스 등)	전기가 통하고 있는(통전 중인) 전기기기 등에서 비롯된 화재 (전기'에너지'로 발생한 화재를 일컫는 것이 아님!)	• 가연성 금속류가 가연물이 되어 비롯된 화재 • 특히 가연성 강한 금속류는 칼륨, 나트륨, 마그네슘, 알루미늄 등 • 덩어리(괴상)보다는 분말상일 때 가연성 증가	주방에서 사용하는 식용유, 동식물성유 등을 취급하는 조리기구에서 비롯된 화재
특징	연소 후 재가 남는다.	연소 후 재가 남지 않는다.	물을 이용한 소화는 감전의 위험이 있음.	대부분 물과 반응해 폭발성 강한 수소 발생 →수계(물, 포, 강화액) 사용 금지!	Tip. 비누는 기름이 달라 붙는 것을 막는다!(치킨 먹고 기름진 손 비누로 싹싹)
소화	냉각이 가장 효율적 →다량의 물 또는 수용액으로 소화	포(하얀 거품) 덮어 질식소화	가스 소화약제 (이산화탄소) 이용한 질식소화	금속화재용 분말소화약제, 건조사(마른모래) 이용한 질식소화	연소물 표면을 차단하는 비누화 작용+식용유 온도 발화점 이하로 냉각 작용

■ 실내화재 화재의 양상

건물 내 일부분부터 발화, 출화 거쳐 최성기, 인접건물 등 외부로 확대

초기	성장기	최성기	감쇠기(감퇴기)
• 하얀 연기 • 가구 일부 독립 연소	• 검은 연기 • 천장으로 확대 • 근접 동 연소	• 연기 양↓ • 화염 분출↑ • 유리파손, 연소 최고조 • 인접 건물 연소(복사열) • 구조물 낙하	• 지붕, 벽 떨어지고 대들보, 기둥 무너짐 • 연기 흑 → 백 • 화세 쇠퇴, 연소 확산 위험× • 바닥, 벽체 낙하 위험

플래시오버 (Flash Over)	백드래프트 (Back Draft)	롤오버 (Roll Over)
• 폭발적으로 실내 전체가 화염에 휩싸이는 현상 • 열 집적, 두텁고 뜨겁고 진한 연기가 아래로 쌓임 • 실내 가연물이 동시에 발화 • 천장까지 고온, 출화 후 5~10분	• 화재실 문 개방 신선한 공기 유입, 화염이 폭풍 동반 실외로 분출 • 농연 분출, 파이어볼, 건물 도괴 • 천장 개방, 고온 가스 방출하는 환기로 폭발력 억제 가능 • 연기폭발(Smoke explosion)	= 플레임오버(Flame Over) • 연소하지 않은 미연소 가스 통해 발생 • 천장면따라 파도같이 빠른 속도로 확산

▣ 열 전달

1) 전도 : 다른 물체와 직접 접촉, 전도에 의한 화염 확산 흔치 않음

2) 대류 : (기체, 액체) 유체 흐름, 순환하며 열 전달(뜨거운 공기 위로, 찬 공기 아래로)

3) 복사 : 파장 형태로 방사, <u>화염 접촉 없이 연소 확산</u>, 차단물 있으면 확산 ×(풍상이 풍하보다 복사열 전달 용이)

▣ 화염 전달

1) 접염연소 : 화염이 물체에 접촉, 연소 확산. 화염 온도 높을수록 용이. 공포감 유발. 주간에는 화염 잘 안 보이고 야간에는 연기가 빛 반사로 화염으로 보일 수 있음

2) 비화 : 불티가 바람에 날리거나 튀어서 먼 곳까지 착화. 바람, 습도 영향 많이 받음. 주간에는 검은 물체로 보일 수 있으니 주의

▣ 연기 유동

1) [부력]에 의해 공기 유동, 공기에 포함된 연기도 확산

2) 복도에서는 천장에 근접해 안정된 형태로 멀리 확산. 위쪽은 연기 확산, 아래쪽은 공기가 화점실로 유입

3) 내화건물에서 [중성대] 위치에 따라 흐름 달라짐. 화점층 수평이동 오염, 상층 이동 후 계단실 통해 강하

일반 보행 속도	수평방향 (↔)	수직방향(계단실 ↕)	제트팬 (지하터널 배기장치)
1~1.2	0.5~1(복도 연기유동 시 플래시오버 • 이전 : 0.5m/s • 이후 : 0.75m/s)	• 초기 : 2~3 • 농연(짙은 연기) : 3~5	3~5
	보행보다 느림	보행보다 빠름, 농도 짙으면 더 빠름	제트팬, 공기조화설비, 배기닥트가 유동 속도 증진

■ 소화작용(사례별 핵심만)

물리적 작용	제거소화	• 화재현장 대상물 파괴 • 가스화재 밸브 잠금 • 산림화재 진행방향 나무 제거	• 유정 화재 폭약폭발로 폭풍(화염 불면 꺼짐 → 화염 불안정화) • 용기를 기계적으로 밀폐, 외기차단 인화점 이하로 냉각. 알콜 농도 40% 이하로 떨어트림. 석유류 화재에 물방울 세게 불어넣어 에멀젼, 이산화탄소, 수증기, 질소 첨가(농도 한계)
	질식소화	• 유류화재 폼으로 덮기 • 이산화탄소(불활성기체) 방출 • 화재 초기 모래나 담요 덮기 • 구획 밀폐-한계산소농도 이하로 유지	
	냉각소화	• 주로 물 사용 → 열에너지 빼앗음 (전기화재, 금속화재 사용X)	• 탄광에 암분 살포(연소에너지 한계)
화학적 작용	억제소화	• 라디칼 제거(할론, 할로겐화합물/분말소화약제)	

■ 위험물

'대통령령'으로 정한 (인화성), (발화성) 갖는 것

1) 지정수량

유황	휘발유	질산	알코올류	등·경유	중유
100Kg	200L	300Kg	400L	1,000L	2,000L

> 💬 백 단위를 숫자 순서대로 외우면 쉬워요~! 황발질코 1,2,3,4 / 등경천 / 중이천(기름(유)이 아닌 유황, 질산은 Kg)

2) 위험물의 종류별 특성

제1류	제6류	제5류	제2류	제3류	제4류
산화성 고체	산화성 액체	자기반응성 물질	가연성 고체	자연발화성 금수성 물질	인화성 액체
강산화제→ 가열, 충격, 마찰로 분해, 산소 방출	강산(자체는 불연, 산소 발생) :일부는 물과 접촉 시 발열	산소 함유 → 자기연소 : 가열, 충격, 마찰로 착화 및 폭발! 연소속도 빨라 소화 곤란	저온착화, 유독가스 발생	자연발화, 물과 반응해 발열 가연성가스 발생/ 용기파손 및 누출에 주의	인화 용이 물보다 가볍고 증기는 공기보다 무거움, 주수소화 대부분 불가

가연물질의 산소공급원

▣ 제4류 위험물의 성질

1) 인화가 쉽다(불이 잘 붙는다).

2) 물에 녹지 않으며 물보다 가볍고, 증기는 공기보다 무겁다(기름은 물과 안 섞이고, 물보단 가벼워서 물 위에 뜬다! 반면, 증발하면서 생기는 증기는 공기보다 무거워 낮은 곳에 체류한다).

3) 착화온도가 낮은 것은 위험하다(불이 쉽게 붙기 때문에!).

4) 공기와 혼합되면 연소 및 폭발을 일으킨다.

▣ 전기화재 원인

1) 전선의 합선(단락) / 누전(누전차단기 고장) / 과전류 or 과부하(과전류 차단장치 고장)

2) 규격미달의 전선, 전기기계기구의 과열, 절연불량, 정전기의 불꽃

> 💬 주의! '절연'이 아닌 '절연 불량'이 원인! '단선'은 전기 공급 X. 따라서 '절연'과 '단선'은 원인이 될 수 없음!

▣ LPG/LNG

구분	LPG	LNG(Natural)
성분	부탄(C_4H_{10}), 프로판(C_3H_8)	메탄(CH_4)
비중 (기준:1)	무겁!(1.5~2) = 가라앉음(바닥체류)	가볍!(0.6) = 위로 뜸(천장체류)
수평거리	4m	8m
폭발범위	부탄 : 1.8~8.4% 프로판 : 2.1~9.5%	5~15%
탐지기	상단이 바닥부터 상방 30cm 이내	하단이 천장부터 하방 30cm 이내

> 💬 네츄럴인 LNG는 주성분도 깔끔하게 CH_4, 범위도 5~15. 가벼워서 멀리 8m, 천장에 있으니까 하단이 천장부터 하방 30cm 이내!
>
> 무거운 Pig 같은 LPG는 주성분도 3,8 or 4,10뭐가 많이 붙고 범위도 소수점. 무거워서 4m밖에 못 가서 바닥에 기어 다니니까 상단이 바닥으로부터 상방 30cm 이내!

▣ 가스사용 주의사항

- **전** : 메르캅탄류 냄새로 확인, 환기. 가연성물질 두지 말고, 콕크와 호스 조이기. 낡거나 손상 시 교체. 불구멍 청소.
- **중** : 점화 시 불 붙었는지 확인, 파란불꽃으로 조절. 장시간 자리 비움×
- **후** : 콕크와 중간밸브 잠금, 장기간 외출 시 중간밸브, 용기밸브, 메인밸브 잠금

3) 가스화재 주요원인[사용자]

- **전** : 환기불량, 호스접속 불량 방치, 인화성물질(연탄) 동시 사용, 성냥불로 누설확인 폭발, 콕크 조작 미숙
- **중** : 점화 미확인 누설 폭발, 장시간 자리 이탈
- **후** : 실내에 용기보관 중 누설, 조정기 분해 오조작

▌소방계획&교육 및 훈련

■ 소방계획 주요원리

종합적	통합적	지속적
• 모든 형태 위험 포괄 • 예방, 대비, 대응, 복구	• 거버넌스(정부, 대상처, 전문기관) 네트워크 구축 • 파트너십 구축, 전원참여	• PDCA Cycle

■ 소방계획 작성원칙

1) 실현가능한 계획

2) 관계인 참여 (방문자 등 전원 참여)

3) 계획수립의 구조화 (작성 - 검토 - 승인)

4) 실행우선 (문서로 작성된 계획X, 훈련 및 평가 이행 과정 필수)

■ 소방계획 수립절차

1단계 사전기획	2단계 위험환경·분석	3단계 설계/개발	4단계 시행 및 유지관리
• 작성준비(임시조직 구성) 　요구사항 검토 • 의견 수렴 작성계획 수립	위험환경 • 식별 • 분석/평가 • 경감대책 수립	• 목표 및 전략 수립 • 세부 실행계획 수립(설계 　및 개발)	• 구체적인 소방계획 수립 • 검토 및 최종 승인 이행, 　유지관리(개선)

■ 자위소방활동 및 자위소방대 구성

비상연락	화재 상황 전파, 119 신고 및 통보연락 업무
초기소화	초기소화설비 이용한 조기 화재진압
응급구조	응급조치 및 응급의료소 설치·지원
방호안전	화재확산방지, 위험물시설 제어 및 비상 반출
피난유도	재실자·방문자의 피난유도 및 화재안전취약자 피난보조

① TYPE – Ⅰ	• 특급, 연면적 30,000㎡ 이상을 포함한 1급 (공동주택 제외)	
	[지휘조직] 화재상황을 모니터링하고 지휘통제 임무를 수행하는 '지휘통제팀' [현장대응조직] '본부대' : 비상연락팀, 초기소화팀, 피난유도팀, 응급구조팀, 방호안전팀 (필요 시 가감) [현장대응조직] '지구대' : 각 구역(Zone)별 현장대응팀 (구역별 규모, 인력에 따라 편성)	
② TYPE – Ⅱ	• 1급 (단, 연면적 3만 이상은 Type-Ⅰ), 상시 근무인원 50명 이상의 2급	
	[지휘조직] 화재상황을 모니터링하고 지휘통제 임무를 수행하는 '지휘통제팀' [현장대응조직] 비상연락팀, 초기소화팀, 피난유도팀, 응급구조팀, 방호안전팀(필요 시 가감)	
③ TYPE – Ⅲ	• 2급 (단, 상시 근무인원 50명 이상은 Type-Ⅱ), 3급	
	- (10인 미만) 현장대응팀 - 개별 팀 구분 없음 - (10인 이상) 현장대응조직 - 비상연락팀, 초기소화팀, 피난유도팀 (필요 시 가감 편성)	

■ **자위소방대 편성**

1) 팀별 최소인원 2명 이상 – 각 팀별 팀장(책임자) 지정

2) 상시 근무인 or 거주인 중 자위소방활동 가능한 인력으로 편성

3) **자위소방대장** : 소유주 or 법인 대표 및 기관 책임자/**부대장** : 소방안전관리자

4) 대장 및 부대장 부재 시 대리자 지정

5) 초기대응체계(즉각 출동 가능자)는 소방안전관리보조자, 경비(보안) 근무자, 대상물 관리인 등 상시근무자

6) 대원별 개별임무 부여, 복수 및 중복 가능!

■ **지구대 구역(Zone) 설정**

1) 5층 이내 또는 단일 층을 하나의 구역으로 수직구역 설정

2) 하나의 층 1,000㎡ 초과 시 구역 추가, 또는 방화구획 기준으로 구분하는 수평구역 설정

3) 비거주용도(주차장, 강당, 공장)은 구역설정에서 제외

■ **화재 대응 및 피난**

화재대응	① 화재전파	• "불이야!" 육성 전파 • 발신기(화재경보장치) 누름 → 작동되면 수신반으로 화재 신호 자동 접수
	② 초기소화	• 소화기 or 옥내소화전 사용해 초기 소화 작업 • 화세의 크기 등을 고려해 초기대응 여부 결정 → 초기소화 어려울 경우, 열 연기 확산방지를 위해 출입문 닫고 즉시 피난

화재대응	③ 화재 신고	• 건물 주소, 명칭 등 현재위치와 화재 사실, 화재 진행 상황, 피해현황 등을 소방기관(119)에 신고 • 소방기관 OK할 때까지 전화 끊지 말기
	④ 비상방송	• 비상방송설비(확성기) 이용해 화재 전파 및 피난개시 명령
	⑤ 관계기관 통보, 연락	• 소방안전관리자 or 자위소방 담당 대원은 유관기관 및 협력업체 등에 화재사실 전파
	⑥ 대원소집 및 임무부여	• 초기대응체계로 신속 대응 → 지휘통제, 초기소화, 응급구조, 방호안전
피난	• 엘베 이용 금지, 계단으로 대피 • 아래층 대피 어려우면 옥상으로 대피 • 아파트에서 세대 밖 탈출 어려우면 경량칸막이 통해 옆세대(대피공간)로 이동 • 유도등(표지) 따라 '낮은 자세'로 이동, 젖은 수건 등으로 입과 코 막기 • 문 손잡이 뜨거우면 문 열지 말고 다른 길 찾기 • 옷에 불 붙으면 바닥에 뒹굴고, 탈출 시 재진입 금지	

▣ 소방안전 교육 및 훈련

• 관계인은 근무자 등에게 소방훈련 및 교육을 해야 하고 피난훈련은 대피 유도 훈련을 포함한다.

• 특급 및 1급의 관계인은 소방훈련 및 교육을 한 날부터 30일 내에 소방훈련·교육 실시 결과를 소방 본부장·서장에게 제출한다.

• 연 1회 이상 실시(단, 소방본·서장이 필요를 인정하여 2회의 범위에서 추가로 실시할 것을 요청하는 경우에는 소방훈련과 교육을 실시) / 결과기록부에 기록하고 실시한 날로부터 2년간 보관

• 소방본·서장이 불시에 소방훈련과 교육을 실시하는 경우
  - **사전통지기간**: 불시 소방훈련 실시 10일 전까지 관계인에게 통지
  - **결과통보**: 소방본·서장은 관계인에게 불시 소방훈련 종료일로부터 10일 이내에 불시 소방훈련 평가결과서를 통지

> 🔊 **Tip**
> 불시는 실시 전, 후로 10일 이내!

1) **학습자중심 원칙**: 한번에 한가지씩 / 쉬운 것 → 어려운 것 순서로 진행

2) **동기부여 원칙**: 중요성 전달, 초기성공에 대한 격려, 보상 제공, 재미 부여, 전문성 공유 등

3) **목적원칙**: 어떤 '기술'을 어느 정도까지 익힐 것인지, 습득하려는 '기술'이 전체 중 어느 위치에 있는지 인식

4) **현실원칙**: 비현실적인 훈련 ×

5) **실습원칙**: 목적을 생각하고 정확한 방법으로 한다.

6) **경험원칙**: 현실감 있는 훈련, 교육

7) **관련성 원칙**: 실무적인 접목과 현장성 필요

▣ 응급처치의 중요성

- 생명유지   • 고통경감   • 치료기간 단축   • 의료비 절감

  (2차적인 합병증 예방, 환자의 불안 경감, 회복 빠르게 돕기)

  → 즉각적이고 임시적인 처치 제공, '영구적'인 '치료'는 절대 불가!

▣ 응급처치 기본사항

1) 기도확보(유지) : 이물질 보여도 손으로 제거× / 환자 구토하면 머리 옆으로 / 기도 개방은 머리 뒤로 턱 위로

2) 상처보호 : 소독거즈로 응급처치, 붕대로 드레싱(1차 사용한 거즈 사용 금지, 청결거즈 사용)

3) 지혈처리 : 혈액량 15~20% 출혈 시 생명 위험, 30% 출혈 시 생명 잃음

  ① 출혈 증상

  ㄱ. 호흡, 맥박 빠르고 약하고 불규칙+동공 확대, 불안 호소+호흡곤란

  ㄴ. 혈압과 체온 떨어지고+피부가 차고 축축, 창백해짐

  ㄷ. 탈수, 갈증 호소+구토발생+반사작용 둔해짐

  ② 출혈 응급처치

  ㄱ. 직접압박 : 상처부위 직접 압박, 소독거즈로 출혈부 덮고 4~6인치 압박붕대로 압박. 출혈부위 심장보다 높게.

  ㄴ. 지혈대 : 절단같은 심한 출혈(괴사 위험) → 5cm 이상의 넓은 띠 사용, 출혈부위에서 5~7cm 상단부 묶기, 무릎이나 팔꿈치같은 관절부위 사용 ×, 착용시간 기록해두기

▣ 응급처치 일반원칙

1) 긴박해도 나 먼저! 구조자 자신의 안전이 최우선(환자 최우선×)

2) 본인 또는 보호자 동의 얻기

3) 응급처치와 [동시에] 구조요청(처치하고 나서 요청×)

4) 무료는 119, 앰뷸런스는 요금 징수

5) 불확실한 처치 금물!

▣ 화상

1도(표피화상)	2도(부분층화상)	3도(전층화상)
• 피부 바깥층 화상 • 부종, 홍반, 부어오름 • 흉터없이 치료 가능	• 피부 두 번째 층까지 손상 • 발적, 수포, 진물 • 모세혈관 손상	• 피부 전층 손상 • 피하지방 / 근육층 손상 • 피부가 검게 변함 • 통증이 없다

■ **심폐소생술**

• 순서:C-A-B (가슴압박-기도유지-인공호흡)

　① 어깨 두드리며 질문, 반응 확인

　② 반응없고 비정상호흡 시 도움 요청, 특정인 지목해 119 신고 및 AED 요청

　③ 맥박과 호흡 비정상 여부 판단은 10초 내

　④ **가슴압박**:가슴뼈 아래쪽 절반 위치 체중 실어 강하게 압박, 환자와 나는 수직, 팔은 일직선으로 뻗기, 분당 100~120회 속도로 5cm 깊이 압박(압박과 이완 비율 50:50), 갈비뼈 조심

　⑤ **인공호흡**:기도 개방, 엄지와 검지로 코 막고 가슴이 올라오도록 1초간 인공호흡. *인공호흡 자신 없으면 시행X

　⑥ **가슴압박, 인공호흡 반복**:비율은 30:2. 2인 이상이 번갈아가며 시행(5주기로 교대)

　⑦ **회복자세**:환자 반응 있으면 호흡 회복됐는지 확인, 회복 시 옆으로 돌려 기도 확보(반응 및 정상호흡 없으면 심정지 재발로 가슴압박과 인공호흡 재시행)

■ **AED(자동심장충격기) 사용법**

① 전원 켜기 → ② 환자의 오른쪽 쇄골 아래, 왼쪽 가슴과 겨 중간에 패드 부착 → ③ 음성지시 나오면 심폐소생술 멈추고, 환자에게서 모두 떨어져 심장리듬 분석(필요 시 기계가 알아서 충전, 불필요 시 심폐소생술 다시 시작) → ④ 제세동 필요 환자의 경우 심장충격 버튼 깜빡이면 눌러서 심장충격 시행(이때도 모두 떨어져야 함) → ⑤ 심장충격 실시 후 심폐소생술 재시행 → ⑥ 2분 주기로 심전도 자동 분석, 119 구급대 도착 전까지 심폐소생술과 심장충격 반복

종합방재실

■ **종합방재실의 운용**

초고층, 지하연계 복합건축물 증가 → 화재 or 테러, 재난으로 피해 규모 급증 → 종합방재실(방재센터)로 방재관련 시스템 최적화 및 조기 화재감지, 피난 및 초기진압에 기여

기존 감시시스템	장소적 통합 개념, 장소별로 정보 수집 및 감시가 요구되어 비용, 장소, 인력이 많이 필요했음
통합 감시시스템	시스템 통합 방식, 언제 어디서든 정보 수집 및 감시 용이해 비용, 장소, 인력 문제 해결 가능

▣ 종합방재실의 구축효과

1) 화재피해 최소화: 화재 신속탐지, 신속 피난유도, 인명보호 최우선, 재산피해 최소화

2) 화재 시 신속대응: 입체적 감시·제어, 중앙감시 - 신속대응, 담당자 화재 전달, 가스누출 신속대응

3) 시스템 안전성 향상: 비화재보 억제, 시스템 신뢰 확보, 고장 및 장애 신속처리

4) 유지관리 비용 절감: 유지보수 비용절감, 작동상황 기록관리 편리, 운영인력 비용절감

▣ 종합방재실 시스템 구성

1) 가스감시설비: 가스홀더, 도관, 가스미터, 밸브, 거버너 등 가스 공급 위한 설비를 원격제어 및 감시

2) 자동화재탐지설비: 열, 연기, 불꽃 감지기로 감시→자동 경보, 화재 조기 발견, 조기통보, 초기소화, 조기 피난

3) 보안설비: 보안업무 효율적으로. 출입 및 차량통제설비, 통합관제/운영 설비, 침입감시 설비, 보안검색설비 등

4) CCTV설비: 영상 통해 감시. 카메라, 전송장비, 제어장비

5) 방송설비: 방송 송신용 무선설비, 연주실 설비 및 중계 등

6) 승강기설비: 동력 사용해 사람이나 화물 옮기는 데 사용. 엘베, 에스컬레이터, 댐웨이터 등의 원격제어 및 감시

▣ 종합방재실 설치

1) 초고층 건축물의 관리주체는 효율적인 재난관리 위해 종합방재실을 설치·운영하고 신속 대응 및 재난 정보 전파를 위해 종합재난관리체제를 종합방재실에 구축·운영해야 함

2) 재난대응관리체제

　① 재난대응체제(재난 감지,전파/의사결정 및 대응/피난유도)

　② 재난·테러 및 안전 정보관리체제(안전점검 및 순찰, 위험물 반출입, 소방 및 방화 정보, 보안)

3) 종합방재실 설치기준

① 개수 1개. (단, 100층 이상은 종합방재실 추가 설치 또는 관계 지역 내 다른 종합방재실에 보조 체제 구축
해서 유사시 중단되지 않도록 관리)

② **위치** : 1층 또는 피난층 (단, 초고층에서 특피계단있고 출입구부터 5m 내에 종합방재실 설치 시 2층 또는
지하 1층에 설치 가능)

③ 공동주택은 관리사무소 내 설치가능

④ 승강장 및 특피계단으로 이동 쉬운 곳, 정보수집 및 방재 활동 거점 역할 하는 곳

⑤ 소방대가 쉽게 도달할 수 있는 곳, 화재 및 침수 피해 우려 적은 곳

⑥ **구조** : 붙박이창-두께 7mm 이상의 망입유리로 된 $4m^2$ 미만

⑦ **면적** : $20m^2$ 이상 휴식 위한 부속실 설치, 출입문에는 출입통제 장치

■ **종합방재실 역할, 기능**

1) 설비 제어 및 작동상황 집중감시

2) 방재상 관리운영 일원화 → 재난, 피해 최소화

3) 상황 파악, 정확한 정보 제공+소방활동의 거점

4) 자탐설비 작동에 따라 상호 Interface(인터페이스)·연동

■ **종합방재실 운영**

• 365일 무중단 운영, 월 1회 정기 유지보수

정기 유지보수 절차	계획수립 → 부품 준비 → 현장 이동 → 정비 실행 → 고장 수리 → 보고서 작성 (계획 세우고 부품 챙겨! 이동해서 정비/수리하고! 보고서 작성!)
정기 유지보수 주내용	• 종합방재실 / 수신기(중계반) / 감지기 및 단말기 기능점검 • 신호라인, 기동장치, 통보기구의 회로 점검 • 시스템 전원 공급 측정 • 전체 시스템 기능 점검 및 데이터 백업 • 예비품 상태 점검 및 각 장치 청소 / 보고서 작성

• **장애발생 시 유지보수 절차** : 장애내용 듣고 검토해! 조치방법 수립하고 부품 챙겨! 이동해서 정비하니까 원인파악
돼! 재발방지 대책 세우고 보고서 작성해서 보고해!

■ 종합방재실 운영절차

이론과 개념 설명

설비 및 구조의 이해

복합개념 정리

위밍업 개념정리

실전 기출예상문제

실제 뜯어보는 총정리

설비파트

■ 소화설비 - 소화기구

1) 소화기

　① ABC급 [제1인산암모늄/담홍색], BC급 [탄산수소나트륨/백색]

　② **내용연수**: 10년으로 하고 내용연수가 지난 제품은 교체하거나, 또는 성능검사에 합격한 소화기는 내용연수가 경과한 날의 다음 달부터 다음의 기간 동안 사용 가능하다.

　　• **내용연수 경과 후 10년 미만**(생산된지 20년 미만이면): 3년 연장 가능

　　• **내용연수 경과 후 10년 이상**(생산된지 20년 이상이면): 1년 연장 가능

　③ **지시압력계 정상 범위 0.7~0.98MPa**: 축압식분말, 할론1211/2402(가압식, 할론1031은 지시압력계 없음)

　④ **설치기준**

위락시설	공연, 집회장/장례/의료	근린/판매/숙박. 노유자/업무/공장, 창고
30㎡	50㎡	100㎡

└, 바닥면적 / 내화구조＋불연재는 x2배 적용 / 33㎡ 이상 실은 별도(복도: 보행 소형 20m, 대형 30m)

　⑤ **사용**(실습): 소화기 화점 이동(2~3m 거리두기) → 몸통 잡고 안전핀 제거(레버 잡으면X) → 손잡이&노즐 잡고 소화될 때까지 방사(바람 등지고 쓸 듯이 골고루)

■ 소화설비 - 주거용자동소화장치[*가스차단밸브]

• **점검 사항**: ① 가스누설탐지부 점검 ② 가수누설차단밸브 시험 ③ 예비전원시험(플러그 뽑았을 때 점등)
　④ 감지부 시험(2차 약제방출 조심) ⑤ 제어반(수신부) 점검 - 이상 있으면 경보 발생 ⑥ 약제 저장용기 점검

▣ 소화설비 - 옥내소화전

방수량	130L/min	방수압력	0.17~0.7MPa	방수구	높이 1.5m 이하, 수평거리 25m 이하
수원 저수량					

수원 저수량	1~29층(기본) =N(최대 2개)×2.6m³ / 30층~49층 : N(최대 5개)×5.2 / 50층↑ : N(최대 5개)×7.8
방수압측정계	피토게이지 -노즐 구경 D/2 거리두고 수직으로 근접, 직사관창 봉상주수(2개 이상은 동시개방) (D : 옥내소화전 13mm → D/2 = 6.5)

• 구조

기동용수압개폐장치 (압력챔버)	• 압력스위치 : 전기적 신호, 펌프 기동 및 정지 • 안전밸브 : 과압방출 • 배수밸브 : 물 배수 • 개폐밸브 : 급수차단 • 압력계 : 압력표시
후드밸브	여과기능, 역류 막는 체크기능 / 흡입측 배관 말단에 설치
개폐밸브(개폐표시형)	OS&Y밸브 / 버터플라이밸브 : 마찰손실, 펌프 흡입측에 설치X

스윙체크밸브	적은 유량/주 급수배관X, 물올림장치나 유수검지장치같은 주변배관 설치
물올림장치	수원이 펌프보다 낮을 때, 공회전 방지 위해 보충수 공급
순환배관, 릴리프밸브	체절운전(140%) 시 펌프 무리가지 않게 과압 방출, 수압상승 방지
성능시험배관	개폐밸브, 유량조절밸브, 유량계 - 정기적으로 펌프 성능 시험

릴리프밸브 동작 전 / 릴리프밸브 동작 후

디스크 / 디스크 닫힘 / 디스크 개방

+ 그 외 송수구, 방수구(호스), 제어반(감시/동력), 표시등 및 표지판 등 있음

└, 평상지 '자동(연동)'상태 + 표시등 소등, 어기면 200과

1) 펌프의 정지점(Range), Diff, 기동점

- **정지점 : (Range)** 0.7Mpa
- **기동점 :**
  ☞ 자연낙차압이 제시된 경우(주펌프) :

자연낙차압 +K(옥내 : 0.2 / SPR : 0.15)

  ☞ 압력스위치 그림으로 제시된 경우 :

정지점(Range) - Diff

- **Diff** : [정지점 - 기동점]의 값. (그림 상) 0.3Mpa
  → 왼쪽 그림으로 추론 : Range(정지점) 0.7MPa, Diff 0.3MPa이므로 기동점은 0.4MPa.

2) 옥내소화전 사용 순서

① 함 개방 → ② 호스 전개 → ③ 화점 이동 → ④ 밸브 개방(개방! 반시계방향) → ⑤ 방수 → ⑥ 밸브폐쇄 → ⑦ 펌프정지 → ⑧ 호스 건조 및 정리

▣ 소화설비 - 옥외소화전

방수량	350L/min	방수압력	0.25~0.7MPa	호스 구경	65mm, 호스접결구까지 수평거리 40m 이하
옥외소화전마다 5m 이내에 소화전함 설치	* 10개 이하 : 옥외소화전마다 5m 이내에 소화전함 1개 이상 설치 * 11~30개 이하 : 11개 이상의 소화전함 분산 설치 * 31개 : 3개마다 소화전함 1개 이상				

▣ 소화설비 - 스프링클러설비

1) 초기소화에 절대적 [자동식소화설비] → 이거 있으면 방화구획×3

2) 구조

　① 프레임 : 연결 이음쇠 부분

　② 디플렉타 : 물 세분

　③ 감열체 : 일정한 온도에서 파괴 or 용해

　　• 감열체 있으면 폐쇄 / 감열체 없으면 뚫려있으니까 개방형

　　• 설치장소 최고 주위온도에 따른 분류

설치장소 최고 주위온도	표시온도(헤드개방 온도)
39도 미만(~38도)	79도 미만
39~64도 미만	79~121도 미만

방수량	80L/min	방수압력	0.1~1.2MPa
헤드 기준개수	특수, 판매, 11층 이상(APT X), 지하는 30개 / 부착 높이 8m 미만은 10개		
저수량	~29층(기본) : 기준개수×1.6m³(80L×20분) 30층~49층 : 기준개수×3.2 50층↑ : 기준개수×4.8		
배관	① [가지배관]에 헤드 달려있음 - 토너먼트방식X ② [교차배관]은 가지배관에 급수해야 해서 수평 또는 밑에		

구분	폐쇄형			개방형
	습식	건식	준비작동식	일제살수식
내용물	• 배관 내 '가압수'	• 1차측 - 가압수 • 2차측 - 압축공기 (질소)	• 1차측 - 가압수 • 2차측 - 대기압	• 1차측 - 가압수 • 2차측 - 대기압

이론과 개념 설명

설비 및 구조의 이해

복합개념 정리

위밍업 개념정리

실전 기출예상문제

설계 뜯어보는 총정리

구분	폐쇄형			개방형
	습식	건식	준비작동식	일제살수식
작동 순서	① 화재발생 ② 헤드 개방 및 방수 ③ 2차측 배관 압력 ↓ ④ [알람밸브] 클래퍼 개방 ⑤ 압력스위치 작동, 사이렌, 화재표시등 밸브개방표시등 점등 ⑥ 압력저하되면 기동용 수압&압력스위치 자동으로 펌프 기동	① 화재발생 ② 헤드개방,압축공기 방출 ③ 2차측 공기압 ↓ ④ [드라이밸브] 클래퍼 개방, 1차측 물 2차측으로 급수 → 헤드로 방수 ⑤ 압력스위치 작동, 사이렌, 화재표시등, 밸브개방표시등 점등 ⑥ 압력 저하되면 기동용 수압&압력스위치 자동으로 펌프 기동	① 화재발생 ② A or B 감지기 작동 *사이렌, 화재표시등 점등 ③ A and B 감지기 작동 또는 수동기동장치 작동 ④ [프리액션밸브] 작동 → 솔밸브, 중간챔버 감압 밸브 개방 압력스위치 작동 - 사이렌, 밸브개방표시등 점등 ⑤ 2차측으로 급수, 헤드 개방 및 방수 ⑥ 압력저하되면 기동용 수압&압력스위치 자동으로 펌프 기동	① 화재발생 ② A or B 감지기 작동 (경종/사이렌, 화재표시등 점등) ③ A and B 감지기 작동 또는 수동기동장치 작동 ④ [일제개방밸브] 작동 → 솔밸브, 중간챔버 감압 밸브 개방 압력스위치 → 사이렌, 밸브개방표시등 점등 ⑤ 2차측으로 급수, 헤드를 통해 방수 ⑥ 압력저하되면 기동용 수압&압력스위치 자동으로 펌프 기동
유수 검지 장치	알람밸브	드라이밸브	프리액션밸브	일제개방밸브
장점	• 구조 간단, 저렴 • 신속 소화(물!) • 유지관리 용이	• 동결 우려 없고 옥외 사용 가능	• 동결 우려 없음 • 오동작해도 수손피해X • 헤드 개방 전 경보로 조기 대처 용이(빠른 대피)	• 신속 소화(물 팡!) • 층고 높은 곳도 소화 가능
단점	• 동결우려, 장소 제한 • 오작동 시 수손피해	• 살수 시간 지연 및 초기 화재촉진 우려 (공기) • 구조 복잡	• 감지기 별도 시공 • 구조 복잡, 비쌈 • 2차측 배관 부실공사 우려	• 대량살수→수손피해 • 감지기 별도 시공

1) **습식 점검**: 말단시험밸브 개방으로 가압수 배출 → 클래퍼 개방, 지연장치 시간(4~7초) 지연 후 압력스위치 작동

2) **습식 확인사항**: 화재표시등 · 밸브개방표시등 점등, 해당구역 사이렌(경보), 펌프 자동기동

3) **준비작동식 점검**: 준비작동식 유수검지장치 작동

　① 감지기 2개 회로 작동

　② SVP(수동조작함) 수동조작스위치 작동

　③ 밸브의 수동기동밸브 개방

　④ 수신기 준비작동식 유수검지장치 수동기동스위치 작동

　⑤ 수신기 동작시험 스위치 + 회로선택 스위치 작동

4) 준비작동식 확인사항

　① **A 또는 B 감지기 작동**：화재표시등·지구표시등(감지기A 또는 B) 점등, 경종(사이렌)

　② **A 와 B 둘다 작동**：화재표시등·지구표시등(감지기A, B) 점등, 경종(사이렌), 밸브개방표시등 점등, 솔
　　밸브 개방, 펌프 자동기동

■ 펌프성능시험

체절 운전	[개폐밸브] 폐쇄 상태 → '릴리프밸브' 시계방향으로 돌려 작동압력 최대로 설정 → 주펌프 수동기동, 펌프 최고 압력 기록 → '릴리프밸브' 반시계방향으로 돌려 풀어준다. *토출량 0 / 정격토출압력의 140% 이하 / 체절압력 미만에서 릴리프밸브 작동
정격 부하 운전	[개폐밸브] 완전 개방, [유량조절밸브] 약간 개방 → 주펌프 수동기동 → [유량조절밸브] 서서히 개방하면서 유 량계 100% 유량일 때 압력 측정 → 펌프 정지 *유량이 정격유량(100%)일 때 정격토출압 이상
최대 운전	주펌프 수동기동 → [유량조절밸브] 더욱 개방하여 정격토출량의 150%일 때 압력 측정 → 펌프정지 *유량이 정격토출량의 150%일 때 정격토출압력의 65% 이상

■ 소화설비 - 물분무등소화설비(가스계)

1) 이산화탄소 소화설비

장점	단점
• 심부화재(가연물 내부에서 연소)에 적합하다. • 진화 후에 깨끗하고, 피연소물에 피해가 적다. • 전기화재에 적응성이 좋다.	• 질식 및 동상 우려 • 소음이 크다. • 고압설비로 주의·관리 필요

　+ 할론(불연성가스) 소화약제, 할로겐화합물(불활성기체) 소화약제

　• 약제방출 방식 : ① 전역방출　② 국소방출　③ 호스릴방식

2) 가스계소화설비 구성 및 작동원리

- **구성** : 저장용기, 기동용가스, 솔레노이드밸브(격발), 선택밸브, 압력스위치, 수동조작함, 방출표시등, 방출헤드

① 작동순서

ㄱ. 감지기 동작 또는 수동기동장치 작동으로

ㄴ. 제어반 화재신호 수신

ㄷ. 지연시간(30초) 후 솔레노이드밸브 격발, 기동용기밸브 동판 파괴로 기동용가스 방출되어 이동

ㄹ. 기동용가스가 선택밸브 개방 및 저장용기 개방

ㅁ. 저장용기의 소화약제 방출 및 이동

ㅂ. 헤드를 통해 소화약제 방출 및 소화

ㅅ. 소화약제 방출로 발생한 압력에 의해 압력스위치 작동

ㅇ. 압력스위치의 신호에 의해 방출표시등 점등(화재구역 진입 금지), 화재표시등 점등, 음향경보 작동, 자동폐쇄장치 작동 및 환기팬 정지 등

② 가스계소화설비 점검 및 확인 - 솔레노이드밸브 격발시험

ㄱ. 감지기 A, B를 동작시킨다.

ㄴ. 수동조작함에서 기동스위치 눌러 작동시킨다.

ㄷ. 솔레노이드밸브의 수동조작버튼 눌러 작동시킨다. (즉시 격발)

ㄹ. 제어반에서 솔밸브 스위치를 [수동], [기동] 위치에 놓고 작동시켜본다.

→ **동작 확인 사항** : 제어반의 화재표시등 + 경보 발령 확인, 지연장치의 지연시간(30초) 체크, 솔밸브 작동 여부 확인, 자동폐쇄장치 작동 확인, *환기장치 정지 확인(환기장치가 작동하면 가스가 누출될 수 있으므로 환기장치는 정지되어야 함!)

이론과 개념 설명

설비 및 구조의 이해

특별개념 정리

위험물 개념정리

실전 기출예상문제

쉽게 뜯어보는 총정리

▣ 경보설비

✓ 자탐설비 : 감지기, 발신기, 수신기, 시각경보기 등

1) 감지기

	차동식	• 급격한 온도 상승률 • 거실, 사무실 • 다이아프램, 리크구멍
	정온식	• 정해놓은 온도 이상 • 주방, 보일러실 • 바이메탈

① 감지기 설치면적 기준

내화구조	차동식		보상식		정온식		
	1종	2종	1종	2종	특종	1종	2종
4m 미만	90	70	90	70	70	60	20
4 ~ 8m (나누기2)	45	35	45	35	35	30	-

+ 감지기 배선은 [송배전식] : '도통시험'을 위해서! 회로 단선 여부 확인하기 좋다.

② 감지기 점검

ㄱ. 전압측정계로 전압 측정시 전압이 0V(볼트)인 경우

→ 전압 자체가 안 들어오면 단선이 의심되므로 회로를 보수한다.

ㄴ. 전압측정계 측정값이 정격전압의 80% 이상인 경우

→ 회로는 정상이지만 감지기가 불량일 수 있으므로 감지기를 교체한다.

2) 발신기&수신기

(1) '발신기' [누름버튼] 수동으로 누름

(2) '수신기'에서 [화재표시등], [지구표시등] 점등 + [발신기등]에 점등

(3) '발신기'에서 [응답표시등] 점등

(4) 주경종, 지구경종(음향장치) 경보설비 등 작동

① 수신기 동작시험

ㄱ. 로터리방식

a. 시험순서 : [동작시험] 버튼 누르고, [자동복구] 스위치 누름 → 회로스위치 돌리면서 확인

b. 복구순서 : 회로스위치 원위치 → [동작시험] 버튼 누름, [자동복구] 스위치 누름

ㄴ. 버튼 방식

a. 시험순서 : [동작(화재)시험] 스위치 누르고, [자동복구] 스위치 누름 → 회로별로 버튼 눌러서 확인

b. 복구순서 : [동작(화재)시험] 스위치 및 [자동복구] 스위치 눌러서 복구, 표시등 '소등' 확인

② 수신기 도통시험

ㄱ. 정상 전압 : 4~8V 또는 녹색등 점등(단선은 빨간불)

ㄴ. [도통시험] 버튼 누르고 회로스위치 돌리면서 확인(버튼방식은 구역별로 버튼 눌러서 확인)

③ 수신기 예비전원시험(예비전원시험 스위치 누르고 있기!)

ㄱ. 정상 : 19~29V 또는 녹색 점등

ㄴ. 비정상 : 전압지시 상태가 빨간불(높거나 낮음) 또는 [예비전원감시등] 점등

→ [예비전원감시등] 점등은 연결소켓이 분리됐거나 예비전원 불량 상태로 조치해야 함

3) 비화재보

① 원인

ㄱ. 비적응성 감지기가 설치되었다(주방에 차동식 설치한 경우). → 주방 = '정온식'으로 교체

ㄴ. 온풍기에 근접 설치된 경우 → 이격설치(온풍기 기류를 피해 감지기 위치를 옮겨 설치한다.)

ㄷ. 장마철 습도 증가로 오동작이 잦다. → [복구] 스위치 누르기 / 감지기 원상태로 복구하기

ㄹ. 청소불량 먼지로 오동작 → 깨끗하게 먼지 제거

ㅁ. 건물에 누수(물 샘)로 오동작 → 누수부에 방수처리 / 감지기 교체

ㅂ. 담배연기로 오동작 → 환풍기 설치

ㅅ. 발신기 누름버튼을 장난으로 눌러서 경보 울렸다. → 입주자 대상으로 소방안전교육

이론과 개념 설명

설비 및 구조의 이해

복습과 개념정리

위험물 개념정리

실전 기출예상문제

설계 뜯어보는 총정리

② 비화재보 발생 시 대처순서

실제 화재인지 확인 후, 진짜 화재가 아니면 혼란을 막기 위해 제일 먼저 음향장치부터 끈다!

ㄱ. 수신기에서 화재표시등, 지구표시등 확인(불이 난 건지, 어디서 난 건지 확인)

ㄴ. 지구표시등 위치로 가서 실제 화재인지 확인

ㄷ. 비화재보 상황 : [음향장치] 정지(버튼 누름) → 실제 화재가 아닌데 경보 울리면 안 되니까 정지

ㄹ. 비화재보 원인별 대책(원인 제거)

ㅁ. 수신기에서 [복구]버튼 눌러서 수신기 복구

ㅂ. [음향장치] 버튼 다시 눌러서 복구(버튼 튀어나옴)

ㅅ. [스위치주의등] 소등 확인

4) 경계구역

- 2개층 또는 2개 건물 안 됨! 기본적으로 한 변 50m 이하 + 면적 600m² 이하가 1개 구역

- 단, 2개 '층' 합쳐서 500m² 이하면 1개로 설정 가능(한 변 50m 이하)

- 출입구에서 내부 다 보이면 1개 구역 1,000m² 이하로 설정 가능(한 변 50m 이하)

✓ 비상방송설비 : 실내 1W, 실외(일반적 장소) 3W 이상 / 화재 수신 후 10초 이하 방송 개시

■ 피난구조설비&비상조명등&유도등

1) 피난구조설비 장소별 적응성

① 시설(설치장소)

- 노유자시설 = 노인

- (근린생활시설, 의료시설 중)입원실이 있는 의원 등 = 의원

- 4층 이하의 다중이용업소 = 다중이

- 그 밖의 것 = 기타

② 가장 기본이 되는 피난기구 5종 세트 : 구조대, 미끄럼대, 피난교, 다수인(피난장비), 승강식(피난기)

③ 1층, 2층, 3층, 4층~10층 : 총 4단계의 높이

구조대/미끄럼대/피난교/다수인/승강식				
구분	노인	의원	다중이(2 ~ 4층)	기타
4층 ~ 10층	구교다승	피난트랩 구교다승	구미다승 사다리+완강	구교다승 사다리+완강 +간이완강 +공기안전매트
3층	구미교다승 (전부)	피난트랩 구미교다승 (전부)		구미교다승(전부) 사다리+완강 +간이완강 +공기안전매트 피난트랩
2층				
1층		X	X	X

1) 노유자 시설 4~10층에서 '구조대' : 구조대의 적용성은 장애인 관련 시설로서 주된 사용자 중 스스로 피난이 불가한 자가 있는 경우 추가로 설치하는 경우에 한함
2) 기타(그 밖의 것) 3~10층에서 간이완강기 : 숙박시설의 3층 이상에 있는 객실에 한함
3) 기타(그 밖의 것) 3~10층에서 공기안전매트 : 공동주택에 추가로 설치하는 경우에 한함

2) 완강기 주의사항

① **간이완강기** : 연속사용불가

② **완강기 사용 시** : 하강 시 만세 X(벨트 빠져서 추락 위험) , 사용 전 지지대를 흔들어보기, 벽을 가볍게 밀면서 하강

3) 인명구조기구

방열복(은박지)	방화복	인공소생기	공기호흡기
복사열 근접 가능 복사'열' 반사하니까 방'열'복	헬멧, 보호장갑, 안전화 세트로 포함	유독가스 질식으로 심폐기능 약해진 사람 '인공'으로 '소생'시키는 기기	유독가스로부터 인명보호 용기에 압축공기 저장, 필요시 마스크로 호흡(산소통)

4) 비상조명등 : 1럭스(lx) 이상 – [조도계] 필요

기본 20분/지하를 제외하고 11층 이상 층이거나 지하(무창)층인 도·소매시장, 터미널, 지하역사(상가)는 60분

5) 휴대용비상조명등 – 점검 시 조도계 필요

① **설치** : 숙박시설 또는 수용인원 100명 이상의 영화관, 대규모점포, 지하역사 및 지하상가 등

6) 객석유도등

$$객석유도등 \ 설치개수 = \frac{객석통로 \ 직선길이(m)}{4} - 1$$

▣ 소화용수설비

[상수도 소화용수설비]
- 수도배관 호칭지름 75mm 이상
- 소화전 100mm 이상
- 특상물 수평투영면의 각 부분으로부터 140m 이하
가 되도록 설치

1) 채수구

[설치기준]
- 소방차 2m 이내 접근 가능한 위치
- 지표면으로부터 4.5m 이상 깊은 곳에 수조 있으
면 가압송수장치 설치

[설치 수-기준 : 소요수량(m³)]
- 20~40 미만 : 1개 / 40~100 미만 : 2개 /
100 이상 : 3개

2) 흡수관 투입구 : 소요수량 80m² 미만이면 1개, 80m² 이상이면 2개 이상

▣ 소화활동설비

1) 연결송수관설비 : 송수구 + 방수구 + 방수기구함
+배관

① 습식 : 지면으로부터 31m 이상 또는 지상 11
층 이상 [31m(11층)부터!]

② 건식 : 지면으로부터 31m 미만 또는 지상 11
층 미만

2) **연결살수설비**: 송수구 + 살수헤드 + 배관(가지배관 - 토너먼트방식X, 한쪽에 8개 이하)

▣ 제연설비

3) **목적**

① 연기 배출, 농도낮춤, 청결층 유지 ② 부속실 가압-연기유입 제한 ③ 질식방지, 안전도모 ④ 안전공간 확보

구분	거실제연설비	부속실(급기가압)제연설비
목적	소화활동, 인명안전	
	수평피난	수직피난
적용 공간	화재실(거실)	피난로 (부속실, 계단실, 비상용 승강기의 승강장)
제연방식	급·배기 방식	급기가압방식
작동 순서	1. 화재 발생 2. 감지기 작동 또는 수동기동장치 작동 3. 수신기 - 화재 감지 4. 제연설비 작동 ① 화재경보 발생 ② 제연커튼 중 이동식 커튼 설치 시 감지기가 작동하면 커튼작동모터 작동으로 제연커튼이 내려옴.(고정식 제연커튼은 고정되어 있으므로 감지기 작동과 무관함) ③ 배기·급기댐퍼 개방 ④ 배기팬 작동으로 연기 빨아들여 외부로 배출, 급기팬 작동으로 외부의 신선한 공기 유입	1. 화재 발생 2. 감지기 작동 또는 수동기동장치 작동 3. 화재경보 발생 4. 급기댐퍼 개방 5. 댐퍼가 완전히 개방된 후 송풍기 작동 6. 송풍기 바람이 계단실 및 부속실로 송풍 7. 플랩댐퍼(과압방지장치 - 부속실의 설정 압력범위 초과 시 압력 배출) 작동

4) **제연구역 선정**

① 계단실 단독 제연

② 부속실 단독 제연

③ 계단실 + 부속실 동시 제연

④ 비상용승강기 승강장 단독 제연

5) **급기가압제연설비**: 가압(압력을 가함)하고자 하는 공간에 공기를 가압해서 다른 공간보다 기압을 높게, '차압'을 형성하는 것을 의미함. 옥외로부터 신선한 공기를 공급, 계단실 또는 부속실에 차압 형성해 화재실에서 발생한 연기가 제연구역 내부로 침투하지 못하도록 방지.

① **최소 차압**: 40Pa 이상 (SPR설비 설치된 경우 12.5Pa 이상) → 적어도 이 정도 '이상'의 힘!

② **출입문 개방력**: 110N 이하 → 지나치게 무거우면 노약자 등의 출입문 개방이 어려우므로 '이하'

③ **방연풍속**(연기를 밀어내 못 들어오게 하는 강제력)

제연구역		방연풍속
계단실 단독 제연 / 또는 계단실 + 부속실 동시 제연		0.5m/s 이상
부속실 단독 제연 / 또는 비상용승강기 승강장 단독 제연	부속실 또는 승강장이 면하는 옥내가 [거실]	0.7m/s 이상
	부속실 또는 승강장이 면하는 옥내가 방화구조인 복도 (내화시간 30분 이상인 구조 포함)	0.5m/s 이상

■ **소방시설의 종류**

- 소방시설: 대통령령으로 정하는 소화설비, 경보설비, 피난구조설비, 소화용수설비, 소화활동설비.

소방시설 종류	하위 설비 (시설, 장치, 설비 등)	포함되는 것
소화설비	소화기구	• 소화기 • 간이소화용구 • 자동확산소화기
	자동소화장치	주거용, 상업용, 캐비닛형, 가스자동, 분말, 고체에어로졸 자동소화장치
		옥내소화전설비(호스릴옥내소화전설비 포함)
		옥외소화전설비
	스프링클러설비등	• 스프링클러설비 • 간이스프링클러설비 • 화재조기진압용SPR설비
소화설비	물분무등소화설비	• 물분무소화설비　• 할로겐화합물 및 불활성기체소화설비 • 미분무소화설비 • 포소화설비　• 분말소화설비 • 이산화탄소소화설비　• 강화액소화설비 • 할론소화설비　• 고체에어로졸소화설비
경보설비	• 자동화재탐지설비(감지기, 발신기, 수신기, 음향장치 등)　• 비상방송설비 • 화재알림설비　• 단독경보형감지기 • 시각경보기　• 통합감시시설 • 비상경보설비: 비상벨설비, 자동식사이렌설비　• 가스누설경보기, 누전경보기		

소방시설 종류	하위 설비 (시설, 장치, 설비 등)	포함되는 것
피난구조 설비	피난기구	구미교다승+피난사다리, 완강기, 공기안전매트 등
	인명구조기구	방열복, 방화복, 공기호흡기, 인공소생기
	유도등	피난구유도등, 통로유도등, 객석유도등, 유도표지 등
	비상조명등 및 휴대용 비상조명등	
소화용수 설비	• 상수도 소화용수설비 • 소화수조, 저수조 및 그 밖의 소화용수설비	
소화활동 설비	제연설비, 연결송수관설비, 연결살수설비, 비상콘센트설비, 무선통신보조설비, 연소방지설비	

☆☆ ■ 수용인원의 산정

강의실, 교무실, 상담실, 실습실, 휴게실	바닥면적 합계÷1.9m²	학교는 19살까지 다님
강당, 문화 및 집회시설, 운동/종교시설	바닥면적 합계÷4.6m²	운동, 종교, 문화(강당) 사육한다.

숙박시설	침대 있음	종사자 수+침대 수 (2인용은 2로 계산)	
	침대 X 없음	종사자 수+(바닥면적 총합÷3m²)	바닥면적에 복도, 계단, 화장실 포함X

> ### 〈건설현장 소방안전관리자〉 선임 신고 시 첨부 서류
>
> 공사시공자는 〈건설현장 소방안전관리자〉를 선임한 날로부터
> 14일 내에 다음의 서류를 첨부하여 소방본·장에게 선임신고 한다.
>
> • 건설현장 소방안전관리자 선임신고서
> • 소방안전관리자 자격증
> • 건설현장 소방안전관리자 강습교육 수료증
> • 건설현장 공사 계약서 (사본)

■ 창(개구부)의 비교

① < 무창층 > 개구부	② (방화시설) 배연창	③ 소방관 진입창	④ 피난기구 개구부
• 크기 : 지름 50cm 이상의 원 통과, 바닥으로부터 개구부 하단까지 1.2m 이내 • 도로 및 빈터를 향하고 창살·장애물 없고 쉽게 부술 수 있을 것	• 배연창 상변과 천장 수직거리 0.9m 이내 (반자 높이 3m 이상인 경우 : 배연창 하변이 바닥 2.1m 이내) • (1m² 이상으로) 바닥면적의 100분의 1 이상일 것	• 2층 이상 11층 이하에 설치 • 창문 크기 : 폭 90cm X 높이 1.2m 이상 • 바닥으로부터 창 하부까지 80cm 이내 • 창문 가운데에 역삼각형(지름 20cm) • 창문 모서리에 타격지점(지름 3cm 이상의 원형)	• 개구부 크기 : 가로 0.5m / 세로 1m 이상 • 바닥에서 개구부 하단까지 1.2m 미만 • 쉽게 파괴할 수 있는 파괴장치 비치

구분	옥내 소화전	옥외 소화전	소화기	스프링클러	자동화재탐지설비 (발·수신기/감지기/음향/시각)		
압력 MPa	0.17~0.7	0.25~0.7	0.7~0.98	0.1~1.2	수신기	• 4층 : 발신기와 전화 가능 • 사람 상시 근무 [조작스위치] 바닥 0.8~1.5m 이하	
설치 기준	(수평) 25m 이하 130L/min	(수평) 40m 이하 350L/min	(보행) 소형 20m 이내 대형 30m 이내	80L/min	발신기	(수평) 25m 이하 [조작스위치] 바닥 0.8~1.5m 이하	
					음향장치	(수평) 25m 이하 [음량계] 1m : 90dB	
	(방수구 높이) 바닥 1.5m 이하		바닥 1.5m 이하		시각경보기	(청각장애인을 위한 설비) 무대부, 공용거실	
						바닥	2~2.5m
						천장높이가 2m 안 될 때	천장에서 0.15m 이내

유도등				
	피난구유도등	통로유도등 (보행 20m)		
		거실통로	복도통로	계단통로
예시				
설치장소 (위치)	출입구 (상부)	주차장, 도서관 등(상부)	일반 복도 (하부)	일반 계단 (하부)
바닥으로부터 높이	1.5m 이상		1m 이하 (수그리고 피난)	

+ 비상콘센트설비 설치위치 : 0.8~1.5m 이하

■ 예외적으로 3선식 배선 유도등을 사용하는 경우

1) 외부광이 충분하여 (원래 밝은 장소라서) 피난구나 피난방향이 뚜렷하게 식별 가능한 경우(장소)

2) 공연장이나 암실처럼 어두워야 하는 장소

3) 관계인, 종사자 등 사람이 상시 사용하는 장소

■ 3선식 유도등 점검

① 수신기에서 [수동]으로 점등스위치 ON, 건물 내 점등이 안된 유도등을 확인

② 유도등 절환스위치 연동(자동) 상태에서 감지기·발신기·중계기·스프링클러설비 등을 현장에서 작동, 동시에 유도등 점등 여부 확인

■ 소방시설별 점검할 때 필요한 장비

공통	방수압력측정계, 절연저항계(절연저항측정기), 전류전압측정계 → MPa 쓰는 시설 너무 많으니까 방수압력측정계 기본! 　 기계류들은 전류전압, 절연저항 기본!
소화기구	저울 (소화기 약제손실량 5% 초과면 불량)
자탐설비, 시각경보기	(열, 연기)감지기시험기(+연결폴대), 공기주입시험기, 음량계(1m 거리 90dB)
제연설비	차압계, 폐쇄력측정기, 풍속풍압계 • 최소 차압 : 40Pa 이상 (SPR설비 설치된 경우 12.5Pa 이상) • 출입문 개방력 : 110N 이하 • 부속실(승강장) 면하는 옥내가 '거실' - 0.7m/s 그 외 0.5m/s
통로유도등 비상조명등	조도계
	[누전경보기] - 누전계, [무선통신보조설비] - 무선기

서채빈

| 약력 및 경력

- 유튜브 챕스랜드 운영
- 소방안전관리자 1급 자격증 취득(2022년 4월)
- 소방안전관리자 2급 자격증 취득(2021년 2월)
- H 레포트 공유 사이트 자료 판매 누적 등급 A+

챕스랜드 소방안전관리자 1급
찐정리 원샷 이론서

발행일 2024년 7월 30일

발행인 조순자

편저자 서채빈

디자인 홍현애

발행처 종이향기

정 가 35,000원   **ISBN** 979-11-93686-56-0